戦 国 策

近藤光男

講談社学術文庫

学術文庫版まえがき

前漢の末に、学者劉向《りゅうきょう》（前七七－前六）が命ぜられて天子の書庫の整理をしたとき、「国策」「国事」「短長」「事語」「長書」「脩書」などという錯乱した竹簡《ちくかん》があった。みな戦国のとき（春秋《しゅんじゅう》以後の二百四十五年間）の遊説《ゆうぜい》の士が国々の政治への参与を企《くわだ》て、その国の為に立てた策謀であったので、劉向は国別にしているものに基づいて、それぞれほぼ年代順に整え、重複を刪《けず》り、三三篇として『戦国策《せんごくさく》』と名づけた。

その三三篇四八六章から、一〇〇章を選んで、それを新たに物語りの内容によって類別し、面白く、一気に、読み通していただけるよう試みたのは、昭和六十二年に講談社「中国の古典」シリーズの一として出版された折りである。それがこのたび「学術文庫」に収められて、より広く、より多く、の読者を得ることになったのは幸せである。(※)

多く蘇《そ》秦《しん》・張儀《ちょうぎ》らに托《たく》して記述されている権謀術策《けんぼうじゅつさく》は、必ずしも歴史的事実を述べているとは限らなくて、むしろ奇《き》知《ち》縦横《じゅうおう》の言論や説得の技法の習練を意図するもののようで、小説的でさえある。その巧智《こうち》・奸智《かんち》に腹立たしさを覚《おぼ》えるもよく、詐《さ》謀《ぼう》の陥穽《かんせい》に堕《お》ちぬよう身構えるよすがとするもよく、要は所詮《しょせん》、歴史小説、として読めば肩がこらなくてよい。またもしもこれを、隣国の人々の二千数百年前の祖先が、戦国擾乱《じょうらん》の世を生き抜いた、躍動の姿として読むならば、それこそ立派な歴史認識となるかもしれない。

平成十七年三月三十一日

近藤　光男

注

（※）その三三篇四八六章は、私が集英社「全釈漢文大系」23・24・25『戦国策』上・中・下を担当した折り（自昭和五十年至五十四年）、原文はもとより正体漢字、訓読書き下し文は完全な歴史的仮名遣いで、その全容を紹介しえている（本書巻末「解説」参照）。ただ講談社「中国古典」シリーズのときから、新字体、現代仮名遣い、に改められた。今回、「学術文庫」版もそれが踏襲される。

目次

烈婦

賢后

老婦

壮士

四君

将軍

人主

術策編

揣摩

陥穽

伐謀

処世

弁説編
諫止

説林

戦国策

凡例

一、原文に付した＊は、訳文及び書き下し文がそこの原文を改めて読んでいることを示す。原文中の〔?〕は原本になんらかの欠落があることを示す。

一、各訳文のあと、（　）内にその出所を示す。

右二条とも詳しくは本書巻末の「解説」（三五七頁）を参照。

人物編

謀《ぼう》婦《ふ》

一　必《かなら》ず其《そ》の鼻《はな》を掩《おお》え

魏《ぎ》王《おう》が楚《そ》王《おう》に美人を贈り、楚王は喜んだ。夫人の鄭褎《ていしゅう》は、王が新入りの婦人に御満悦であるのを知るや、この新婦をたいそうかわいがった。衣装も手回り品も彼女の嗜好《しこう》に合わせてあつらえてやり、住居も寝具も彼女の趣味に合わせて作ってやり、そのかわいがりようときては、王よりもひどかった。王は言った、「婦人は何によって夫に仕《つか》えるかと言えば、容色である。さすれば、嫉妬《しっと》は自然の情である。ところがいま、鄭褎は私が新入りの女が気に入ったと知ると、そのかわいがりようは私以上だ。これこそ孝子が親に仕え、忠臣が君に仕える仕えかたなのだ」と。

鄭褎は、王が、自分がその美人を嫉妬していないと思っているのを知ると、新婦に言った。「王はあなたの美しさをめでておいでですが、あなたの鼻をおきらいです。あなたが王にお目に掛かるときには、必ずあなたの鼻を覆《おお》うようになさい」と。そこで、新婦は王にまみえるとき、その鼻を覆った。王は鄭褎に言った。「いったいあの新参《しんざん》の女《こ》が私に目通りするとき、自分の鼻を覆うのは、なぜだろう」。鄭褎「私には分かっております」。王「差《さ》し障《さわ》りがあろうと、ぜひとも言っておくれ」。鄭褎「それは、君王のにおいをかぐのを、いやがってのことのようでございます」。王は言った。「けしからぬやつ。鼻切りの刑に処せよ。有無《うむ》を言わせてはならぬぞ」。（二〇一　楚　懐王14）

魏王《ぎおう》 楚王《そおう》に美人を遺《おく》る。楚王之《これ》を説《よろこ》ぶ。夫人鄭褎《ていしゅう》 王の新人《しんじん》を説ぶを知るや、甚《はなは》だ新人を愛す。衣服玩好《いふくがんこう》、其《そ》の喜む所を択《えら》んで之を為《つく》り、宮室《きゅうしつ》 臥具《が ぐ》、其《そ》の善《よ》しとする所を択んで之を為り、之を愛すること王よりも甚し。王曰《いわ》く、「婦人の 夫に事《つか》うる所以《ゆえん》の者は、色《いろ》なり。而《しこ》うして妬《ねた》むは其の情なり。いま、鄭褎 寡人《かじん》が新人を説ぶを知るや、其の 之を愛すること寡人よりも甚し。此《こ》れ孝子の親に事うる所以、忠臣の君《きみ》に事うる所以なり」と。鄭褎 王の己《おのれ》を以《もっ》て妬まずと為すを知るや、因《よっ》て新人に謂《い》って曰く、「王 子《し》の美を愛す。然《しか》りと雖《いえど》も子の鼻を悪《にく》む。子 王に見ゆるを為さば、則《すなわ》ち必ず子の鼻を揜《おお》え」と。新人 王に見ゆ。因て其の鼻を揜う。王 鄭褎に謂って曰く、「夫《か》の新人 寡人を見れば、則ち其《そ》の鼻を揜《おお》う。何《なん》ぞや」と。鄭褎 曰く、「妾《しょう》 知れり」と。王曰く、「悪《あく》と雖《いえど》も、必ず之《これ》を言え」と。鄭褎曰く、「其れ君王の臭《しゅう》を聞くを悪《にく》むに似たり」と。王曰く、「悍《かん》なるかな」、之を劓《はな》ら令《し》めん。命《めい》を逆《むか》え使《し》むる無かれ」と。

魏王遺楚王美人。楚王説之。夫人鄭褎知王之説新人也、甚愛新人。衣服玩好、択其所喜而為之、宮室臥具、択其所善而為之、愛之甚於王。王曰、婦人所以事夫者、色也。而妬者其情也。今鄭褏知寡人之説新人也、其愛之甚於寡人。此孝子之所以事親、忠臣之所以事君也。鄭褏知王以己為不妬也、因謂新人曰、王愛子美矣。雖然悪子之鼻。子為見王、則必揜子鼻。新人見王。因揜其鼻。王謂鄭褏曰、夫新人見寡人、則揜其鼻。何也。鄭褏曰、妾知也。王曰、雖悪、必言之。鄭褏曰、其似悪聞君王之臭也。王曰、悍哉、令劓之。無使逆命。

▼美人とは女官の階位を意味する言葉。后《こう》のすぐ下が夫人で、世婦《せいふ》・女御《じょぎょ》、そして昭儀《しょうぎ》・倢伃《しょうよ》などより下に美人がある。「虞《ぐ》や虞《ぐ》や若《なんじ》を奈何《いかん》せん」の虞美人《ぐびじん》もこれ。ただここは、みめうるわしい人を言う美人と思ってよいであろう。本書一五 三五七の美人も同様。楚王の夫人の鄭褏《ていしゅう》は、次の物語にも南后《なんこう》と並んで登場する。本書一五 二七九)。この考え方
▼「之《これ》を敗《やぶ》らんと欲《ほっ》せば、必ず姑《しばら》く之を輔《たす》けよ」とある(本書五四 二七九)。この考え方は『戦国策』の一つの柱であり、婦人ならではの実践例と言えよう。

寵《ちょう》 姫《き》

二 未《いま》だ嘗《かつ》て人の此《かく》の如《ごと》く其《そ》れ美なるを見ざるなり

張儀《ちょうぎ》は、楚《そ》へ来てから貧乏暮らしが続いた……。ちょうどその当時には、楚の懐王《かいおう》の后《こう》の

南后《なんこう》と、夫人の鄭褎《ていしゅう》とが楚でたいへんな勢力を持っていた。張子《ちょうし》は楚王にまみえたが、楚王は不機嫌であった。張子が「王には臣をお用いいただけませんので、臣は北へ行って晋君《しんくん》にお目通りさせていただきます」と言うと、楚王は「よかろう」と言った。張子「王には何か晋の国から手に入れたいものはございませんか」。王「黄金も、珠玉も、犀《さい》も象も、楚の国に産することだから、私が晋国から手に入れたいものなどはない」。

張子「王には、いっこう、美人には御興味がないようで」。王「どうしてかね」。張子「あちら鄭《てい》や周《しゅう》の国の娘が、おしろいを塗り、まゆ墨を掃《は》いて、街角に立っておりましょうものなら、それと知っていて見る者でなければ、てっきり神女だと思うことでしょう」。楚王は「楚はなにぶん片田舎《かたいなか》の国のことゆえ、それほどまでに美しいという中原《ちゅうげん》の国々の娘をまだ見たことがない。私がどうして美人に興味を持たぬはずがあろう」と言って、珠玉を取り出して費用に当てさせた。南后と鄭褎とは、これを聞いておおいに恐れ、南后が使いを立てて張子に言わせた、「私は将軍が晋国へお行きになると聞きました。たまたま黄金一千斤がありますので、おそばのかたまで進ぜます。お馬の飼料にでもお当てください」と。鄭褎もまた黄金五百斤を贈った。

張子は楚王にいとまごいして言った。「天下は国々の関所が閉《と》ざされていて、なかなか通れません。今度はいつお目に掛かれるか分かりません。どうかお杯《さかずき》を賜りとうございます」と。王は「承知した」と言って杯を与えた。張子はほどよく酔いの回ったところで、再拝して請《こ》うた。「この席には他人がいるわけではございません。どうか王がお気に入りの御婦人がたをお召しくださって、杯を頂《いただ》かせてください」。王は「よし」と言って、南后と鄭褎を召し出して杯を与えさせた。すると、張子は再拝して請うた。「私は大王に死刑に当たる罪を犯してしまいました」。王「なんのことか」「私は天下をあまねく巡《めぐ》り歩いておりますが、まだこれほどまでに美しいお人を見たことがありません。にもかかわらず私が美人を見つけて参りましょうなどと申しましたことは、王をお欺《あざむ》き申したことになります」。王は言った、「もうよい。私はもともと、天下にこの二人に及ぶ者はないと思っていたのだから」。（一九三　楚　懐王6）

張儀《ちょうぎ》 楚《そ》に之《ゆ》いて貧《まず》し。……是《こ》の時に当たって、南后《なんこう》・鄭褎《ていしゅう》 楚に貴《たっと》し。張子《ちょうし》 楚《そ》王《おう》に見《まみ》ゆ。楚王説《よろこ》ばず。張子曰《いわ》く、「王《おう》 臣を用うる所《ところな》無し。臣請《こ》う北のかた晋君《しんくん》に見えん」と。楚王曰く、「諾《だく》」と。張子曰く、「王 晋国に求むる無きか」と。王曰く、「黄金珠璣犀象《おうごんしゅきさいぞう》は楚より出《い》ず。寡人《かじん》 晋国に求むる無し」と。張子《ちょうし》曰く、「王《おう》 徒《た》だ色を好まざるのみ」と。王曰く、「何《なん》ぞや」と。張子曰く、「彼《か》の鄭《てい》・周《しゅう》の女《じょ》、粉白黛黒《ふんぱくたいこく》して、衢閭《くりょ》に立たば、知って之《これ》を見る者に非《あら》ずんば、以《もっ》て神《しん》と為《な》さん」と。楚王曰く、「楚は僻陋《へきろう》の国なり。未《いま》だ嘗《かっ》て中国の女の此《かく》の如《ごと》く其《そ》れ美なるものを見ざるなり。寡人《かじん》 之《こ》れ独《ひと》り何為《なんす》れぞ色を好まざらんや」と。乃《すなわ》ち之に資《し》するに珠玉《しゅぎょく》を以てす。南后・鄭褎之《これ》を聞いて大いに恐れ、人をして張子に謂《い》わ令《し》めて曰く、「妾《しょう》聞《き》く将軍晋国に之《ゆ》くと。偶ゝ《たまたま》金千斤《きんせんきん》有り、之を左右に進めて、以て芻秣《すうばつ》に供せん」と。鄭褏も亦た金《きん》五百斤を以てす。張子楚王に辞して曰く、「天下関《かん》閉《と》じて通ぜず、未だ見ゆる日を知らざるなり。願わくは王之に觴《しょう》を賜《たま》え」と。王曰く、「諾」と。乃《すなわ》ち之に觴す。張子中飲《ちゅういん》して、再拝《さいはい》して請《こ》うて曰く、「此《ここ》に他人有《あ》るに非ざるなり。願わくは王便習《べんしゅう》する所を召して、之に觴せよ」と。王曰く、「諾」と。乃ち南后・鄭褏を召して之に觴す。張子再拝して請うて曰く、「儀《ぎ》大王に死罪有り」と。王曰く、「何ぞや」と。曰く、「儀天下を行《めぐ》ること徧《あまね》し。未だ嘗て人の此の如く其れ美なるを見ざるなり。而《しか》るに儀美人を得《え》んと言えるは、是《こ》れ王を欺《あざむ》けるなり」と。王曰く、「子《し》之《これ》を釈《お》け。吾固《もと》より以為《おもえら》く天下是《こ》の両人に若《し》くもの莫《な》きなりと」と。

張儀之楚貧。……当是之時、南后鄭褏貴於楚。張子見楚王。楚王不説。張子曰、王無所用臣。臣請北見晋君。楚王曰、諾。張子曰、王無求於晋国乎。王曰、黄金珠璣犀象出於楚。寡人無求於晋国。張子曰、王徒不好色耳。王曰、何也。張子曰、彼鄭周之女、粉白黛黒、立於衢閭、非知而見之者以為神。楚王曰、楚僻陋之国也。未嘗見中国之女如此其美也。寡人之独何為不好色也。乃資之以珠玉。南后鄭褏聞之大恐、令人謂張子曰、妾聞将軍之晋国。偶有金千斤、進之左右、以供芻秣。鄭褏亦以金五百斤。張子辞楚王曰、天下関閉不通、未知見日也。願王賜之觴。王曰、諾。乃觴之。張子中飲、再拝而請曰、非有他人於此也。願王召所便習、而觴之。王曰、諾。乃召南后鄭袖而觴之。張子再拝而請曰、儀有死罪於大王。王曰、何也。曰、儀行天下徧矣。未嘗見人如此其美也。而儀言得美人、是欺王也。王曰、子釈之。吾固以為天下莫若是両人也。

三 事成らずんば則《すなわ》ち恐らくは身《み》無けん

陰姫《いんき》は江姫《こうき》と中山王《ちゅうざんおう》の后《こう》になろうとして争っていた。司馬憙《しばき》が陰姫の父に言った、「事が成就《じょうじゅ》すれば、あなたも封土《ほうど》を保ち人民を子として慈《いつく》しむ御《おん》身《み》分、成就しなければ、おそらく御身も破滅です。成就させたいのならば、どうして臣の意見を求められないのですか」と。陰姫の父は稽首《けいしゅ》して「いかにも仰せのとおりです。事に対処するのに、あらかじめどんな方策がございましょうか」と言った。司馬憙はさっそく、中山王に上奏《じょうそう》の書状を奉って、「臣は、趙《ちょう》を弱らせ中山を強くする方策を聞いております」と言った。中山王は喜んで司馬憙を引見して、「趙を弱らせ中山を強くする献策というのを聞かせてほしい」と言った。司馬憙は言った、「臣が趙へ行って、趙の地形の険阻《けんそ》、人民の貧富、君臣の賢不肖《けんふしょう》を観察してきて、比較検討の資料といたしませんことには、予測ではなんとも申し上げかねます」と。

そこで、中山王は司馬憙を遣《つか》わした。司馬憙は趙王にまみえるとこう言った、「臣は、『趙といえば天下に名高い歌の上手なすばらしい美人の出る所』と、かねて聞き及びましたが、いま、臣がこちらへ参ります折、国境を越え御領内の都邑《とゆう》へ入りまして、民衆の歌謡や風俗を見聞きいたしますところ、姿といい顔といい、いっこうにすばらしく美しいと思う者に出会いませんでした。これまで旅行した所は多く、天下を周遊してどこの事情も知り尽《つ》くしているつもりですが、まだ一人として中山の陰姫ほどの美人を見たことがありません。知らぬ者は、ただもう神女とばかり思うことでしょう。その姿も顔つきも、この世のものとは思えないのです。なんとその眉目《びもく》たるや鼻頭・額・頰骨・眉の頂・首の骨・顎の骨など、彼女こそは帝王の后の骨相でありまして、諸侯の姫《き》などのそれではありません」。

趙王は乗り気になり、大喜びで、「私はそのものをもらい受けたいが、どんなものか」と言った。司馬憙は言った、「臣はひそかにそのすばらしい美しさを見ておりまして、申し上げないではおれなかったにすぎません。もしもらい受けようとお望みであれば、それはもう臣などのとやかく申すことではございません。ただどうか王におかれましてはお漏《も》らしになりませんよう」と。こうして司馬憙はいとまごいして去り、帰国して中山王に報告してこう言った。「趙王は賢王ではございません。道徳ある人を好まずして美人が好き、仁義の人を好まずして力士が好きです。臣は趙王が陰姫と申されるおかたを御所望《ごしょもう》と聞き及んで参りました」。中山王は顔色を変えて不機嫌になった。

司馬憙「趙は強国でございます。もらい受けに来ることは確実です。王がもしお与えにならねば、たちまち社稷《しゃしょく》は危うくおなりです。お与えになれば、たちまち諸侯の物笑いとおなりです」。中山王「この際、どのようにしたものか」。司馬憙「王には后にお立てになることによって、趙王の思いをお断《た》ち切りになることです。世の中に、人の后をもらい受けようとする者はおりません。たとえもらい受ける機会をねらってみたところで、隣国が許しませんね」。中山王はそこで陰姫を后に立てた。趙王からももらい受けたいとの申し入れはなくてすんだ。（四八二　中山6）

陰姫《いんき》　江姫《こうき》と后《こう》と為《な》るを争う。司馬憙《しばき》　陰姫の公に謂《い》って曰《いわ》く、「事成《ことな》らば、則《すなわ》ち土《ど》を有《たも》ち民を子とし、成らずんば、則ち恐らくは身無《みな》けん。之《これ》を成さんと欲せば、何ぞ臣を見ざるや」と。陰姫の公　稽首《けいしゅ》して曰く、「誠《まこと》に君の言の如《ごと》し。事何《ことなん》ぞ予《あらかじ》め道《い》うべき者《もの》ぞ」と。司馬憙即《すなわ》ち書を中山《ちゅうざん》の王に奏《そう》して曰く、「臣　趙《ちょう》を弱くし中山を強くするを聞く」と。中山王悦《よろこ》んで之を見て曰く、「願わくは趙を弱くし中山を強くするの説を聞かん」と。司馬憙曰く、「臣願わくは趙に之《ゆ》き、其《そ》の地形の険阻《けんそ》、人民の貧富、君臣の賢不肖《けんふしょう》を観《み》、商敵《しょうかく》して資《し》と為さん。未《いま》だ予め陳《の》ぶべからざるなり」と。中山の王之《これ》を遣《や》る。趙王に見《まみ》えて曰く、「臣《しん》聞く、『趙は天下の善く音《おん》を為す佳麗《かれい》の人の出《い》ずる所なり』と。今者《いま》　臣来《きた》って、境《さかい》に至り都邑《とゆう》に入《い》り、人民の謡俗《ようぞく》を観《み》るに、容貌顔色《ようぼうがんしょく》、殊《こと》に佳麗好美《かれいこうび》なる者無し。以《おも》うに臣が行きし所多く、周流《しゅうりゅう》して通《つう》ぜざる所無し。未だ嘗《かつ》て人の　中山の陰姫《いんき》の如《ごと》き者を見ざるなり。知らざる者は、ただ以て神《しん》と為すなり。其《そ》の容貌顔色、固《もと》より已《すで》に人に過絶《かぜつ》す。乃《すなわ》ち其の眉目《びもく》、准《せつ》・頞《あつ》・権《けん》・衡《こう》・犀角《さいかく》・偃月《えんげつ》の若《ごと》きは、彼《かれ》　乃ち帝王の后《こう》なり。諸侯の姫《き》に非《あら》ざるなり」と。趙王《ちょうおう》意移り、大いに悦《よろこ》んで曰く、「吾願《われねが》わくは之を請《こ》わん。何如《いかん》」と。司馬憙曰く、「臣窃《ひそ》かに其の佳麗を見て、口 道《い》う無きこと能《あた》わざるのみ。即《も》し之を請わんと欲せば、是れ臣が敢《あえ》て議する所に非ず。願わくは王泄《もら》す無かれ」と。司馬憙辞し去る。帰って中山の王に報じて曰く、「趙王は賢王に非ざるなり。道徳を好まずして声色《せいしょく》を好み、仁義を好まずして勇力《ゆうりょく》を好む。臣《しん》其《そ》の乃《すなわ》ち所謂《いわゆ》る陰姫《いんき》なる者を請《こ》わんと欲するを聞く」と。中山王色《いろ》を作《な》して悦《よろこ》ばず。司馬憙曰《いわ》く、「趙《ちょう》は強国なり。其の之を請わんこと必《ひっ》せり。王 如《も》し与えずんば、即《すなわ》ち社稷《しゃしょく》危《あや》うからん。之を与えば、即ち諸侯《しょこう》の笑いと為《な》らん」と。中山王曰《いわ》く、「為すこと将《まさ》に奈何《いかん》せんとする」と。司馬憙曰く、「王立《おうた》てて后《こう》と為し、以《もっ》て趙王の意を絶《た》て。世に后《こう》を請う者無し。之を請うを得んと欲すと雖《いえど》も、鄰国与《ゆる》さざるなり」と。中山王 遂《つい》に立てて以て后と為す。趙王も亦《ま》た請言《せいげん》無かりき。

陰姫与江姫争為后。司馬憙謂陰姫公曰、事成、則有土子民、不成、則恐無身。欲成之、何不見臣乎。陰姫公稽首曰、誠如君言。事何可予道者。司馬憙即奏書中山王曰、臣聞弱趙強中山。中山王悦而見之曰、願聞弱趙強中山之説。司馬憙曰、臣願之趙、観其地形険阻、人民貧富、君臣賢不肖、商敵*為資。未可予陳也。中山王遣之。見趙王曰、臣聞、趙天下善為音佳麗人之所出也。今者臣来、至境入都邑、観人民謡俗、容貌顔色、殊無佳麗好美者。以臣所行多矣、周流無所不通。未嘗見人如中山陰姫者也。不知者、特以為神力*。言*不*能*及*

*也。其容貌顔色、固已過絶人矣。若乃其眉目、准頞権衡、犀角偃月、彼乃帝王之后。非諸侯之姫也。趙王意移、大悦曰、吾願請之。何如。司馬憙曰、臣窃見其佳麗、口不能無道爾。即欲請之、是非臣所敢議。願王無泄也。司馬憙辞去。帰報中山王曰、趙王非賢王也。*不好道徳而好声色、不好仁義而好勇力。臣聞其乃欲請所謂陰姫者。中山王作色不悦。司馬喜曰、趙強国也。其請之必矣。王如不与、即社稷危矣。与之、即為諸侯笑。中山王曰、為将奈何。司馬憙曰、王立為后、以絶趙王之意。世無請后者。雖欲得請之、鄰国不与也。中山王遂立以為后。趙王亦無請言也。

▼戦国七雄といえば、斉《せい》・楚《そ》・燕《えん》・韓《かん》・趙《ちょう》・魏《ぎ》・秦《しん》で、みな強力な国であったが、中山国《ちゅうざんこく》はそれ以外の、しかし重要な諸侯国の一つであった。今の河北省《かほく》にあったその都城の遺跡が発掘され、昭和五十六年に東京国立博物館で中山王国文物展が開かれたことがある。
▼稽首《けいしゅ》は頭を地につけるまで下げるおじぎ。社稷《しゃしょく》とは土地の神と五穀の神とで、国家のことをいう。容貌について、准《せつ》から偃月《えんげつ》まで列《なら》ぶ見馴れない言葉は、みな人相見の専門用語と思われる。

烈《れっ》婦《ぷ》

四　江上《こうじょう》の処女《しょじょ》に家貧《いえひん》にして燭《しょく》無き者有り

甘茂《かんぼう》は秦《しん》から逃げ出して斉《せい》に行こうとして、函谷関《かんこくかん》を出たところで蘇子《そし》に出会った。「きみは江《こう》のほとりに住む娘の話をお聞きですか」と言うと、蘇子は「聞いてはおりませんが」と言うので物語りした。「江のほとりに住む娘たちのなかに、貧乏で明かりを持って来られぬ者がいました。ほかの娘たちは相談して彼女を仲間はずれにしようとしました。貧乏で明かりの持って来られない娘は、立ち去ろうとしたのですが、娘たちに申しました、『私は明かりを持って来られないものですから、常々まっ先に来て部屋を掃除し、席を敷いておりました。それにあなたたちは、四方の壁を照らす余分の光を、どうして惜しまれるのでしょう。まかりまちがって私にくださったところで、皆さんになんの妨げがありましょう。私はあなたたちのお役に立っているつもりです。どうして私を追い出されるのでしょう』と。娘たちは相談していかにもということになり、引き留めたということです。いま、私はふつつかにして秦《しん》から放逐《ほうちく》され函谷関を出ました。どうかあなたのために部屋を掃除し席を敷かせていただきたい。なにとぞ私を放逐なさいませぬよう」と。蘇子「よかろう。あなたを斉が重く用いるように、一膚脱《ひとはだぬ》がせていただこう」。（六四　秦上　昭襄王1）

甘茂《かんぼう》 秦《しん》を亡《に》げ、且《まさ》に斉《せい》に之《ゆ》かんとし、関《かん》を出《い》でて蘇子《そし》に遇《あ》う。曰《いわ》く、「君《きみ》 夫《か》の江上《こうじょう》の処《しょ》女《じょ》を聞けるか」と。蘇子《そし》曰く、「聞かず」と。曰く、「夫の江上の処女、家貧《ひん》にして燭《しょく》無《な》き者有《ものあ》り。処女相与《あいとも》に語り、之《これ》を去らんと欲《ほっ》す。家貧《ひん》にして燭無き者将《まさ》に去らんとして、処女に謂《い》って曰く、『妾《しょう》 燭無きを以《もっ》ての故《ゆえ》に、常に先《ま》ず至って、室を掃《はら》い席を布《し》く。何《なん》ぞ余明《よめい》の四壁《しへき》を照《て》らす者を愛《おし》むや。幸いに以て妾に賜《たま》うとも、何ぞ処女に妨げあらん。妾自《みずか》ら以《おも》うに処女に益《えき》有りと。何為《なんす》れぞ我を去るや』と。処女相語《あいかた》って以て然《しか》りと為《な》して、之《これ》を留《とど》む。今臣《しん》 不肖《ふしょう》にして秦に棄逐《きちく》せられて関を出ず。願わくは足下《そっか》の為に室を掃い席を布かん。幸いに我を逐《お》う無かれ」と。蘇子曰く、「善し。請う公を斉に重《こ》くせん」と。

甘茂亡秦且之斉、出関遇蘇子。曰、君聞夫江上之処女乎。蘇子曰、不聞。曰、夫江上之処女、有家貧而無燭者。処女相与語欲去之。家貧無燭者、将去矣、謂処女曰、妾以無燭故、常先至掃室布席。何愛余明之照四壁者。幸以賜妾何妨於処女。妾自以有益於処女。何為去我。処女相語以為然、而留之。今臣不肖、棄逐於秦而出関。願為足下掃室布席。幸無我逐也。蘇子曰、善、請重公於斉。

▼民俗学的にも面白そうな話である。西門豹《せいもんひょう》の事績として、河伯《かはく》（黄河の神）の祭りに処

女が犠牲になることを止める話が、『史記《しき》』「滑稽列伝《こっけいれつでん》」に見える。本書一六の附記（七五ページ）を参照。

▼婦女子が夜、おおぜい集まって仕事をするのであれば、灯火、暖房の節約にもなるし、技術の伝承ともなるから、一般的に行われていたらしいことであるが、処女の話になると場所がとかく川辺であるところが不思議である。

▼いったい、ここで言う燭《しょく》とはなんであろうか。高価なものであったろう。古代には薪を束ねた松明《たいまつ》を使っていたのが、この時代あたりから油灯があったらしい。『楚辞《そじ》』「招魂《しょうこん》」に「蘭膏《らんこう》の明燭《めいしょく》、華容備《かようそな》わる」とあって蘭香を入れて膏《あぶら》を煉《ね》るのだという。とにかく照明には苦労したことは確かで、本書八〇　二五三にあるように、かまどでも明かりを取ったことが分かるし、孟嘗君《もうしょうくん》の食客《しょっかく》が暗い席で飯を食わされるのは、膳が等しくないためだと怒った話があり（『史記』「孟嘗君列伝」）、孟嘗君ですら明かりの工面《くめん》に苦労をしていたことが分かる。

五　吾《われ》は門に倚《よ》って望めり

王孫賈《おうそんか》は十五歳で閔王《びんおう》に仕《つか》えていた。王が出奔《しゅっぽん》して、王がどこにおいでなのか、分からなくなってしまった。王孫賈の母が言った。「おまえが、朝出かけて夕暮れに帰って来るとき、私は家の門に身を寄せて遠くを見て待ち、おまえが夕暮れに出かけたまま帰って来ないと、私は村里の外《はず》れの門に寄りかかって遠くを見て待っていたんだよ。だがね、おまえは今、王にお仕えする身で、王が出奔されたのに、おまえは、どこにおいでか知らないで、おまえ、よく帰って来られたものだね」。王孫賈はそこで、市《まち》の中に入って言った、「淖歯《とうし》が斉《せい》の国に乱を起こし、閔王を殺した。私とともども誅戮《ちゆうりく》しようと思う者は、右肩を膚脱《はだぬ》ぎになれ」と。すると、市の人が四百人ほどついて来た。王孫賈はこの人たちとともに淖歯を誅戮に行き、突き刺して殺した。（一五三　斉下　閔王6）

王孫賈《おうそんか》年《とし》十五にして閔王《びんおう》に事《つか》う。王出《い》で走《はし》る。王の処《ところ》を失う。其《そ》の母曰《いわ》く、「女《なんじ》朝《あした》に出でて晩《くれ》に来《きた》れば、則《すなわ》ち吾《われ》門《もん》に倚《よ》って望み、女暮《く》れに出でて還《かえ》らざれば、則ち吾《われ》閭《りよ》に倚《よ》って望む。女《なんじ》今《いま》王に事《つか》え、王出で走りて、女其《そ》の処《ところ》を知らず。女尚《な》お何《なん》ぞ帰るや」と。王孫賈《おうそんか》乃《すなわ》ち市中《しちゆう》に入《い》って曰《いわ》く、「淖歯《とうし》斉国《せいこく》を乱《みだ》して、閔王《びんおう》を殺せり。我と与《とも》に誅《ちゆう》せんと欲する者は、右を袒《はだぬ》げ」と。市人従《しじんしたが》う者《もの》四百人《しひやくにん》あり。之《これ》と与に淖歯《とうし》を誅し、刺《さ》して之を殺す。

王孫賈年十五事閔王。王出走。失王之処。其母曰、女朝出而晩来、則吾倚門而望、女暮出而不還、則吾倚閭而望。女今事王、王出走、女不知其処。女尚何帰。王孫賈乃入市中曰、淖歯乱斉国、殺閔王。欲与我誅者、袒右。市人従者四百人。与之誅淖歯、刺而殺之。

▼斉《せい》の閔王《びんおう》は、はばからずものを言う宗族や政治の要路に当たっている大臣らを、次つぎと殺し、人民からも臣下からも信頼を失った。そこで燕《えん》に討たれて軍は敗れ、王は莒《きょ》に出奔《しゅっぽん》した。淖歯《とうし》は王に、いま天・地・人そろって兆候を現し警告しているのに、王には自戒のお気持ちもない、と言って閔王を皷里《こり》で殺し（本書四三　一五二）、閔王の身体から筋肉の筋を引き抜いて廟堂《びょうどう》の梁《はり》にぶら下げ、一夜で死なせた（二〇八の五）。

▼その淖歯を、母の戒《いまし》めで誅殺《ちゅうさつ》した王孫賈《おうそんか》は、ここにだけに見える人物で、その後のことは分からない。『論語』「八佾篇《はちいつ》」「憲問篇《けんもん》」に見える衛《えい》の権臣の王孫賈はもとより別人。

▼この物語に因《ちな》んで二つの成語が生まれている。「倚門《いもん》の望《ぼう》」と言えば、母がその子の帰りを待つ心の切なさをいう。また人に味方すること、加勢することを「左袒《さたん》」という。王孫賈は右肩を脱《ぬ》がせたので「右袒」になるが、これより後、漢の呂后《りょこう》の死後、呂氏《りょし》一族が乱を起こそうとしたとき、太尉《たいい》の周勃《しゅうぼつ》が「呂氏を為《たす》けんとするものは右袒せよ、劉氏《りゅうし》を為けんとするものは左袒せよ」と命令したところ、軍中皆な左袒したという（『史記』「呂后《りょこう》本紀《ほんぎ》」）。宋《そう》の王応麟《おうおうりん》は『困学紀聞《こんがくきぶん》』巻十二「攷史《こうし》」にこの周勃のことについて右袒は刑を受けるしるしと説くが、清《しん》の閻若璩《えんじゃくきょ》はここの王孫賈のことと併せても、左右に区別はなく、ただ人心の帰趨《きすう》をうかがうのに、文盲の者にもできる手だてで、戦国から漢にかけての習慣であったという（『困学紀聞』「箋」）。

▼王孫賈が人を集めた市は、単に物の売買を行うだけの場所ではなく、市に集まって娯楽に興じ、議論を闘わせた場所である。古代中国の市は、ギリシアのアゴラに比すべきものであるという宮崎市定博士の指摘がある（〈中国古代史概論〉『宮崎市定全集』3「古代」、一九ページ）。たしかにこの場合もそうであって、次の話の聶政《じょうせい》の死体は市に曝《さら》された。『戦国策』にはいくつか市が舞台となる場面が出て来る。

六 その姉なる者も亦《ま》た列女なり

聶政《じょうせい》は厳遂《げんすい》のために宰相の韓傀《かんかい》を刺してその仇《あだ》を報じてやると、みずから腹をかっさばき腸をつかみ出して死んだ。韓傀を刺すとき、勢いあまって韓王をも傷つけていることでもあり、韓《かん》では聶政の遺体を接収して市場に曝《さら》し、千金の懸賞を懸《か》けたが、長い間、それが誰であるか知る者は現れなかった。

聶政の姉はこのことを聞くと、「弟は至って優《すぐ》れた人物。私が身を惜しんで、我が弟の名を滅ぼし去ってはならぬ。弟の意に添わぬことではあるが」と言い、韓《かん》に出かけて、眼をこらして遺体を見、「なんと勇ましいことよ、気構えのりりしいことといったら。この行いは孟賁《もうほん》・夏育《かいく》をもしのぎ、成荊《せいけい》よりも気高《けだか》い。それなのにいま、死んだあとその名を知る者がない。父母はもうこの世にいないし、兄弟もありはしない。こんな最期《さいご》の遂《と》げかたをしたのは、私のためにこそしたことなのだ。私が身を惜しんで弟の名を立ててあげないでいるなど、私には耐えられないことだ」と言うと、遺体を抱きかかえて慟哭《どうこく》した。そして「これは私の弟、軹《し》の深井里《しんせいり》の聶政なのです」と言うと、自分も遺体の傍《かたわ》らで自殺した。晋《しん》・楚《そ》・斉《せい》・衛《えい》の人々はこの話を聞いて言った、「聶政がよくもやったというだけではない。その姉なる人も、いかにも優れた女性だ」と。聶政が後世に名を残したのは、その姉が、その身を刻《きざ》まれて葅醢《ししびしお》にされる刑罰をものともせず、弟の名を揚げてやったからなのである。（四〇四　韓　列侯1）

政《せい》の姉之《これ》を聞いて曰《いわ》く、「弟至《いた》って賢なり。妾《しょう》の軀《み》を愛《おし》みて、吾《わ》が弟の名を滅《めっ》すべからず。弟の意《い》に非《あら》ざるなり」と。乃《すなわ》ち韓《かん》に之《ゆ》き、之《これ》を視《み》て曰く、「勇ましいかな、気矜《ききょう》の隆《さかん》なる。是《こ》れ其《そ》れ賁育《ほんいく》よりも軼《す》ぎて、成荊《せいけい》よりも高し。今《いま》死して名無し。父母既《すで》に歿《ぼっ》す、兄弟《けいてい》有《あ》る無《な》し。此《こ》れ我が為の故《ゆえ》なり。夫《そ》れ身を愛《おし》んで弟の名を揚《あ》げざるは、吾忍《しの》びざるなり」と。乃《すなわ》ち屍《しかばね》を抱《いだ》いて之を哭《こく》して曰く、「此《こ》れ吾が弟 軹《し》の深井里《しんせいり》の聶政《じょうせい》なり」と。亦《ま》た屍の下《もと》に自殺す。晋《しん》・楚《そ》・斉《せい》・衛《えい》之を聞いて曰く、「独《ひと》り政の能《のう》のみに非《あら》ず、乃ち其の姉なる者も亦《ま》た列女《れつじょ》なり」と。聶政の名《な》を後世に施《し》く所以《ゆえん》の者は、其の姉葅醢《そかい》の誅《ちゅう》を避《さ》けず、以て其の名を揚げたればなり。

政姉聞之曰、弟至賢。不可愛妾之軀、滅吾弟之名。非弟意也。乃之韓、視之曰、勇哉、気矜之隆。是其軼賁育、而高成荊矣。今死而無名。父母既歿矣、兄弟無有。此為我故也。夫愛身不揚弟之名、吾不忍也。乃抱屍而哭之曰、此吾弟軹深井里聶政也。亦自殺於屍下。晋楚斉衛聞之曰、非独政之能、乃其姉者亦列女也。聶政之所以名施於後世者、其姉不避菹醢之誅、以揚其名也。

▼孟賁《もうほん》・夏育《かいく》・成荊《せいけい》、みな戦国の勇士また力もちの名。『孟子《もうし》』や『史記《しき》』、『淮南子《えなんじ》』など諸子の書にその名が見える。

賢《けん》　后《こう》

七　本《もと》を舎《す》てて末《すえ》を問《と》う者《もの》有らんや

斉王《せいおう》は使者を出して趙《ちょう》の威后《いこう》の機嫌をうかがわせた。手紙の封を切らないままで、威后は使者に問われた。「作物も順調ですか。人民にも変わりはありませんか。王様にもお変わりありませんか」。使者は不愉快に思って、「臣はお使いを仰せつかって威后さまのもとへ参りました。ところがいま、王のことをお尋ねにならず、まず作物と人民とのことをお尋ねです。どうして卑《いや》しいものを先にして尊いものをあとになさるのですか」と言った。威后は言った。「そうではない。もしも作物が実らなかったら、どうして人民があろう。もしも人民がなかったら、どうして君があろう。ですから、本《もと》を捨て置いて末《すえ》を問うことなどしましょうか」と。

ここで進み出させたうえ、さらに尋ねた。「お国の在野の士で、鍾離子《しょうりし》という者、元気にしていますか。あの人、その人柄はと言えば、食べ物のある者にも食べさせ、食べ物のない者にも食べさせる、着る物のある者にも衣服を与え、着る物のない者にも衣服を与えます。これは、王を助けて王の民を養っていることになります。それなのに、どうして今日までなんの官職も頂かないのでしょう。

葉陽子《しょうようし》は元気ですか。あの人、その人柄は、連れ合いを失った者に哀れみを掛け、みなしごや独り者の老人に恵み、貧乏にあえぐ者を救い、手もと不如意《ふにょい》の者には補ってやります。これは、王を助けて王の民に安息を与えていることになります。それなのに、どうして今日までなんの官職も頂かないのでしょう。

北宮の娘の嬰児子《えいじし》は、元気にしていますか。佩《はい》の環《わ》も耳飾りも外《はず》してしまい、年寄るまで嫁に行かずに父母に孝養を尽くしています。これはまったく、民にお手本を示して孝の心を植えつけていることになります。それなのに、どうして今日まで朝廷にお呼び出しがないのでしょう。あの二人の士を仕官させず、この一人の娘をお召しにならぬようでは、何によって斉国に王となり万民を慈《いつく》しみなさるのですか。於陵《おりょう》の子仲《しちゅう》は、なお存命でしょうか。この人、その人となりはと言えば、上は王に臣として仕《つか》えようとせず、下は自分の家をほったらかしにし、中は諸侯に交《まじ》わりを得ようともしません。これは、無用な人物となるお手本を民に示しているものなのです。どうして今日まで殺さずにおかれるのですか」。（一四六　斉下王建4）

斉王《せいおう》 使者をして趙《ちょう》の威后《いこう》を問《と》わ使《し》む。書《しょ》未《いま》だ発《ひら》かず、威后 使者に問うて曰《いわ》く、「歳《とし》も亦《ま》た恙《つつが》無《な》きや、民も亦《ま》た恙無きや、王も亦た恙無きや」と。使者説《よろこ》ばずして曰く、「臣使《つか》いを奉じて威后に使いす。今《いま》王を問わずして、先《ま》ず歳と民とを問う。豈《あ》に賤《せん》を先にして尊貴を後にする者か」と。威后曰く、「然《しか》らず。苟《いやしく》も歳無くんば、何を以《もっ》てか民有らん。苟も民無くんば、何を以てか君有らん。故に本《もと》を舎《す》てて末《すえ》を問う者有らんや」と。乃《すなわ》ち進ましめて之《これ》に問うて曰く、「斉に処士《しょし》有り、鍾離子《しょうりし》と曰《い》う。恙無きや。是《こ》れ其《そ》の人と為《な》りや、糧《りょう》有る者も亦た食《は》ましめ、糧無き者も亦た食ましめ、衣有る者も亦た衣《き》しめ、衣無き者も亦た衣しむ。是れ王を助けて其の民を養うなり。何を以て今に至るまで業《ぎょう》あらしめざるや。葉陽子《しょうようし》は 恙無きや。是れ其の人と為り、鰥寡《かんか》を哀《あわ》れみ、孤独を卹《めぐ》み、困窮を振《すく》い、不足を補う。是れ王を助けて其の民を息《やす》ます者なり。何を以て今に至るまで業あらしめざるや。北宮《ほくきゅう》の女《じょ》 嬰児子《えいじし》恙無きや。其の環瑱《かんてん》を徹《てっ》し、老に至るまで嫁《か》せずして、以て父母を養う。是れ皆《み》な民を率《ひき》いて孝情《こうじょう》に出《い》でしむる者なり。胡為《なんす》れぞ今に至るまで朝《ちょう》せしめざるや。此の二士業あらず、一女朝《いちじょ》せずんば、何を以てか斉国に王とし、万民を子《こ》とせんや。於陵《おりょう》の子仲《しちゅう》は尚《な》お存《そん》せりや。是れ其の人と為りや、上《かみ》は王に臣たらず、下《しも》は其の家を治めず、中《なか》は交わりを諸侯に索《もと》めず。此《こ》れ民を率いて無用に出でしむる者なり。何為《なんす》れぞ今に至るまで殺さざるや」と。

斉王使使者問趙威后。書未発、威后問使者曰、歳亦無恙耶、民亦無恙耶、王亦無恙耶。使者不説曰、臣奉使使威后。今不問王、而先問歳与民。豈先賤而後尊貴者乎。威后曰、不然。苟無歳、何以有民。苟無民、何以有君。故有問舎本而問末者耶。乃進而問之曰、斉有処士、曰鍾離子。無恙耶。是其為人也、有糧者亦食、無糧者亦食、有衣者亦衣、無衣者亦衣。是助王養其民也。何以至今不業也。葉陽子無恙乎。是其為人、哀鰥寡、卹孤独、振困窮、補不足。是助王息其民者也。何以至今不業也。北宮之女嬰児子無恙耶。徹其環瑱、至老不嫁、以養父母。是皆率民而出於孝情者也。胡為至今不朝也。此二士弗業、一女不朝、何以王斉国、子万民乎。於陵子仲尚存乎。是其為人也、上不臣於王、下不治其家、中不索交諸侯。此率民而出於無用者。何為至今不殺乎。

▼女性が政治の要諦《ようてい》を心得ている話。已《や》むことを得ずして去るに、兵（武器）を去り、食（食糧）を去る。「民信無《たみしんな》くんば立《た》たず」、人民からの信頼は最後まで失ってはならぬ（『論《ろん》

語《ご》』「顔淵《がんえん》」）というのが思い併《あわ》される。

八　而《よ》く此《こ》の環《かん》を解《と》くや不《いな》や

斉《せい》の閔王《びんおう》が殺されたとき、その子の法章《ほうしょう》は姓名を変えて、莒《きょ》の太史《たいし》の家の傭人《ようじん》になった。太史敫《きょう》の娘は、法章の風貌を世にまれなものと見、並の人ではないと思い、恋心を抱いて常常ひそかに衣食を与え、情交を通じる仲となっていた。そのうち、莒《きょ》中の人々、および斉の臣で姿を隠していた旧臣が集まって、閔王の子を捜し出して王に立てようとした。法章はそこではじめて、莒の邑《ゆう》でみずから名乗り出た。人々はこの法章を立てて襄王《じょうおう》とした。襄王は即位すると、太史の娘を王后《おうこう》に立て、子の建《けん》が生まれた。太史敫は「仲人《なこうど》も立てずに嫁入りした娘は、我家の血筋を引く者ではない。我家の歴史を汚しおった」と言って、死ぬまで会わなかった。しかし、君王后《くんおうこう》は賢婦人で、父が会ってくれぬからといって、子としての礼を欠くことはなかった。

襄王が死に、子の建が即位して斉王《せいおう》となった。君王后は秦《しん》に丁重に仕え、諸侯には信義を失わなかった。そのため建が王位についてから四十余年の間、他国の侵略を受けなかった。秦の昭王《しょうおう》はかつて使者を遣《つか》わして来て、君王后に玉《ぎょく》を組み合わせた環《わ》を贈り、「斉には知恵者が多いということだが、この環が解《と》けるかどうか」との口上をつけて来た。君王后はその環を並居る臣下に見せたが、だれも解きかたを知らなかった。すると君王后は、椎《つち》を手に取るや、これをたたき割って、秦の使いに礼を述べ、「謹んでお解きいたしました」と言った。君王后が病気にかかり、臨終も迫ったとき、建を戒《いまし》めて、「群臣《ぐんしん》のうち、用いなさるがよろしき者は、……」と言いかけた。建が「どうか書き取らせてください」と言うと、君王后は「いいよ」と言うので、筆と木札とを取り寄せて、いざ承《うけたまわ》る段になると、君王后は、「この老《お》いぼれは、もう忘れてしまったよ」と言った。君王后が死ぬと、その後、后勝《こうしょう》が斉の宰相となり、秦の間者《かんじゃ》から多大の金玉を受け取り、斉の賓客《ひんかく》たちを秦に送り込んだので、賓客たちはみなおためごかしの報告をして、王に秦に入朝するように勧め、戦いの準備を調えないでおかせた。（一五八A　斉下　王建5）

斉《せい》の閔王《びんおう》の殺《さつ》に遇《あ》うや、其の子法章《ほうしょう》、姓名を変じて、莒《きょ》の太史《たいし》の家の庸夫《ようふ》と為《な》る。太史敫《たいしきょう》の女《じょ》、法章の状貌《じょうぼう》を奇《き》とし、以《もっ》て常人《じょうじん》に非《あら》ずと為《な》し、憐んで常に窃《ひそ》かに之《これ》に衣食せしめ、与《とも》に私《わたくし》す。莒中《きょちゅう》及び斉の亡臣《ぼうしん》相聚《あいあつま》り、閔王の子を求めて、之を立てんと欲《ほっ》す。法章乃《すなわ》ち自《みずか》ら莒《きょ》に言う。共に法章を立てて襄王《じょうおう》と為す。襄王立《た》つや、太史氏《たいしし》の女を以て王后《おうこう》と為し、子の建《けん》を生めり。太史敫曰《いわ》く、「女　媒《ばい》無くして嫁ぐ者は、吾《わ》が種《しゅ》に非《あら》ざるなり。吾が世《よ》を汙《けが》せり」と。終身覩《み》ず。君王后《くんおうこう》賢なり。覩ざるの故を以て、人子《じんし》の礼を失わず。襄王　卒《しゅっ》す。子建《こけん》立《た》って斉王と為る。君王后《くんおうこう》秦《しん》に事《つか》えて謹《つつし》み、諸侯と信あり。故を以て建《けん》立って四十有余年、兵を受けず。秦の昭王《しょうおう》嘗《かっ》て使者をして君王后《くんおうこう》に玉連環《ぎょくれんかん》を遺《おく》ら使《し》めて曰《いわ》く、「斉《せい》に知《ち》多けれども、而《よ》く此《こ》の環《かん》を解《と》くや不《いな》や」と。君王后以《もっ》て群臣に示す。群臣解《と》くを知らず。君王后椎《つち》を引きて之を椎破《ついは》し、秦の使いに謝して曰く、「謹《つつし》んで以て解けり」と。君王后病んで且《まさ》に卒せんとするに及びて、建《けん》を誡《いまし》めて曰く、「群臣の用う可《べ》き者は某《ぼう》なり」と。建曰く、「請《こ》う之を書《しょ》せん」と。君王后曰く、「善し」と。筆牘《ひっとく》を取って言を受く。君王后曰く、「老婦已《すで》に亡《わす》れたり」と。君王后死す。後に后勝《こうしょう》斉《せい》に相《しょう》たり。多く秦間《しんかん》の金玉《きんぎょく》を受け、賓客《ひんかく》をして秦に入ら使め、皆《み》な変辞《へんじ》を為《な》し、王に勧《すす》めて秦に朝《ちょう》し、攻戦の備えを脩《おさ》めざらしむ。

斉閔王之遇殺、其子法章、変姓名、為莒太史家庸夫。太史敫女、奇法章之状貌、以為非常人、憐而常竊衣食之、与私焉。莒中及斉亡臣相聚、求閔王子、欲立之。法章乃自言於莒。共立法章為襄王。襄王立、以太史氏女為王后、生子建。太史敫曰、女無謀*而嫁者、非吾種也。吾汙世矣。終身不覩。君王后賢。不以不覩之故、失人子之礼也。**襄王卒。子建立為斉王。君王后事秦謹、与諸侯信。以故建立四十有余年、不受兵。秦始皇嘗使使者遺君王后玉連環曰、斉多知、而解此環不。君王后以示群臣。群臣不知解。君王后引椎椎破之、謝秦使曰、謹以解矣。及君王后病且卒、誡建曰、群臣之可用者、某。建曰、請書之。君王后曰、善。取筆牘受言。君王后曰、老婦已亡矣。君王后死。後后勝相斉。多受秦間金玉、使賓客入秦、皆為変辞、勧王朝秦、不脩攻戦之備。

▼アレクサンドロスが、複雑に縛《しば》ってある皮の紐を剣で切ったという話と同工《どうこう》の話であり、時代もほぼ同じ頃である。この難題を出したのが秦であるから、何か西域での同根説話ではないかと想像をかきたてられる。

老《ろう》婦《ふ》

九　死者を以《もっ》て知有りと為《な》すか

秦《しん》の宣太后《せんたいこう》は魏醜夫《ぎしゅうふ》という男を寵愛《ちょうあい》していた。太后は病んで死に瀕《ひん》すると、「私を葬るときには、ぜひとも魏子《ぎし》を殉死者《じゅんし》とせよ」という令を出した。魏子はもう気が気でない。そこで、庸芮《ようぜい》が魏子のために太后に説いた、「死者に知覚があるとお考えですか」と言うと、太后「知覚はなかろう」。そこで言う、「もしも太后の英明なる御霊《みたま》にして、死者は知覚がないのでしたら、どうしてまた、生前御寵愛の男を、知覚のない死人の傍《かたわ》らに葬《ほうむ》るなどと言う、無意味なことをなさるのですか。また、もし死者に知覚があるものならば、先にお亡くなりになった王が、もう久しく怒りを積みに積んでおられます。太后は罪科《つみとが》を繕《つくろ》われるのに精いっぱいで、魏醜夫と姦通《かんつう》なさるおひまなど、どうしてどうしてございましょう」と。太后は「分かった」と言って、やっと思いとどまった。（六八　秦下　昭襄王6）

秦《しん》の宣太后《せんたいこう》魏醜夫《ぎしゆうふ》を愛《あい》す。太后病《や》んで将《まさ》に死せんとし、令《れい》を出《いだ》して曰《いわ》く、「我が葬《そう》を為《な》さば、必ず魏子《ぎし》を以《もつ》て殉《じゆん》と為せ」と。魏子之《これ》を患《うれ》う。庸芮《ようぜい》魏子《ぎし》の為に太后に説《と》いて曰く、「死者を以《もつ》て知る有りと為《な》す乎《か》」と。太后曰く、「知る無き也《なり》」と。曰く、「若《も》し太后《たいこう》の神《しん》霊《れい》明らかに死者の知る無きを知らば、何為《なんす》れぞ空《むな》しく生きて愛する所を以て、知る無きの死人に葬《ほうむ》らんや。若《も》し死者知る有らば、先王怒りを積むの日久《ひさ》し。太后過《あやま》ちを救うて贍《た》らじ。何《なん》の暇《いとま》あってか乃《すなわ》ち魏醜夫を私《わたくし》せんや」と。太后曰く、「善《よ》し」と。乃ち止《や》む。

秦宣太后愛魏醜夫。太后病将死、出令曰、為我葬必以魏子為殉。魏子患之。庸芮為魏子説太后曰、以死者為有知乎。太后曰、無知也。曰、若太后之神霊明知死者之無知矣、何為空以生所愛、葬於無知之死人哉。若死者有知、先王積怒之日久矣。太后救過不贍。何暇乃私魏醜夫乎。太后曰、善。乃止。

▼殉死は当時、一般的であったようで、本書一四（一七〇）にも殉死をする約束で君主にとり入る話や、本書八二（三二六）に鼠《ねずみ》の首で殉じさせる話もある。『墨子《ぼくし》』「節葬下」に「天子、殉を殺す者、衆《おお》き者は数百、寡《すくな》き者も数十」とあり、未《いま》だ古代の習俗から脱しない時代であった。

一〇　趙《ちょう》の太后《たいこう》　新たに事を用う

趙《ちょう》の太后《たいこう》が政治を取りしきることとなったばかりのとき、秦《しん》が急に攻めかけてきた。趙では、斉《せい》に救援を求めた。斉は「ぜひとも長安君《ちょうあんくん》を人質《ひとじち》として渡せ。そうすれば、軍を出そう」と言った。太后は承知しなかった。大臣たちが強くいさめると、太后は側近の人々に申し渡した、「このうえ『長安君を人質にするよう』と言う者があれば、そいつの顔につばを引っ掛けますぞ」と。そこへ、左師《さし》の触竜《しょくりゅう》が、「太后にお目通り願います」と申し出たので、太后はぷんぷん怒りながら待った。触竜は入ると静かに小走りし、座に着いて謝して言った。「老臣《ろうしん》は足の病にかかりまして、すばやい小走りの礼がかなわず、久しくお目に掛かることができませんでした。恐れ多きことながら、おのが身から推《お》し測《はか》りますに、太后のお体にもお疲れがおありでは、と案じまして、遠くからでもお姿を拝したいと願い出た次第でございます」。太后「老婦も手車《てぐるま》が頼りです」。「毎日のお食事が減ってなどいらっしゃいませんか」。「かゆにばかり頼っています」。「老臣など、近ごろはことのほか食欲がございません。そこで、みずから努めて一日に三、四里は歩くようにいたしましたところ、少《すこ》しく食が進むようになり、体調もよくなりました」。太后「老婦にはできないことです」。太后の不機嫌はいくぶん和《やわ》らいだ。そこで、左師公は言った、「老臣のこせがれの舒祺《じょき》は、末《すえ》っ子で不肖の子ではございますが、臣は老《お》いぼれまして、これがかわいくてたまりません。なにとぞ衛士《えいし》の人数に入れていただいて王宮を守らせてやっていただければと存じ、死罪のおとがめを覚悟で、申し上げます」と。太后「たしかに引き受けました。歳はいくつになります」。答えて、「十五歳です。年少ではございますが、どうか老臣が溝《みぞ》の埋《う》め草《くさ》となって死にませんうちに、おゆだねいたしとうございます」。太后「男でも、末っ子はかわいくてたまらぬものですか」。答えて、「御婦人がた以上でございます」。太后は笑って、「女はことに甚だしいものでね」。答えて、「老臣は、ひそかに、お母上様が燕后《えんこう》をおいとおしみのさまは、長安君より以上とお見受けしておりましたが」と言う。「それはお間違いです。長安君ほどではありませんよ」。左師公「父母が子を愛します場合は、その子のためにさきざきまでの計画を立ててやるものです。お母上様が燕后を送り出されましたときには、そのくびすにおすがりになって、お泣きでした。遠方へ嫁《とつ》いで行かれるのを思い、お悲しみになっては、やはりかわいそうにと、おいとおしみでした。嫁がれてのちも、いとおしくお思いにならないわけではございませんのに、御祭祀《さいし》には必ずお祭りになり、『けっして帰されるようなことのないよう』とお祈りになっておいでです。つまり、幾久しく御子孫が絶えず、相次いで王となりになるようにとの、さきざきまでの計画をお立てなのではありませんか」。太后「そのとおりです」。左師公「ところで、御三代以前より、すなわち趙が趙国を建てたときまでさかのぼってみて、趙主《ちょうしゅ》（趙簡子《ちょうかんし》・趙襄子《ちょうじょうし》）の御子孫で侯となられましたおかたで、その世継ぎが今日まで続いている家がありましょうか」。「ありません」。「趙だけのことではありません。諸侯に、続いているものがありましょうか」。「聞いていません」。「それは、禍いが、近い場合には侯となったその人自身に及び、遠い場合もその子孫に及んだからです。人主《じんしゅ》の子孫が決まって善人でない、などというはずがありましょうか。位《くらい》は尊いのに功がなく、俸禄《ほうろく》は多いのに働きがなく、しかも、財宝をおびただしく所蔵しているからなのです。いま、お母上様が、長安君の位を尊くなさって、肥沃《ひよく》な土地にお封じになり、多くの財宝をお与えになりましたが、今日まで国に勲功を立てさせておいでであります。いったん、お母上様に万一のことがございました暁《あかつき》には、長安君は何によって趙に身をお託しになるのでしょうか。老臣は、お母上様が長安君のためになさる計画は目先だけとお見受け申し、そこから、御愛情は燕后ほどではない、と拝したのでございます」。太后は、「分かりました。あなたの思うようにお使いなさい」と言った。かくて、長安君のために車百乗を調《ととの》えて、斉へ人質として送った。それで、斉の援軍がはじめて出動した。子義《しぎ》がこれを聞いて言った、「人主の子は、国君と肉親の関係にある。それでさえ、功なくしてついた尊位、労せずして受ける俸禄に安閑《あんかん》として、金玉の財宝を守っていることは許されないのだ。人臣たるものは、なおのことだ」と。（二七七　趙下　孝成王1）

趙《ちょう》の太后《たいこう》新たに事を用う。秦《しん》急に之《これ》を攻《せ》む。趙氏《ちょうし》救いを斉《せい》に求む。斉曰《いわ》く、「必ず長安君《ちょうあんくん》を以《もっ》て質《ち》と為《な》さば、兵乃《すなわ》ち出《い》でん」と。太后肯《がえん》ぜず。大臣強《し》いて諫《いさ》む。太后明《あき》らかに左右に謂《い》えらく、「復《ま》た『長安君をして質為《た》ら令《し》めよ』と言う者有らば、老婦必《かなら》ず其《そ》の面《めん》に唾《だ》せん」と。左師《さし》触竜《しょくりゅう》言う、「太后《たいこう》に見《まみ》えんことを願う」と。太后《たいこう》気を盛んにして之《これ》を胥《ま》つ。入《い》りて徐《しず》かに趨《はし》り、至りて自《みずか》ら謝して曰《いわ》く、「老臣足《あし》を病《や》み、曾《すなわ》ち疾走すること能《あた》わず。見ゆるを得ざること久し。窃《ひそ》かに自ら恕《じょ》して、太后の玉体《ぎょくたい》の郄《げき》する所有《ところあ》らんことを恐るるなり。故に太后を望見するを願えり」と。太后曰く、「老婦輦《れん》を恃《たの》みて行く」と。曰く、「日に食飲《しょくいん》衰《おとろ》うる無きを得ん乎《や》」と。曰く、「鬻《かゆ》を恃《たの》む耳《のみ》」と。曰く、「老臣今者《このごろ》殊《こと》に食を欲せず。乃ち自ら強《し》いて歩《ほ》すること日に三四里《さんより》、少《すこ》しく食を耆《たしな》むを益《ま》し、身を和《やわ》らぐなり」と。太后曰く、「老婦は能わず」と。太后の色《いろ》少しく解《と》く。左師公《さしこう》曰く、「老臣の賤息舒祺《せんそくじょき》は、最も少《わか》くして不肖《ふしょう》なり。而《しこ》うして臣衰《おとろ》え、窃《ひそ》かに之を愛憐《あいれん》す。願わくは黒衣の数《すう》に補《ほ》し、以《もっ》て王宮を衛《まも》るを得《え》令《し》めよ。死を昧《おか》して以《もっ》て聞《ぶん》す」と。太后曰く、「敬《つつし》んで諾《だく》す。年幾何《としいくばく》ぞ」と。対《こた》えて曰く、「十五歳なり。少《わか》しと雖《いえど》も、願わくは未《いま》だ溝壑《こうがく》を塡《てん》ぜざるに及んで之を託せん」と。太后曰く、「丈夫《じょうぶ》も亦《ま》た其の少子《しょうし》を愛憐するか」と。対《こた》えて曰く、「婦人《ふじん》よりも甚《はなは》だし」と。太后笑《わら》って曰く、「婦人は異《こと》に甚し」と。対えて曰く、「老臣窃《ひそ》かに以為《おもえら》く、媼《おう》の燕后《えんこう》を愛すること、長安君《ちょうあんくん》よりも賢《まさ》れり」と。曰く、「君過《あやま》てり。長安君の甚しきに若《し》かず」と。左師公曰く、「父母の子を愛するや、則《すなわ》ち之が為に計《はか》ること深遠なり。媼の燕后を送るや、其《そ》の踵《くびす》を持《じ》して之が為に泣き、其の遠きを念《おも》い悲しむや、亦た之を哀れめり。已《すで》に行《ゆ》くや、思わざるに非《あら》ず。祭祀《さいし》には必ず之を祝《いの》る。祝《いの》って曰く、『必《かなら》ず反《かえ》ら使《し》むる勿《なか》れ』と。豈《あ》に久長《きゅうちょう》に子孫有《あ》りて相継《あいつ》いで王と為《な》るを計《はか》るに非《あら》ずや」と。太后曰く、「然《しか》り」と。左師公曰く、「今三世《さんせ》以前より、趙《ちょう》の趙と為るに至るまで、趙主の子孫の侯たる者、其の継《けい》在《あ》る者有りや」と。曰く、「有る無し」と。曰く、「独《ひと》り趙のみに微《あら》ず。諸侯に在る者有りや」と。曰く、「老婦聞かず」と。「此《こ》れ其の近き者は、禍《わざわい》身に及び、遠き者は其の子孫に及べばなり。豈《あ》に人主《じんしゅ》の子孫、則《すなわ》ち必ず不善ならんや。位尊《くらいたっと》けれども功無く、奉厚《ほうあつ》けれども労無く、而《しか》も重器を挟《さしはさ》むこと多ければなり。今《いま》媼《おう》長安君《ちょうあんくん》の位《くらい》を尊《たっと》くして、之を封《ほう》ずるに膏腴《こうゆ》の地を以《もっ》てし、多く之に重器を予《あた》うれども、今に及ぶまで国に功有ら令《し》めず。一旦《いったん》山陵《さんりょう》崩《くず》れば、長安君《ちょうあんくん》何を以て自《みずか》ら趙に託《たく》せんや。老臣以《おも》えらく、媼《おう》長安君の為に計《はか》ること短しと。故《ゆえ》に以為《おもえら》く其の愛すること燕后《えんこう》に若《し》かずと」と。太后曰く、「諾。君の之を使う所を恣《ほしいまま》にせよ」と。是《ここ》に於《おい》て長安君の為に車百乗《くるまひゃくじょう》を約《ととの》えて、斉に質《ち》とす。斉兵乃《すなわ》ち出ず。子義《しぎ》之を聞いて曰く、「人主《じんしゅ》の子は、骨肉の親《しん》なるも、猶《な》お功無きの尊《そん》、労無きの奉を恃《たの》みて、金玉《きんぎょく》の重きを守《まも》ること能《あた》わず。而《しか》るを況《いわん》や人臣《じんしん》をや」と。

趙太后新用事。秦急攻之。趙氏求救於斉。斉曰、必以長安君為質、兵乃出。太后不肯。大臣強諫。太后明謂左右、有復言令長安君為質者、老婦必唾其面。左師触讋*願見太后。太后盛気而揖*之。入而徐趨、至而自謝曰、老臣病足、曾不能疾走。不得見久矣。窃自恕、而恐太后玉体之有所郄也。故願望見太后。太后曰、老婦恃輦而行。曰、日食飲得無衰乎。曰、侍饗耳。曰、老臣今者殊不欲食。乃自強歩日三四里、少益耆食、和於身也。太后曰、老婦不能。太后之色少解。左師公曰、老臣賤息舒祺、最少不肖。而臣衰、窃愛憐之。願令得補黒衣之数以衛王宮*。没*死以聞。太后曰、敬諾。年幾何矣。対曰、十五歳矣。雖少、願及未塡溝壑而託之。太后曰、丈夫亦愛憐其少子乎。対曰、甚於婦人。太后笑曰、婦人異甚。対曰、老臣窃以為、媼之愛燕后、賢於長安君。曰、君過矣。不若長安君之甚。左師公曰、父母之愛子、則為之計深遠。媼之送燕后也、持其踵為之泣、念悲其遠也、亦哀之矣。已行非弗思也。祭祀必祝之。祝曰、必勿使反。豈非計久長有子孫相継為王也哉。太后曰、然。左師公曰、今三世以前、至於趙之為趙、趙主之子孫侯者、其継有在者乎。曰、無有。曰、微独趙。諸侯有在者乎。曰、老婦不聞也。此其近者、禍及身、遠者及其子孫。豈人主之子孫、則必不善哉。位尊而無功、奉厚而無労、而挟重器多也。今媼尊長安君之位、而封之以膏腴之地、多予之重器、而不及今令有功於国。一旦山陵崩、長安君何以自託於趙。老臣以、媼為長安君計短也。故以為其愛不若燕后。太后曰、諾。恣君之所使之。於是為長安君約車百乗、質於斉。斉兵乃出。子義聞之曰、人主之子也、骨肉之親也、猶不能恃無功之尊、無労之奉、而守金玉之重也。而況人臣乎。

▼左師の触竜《しょくりゅう》が、太后が頭からゆげを立てて待ちかまえている部屋に入るや、「徐《しず》かに趨《はし》り」一座に着いたというのは、長者の前では小走りするのが礼で、それを趨《すう》という。孔子の

子の伯魚《はくぎょ》は父が庭に立っている前を〝趨〟して過ぎようとすると、父から、詩を学んだか、礼を学んだかと尋ねられたという（『論語《ろんご》』「季氏」）ところから、家庭の教えを庭訓《ていきん》とか趨庭《すうてい》とか過庭《かてい》とかいう。

▼「老臣今者《このごろこと》殊に食を欲せず。乃《すなわ》ち自《みずか》ら強《し》いて歩すること日に三四里《さんより》」。このやりとりは絶妙であり、この時代にも健康歩行、いまのウォーキングをやっていたとは面白い。なお当時の一里は四〇〇メートルと言われているので、三、四里と言っても、一・五キロメートル前後であろう。また、高齢化社会と言われるのが現代であるけれど、昔もいまも変わらないお年寄りの気質が、この太后に如実《にょじつ》に表れているようだ。なお「四五〇　燕二（燕《えん》上　王噲《おうかい》3）にも、これと類型を同じくする話が見える。

壮《そう》士《し》

一一　士は己《おのれ》を知る者の為《ため》に死す

晋《しん》の畢陽《ひつよう》の孫の豫譲《よじょう》は、はじめ范《はん》・中行氏《ちゅうこうし》に仕《つか》えていたが、さほど歓迎されなかったので、去って知伯《ちはく》の下《もと》に行ったところ、知伯は彼を寵遇《ちょうぐう》した。韓《かん》・魏《ぎ》・趙《ちょう》の三晋《さんしん》が、知伯の土地を分け取ることとなったとき、趙襄子《ちょうじょうし》は最も知伯を恨み、知伯の頭《ず》蓋骨《がいこつ》で酒器を作った。豫譲は山中に逃げ隠れ、「ああ、男子は己《おのれ》を知ってくれる人のために命をささげ、女子は己を愛してくれる人のために化粧を整えるのだ。私は知氏の寵遇に恩返ししよう」と言うと、姓名を変えて囚人に成り済《す》まし、宮殿に入って便所の壁塗りをしながら、襄子《じょうし》を刺し殺す機会をねらっていた。襄子は、便所に行くと胸騒ぎがしたので、壁塗りをしている者を捕らえて尋問してみると、豫譲であった。塗りごてにやいばがつけてあって、「知伯のために仇《あだ》を討つのだ」と言う。側近の者たちは殺そうとしたが、趙襄子は、「彼は義士である。私が慎重に避けておれば済《す》むことだ。そのうえ、知伯は死後に跡継ぎもいないのに、その臣が仇討ちをしようとまでする。これこそ天下の賢人である」と言って、けっきょく釈放した。……

その後しばらくして、襄子が外出する機会があった。豫譲は襄子が必ず渡るはずの橋の下に身を潜《ひそ》めていた。襄子が橋の所まで来ると、馬が立ち上がった。襄子は「きっと豫譲がいるんだ」と言って、人をやって調べさせると、果たして豫譲だった。こうなっては趙襄子も豫譲を面責した。「あなたは以前、范・中行氏に仕えていたのではないか。知伯が范・中行氏を滅ぼしたとき、あなたは仇を討とうとはしなかったばかりか、かえって礼物を奉って知伯に仕えた。その知伯はもう死んでいるのだ。それなのにあなたはどうして、いちずにどこまでも仇討ちをしようとするのか」。

豫譲は言った、「臣は范・中行氏に仕えました。范・中行氏は並の人間として私を処遇しました。それで、私は並の人間として報いました。知伯は国士として私を待遇しました。私はされればこそ国士として報いるのです」と。襄子は深く嘆息し、涙を流しつつ、「ああ、豫子よ、あなたが知伯のために報いるその名分《めいぶん》はすでに成った。私があなたを許す心も、すでに十分に尽くした。あなたみずから決断なさるときだ。私はあなたをもう許さない」と言い、兵に取り囲ませた。

豫譲は言った、「臣は、『明主《めいしゅ》は人の節義を覆《おお》い隠《かく》すことなく、忠臣は死を惜《お》しまずして名分を成し遂《と》げる』と聞いております。君には以前、臣を寛容にもお許しくださって、天下に君の賢をたたえないものとてはありません。今日の事件については、臣はもとより誅戮《ちゅうりく》に伏します。しかし、なにとぞ君の上衣を願い受けて、これに撃ちかかることをお許し願えれば、死んでもお恨みしません。所望することではないと心得つつ、あえて胸の内を披瀝《ひれき》いたしました」と。かくて、襄子はその節義に感じ、使役の者に上衣を持たせて豫譲に与えた。豫譲は剣を抜いて三たび跳躍し、天に呼びかけつつ襄子の上衣に撃ちかかり、「これで知伯への恩返しができた」と言い、そのまま剣に身を伏せて死んだ。死んだ日、趙の国の心ある人々は、事の次第を聞いてみな豫譲のために涙した。（二一六　趙上　襄子4）

晋《しん》の畢陽《ひつよう》の孫豫譲《よじょう》、始《はじ》め范《はん》・中行氏《ちゅうこうし》に事《つか》えて説《よろこ》ばれず。去《さ》って知伯《ちはく》に就《つ》く。知伯之《これ》を寵《ちょう》す。三晋《さんしん》知氏《ちし》を分《わ》かつに及んで、趙襄子《ちょうじょうし》最《もっと》も知伯を怨《うら》みて、其の頭《かしら》を将《もっ》て以《もっ》て飲器《いんき》と為《な》す。豫譲山中《さんちゅう》に遁逃《とんとう》して曰《いわ》く、「嗟乎《ああ》、士は己《おのれ》を知る者の為に死し、女《じょ》は己を悦《よろこ》ぶ者の為に容《かたちづく》る。吾《われ》其《そ》れ知氏に報《むく》いん」と。乃《すなわ》ち姓名を変じて刑人《けいじん》と為《な》り、宮《きゅう》に入りて厠《かわや》を塗り、以て襄子を刺さんと欲す。襄子厠《かわや》に如《ゆ》く。心動《こころうご》く。執《とら》えて塗者《としゃ》を問えば、則ち豫譲なり。其の扞《こて》に刃《じん》せり。曰く、「知伯の為に讎《あだ》を報いんと欲す」と。左右《さゆう》之を殺さんと欲す。趙襄子曰く、「彼は義士なり。吾《われ》謹《つつし》んで之を避けんのみ。且《か》つ知伯已《すで》に死して後無《のちな》し、而《しか》るに其の臣 為に讎を報ゆるに至る。此《こ》れ天下の賢人なり」と。卒《つい》に之を釈《ゆる》す。……居ること頃之《しばら》くして、襄子出《い》ずるに当《あた》る。豫譲当《まさ》に過ぐべき所の橋下《きょうか》に伏《ふく》す。襄子 橋に至りて馬驚く。襄子曰く、「此《こ》れ必ず豫譲ならん」と。人をして之を問わ使むれば、果たして豫譲なり。是に於《おい》て趙襄子面《ちょうじょうしまのあた》り豫譲を数《せ》めて曰く、「子嘗《しかつ》て范《はん》・中行氏《ちゅうこうし》に事《つか》えずや。知伯《ちはく》范・中行氏を滅ぼせり。而《しか》るに子 為に讎《あだ》を報いず、反《かえ》って質《し》を委《い》して知伯に事う。知伯已《すで》に死せり。子独《ひと》り何為《なんす》れぞ讎を報ゆるの深きや」と。豫譲曰《いわ》く、「臣 范・中行氏に事《つか》えしも、范・中行氏は衆人《しゅうじん》を以《もっ》て臣を遇せり。臣故《ゆえ》に衆人もて之《これ》に報いぬ。知伯は国士《こくし》を以て臣を遇せり。臣故《ゆえ》に国士もて之に報ゆ」と。襄子乃ち喟然《きぜん》として嘆じ泣いて曰く、「嗟乎《ああ》、豫子《よし》、豫子が知伯の為にすること、名既《すで》に成れり。寡人《かじん》が子を舎《ゆる》すこと、亦《ま》た以《すで》に足れり。子自《みずか》ら計を為《な》せ。寡人子を舎《ゆる》さじ」と。兵をして之を環《かこ》ま使《し》む。豫譲曰く、「臣聞く、『明主《めいしゅ》は人の義を掩《おお》わず、忠臣は死を愛《おし》まずして以て名を成す』と。君前《きみさき》に已《すで》に臣を寛舎《かんしゃ》す。天下君の賢を称せざる莫《な》し。今日の事、臣故《もと》より誅《ちゅう》に伏《ふく》せん。然《しか》れども願わくは君の衣を請うて之を撃《う》たん。死すと雖《いえど》も恨《うら》みじ。望む所に非《あら》ざるも、敢《あえ》て腹心《ふくしん》を布《し》く」と。是《ここ》に於《おい》て襄子 之を義として、乃ち使者をして衣を持《じ》し豫譲に与《あた》え使《し》む。豫譲剣《けん》を抜いて三たび躍《おど》り、天を呼んで之を撃って曰く、「而《すなわ》ち以て知伯に報《むく》ゆ可《べ》し」と。遂《つい》に剣に伏して死す。死するの日、趙国《ちょうこく》の士、之を聞いて皆《み》な為に涕泣《ていきゅう》す。

晋畢陽之孫豫譲、始事范中行氏而不説。去而就知伯。知伯寵之。及三晋分知氏、趙襄子最怨知伯、**而将其頭以為飲器。豫譲遁逃山中曰、嗟乎、士為知己者死、女為悦己者容。吾其報知氏之讐矣。乃変姓名為刑人、入宮塗厠、欲以刺襄子。襄子如厠。心動。執問塗者、則豫譲也。刃其扞。曰、欲為知伯報讐。左右欲殺之。趙襄子曰、彼義士也。吾謹避之耳。且知伯已死無後、而其臣至為報讐。此天下之賢人也。卒釈之。……居頃之、襄子当出。豫譲伏所当過橋下。襄子至橋而馬驚。襄子曰、此必豫譲也。使人問之、果豫譲。於是趙襄子面数豫譲曰、子不嘗事范中行氏乎。知伯滅范中行氏。而子不為報讐、反委質事知伯。知伯已死。子独何為報讐之深也。豫譲曰、臣事范中行氏、范中行氏以衆人遇臣。臣故衆人報之。知伯以国士遇臣。臣故国士報之。襄子乃喟然嘆泣曰、嗟乎、豫子、豫子之為知伯、名既成矣。寡人舎子、亦以足矣。子自為計。寡人不舎子。使兵環之。豫譲曰、臣聞、明主不掩人之義、忠臣不愛死以成名。君前已寛舎臣。天下莫不称君之賢。今日之事、臣故伏誅。然願請君之衣而撃之。雖死不恨。非所望也、敢布腹心。於是襄子義之、乃使使者持衣与豫譲。豫譲抜剣三躍、呼天撃之曰、而可以報知伯矣。遂伏剣而死。死之日、趙国之士、聞之皆為涕泣。

▼「士は己《おのれ》を知る者の為に死し、女《じょ》は己を悦《よろこ》ぶ者の為に容《かたちづく》る」は司馬遷の「任少卿に報ずる書」（『文選』巻四一）にも、「士為知己者用、女為説己者容」と見える。『史記』「伯夷《はくい》列伝《れつでん》」には、「貪夫《たんぷ》は財に徇《じゅん》じ、烈士は名に徇ず」（漢の賈誼《かぎ》の「鵩鳥賦《ふくちょうのふ》」の句）と見える。いずれも士の心意気を述べたものであろうが、現代ではそれぞれ引き合いに出されている「貪夫《たんぷ》」と「女」とを並べて見てみるのも面白いのではないか。

一二　父として子に倍《そむ》くを教う

魏《ぎ》が韓《かん》の管《かん》を攻めたが管は降《くだ》らなかった。そのとき、安陵《あんりょう》の人である縮高《しゅくこう》は、その子が秦《しん》に仕えて管の守《しゅ》となっていた。魏の公子信陵君《しんりょうくん》は使いを安陵君のもとにやって、こう言わせた。「ひとつ縮高をおよこしなさい。私は五大夫《ごたいふ》の爵を与えて仕えさせ、持節《じせつ》の尉《い》に任じましょう」と。安陵君「安陵は小国です。しかし、その民《たみ》を思うままに使うことはできません。お使者みずからお行きくださいい。案内はさせていただきます」。使者は縮高の居所を訪ねて信陵君の命をそのままに伝えた。

縮高「信陵君が私をお召し抱《かか》えくださるのは、私に管を攻めさせようとなさってのことでしょう。そもそも父が子の守る邑《むら》を攻めたとあっては、おおいに人の笑いものとなります。また我が子が臣を見て降れば、主君に背《そむ》くことになります。父が子に、背くことを教えるということは、やはり信陵君におかれてもお喜びになることではありますまい。あえて丁重《ていちょう》に御辞退いたします」。使者はこのことを信陵君に復命した。信陵君はおおいに怒り、重臣を使者として安陵へ派遣して言わせた。「安陵の地は、魏の地も同然である。いま、私が管を攻めて、攻め落とさないでいると、秦軍が我が国に向かって来て、魏の社稷《しゃしょく》は危《あや》うくなるにちがいない。あなたが縮高を生かしたまま捕虜にしてお送りくださるようお願いする。もし送ってよこされないときは、私は十万の軍を出して安陵の城まで参上する所存です」と。

安陵君「我が先君成侯《せいこう》は、魏の襄王《じょうおう》から詔《みことのり》を授《さず》けられました。その憲法の上篇に、『子にして父を弑《しい》し、臣にして君を弑する者には、常法の定めありて赦免《しゃめん》せず。国に大赦《たいしゃ》行わるとも、城を開けて降《くだ》りし者と逃亡せる者とは、これにあずかることを得ず』とあります。いま、縮高は謹《つつし》んで高位を辞退し、父子の道を全《まっと》うしたのです。しかるに君が『ぜひとも、生かしたまま連《つ》れて来い』とおっしゃるのは、私に襄王の詔に背いて王府《ふ》の書庫に蔵される憲法を捨てさせなさることです。この命に懸《か》けても、絶対にいたしません」。

縮高はこれを聞くと、「信陵君は悍勇《かんゆう》にたけ、独《ひと》りよがりで動く人柄である。この返事が復命されれば、安陵の国の禍《わざわ》いとなるにちがいない。私はすでに己《おのれ》の本分を全《まっと》うしたが、国の禍いを招いては人臣たるの道を失うことになる。我が安陵君に魏の憂患をお掛けしてなるものか」と言って、魏の使者の宿舎に行き、首をはねて死んだ。信陵君は、縮高が死んだと聞くと、縞素《こうそ》の喪服をつけ、居室を避け、使者を出して安陵君に謝《あやま》らせた。「私は小人《しょうじん》です。思慮に窮し、あなたにとんだことを申してしまいました。再拝して我が罪のお許しを請《こ》う次第です」と。（三五六　魏下　安釐王18）

魏《ぎ》 管《かん》を攻めて下《くだ》らず。安陵《あんりょう》の人《ひと》 縮高《しゅくこう》、其《そ》の子 管の守為《しゅた》り。信陵君《しんりょうくん》 人をして安陵君に謂《い》わ使《し》めて曰《いわ》く、「君其《きみそ》れ縮高を遣《つか》わせ。吾将《われまさ》に之《これ》を仕《つか》えしむるに五大夫《ごたいふ》を以《もっ》てし、持節《じせつ》の尉《い》と為《な》ら使《し》めんとす」と。安陵君曰く、「安陵は小国なり。必ず其《そ》の民《たみ》を使うこと能《あた》わず。使者自《みずか》ら往《ゆ》け。請《こ》う道《みちび》か使《し》めん」と。使者 縮高の所に至《いた》り、信陵君の命を復《もう》す。縮高曰く、「君の 高を幸《こう》するは、将《まさ》に高をして管を攻め使めんとするなり。夫《そ》れ父を以て子の守るを攻めば、人大いに笑わん。臣を見て下らば、是《こ》れ主に倍《そむ》くなり。父として子に倍くを教うるは、亦《ま》た君の喜ぶ所に非《あら》ざらん。敢《あえ》て再拝して辞す」と。使者以て信陵君に報ず。信陵君大いに怒り、大使をして安陵に之《ゆ》か遣《し》めて曰く、「安陵の地、亦《ま》た猶《な》お魏《ぎ》のごときなり。今吾《いまわれ》 管《かん》を攻めて下《くだ》らずんば、則《すなわ》ち秦兵《しんぺい》 我に及び、社稷《しゃしょく》 必ず危《あや》うからん。願わくは君の 縮高を生束《せいそく》して之《これ》を致《いた》さんことを。若《も》し君致さずんば、無忌《むき》 将《まさ》に十万の師を発して、以て安陵の城に造《いた》らんとす」と。安陵君曰く、「吾《わ》が先君《せんくん》 成侯《せいこうみことのり》 詔 を襄王《じょうおう》に受けて、以《もっ》て此《こ》の地を守るや、手《て》ずから大府《たいふ》の憲を受けたり。憲の上篇に曰く、『子 父を弑《しい》し、臣 君を弑するは、常有《つねあ》りて赦《ゆる》さず。国 大赦すと雖《いえど》も、降城《こうじょうぼうし》 亡子は、与《あずか》るを得《え》ず』

と。今縮高 謹《つつし》んで大位《たいい》を辞し、以て父子の義を全《まった》くす。而《しか》るに君『必ず之を生致《せいち》せよ』と曰う。是《こ》れ我をして襄王の詔に負《そむ》きて、大府の憲を廃《す》て使《し》むるなり。死すと雖も、終《つい》に敢《あえ》て行わじ」と。縮高之《これ》を聞いて曰く、「信陵君 人と為り、悍《かん》にして自《みずか》ら用《もち》う。此《こ》の辞反《かえ》らば、必ず国の禍《わざわい》を為さん。吾已《われすで》に己《おのれ》を全《まっと》うして、人臣《じんしん》為《た》るの義無《な》し。豈《あ》に吾が君をして魏の患《うれい》有ら使《し》む可《べ》けんや」と。乃《すなわ》ち使者の舎《しゃ》に之《ゆ》き、頸《くび》を刎《は》ねて死す。信陵君 縮高死すと聞き、縞素《こうそ》を服し舎《しゃ》を辟《さ》け、使者をして安陵君に謝《しゃ》せ使《し》めて曰く、「無忌《むき》は小人《しょうじん》なり。思慮に困《くるし》み、言《げん》を君に失《しっ》せり。敢《あえ》て再拝して罪を釈《と》く」と。

魏攻管而不下。安陵人縮高、其子為管守。信陵君使人謂安陵君曰、君其遣縮高。吾将仕之以五大夫、使為持節尉。安陵君曰、安陵小国也。不能必使其民。使者自往。請使道。使者至縞高之所、復信陵君之命。縮高曰、君之幸高也、将使高攻管也。夫以父攻子守、人大笑也。*是臣而下、是倍主也。父教子倍、亦非君之所喜也。敢再拝辞。使者以報信陵君。信陵君大怒、遣大使之安陵曰、安陵之地、亦猶魏也。今吾攻管而不下、則秦兵及我、社稷必危矣。願君之生束縮高而致之。若君弗致也、無忌将発十万之師、以造安陵之城。安陵君曰、吾先君成侯、受詔襄王、以守此地也、手受大府之憲。憲之上篇曰、子弑父、臣弑君、有常不赦。国雖大赦、降城亡子、不得与焉。今縮高謹*解大位、以全父子之義。而君曰必生致之。是使我負襄王詔、而廃大府之憲也。雖死、終不敢行。縮高聞之曰、信陵君為人、悍而自用也。此辞反、必為国禍。吾已全己、無為人臣之義矣。豈可使吾君有魏患也。乃之使者之舍、刎頸而死。信陵君聞縞高死、*素服縞素辟舎、使使者謝安陵君曰、無忌小人也。困於思慮、失言於君。敢再拝釈罪。

一三　大王嘗《かつ》て布衣《ふい》の怒りを聞きしか

秦王《しんおう》が使いを安陵君《あんりようくん》のもとによこして、こう言わせて来た、「私は五百里四方の土地を出して安陵の地と取り替えてほしいのだが、安陵君にはひとつ御同意願いたい」と。安陵君「大王にはお恵《めぐ》みを施《ほどこ》されて、大きな土地を小さな土地とお取り替えくださろうとの由《よし》、誠《まこと》にけっこうなことです。しかしながら、なにぶん先王より受けた土地でありまして、終世これを守る所存です。けっしてお取り替えはいたしません」。秦王は不機嫌であった。

安陵君は、そこで唐且《とうしょ》を秦に使いに出した。秦王は唐且に言った、「私は五百里の土地を出して安陵の地と取り替えようというのに、安陵君が私の言うことを聞かないのはどうしてか。それに、秦は韓《かん》を滅ぼし魏《ぎ》を滅ぼしたのに、安陵君がわずか五十里四方の土地で無事でいるのは、安陵君をひとかどの人物と思えばこそ、手を出さずにおいてやったからである。今、私は十倍の土地で安陵君に土地を広げるよう請《こ》うたにもかかわらず、安陵君が私に逆《さか》らうのは、私を軽《かろ》んじてのことか」と。

唐且は答えた、「いいえ、そういうわけではございません。安陵君は先王から土地を受けてしっかり守っております。たとえ千里四方の土地とでも、けっして交換はいたしません。五百里四方の場合だけのことではありません」。秦王はむっと憤《いきどお》り、唐且に言った、「あなたどうかね、天子の怒りというものを聞いておいでか」と。唐且「臣はまだ聞いておりません」。秦王「天子の怒りはな、うち伏すかばねは百万、流れる血潮《ちしお》は千里を染めるのだ」。唐且「大王には、布衣《ふい》の怒りをお聞きでしょうか」。秦王「なに、布衣の怒り。そんなものは、冠《かんむり》を脱《ぬ》ぎ捨て、はだしになって、頭で地面をたたきつけるのがせいぜいだろう」。

唐且は「それは凡夫《ぼんぷ》の怒りでございます。士の怒りではございません。かつて専諸《せんしょ》が王《おう》僚《りょう》を刺したときには、彗星《すいせい》が月に襲いかかりました。聶政《じょうせい》が韓傀《かんかい》を刺したときには、白い虹が太陽を突きとおしました。要離《ようり》が慶忌《けいき》を刺したときには、青い鷹《たか》が御殿の屋根に撃ちかかりました。この三人は、みな布衣の士でございます。怒りを胸中に抱《かか》えてまだ外に表さぬうちに、無気味な兆《しるし》が天から降ったのです。それへ臣を加えていま、四人となるところです。士がひとたび怒れば、横たわるむくろは二人、流れる血は五歩の間で、天下が白絹《しらぎぬ》の喪服をまといます。今日がその日なのです」と言うと、剣を抜いて立ち上がった。秦王は顔色も青ざめ、ひざまずいて礼をし、唐且に謝って、「先生、お座りください。そこまでなさることはありますまい。私は悟りました。そもそも韓・魏は滅亡したのに、安陵《あんりょう》が五十里四方の地で存続しているのは、先生あってにほかならない、ということを」と言った。（三五九　魏下　景閔王2）

秦王《しんおう》人をして安陵君《あんりょうくん》に謂《い》わ使《し》めて曰《いわ》く、「寡人《かじん》五百里の地を以《もっ》て安陵に易《か》えんと欲《ほっ》す。安陵君其《そ》れ寡人に許せ」と。安陵君曰く、「大王《たいおう》恵《けい》を加え、大を以て小に易うるは、甚《はなは》だ善《よ》し。然《しか》りと雖《いえど》も地を先王於《よ》り受く。願わくは終《つい》に之《これ》を守らん。敢《あえ》て易えじ」と。秦王説《よろこ》ばず。安陵君因《よ》って唐且《とうしょ》をして秦に使いせ使《し》む。秦王唐且に謂って曰く、「寡人五百里の地を以て安陵に易えんとす。安陵君寡人に聴《き》かざるは、何《なん》ぞや。且《か》つ秦《しん》韓《かん》を滅《ほろ》ぼし魏《ぎ》を亡《ほろぼ》す。而《しこ》うして君五十里の地を以て存《そん》する者は、君を以て長者と為《な》し、故《ゆえ》に意に錯《お》かざればなり。今《いま》吾《われ》十倍の地を以て広めんことを君に請《こ》う。而《しか》るに君寡人に逆《さか》らう者は、寡人を軽《かろ》んずるか」と。唐且対《こた》えて曰く、「否《いな》、是《かく》の若《ごと》きに非《あら》ざるなり。安陵君地を先王於《よ》り受けて之を守る。千里と雖《いえど》も敢《あえ》て易えざるなり。豈《あ》に直《た》だ五百里のみならんや」と。秦王怫然《ふつぜん》として怒り、唐且に謂《い》って曰《いわ》く、「公も亦《ま》た嘗《かつ》て天子の怒りを聞きしか」と。唐且対《こた》えて曰く、「臣未《しんいま》だ嘗て聞かざるなり」と。秦王曰く、「天子の怒りは、伏屍百万《ふくしひゃくまん》、流血千里《りゅうけつせんり》なり」と。唐且曰く、「大王嘗て布衣《ふい》の怒りを聞きしか」と。秦王曰く、「布衣の怒りは、亦《ま》た冠《かんむり》を免《ぬ》ぎ徒跣《とせん》して、頭《かしら》を以て地を搶《つ》くのみ」と。唐且曰く、「此《こ》れ庸夫《ようふ》の怒りなり。士の怒りに非《あら》ざるなり。夫《そ》れ専諸《せんしょ》の王僚《おうりょう》を刺すや、彗星《すいせい》月を襲い、聶政《じょうせい》の韓《かん》傀《かい》を刺さんとするや、白虹《はっこう》日《ひ》を貫《つらぬ》き、要離《ようり》の慶忌《けいき》を刺さんとするや、倉鷹《そうよう》殿上に撃《う》てり。此《こ》の三子《さんし》は、皆《み》な布衣の士なり。怒りを懐《いだ》いて未《いま》だ発せざるに、休祲《きゅうしん》天於《よ》り降《くだ》れり。臣と与《とも》にして将《まさ》に四《し》たらんとす。若《も》し士必ず怒らば、伏屍二人《ふくしににん》、流血五歩《りゅうけつごほ》、天下縞《こう》素《そ》せん。今日是《こ》れなり」と。剣を挺《ぬ》いて起《た》つ。秦王色撓《いろたわ》み、長跪《ちょうき》して之《これ》に謝して曰《いわ》く、「先生坐《ざ》せよ。何《なん》ぞ此《ここ》に至らん。寡人諭《かじんさと》れり。夫《そ》れ韓《かん》・魏《ぎ》滅亡して、安陵　五十里の地を以て存する者は、徒《ただ》に先生有るを以てなり」と。

秦王使人謂安陵君曰、寡人欲以五百里之地易安陵。安陵君其許寡人。安陵君曰、大王加恵、以大易小、甚善。雖然受地於先生*。願終守之。弗敢易。秦王不説。安陵君因使唐且使於秦。秦王謂唐且曰、寡人以五百里之地易安陵。安陵君不聴寡人、何也。且秦滅韓亡魏。而君以五十里之地存者、以君為長者、故不錯意也。今吾以十倍之地請広於君。而君逆寡人者、軽寡人与。唐且対曰、否、非若是也。安陵君受地於先生而守之*。雖千里不敢易也。豈直五百里哉。秦王怫然怒、謂唐且曰、公亦嘗聞天子之怒乎。唐且対曰、臣未嘗聞也。秦王曰、天子之怒、伏屍百万、流血千里。唐且曰、大王嘗聞布衣之怒乎。秦王曰、布衣之怒、亦免冠徒跣、以頭搶地爾。唐且曰、此庸夫之怒也。非士之怒也。夫専諸之刺王僚也、彗星襲月、聶政之刺韓傀也、白虹貫日、要離之刺慶忌也、倉鷹撃於殿上。此三子者、皆布衣之士也。懐怒未発、休祲降於天。与臣而将四矣。若士必怒、伏屍二人、流血五歩、天下縞素。今日是也。挺剣而起。秦王色撓、長跪而謝之曰、先生坐。何至於此。寡人諭矣。夫韓魏滅亡、而安陵以五十里之地存者、徒以有先生也。

▼布衣《ふい》とは無位無官の人を言う。唐且《とうしょ》が「士の怒り」として挙げる専諸《せんしょ》のことは、『史記《しき》』「刺客列伝《しかくれつでん》」に見える。専諸は呉《ご》の人で、伍子胥《ごししょ》の推挙で公子光《こう》のために魚腹に匕首《ひしゅ》を隠し、呉王僚《りょう》に近づいてこれを刺し、みずからは王の側近に殺された。光が立って呉王闔閭《こうりょ》となる。聶政《じょうせい》のことは本書六（四〇四）「人物篇　烈婦《れっぷ》」を参照。要離《ようり》のことは『呉越《ごえつ》春秋《しゅんじゅう》』巻四「闔閭内伝」に見える。専諸のことあってのち、公子光はさらに、王僚《おうりょう》の子の慶忌《けいき》が優れた人物であるのを気にして、また伍子胥の推挙で要離にことを嘱《しょく》した。要離は罪を犯して逃亡したように詐《いつわ》り、妻子を呉の市場で火刑に処させ、衛《えい》に行って慶忌の信頼を固め、ともに呉へ向かう渡江の中流で慶忌を刺す。慶忌は要離の忠節を表彰するよう遺言するが、要離は江陵《こうりょう》で剣に伏して死んだ。

寵《ちょう》　臣《しん》

一四　願わくは身を以《もっ》て黄泉《こうせん》を試みん

江乙《こういつ》が安陵君《あんりょうくん》に献策しようとして言った、「あなたは、わずかの土地をも持たず、王の一族といった親戚《しんせき》関係でもないのに、尊位につき、高禄を受けておられ、国中の人々みな、あなたにお目に掛かれば、えりを正して拝の礼をし、身をかがめて平伏せぬ者とてはありません。どうしてでしょうか」と。「王が過ってお用いあそばしたのでして、容色をめでられてのことです。さもなければ、こうなろうはずはありません」。

江乙は言った、「財産が目当てで交際する者は、財産がなくなれば交際も絶えます。容色が目当てで交際する者は、色香《いろか》が衰《おとろ》えれば愛も移ります。ですから、寵愛《ちょうあい》を受ける女は敷物が破れるまで続かず、寵愛を受ける臣下は乗用車が傷《いた》むまで続きません。いま、あなたは、楚《そ》国の権勢をほしいままになさっていますが、いっこうに深く王に結びついてはおいでではない。私はひそかに、あなたのために危険なことと案じております」と。

安陵君「それならば、どのようにするのですか」。「あなたが王の死にお供して、身をもって殉《じゅん》じさせていただきたいと固《かた》く請《こ》われることです。そうなされば、必ず末長く楚国で重んじられなさることでしょう」。「謹《つつし》んでお教えを承りました」。しかし、三年経《た》っても申し出なかった。江乙は再び会って、「臣があなたのためにに申し上げたこと、今日まで利《き》きめが現れておりませんが、あなたが臣のはかりごとをお用いにならぬのならば、臣はもうお目に掛かりますまい」と言うと、安陵君は、「先生のおことばをけっして忘れておりません。まだその折が得られないのです」と言う。

やがて楚王が雲夢《うんぼう》に遊猟した。四頭立ての馬車千乗《せんじょう》を連《つら》ね、旗差し物は太陽を覆い隠し、野を焼く火が燃え立つさまは虹のよう、野牛や虎のほえる声は雷《いかずち》のようであった。たまたま狂った野牛が王の車に向かって走ってきて車輪に寄り添うところまで来た。王はみずから弓を引き絞《しぼ》って射《い》て、一矢で射倒《いたお》した。王は差し物を抜き取って野牛の首を押さえ、天を仰いでおおいに笑い、「楽しいことよ、今日の狩りは。それにしても、私が身罷《みまか》ったのちに、おまえはだれとともにこの遊びをすることだろう」と言った。

安陵君は、はらはらと涙をこぼしたまま、進み出てこう言った。「臣は、内に入っては王と敷物を連ね、外に出てはお車に同乗しております。大王が御永眠あそばされれば、身をもって黄泉《こうせん》のお毒味をし、王のおしとねとなって蟻を防がせていただきます。どうしてこのような楽しみにお相伴《しょうばん》して楽しんだりなどいたしましょう」。王はおおいに喜んで、はじめて壇《だん》を安陵君に封じたのであった。君子《くんし》がこれを聞いて言った、「江乙ははかりごとがうまい、安陵君は時機を見るのがうまい、と言えよう」と。（一七〇　楚　宣王10）

江乙《こういつ》 安陵君《あんりようくん》に説《と》いて曰《いわ》く、「君 咫尺《しせき》の地、骨肉の親無《しんな》くして、尊位に処《お》り、厚禄《こうろく》を受く。一国の衆君《きみ》を見て衽《えり》を斂《おさ》めて拝し、委《い》を撫《ぶ》して服せざる莫《な》し。何を以《もっ》てぞや」と。曰く、「王 過《あやま》り挙《あ》げて色を以《もっ》てす。然《しか》らずんば以《もっ》て此《ここ》に至る無し」と。江乙曰く、「財を以て交《まじ》わる者は、財尽《つ》くれば交《まじ》わり絶《た》え、色を以《もっ》て交わる者は、華落《かお》つれば愛渝《かわ》る。是《ここ》を以《もっ》て嬖《へい》女《じょ》は席を敝《やぶ》らず、寵臣《ちょうしん》は軒《くるま》を敝らず。今 君 楚国《そこく》の勢いを擅《ほしいまま》にして、以《もっ》て深く自《みずか》ら王に結ぶ無し。窃《ひそ》かに君の為に之《これ》を危《あやぶ》む」と。安陵君《あんりようくん》曰く、「然《しか》らば則《すなわ》ち奈何《いかん》せん」と。「願わくは君必ず死に従い、身を以《もっ》て殉《じゅん》を為《な》さんと請《こ》え。是《かく》の如《ごと》くせば、必ず長く楚国に重んぜらるるを得《え》ん」と。曰く、「謹《つつし》んで令《れい》を受く」と。三年して言わず。江乙復《ま》た見《まみ》えて曰く、「臣が君の為に道《い》う所、今に至るまで未《いま》だ効あらず。君 臣の 計《はかりごと》 を用いず。臣請《こ》う敢《あえ》て復た見えじ」と。安陵君曰く、「敢て先生の言《げん》を忘れたるにあらず。未だ間《かん》を得ざるなり」と。是《ここ》に於《おい》て楚王雲夢《うんぼう》に游ぶ。結駟千乗《けっしせんじょう》、旌旗《せいき》日を蔽《おお》う。野火《やか》の起こるや、雲蜺《うんげい》の若《ごと》く、兕虎《じこ》嘷ゆるの声、雷霆《らいてい》の若《ごと》し。狂兕《きょうじ》 有りて車に牂《はし》り、輪《わ》に依《よ》って至る。王親《みずか》ら弓を引《い》いて射、壱発にして殪《たお》す。王 旃旄《せんぼう》を抽《ぬ》いて兕首《じしゅ》を抑《おさ》え、天を仰《あお》いで笑って曰く、「楽しいかな、今日の游《あそび》や。寡人《かじん》 万歳千秋《ばんざいせんしゅう》の後、誰と与《とも》にか此《これ》を楽しまん」と。安陵君泣《なみだ》数《すう》行《こう》、而《しこ》うして進んで曰く、「臣入《い》っては則《すなわ》ち席を編《つら》ね、出《い》でては則ち陪乗《ばいじょう》す。大王 万歳千秋の後、願わくは身を以《もっ》て黄泉《こうせん》を試み、螻蟻《ろうぎ》に蓐《しとね》せんことを得《え》ん。又《ま》た何如《いかん》ぞ此《こ》の楽しみを得て之《これ》を楽しまん」と。王大いに説《よろこ》び、乃《すなわ》ち壇《だん》を封《ほう》じて安陵君と為《な》す。君子《くんし》之を聞いて曰く、「江乙《こういつ》は、善《よ》く謀《はか》ると謂《い》う可《べ》く、安陵君は、時を知ると謂う可し」と。

江乙説於安陵君曰、君無咫尺之地、骨肉之親、処尊位、受厚禄。一国之衆、見君莫不斂衽而拝、撫委而服。何以也。曰、王過挙而已**。不然無以至此。江乙曰、以財交者、財尽而交絶、以色交者、華落而愛渝。是以嬖女不敝席、寵臣不避*軒。今君擅楚国之勢、而無以深自結於王。窃為君危之。安陵君曰、然則奈何。願君必請従死、以身為殉。如是、必長得重於楚国。曰、謹受令。三年而弗言。江乙復見曰、臣所為君道、至今未効。君不用臣之計。臣請不敢復見矣。安陵君曰、不敢忘先生之言。未得間也。於是楚王游於雲夢。結駟千乗、旌旗蔽日。野火之起也、若雲蜺、兕虎嗥之声、若雷霆。有狂兕牂車、依輪而至。王親引弓而射、壱発而殪。王抽旃旄而抑兕首、仰天而笑曰、楽矣、今日之游也。寡人万歳千秋之後、誰与楽此矣。安陵君泣数行、而進曰、臣入則編席、出則陪乗。大王万歳千秋之後、願得以身試黄泉、蓐螻蟻。又何如得此楽而楽之。王大説、乃封壇為安陵君。君子聞之曰、江乙可謂善謀、安陵君可謂知時矣。

▼楚《そ》王《おう》が猟をした雲夢《うんぼう》とは、楚の広大な湿地帯で、雲夢の沢《たく》とよばれる。宋玉《そうぎょく》の「高唐《こうとう》の賦《ふ》」にも「昔者《むかし》楚の襄王《じょうおう》、宋玉と雲夢の台《だい》に遊ぶ」（『文選《もんぜん》』巻十九）など。

一五　臣は王の得たる所の魚為《うおた》るなり

魏《ぎ》王《おう》は寵愛《ちょうあい》する竜陽君《りょうようくん》と同舟して釣りに興じていた。竜陽君は十匹あまりの魚が釣れたところで、はらはらと涙をこぼした。王「何か心配事があるのかね。あるなら、言ってごらん」。答えて、「臣に心配事などございません」と言う。王「それなら、どうして涙が出るのか」。「臣は王がお釣り上げになった魚でございます」。王「なんのことかね」。

答えて、「臣にはじめて魚が釣れましたとき、臣はうれしくてたまりませんでした。ところがあとから釣れるのが、いっそう大きいのです。今では臣はためらいもなく臣が先に釣った魚を捨てようとしています。思えばいま、臣のように醜い者が、王のおしとねのちりを払わせていただいております。いまや臣の爵位は人君《じんくん》と同格にまでしていただき、宮中では人を小走りさせ、道路では人を避けさせています。しかし広い天下には、美人もさぞ多いことでしょう。臣が王にこんなにかわいがっていただいていると聞けば、きっと裳《もすそ》をかかげて王のもとに馳せつけて参りましょう。臣など、ちょうど先に臣が釣り上げた魚と同様でございます。臣もいまに捨てられましょう。臣はどうして涙を流さずにおれましょう」と言う。魏王は「ああ、そんなことを考えていたのか。どうして言わなかったのだ」と言った。かくて国中に布令《ふれ》を出した。「美人を差し出そうなどという者がいたら、一族皆殺しの刑に処す」。

このことから考えてみるに、天子の寵愛を得ている人物たるや、へつらいという手段を握っているさまのなんと堅固なことか。王と結びつき、王の庇護《ひご》のもとに潜《もぐ》り込むさまのなんと完全なことか。いま、仮に、千里のかなたから美人を進献するとして、差し出した女が寵愛を受けるという保証がどうしてあろう。仮に寵《ちょう》を得たとして、それが進献したがわの役に立つという保証がどうしてあろう。それにまた、天子の寵愛を得ている女たちが、進献した者に恨みを抱くので、禍《わざわ》いが起こることはあっても、幸いが得られたためしはない。恨みを構えられることはあっても、恩恵を受けたためしはない。知恵者のたくらむ術策とは言いがたい。（三五七　魏下　安釐王19）

魏王《ぎおう》 竜陽君《りようようくん》と船を共にして釣る。竜陽君十余魚を得て涕下《なみだくだ》る。王曰《いわ》く、「安《やす》からざる所有るか。是の如《ごと》くば、何《なん》ぞ相告《あいつ》げざるや」と。対《こた》えて曰く、「臣敢《あえ》て安からざる無きなり」と。王曰く、「然《しか》らば則《すなわ》ち何為《なんす》れぞ涕出《い》ずる」と。曰く、「臣は王の得《え》たる所の魚為《うおた》るなり」と。王曰く、「何の謂《いい》ぞや」と。対えて曰く、「臣が始めて魚を得《う》るや、臣甚《はなは》だ喜べり。後に得《う》ること又《ま》た益〻《ますます》大なり。今臣 直《ただ》ちに臣が前の得《え》たる所を棄《す》てんと欲《ほっ》す。今臣の悪を以《もっ》てして、王の為に枕席《ちんせき》を払うを得たり。今臣 爵は人君《じんくん》に至り、人を庭《てい》に走らせ、人を途《みち》に辟《さ》けしむ。四海《しかい》の内、美人亦《ま》た甚だ多し。臣が王に幸《こう》せらるるを得《う》るを聞かば、必ず裳《しょう》を褰《かか》げて王に趨《はし》らん。臣も亦た猶《な》お曩《さき》に臣が得《え》たる所の魚《うお》のごときなり。臣も亦た将《まさ》に棄てられんとす。臣安《いずく》んぞ能《よ》く涕出《なみだい》ずる無からんや」と。魏王曰く、「誒《ああ》、是《こ》の心有るや、何ぞ相告《あいつ》げざるや」と。是（ここ）に於（おい）て令を四境の内に布（し）いて曰く、「敢（あ）て美人を言う者有らば族せん」と。是《これ》に由《よ》って之《これ》を観《み》れば、近習《きんじゅう》の人、其の諂《へつらい》を摯《にぎ》るや固《かた》く、其の自《みずか》ら罨《おお》い繋《つな》ぐや完《まった》し。今千里の外由《ほかよ》り、美人を進めんと欲す。効《いた》す所の者庸《なん》ぞ必ずしも幸《こう》を得《え》んや。仮之《たと》い幸を得《う》とも、庸《なん》ぞ必ずしも我が用を為《な》さんや。而《しか》るに近習の人、相《あい》与《とも》に我を怨《うら》み、禍《わざわい》有るを見て、未《いま》だ福《さいわい》有るを見ず。怨《うらみ》有るを見て、未だ徳有るを見ず。知を用うるの術に非《あら》ざるなり。

魏王与竜陽君共船而釣。竜陽君得十余魚而涕下。王曰、有所不安乎。如是、何不相告也。

対曰、臣無敢不安也。王曰、然則何為涕出。曰、臣為王之所得魚也。王曰、何謂也。対曰、臣之始得魚也、臣甚喜。後得又益大。今臣直欲棄臣前之所得矣。今以臣凶*悪、而得為王払枕席。今臣爵至人君、走人於庭*、辟人於途。四海之内、美人亦甚多矣。聞臣之得幸於王也、必褰裳而趨王。臣亦猶曩臣之前所得魚也。臣亦将棄矣。臣安能無涕出乎。魏王曰、誤*、有是心也、何不相告也。於是布令於四境之内曰、有敢言美人者族。由是観之、近習之人、其摯諂也固矣、其自纂**繁也完矣。今由千里之外、欲進美人。所効者庸必得幸乎。仮之得幸、庸必為我用乎。而近習之人相与怨我、見有禍、未見有福。見有怨、未見有徳。非用知之術也。

▼寵愛《ちょうあい》する者にへつらわれたときの天子の、盲目なありさま。人君《じんくん》としてなんとも愚《おろ》かしい。自分の力で得たのでない権勢の座ゆえに、それを守ろうとすれば、次から次へと不安が押し寄せる。とかく寵臣《ちょうしん》とよばれる人たちはこのように卑屈な発想でしか生きてゆけなくなるのであろうか。この物語から、「竜陽《りょうよう》」と言えば男色《だんしょく》を意味する。また「前魚《ぜんぎょ》」の語は「やがて棄てらるべき境遇の人に喩《たと》える」（諸橋轍次『大漢和辭典』）。

▼「近習」とは「天子の親幸する所の者」（『礼記』注）。

能《のう》　臣《しん》

一六　功を就《な》し名を成《な》すに、亦《ま》た術　有りや

西門豹《せいもんひょう》が鄴邑《ぎょうゆう》の令《れい》（長官）に任ぜられて、魏《ぎ》の文侯《ぶんこう》にいとまごいした。文侯は言った。「行きたまえ。ぜひとも功績をあげ、名声を立てなさい」。西門豹「恐れながら、おうかがいします。功績を上げ名声を立てるには、何か方法があるものでしょうか」。文侯「あるとも。郷邑《きょうゆう》の老人で、まっ先に座を勧められるような人物には、あなたのほうから訪問して、土地の賢良の士を問い、それに師事すること、また、とかく他人の美点を覆い隠し、他人の欠点を言い立てがちの者を探し求めて、その批評を参考にすることだ。いったい、物には、よく似ていながら異なっている物が多い。莠《ゆう》の若芽は、稲の苗によく似ている。驪牛《りぎゅう》の黄色のものは、虎によく似ている。白骨は象牙《ぞうげ》と紛《まぎ》れやすい。武夫《ぶふ》とよばれる石は玉《ぎょく》そっくりだ。これらは皆な似て非なるものなのだ」。（二八一　魏上　文侯3）

西門豹《せいもんひょう》　鄴《ぎょう》の令《れい》と為《な》りて、魏《ぎ》の文侯《ぶんこう》に辞す。文侯曰《いわ》く、「子往《しゆ》け。必ず子の功を就《な》して、子の名を成せ」と。西門豹曰く、「敢《あえ》て問う、功を就《な》し名を成すに、亦《ま》た術　有りや」と。文侯曰く、「之有《これあ》り。夫《そ》れ郷邑《きょうゆう》の老者《ろうしゃ》にして、先《ま》ず坐を受くるの士には、子入《しい》りて其《そ》の賢良

の士を問うて、之に師事せよ。其の人の美を掩《おお》うて人の醜《しゅう》を揚《あ》ぐるを好む者を求めて、之を参験《さんけん》せよ。夫れ物は多くは相類《あいに》て非《ひ》なり。幽莠《ゆうゆう》の幼《わか》きは、禾《か》に似たり。驪牛《りぎゅう》の黄なるは虎に似たり。白骨は象と疑い、武夫《ぶふ》は玉《ぎょく》に類《に》たり。此《こ》れ皆《み》な之に似て非なる者なり」と。

西門豹為鄴令、而辞乎魏文侯。文侯曰、子往矣。必就子之功、而成子之名。西門豹曰、敢問、就功成名、亦有術乎。文侯曰、有之。夫郷邑老者、而先受坐之士、子入而問其賢良之士、而師事之。求其好掩人之美而揚人之醜者、而参験之。夫物多相類而非也。幽莠之幼也、似禾。驪牛之黄也、似虎。白骨疑象、武夫類玉。此皆似之而非者也。

▼西門豹が鄴の令となって着任すると、その土地には、河《か》伯《はく》（黄河《こうが》の神）のために婦《つま》を娶《めと》らせるという風習があった。鄴の三老《さんろう》（一郷の教化をつかさどる者）たちは民に税金を課し、この行事に大金を使って残金を巫《みこ》たちと山わけしていた。毎年、その時節が来ると巫が民家をまわって美しい娘を見つけて来て、沐浴《もくよく》させたうえ河に流すのである。西門豹は出かけて行き、その年、河伯の婦となる娘をよばせ、不美人だと言い、後日、美女を見つけて来るまでお待ち願うよう河伯にたのんで来いと、巫の老婆を黄河に投げ込む。しばらくして、「婆さん、何を手間どっている」と前後三人の弟子を投げ込み、さらに女たちではらちがあかぬと三老を投げ込んだ。豪族以下みな恐れおののいて、以後、誰もこの行事

を言い出さなくなった。西門豹は時を移さず、民を徴発して十二の溝渠《みぞ》をうがち、黄河の水を引いて田に灌漑《かんがい》し、水利に恵まれた富裕な土地として、後世にまで慕われた。『史記』「滑稽列伝《こっけいれつでん》」（褚少孫《ちょしょうそん》 補記部分）に見える。

一七　忠信を以《もっ》て罪を得《う》る者

蘇秦《そしん》のことを燕王《えんおう》にそしる者がいた。「武安君《ぶあんくん》（蘇秦）は、天下きっての信のおけぬ人物です。王が万乗《ばんじょう》の君王であられながら彼にへりくだられ、彼を朝廷で尊んでおいでですのは、小人《しょうじん》の仲間にお入りであることを天下にお示しになっているようなものです」と言った。そのため武安君が斉《せい》からもどって来ても、燕王は宿舎を与えなかった。

蘇秦は燕王にこう言った。「臣は東周《とうしゅう》の卑《いや》しい家柄の者でございます。足下《そっか》にまみえましたとき、わずかな功労もないこの身にもかかわらず、足下は臣を郊外にお出迎えくだされ、臣を朝廷に隠れもない存在としてくださいました。ところがいま、臣は足下のために使いし、十城を手に入れるという利を上げ、危急の迫った燕を存続させるという功を立てましたのに、足下には臣の言うことをお聞き入れになりませんのは、だれか臣のことを不信の人物と言って、臣を王に中傷した者があるにちがいありません。でも臣が不信とされますことは足下にとってお幸せなのです。もし臣が、尾生《びせい》のように信を守り、伯夷《はくい》のように廉潔《れんけつ》であり、曾参《そうしん》のように孝でありましたなら、この三人は天下の行い高尚な人物でありますが、かようにして足下にお仕《つか》え申すことは、できないのではありませんか」と。燕王「できるさ」。「かように高尚な行いが身についておりますなら、臣など足下にはお仕え申しません。そもそも曾参のような孝行者でしたら、その主義として親のもとを離れて一晩だって外泊はいたしませんから、足下にはそんな男をどうして斉へ使いにお行かせになれましょう。伯夷のように廉潔でしたら、徒食をせず、武王《ぶおう》の義挙を汚《けが》らわしいとして臣とはならず、孤竹《こちく》の国の君主たるを辞し、首陽山《しゅようざん》に餓死するのですから、かように廉潔な男が、どうして数千里の道をのこのこ歩いて来て、弱い燕の危急の迫る君主にお仕えすることなどいたしましょうか。尾生のように信を守るのでしたら、橋の下でと約束して相手の女が来なければ、増水して来ても去らず、橋の柱に抱きついたまま死んでしまうのですから、かくまでも信を守る男が、どうして燕・秦《しん》の威勢を斉《せい》に発揚して、大きな功績を収めようなどといたしましょうか。

それにまた、信義を守りとおす行為は、自分のためにすることでして、人のためにすることではないのです。いずれもみな後生大事《ごしょうだいじ》に自分の名声を守る方策であって、進取《しんしゅ》の道をとるのとはわけが違います。いったい、三王《さんおう》かわるがわる興起し、五覇《ごは》互いに隆盛となったのは、みな自分の名声を守らなかったからなのです。我が君には自分の名声を守ることをよいこととお考えですか。それならば、斉は太公望《たいこうぼう》が封《ほう》ぜられた営丘《えいきゅう》のほかに土地を増すことなく、足下は楚《そ》との国境をお越えにならず、辺城の外をおうかがいにはならぬはずです。ところで臣には周《しゅう》に年老いた母がおります。老母を離れて足下にお仕えし、自分の名声を守る方策を捨てて、進取の道をとろうともくろんでいるのでありますが、臣のさような致《いた》し様がおよそ足下と合いませんのは、足下は自分の名声を守る君主であり、私は進取《しんしゅ》の臣であるからです。いわゆる『忠信なるがゆえに、主君から罪《つみ》せられた者』でございます」。燕王「忠信である者に、なんの罪がありえよう」。

答えて、「足下には御存じないのです。臣の家の隣に遠国へ出て官吏《かんり》となった者があり、その妻は姦通《かんつう》していました。夫が帰って来ることになり、姦通していた男が心配しましたところ、その妻は『あなたは心配なさらないで。私はとっくに薬を盛った酒を造って待ってるのよ』と申しました。その後、二日して夫がもどりました。妻は、妾《しょう》に言いつけ、大杯についだ酒をささげて勧めさせましたが、妾はそれが薬を盛った酒であることを知っていまして、これを勧めれば主人を殺すことになり、そのことを言えば主婦を追い出すことになる、思案のあげく、転《ころ》んだふりをしてその酒をこぼしてしまいました。主人はおおいに怒って妾をむち打ったのです。つまり妾は転んで酒をこぼしてしまうことによって、上は主人の命を救い、下は主婦を家にとどめたのですが、かくまでも忠誠を尽くしながら、むち打たれるのを免れなかったのです。これこそ忠信なるがゆえに罪せられた者でございます。

ところで臣の立場ですが、まったく不幸なことに、この妾が酒をこぼしたのに似ているところがあります。まして臣は足下にお仕えしまして、君の義を高揚し国益を増してさし上げたのです。それがいま、なんと罪《つみ》せられました。臣は天下の、これからのち足下にお仕えする者に、みずからの力のありったけを出しきろうとする者がなくなることを恐れます。それに臣が斉に献策いたしましたとき、斉を欺《あざむ》いてなどおりません。もしも斉に献策する者に、臣のような言い方をさせないことにするならば、その者にたとえ堯《ぎょう》・舜《しゅん》ほどの知恵があっても、斉はけっして取り上げないでしょう」と。（四三三　燕上　易王2）

人《ひと》蘇秦《そしん》を燕王《えんおう》に悪《そし》る者有り。曰《いわ》く、「武《ぶ》安君《あんくん》は天下の不信の人なり。王万乗《ばんじょう》を以《もっ》て之《これ》に下《くだ》り、之を廷に尊《たっと》ぶは、天下に小人《しょうじん》と群するを示すなり」と。武安君斉従《せいよ》り来《きた》る。而《しか》れども燕王館《かん》せざるなり。燕王に謂《い》って曰く、「臣は東周《とうしゅう》の鄙人《ひじん》なり。足下《そっか》に見《まみ》ゆるに、身咫尺《しせき》の功無し。而《しか》るに足下《そっか》臣を郊に迎え、臣を廷に顕《あらわ》せり。今臣足下の為に使いし、利十城を得、功危燕《きえん》を存せり。足下臣に聴かざる者は、人必ず臣を不信と言いて、臣を王に傷《そし》る者有りしならん。臣の不信は、是《こ》れ足下の福《さいわい》なり。臣をして信なること尾生《びせい》の如《ごと》く、廉《れん》なること伯夷《はくい》の如《ごと》く、孝なること曾参《そうしん》の如くなら使《し》めんか、三者《さんしゃ》は天下の高行《こうこう》なり、而《しこ》うして以て足下《そっか》に事《つか》うるは、不可ならんか」と。燕王曰く、「可なり」と。曰く、「此有《これあ》らば、臣も亦《ま》た足下に事《つか》えじ。且《か》つ夫《そ》れ孝なること曾参の如きは、義として親を離れて一夕《いっせき》だも外に宿《しゅく》せず。足下安《いずく》んぞ之をして斉に之《ゆ》か使《し》むるを得《え》んや。廉《れん》なること伯夷の如きは、素飡《そさん》を取らず、武王の義を汙《けがらわ》しとして臣たらず、焉《ここ》に孤竹《こちく》の君たるを辞して、餓《う》えて首陽《しゅよう》の山に死せり。廉なること此《かく》の如き者、何《なん》ぞ肯《あえ》て数千里を歩行して、弱燕《じゃくえん》の危主《きしゅ》に事《つか》えんや。信なること尾生《びせい》の如きは、期して来《きた》らず、梁《はし》の柱を抱《いだ》きて死せり。信なることと此《かく》の如きに至っては、何《なん》ぞ肯て燕《えん》・秦《しん》の威《い》を斉に揚《あ》げて、大功を取らんや。且《か》つ夫《そ》れ信《しん》行《こう》なる者は自ら為にする所以《ゆえん》なり、人の為にする所以《ゆえん》に非ざるなり。皆《み》な自ら覆《おお》うの術にして、進取の道に非ざるなり。且つ夫れ三王《さんおう》代ゝ《かわるがわる》興《おこ》り、五覇《ごは》迭《たがい》に盛んなりしは、皆な自ら覆わざればなり。君自ら覆うを以て可と為《な》さんか、則《すなわ》ち斉は営丘《えいきゅう》於《よ》りも益《ま》さず、足下《そっか》は楚《そ》の境を踰《こ》えず、辺城《へんじょう》の外を窺《うかが》わざらん。且つ臣周《しゅう》に老母有り。老母を離れて足下に事《つか》え、自ら覆うの術を去って、進取の道を謀《はか》る。臣の趨《おもむき》の固《もと》より足下と合《あ》わざる者は、足下は自ら覆うの君なり、僕は進取の臣なればなり。所謂《いわゆ》る『忠信を以て罪を君に得《う》る者』なり」と。燕王曰く、「夫《そ》れ忠信又《ま》た何《なん》の罪か之れ有らんや」と。対《こた》えて曰く、「足下知らざるなり。臣の鄰家に遠く吏《り》と為《な》る者有り。其の妻人に私《わたくし》す。其の夫且《まさ》に帰らんとす。其の之に私する者《もの》之を憂《うれ》う。其の妻曰く、『公《こう》憂うる勿《なか》れ。吾已《われすで》に薬酒を為《つく》りて以て之を待つ』と。後二日《のちにじつ》、夫至《いた》る。妻妾《しょう》をして巵酒《ししゅ》を奉じて之を進め使《し》む。妾其の薬酒たるを知るなり。之を進めば則《すなわ》ち主父《しゅほ》を殺し、之を言わば則ち主母《しゅぼ》を逐《お》う。乃《すなわ》ち陽《いつわ》り僵《たお》れて酒を棄《す》つ。主父大いに怒って之を笞《むちう》てり。故《ゆえ》に妾一《ひと》たび僵れて酒を棄て、上《かみ》は以て主父を活《いか》し、下《しも》は以て主母を存せり。忠なること此《かく》の如《ごと》きに至る。然《しか》れども笞たるるを免《まぬが》れず。此《こ》れ忠信を以て罪を得《う》る者なり。臣の事、適《まさ》に不幸にして妾《しょう》の酒を棄つるに類する有るなり。且《か》つ臣の足下に事うる、義を亢《あ》げ国を益《えき》す。今乃《すなわ》ち罪を得たり。臣天下の後《のち》に足下に事えん者の、敢《あえ》て自ら必《ひつ》する莫《な》からんことを恐るるなり。且つ臣の斉に説《と》く、曾《かつ》て之を欺《あざむ》かざるなり。斉に説く者をして、臣の言《げん》の如き莫《な》から使《し》めば、堯《ぎょう》・舜《しゅん》の智《ち》と雖《いえど》も、敢て取らざるなり」と。

人有悪蘇秦於燕王者。曰、武安君天下不信人也。王以万乗下之、尊之於廷、示天下与小人群也。武安君従斉来。而燕王不館也。謂燕王曰、臣東周之鄙人也。見足下、身無咫尺之功。而足下迎臣於郊、顕臣於廷。今臣為足下使、利得十城、功存危燕。足下不聴臣者、人必有言臣不信、傷臣於王者。臣之不信、是足下之福也。使臣信如尾生、廉如伯夷、孝如曾**参、三者天下之高行、而以事足下、不可乎。燕王曰可。曰有此、臣亦不事足下矣。蘇秦*曰、且夫孝如曾参、義不離親一夕宿於外。足下安得使之之斉。廉如伯夷、不取素飡、汙武王之義而不臣、焉辞孤竹之君、餓而死於首陽之山。廉如此者、何肯歩行数千里、而事弱燕之危主乎。信如尾生、期而不来、抱梁柱而死。信至如此、何肯*楊燕秦之威於斉、而取大功乎哉。且夫信行者所以自為也、非所以為人也。皆自覆之術、非進取之道也。且夫三王代興、五覇迭盛、皆不自覆也。君以自覆為可乎、則斉不益於営丘、足下不踰楚境、不窺於辺城之外。且臣有老母於周。離老母而事足下、去自覆之術、而謀進取之道。臣之趍固不与足下合者、足下皆自覆之君也、僕者進取之臣也。所謂以忠信得罪於君者也。燕王曰、夫忠信又何罪之有也。対曰、足下不知也。臣鄰家有遠為吏者。其妻私人。其夫且帰。其私之者憂之。其妻曰、公勿憂也。吾已為薬酒以待之矣。後二日、夫至。妻使妾奉巵酒進之。妾知其薬酒也。進之則殺主父、言之則逐主母。乃陽僵棄酒。主父大怒而笞之。故妾一僵而棄酒、上以活主父、下以存主母也。忠至如此。然不免於笞。此以忠信得罪者也。臣之事、適不幸而有類妾之棄酒也。且臣之事足下、亢義益国。今乃得罪。臣恐天下後事足下者、莫敢自必也。且臣之説斉、曾不欺之也。使之説斉者、莫如臣之言也、雖堯舜之智、不敢取也。

▼その献策の在《あ》り方はさておき、蘇秦《そしん》という人物はさすがに話の進め方がうまい。なお足下《そっか》とは、この場合、遊説家が王の前に出てへつらいの尊称。

▼この話にはまだ先がある。妻は事の漏洩《ろうえい》を恐れて妾《しょう》を殺そうとする。事の次第を知った主人は、妻を殺して妾を妻としようとするが、妾は辞して近隣に嫁《か》した。『古列女伝《これつじょでん》』巻五（『文選楼叢書』本）「周主忠妾」による。

老《ろう》　臣《しん》

一八　老妾《ろうしょう》の其《そ》の主婦に事《つか》うる者

張儀《ちょうぎ》は秦《しん》から出奔《しゅっぽん》して魏《ぎ》に行った。魏ではこれを迎え入れようとした。張丑《ちょうちゅう》は王をいさめて、な入れさせまいとしたが、王に取り上げてもらえなかった。張丑はいったん退出してから、再び王をいさめてこう言った。「王にも、年老いた妾《しょう》がその家の正妻に仕《つか》える話をお聞きでございましょうか。子供は成長したし、容色は衰《おとろ》えたし、ひたすらお家を大事と思うだけです。今、臣が王にお仕えしていますのは、あたかも年老いた妾がその家の主婦に仕えているようなものです」。魏王はそれで張儀を迎え入れなかった。（二九四　魏上　哀王13）

張儀《ちょうぎ》走《はし》りて魏《ぎ》に之《ゆ》く。魏将《まさ》に之を迎えんとす。張丑《ちょうちゅう》王を諫《いさ》めて、内《い》るる勿《な》からんと欲《ほっ》す。王に得《え》ず。張丑退《しりぞ》き、復《ま》た王を諫めて曰く、「王も亦《ま》た老妾《ろうしょう》の其《そ》の主婦に事《つか》うる者を聞けりや。子《こ》長《ちょう》じ色衰《いろおとろ》うれば、家を重んずるのみ。今臣の王に事うること、老妾の其の主婦に事うる者の若《ごと》し」と。魏王因《よ》って張儀を納《い》れず。

張儀走之魏。魏将迎之。張丑諫於王、欲勿内。不得於王。張丑退、復諫於王曰、王亦聞老妾事其主婦者乎。子長色衰、重家而已。今臣之事王、若老妾之事其主婦者。魏王因不納張儀。

▼張儀《ちょうぎ》は、『史記』「張儀伝《ちょうぎでん》」によれば、秦《しん》の武王《ぶおう》が即位すると、太子のときからよく思われていなくて身の危険を感じ、請《こ》うて魏《ぎ》へ行き、一年間、宰相《さいしょう》を務めて魏で死ぬ。

一九　丈人《じょうじん》芒然《ぼうぜん》として乃《すなわ》ち遠く此《ここ》に至る

秦《しん》と魏《ぎ》とが同盟国となった。斉《せい》・楚《そ》は盟約を結んで魏を攻めようとした。魏は使いを出して秦に救援を求めさせ、その使者は、かむる冠《かんむり》も、乗る車の蓋《かさ》も、互いに望見できるほどに相継いで送られたが、秦の求援軍は出されなかった。そのとき魏の人で唐且《とうしょ》という者、歳は九十を越えていたが、魏王に、「老臣が、西のかた秦に説いて、私が帰るより先に秦の軍が出されるようにさせていただきましょう。よろしいでしょうか」と言った。魏王は「ありがたく、お受けしよう」と言い、車を調《ととの》えて派遣した。唐且が秦王にまみえると、秦王は言った。「御老体には、はるばるここまでおいでいただいて、たいそうお疲れのようす、誠に御苦労である。魏からはたびたび救いを求めて来ているので、私には魏の危急がよく分かっている」と。

唐且は答えて言った。「大王がすでに魏の危急を御存じでありながら、求援部隊が着きませんのは、大王のもとで策謀を巡《めぐ》らし奉《たてまつ》る臣下に、その任に耐える人がいないからです。魏がりっぱに万乗《ばんじょう》の国の一つでありながら、秦の東の藩屏《はんぺい》と称し、秦の衣冠束帯《いかんそくたい》の制度を受け、春秋に貢物をささげて秦の祭祀《さいし》を助けておりますのは、秦の強さが同盟国とするに足《た》ると思ってのことでございます。いま、斉・楚の軍は、すでに魏の郊外におりますのに、大王の援軍は参りません。魏が危急になれば、土地を割譲して斉・楚と盟約を結ぶこととなりましょう。王がそうなってからお救いになろうとしても、間《ま》に合うものではありません。それは一つの万乗の国、魏をお失いになり、しかも二つの敵国、斉・楚を強くしておやりになることとなのです。失礼ながら、大王のもとの策謀の臣に、その任に耐える人がいないのだと思います」。

秦王は危険に気づいて思わずため息をつき、急遽《きゅうきょ》、援軍を出動させ、夜を日に継いで魏へと向かわせた。斉・楚はそれを聞いて、やむなく兵を撤して帰った。魏の国が平穏な状態にもどったのは、唐且の遊説あってなのである。（三五四　魏下　安釐王4）

秦《しん》・魏《ぎ》与国《よこく》と為《な》る。斉《せい》・楚《そ》約《やく》して、魏を攻めんと欲《ほっ》す。魏 人をして救いを秦に求め使《し》む。冠蓋相望《かんがいあいのぞ》む。秦の救い出でず。魏人《ぎひと》に唐且《とうしょ》という者有り。年《とし》九十余、魏王に謂《い》って曰《いわ》く、「老臣請《ろうしんこ》う西のかた秦に説《と》き、兵をして臣に先《さきだ》って出《い》で令《し》めん。可《か》ならんか」と。魏王曰く、「敬《つつし》んで諾《だく》す」と。遂《つい》に車を約《ととの》えて之《これ》を遣《や》る。唐且 秦王《しんおう》に見《まみ》ゆ。秦王曰く、「丈《じょう》人《じん》芒然《ぼうぜん》として乃《すなわ》ち遠く此《ここ》に至る。甚《はなは》だ苦しめり。魏来《きた》って救いを求むること、数〻《しばしば》なり。寡人《かじん》魏の急なるを知る」と。唐且対《こた》えて曰く、「大王已《すで》に魏の急なるを知って、救いの至らざる者は、是《こ》れ大王の籌筴《ちゅうさく》の臣、任《た》うる無ければなり。且《か》つ夫《そ》れ魏《ぎ》一《いっ》の万乗《ばんじょう》の国にして、東藩《とうはん》と称し、冠帯を受け、春秋を祠《まつ》る者は、秦の強以《もっ》て与《よ》と為《な》すに足《た》れりと以為《おも》えばなり。今 斉・楚の兵、已《すで》に魏の郊に在《あ》り、大王の救い至らず。魏急ならば、則《すなわ》ち且《まさ》に地を割《さ》きて斉・楚に約せんとす。王之《これ》を救わんと欲《ほっ》すと雖《いえど》も、豈《あ》に及ぶ有らんや。是《こ》れ一《いっ》の万乗の魏を亡《うしな》い、而《しか》も二敵の斉・楚を強くするなり。窃《ひそ》かに以為《おも》うに大王の籌筴《ちゆうさく》の臣、任《た》うる無ければなり」と。秦王喟然《きぜん》として愁悟《しゆうご》し、遽《にわ》かに兵を発して、日夜 魏に赴《おもむ》かしむ。斉・楚之《これ》を聞き、乃《すなわ》ち兵を引いて去れり。魏氏全《まつた》きに復せしは、唐且の説《ぜい》なり。

秦魏為与国。斉楚約而欲攻魏。魏使人求救於秦。冠蓋相望。秦救不出。魏人有唐且者。年九十余、謂魏王曰、老臣請出西説秦、令兵先臣出。可乎。魏王曰、敬諾。遂約車而遣之。唐且見秦王。秦王曰、丈人芒然乃遠至此。甚苦矣。魏来求救数矣。寡人知魏之急矣。唐且対曰、大王已知魏之急、而救不至者、是大王籌筴之臣、無任矣。且夫魏一万乗之国、称東藩、受冠帯、祠春秋者、以為秦之強足以為与也。今斉楚之兵、已在魏郊矣、大王之救不至。魏急、則且割地而約斉楚。王雖欲救之、豈有及哉。是亡一万乗之魏、而強二敵之斉楚也。窃以為大王籌筴之臣、無任矣。秦王喟然愁悟、遽発兵、日夜赴魏。斉楚聞之、乃引兵而去。魏氏復全、唐且之説也。

▼年かさのいかぬ使臣ならいざ知らず、齢長《とした》けた老臣唐且《とうしよ》の、ほとんど脅《おど》しに近い説得は、さすがの大国秦《しん》の王をしても肝《きも》を冷やさしむるに十分であったのであろう。

傅《ふ》

二〇　傅《ふ》を立つるの道六あり

武霊王《ぶれいおう》は周紹《しゅうしょう》を太子《たいし》の守り役に立てて次のように言った、「私がはじめて諸県を巡視して、番吾《はご》を通りかかったのは、あなたが子供のころのことだった。身分の高い者たちが皆《み》な、あなたの親孝行ぶりを言うので、私はあなたに璧《へき》を贈り物とし、酒食を贈って会いたいと申し入れたのであるが、あなたは病気を理由に辞退した。そのとき、あなたを推薦する者がいて、『父にとっての孝子は、君にとっての忠臣です』と言うので、それで私はあなたの思慮・分別からして、その弁論は人を導くに足《た》り、その高節は困難に対処するに足り、その忠誠なることは意見を明瞭に述べることができ、その信義は長く変わらぬことが期待できる、と思った。詩に『困難に打ち勝つには勇気を出し、乱を治めるには知恵を働かすのは、事に処するに当たっての計策である。太子の守り役を立てるには行いによって選び、少年の教師は学問によって選ぶのは、筋道による常道である』という。計策に従ってしたことは、失敗してもめんどうなことは起こらず、筋道によって行ったことは、行き詰まっても心配はない。そこで私は、あなたが胡服《こふく》を着て太子《たいし》の守り役となってくれることを望む」。

周紹「王は人選をお誤りです。私などの任ではございません」。王「子供を見分けるには父に勝《まさ》る者はなく、臣を見分けるには君主に勝る者はない。そして、その君主は私なのだ」。周紹「太子の守り役に立てるには六つの必要条件があります」。王「その六つとは何々か」。周紹「思慮は沈着で臨機の処置がとれ、操行は円満で礼法に精通していること。権威をかさに着ての圧力もその地位をゆるがすだけの力はなく、巨利をちらつかせての誘惑もその心を変えるだけの力はないこと。敬意をもって指示を受けてかってな行動をせず、下位の者と打《う》ち解《と》けて高ぶらないこと。この六つが太子のお守り役たるの資質でありますが、臣にはその一つもございません。適任でないことを心のなかに知りながら隠して申し上げないでは、臣の罪となります。王命をもって不適任の者を選任なされ、役人に手間をかけさせるだけとなっては、任命なされた王の恥となります。王にはなにとぞ改めて御選考なさいますよう」。

王「その六つの条件を知っておればこそ、あなたを任命するのだ」。周紹は「お国にはまだ王が胡服をお召しになることが知れわたってはおりません。臣は王の臣下であります。そして、王が重ねてお命じになりましたからには、臣がどうして王の御命令に従わずにおれましょう」と言って、再拝し、胡服を賜った。王は言った、「私は王子をあなたに託した。あなたがよくかわいがってくれて、世の汚れを見せないように、また行儀作法をよく指導してくれて、まる暗記を強いられてあがき苦しむことなどのないようにと望む。君主に仕《つか》える者は君の意向に添い、君の志に逆らわぬもの、先君に仕える者は先君の高徳を明らかにしてその遺子に背《そむ》かぬものである。されば、大事を命じうる臣下があることは、国の幸せである。

あなたがよく任を果たしてくれれば、これ以上の私への仕えかたはないのだ。書にも『姦邪《かんじゃ》の者を追い払うには躊躇《ちゅうちょ》するなく、賢者を任用するには二心あってはならぬ』と見える。私はあなたを任用したからには他人を用いることはない」と。
　こうして周紹に、胡服の衣冠、貝帯《ばいたい》、黄金の帯鈎《たいこう》を賜って、王子のお守り役とされた。

（二三四　趙上　武霊王5）

　王 周紹《しゅうしょう》を立てて傅《ふ》と為《な》して曰《いわ》く、「寡人《かじん》始めて県《けん》を行《めぐ》り、番吾《はご》に過《よぎ》る。子《し》が子為《こた》るの時に当たる。践石《せんせき》以上の者、皆な子《し》の孝を道《い》う。故《ゆえ》に寡人 子《し》に問《おく》るに璧《へき》を以《もっ》てし、子に遺《おく》るに酒食《しゅし》を以てして、子を見《み》んことを求めしに、子病《やまい》を謁《つ》げて辞せり。人 子を言う者有り、曰く、『父の孝子は、君の忠臣なり』と。故《ゆえ》に寡人 子《し》の知慮を以《もっ》て、弁は以て人を道《みちび》くに足《た》り、危《き》は以て難を持《じ》するに足り、忠は以て意を写す可《べ》く、信は以て遠く期す可しと為《な》す。詩に云《い》う、『難を服するに勇を以てし、乱を治むるに知を以てするは、事の計なり。傅《ふ》を立つるに行いを以てし、少に教うるに学を以てするは、義の経《けい》なり』と。計に循《したが》うの事は、失《しっ》すれども累《わずら》わず、議《ぎ》に訪《よ》るの行いは、窮すれども憂えず。故《ゆえ》に寡人 子《し》が胡服《こふく》して以て王子に傅たらんことを欲《ほっ》す」と。周紹曰く、「王《おう》 論を失せり。賤臣《せんしん》の敢《あえ》て任ずる所に非《あら》ざるなり」と。王曰く、「子《こ》を選ぶは父に若《し》くは莫《な》く、臣を論ずるは君に若《し》くは莫し。君は寡人《かじん》なり」と。周紹曰く、「傅を立つるの道、六あり」と。王曰く、「六とは何《なん》ぞや」

と。周紹曰く、「知慮《ちりよ》躁《さわが》しからずして変《へん》に達し、身行《しんこう》寛恵《かんけい》にして礼に達す。威厳も以て位《くらい》を易《か》うるに足《た》らず、重利《ちようり》も以て其の心を変ずるに足らず。教えに恭《うやうや》しくして快ならず、下《しも》に和して危《たか》からず。六つの者は傅《ふ》の才なり。而《しか》るに臣一《いつ》も無し。中《うち》に隠して竭《つく》さざるは、臣の罪なり。命を傅して官を僕《はずかし》め、以《もつ》て有司《ゆうし》を煩《わずら》わすは、吏《り》の耻《はじ》なり。王請う更《こ》に論ぜよ」と。王曰く、「此《こ》の六つの者を知る、子《し》を使う所以《ゆえん》なり」と。周紹曰く、「乃国《だいこく》未《いま》だ王の胡服に通ぜず。然《しか》りと雖《いえど》も、臣は王の臣なり。而《しこ》うして王重《かさ》ねて之に命ず。臣敢《あえ》て令《れい》を聴かざらんや」と。再拝す。胡服を賜う。王曰く、「寡人王子を以て子が任と為《な》す。子が厚く之を愛して、醜《しゆう》を見しむる所無く、之を御道《ぎよどう》するに行義《こうぎ》を以てし、学に溺苦《できく》せ令《し》むる勿《な》からんことを欲す。君に事《つか》うる者は、其の意に順《したご》うて、其の志に逆らわず。先《せん》に事うる者は、其の高《こう》を明らかにして、其の孤《こ》に倍《そむ》かず。故《ゆえ》に臣の命ず可《べ》き有るは、其の国の禄《さいわい》なり。子能《しよ》く是《これ》を行わば、寡人《かじん》に事うる所以《ゆえん》の者畢《つ》く。書に云《い》う、『邪《じや》を去《さ》りては疑う無く、賢に任じては弐《たが》う勿《なか》れ』と。寡人子《し》の与《ため》に人を用いず」と。遂《つい》に周紹に胡服の衣冠《いかん》・貝帯《ばいたい》・黄金《おうごん》の師比《しひ》を賜《たも》うて、以《もつ》て王子に傅《ふ》たらしむ。

王立周紹為傅曰、寡人始行県、過番吾。当子為子之時。践石以上者、皆道子之孝。故寡人問子以璧、遺子以酒食、而求見子、子謁病而辞。人有言子者、曰、父之孝子、君之忠臣也。故寡人以子之知慮、為弁足以道人、危足以持難、忠可以写意、信可以遠期。詩云、服難以勇、治乱以知、事之計也。立傅以行、教少以学、義之経也。循計之事、失而累、訪議之行、窮而不憂。故寡人欲子之胡服以傅王乎*。周紹曰、王失論矣。非賤臣所敢任也。王曰、選子莫若父、論臣莫若君。君寡人也。周紹曰、立傅之道、六。王曰、六者何也。周紹曰、知慮不躁達於変、身行寛恵達於礼。威厳不足以易於位、重利不足以変其心。恭於教而不快、和於下而不危。六者傅之才。而臣無一焉。隠中不竭、臣之罪也。傅命僕官、以煩有司、吏之耻也。王請更論。王曰、知此六者、所以使子。周紹曰、乃国未通於王胡服。雖然、臣王之臣也。而王重命之。臣敢不聴令乎。再拝。賜胡服。王曰、寡人以王子為子任。欲子之厚愛之、無所見醜、御道之以行義、勿令溺苦於学。事君者、順其意、不逆其志。事先者、明其高、不倍其孤。故有臣可命、其国之禄也。子能行是、以*事寡人者畢矣。書云、去邪無疑、任賢勿弐。寡人与子不用人矣。遂賜周紹胡服衣冠具帯*黄金師比、以傅王子也。

▼趙《ちょう》の武霊王《ぶれいおう》は「胡服騎射《こふくきしゃ》」を趙の国に持ち込んだ王で、そのことは本書九九「弁説篇争弁」に詳《くわ》しい。武霊王は主父《しゅほ》ともよばれて本書八六、九二に見え、離宮に退けられて、李《り》兌《たい》が趙に用いられると、減食して百日で殺され（七七A　秦下　昭襄王3）、一族皆殺しとなった。

▼周紹《しゅうしょう》は『史記』「趙世家」に、武霊王が胡服するのを諫《いさ》めた四人の臣下の一人として名の見える周紹であろう。

▼武霊王は非常に説得力のある論を進める人で、『漢書《かんじょ》』「古今人表《ここんじんぴょう》」に倣《なら》って、『戦国策』人表を作るとしたら、「上の上」に位させたい。ここに述べられている教育論は古今に通じるものであろう。

▼武霊王のことばから、「太子の傅《ふ》」の荷《にな》う責務の重さがわかる。おいそれとは引き受けられない大任である。周紹はさんざん渋る態度を示したあげく、依頼者たる王から最大限の信任をえて、白紙委任状をとりつけてはじめて、王命を受諾したわけであるが、まことに乱世に生きる者として、抜かりなしと言えよう。

医《い》

二一 扁鵲《へんじゃく》怒って其《そ》の石《せき》を投ず

医者の扁鵲《へんじゃく》が秦《しん》の武王《ぶおう》にまみえた。武王が扁鵲に症状を告げると、扁鵲は、その病《やまい》を取り除かせていただきましょう、と言った。しかし、武王の側近は、「君《きみ》の病はお耳の前、お目の下にあり、これを取り除かれても、全快なさるとはかぎりません。下手《へた》をすれば、お耳が遠くなり、お目が見えなくなられましょう」と言うので、武王はこのことを扁鵲に告げた。すると、扁鵲は怒って、その石針《せきしん》を投げ捨てて言った、「君には専門家と治療のことを御相談になっておかれながら、なんの心得もない者のためにその企《くわだ》てを崩されておしまいになる。もしも、このざまで秦国の政治をお執《と》りになる場合には、君は一挙にしてお国を滅ぼしてしまわれますぞ」と。（五七　秦上　武王5）

医扁鵲《へんじゃく》　秦《しん》の武王《ぶおう》に見《まみ》ゆ。武王之《これ》に病《やまい》を示す。扁鵲除かんと請《こ》う。左右曰《いわ》く、「君《きみ》の病は耳の前、目の下に在《あ》り。之《これ》を除くとも、未《いま》だ必ずしも已《い》えじ。将《まさ》に耳をして聡《そう》ならず、目をして明ならざら使《し》めんとす」と。君以《もっ》て扁鵲に告ぐ。扁鵲　怒って其の石《せき》を投じて曰《いわ》く、「君《きみ》之を知る者と之を謀《はか》って、知らざる者と之を敗《やぶ》る。使《も》し此《かく》のごとくにして秦国の政《まつりごと》を知《つかさど》らば、則《すなわ》ち君一挙にして国を亡《ほろぼ》さん」と。

医扁鵲見秦武王。武王示之病。扁鵲請除。左右曰、君之病在耳之前目之下。除之未必已也。将使耳不聡目不明。君以告扁鵲。扁鵲怒而投其石、*君与知之者謀之、而与不知者敗之。使此知秦国之政也、則君一挙而亡国矣。

▼扁鵲は名医の名として知られる。ただ『史記』「扁鵲倉公列伝《そうこう》」の扁鵲は、春秋時代の人で、『戦国策』に見える扁鵲とは同一人物とはなりえない。
▼『論語《ろんご》』に「人にして恒《つね》無くんば、以《もっ》て巫医《ふい》と作《な》るべからず」（「子路《しろ》」）とある。つまり、最低の人間が医者になると当時は思われていた。後世もしばらくの間、上流階級の人

間は医者にはならなかった。したがってその社会的地位も低く、世間からもそれほど信用されていなかった。『史記』の扁鵲は、病気に六つの不治があるとし、巫《みこ》を信じて医者を信じないのが六番目の不治である、と言っている。それにしても『戦国策』のここおよび『史記』ともに見える言葉から、扁鵲の絶大な自信を知ることができよう。

伯《はく》楽《らく》

二三　一旦《いったん》にして馬の価《あたい》十倍せり

蘇《そ》代《だい》は燕《えん》のために斉《せい》へ遊説《ゆうぜい》に出かけた。斉王にまみえるより先に、まず淳于髠《じゅんうこん》に説いてこう言った、「駿馬《しゅんめ》を売ろうとする者がおりました。三日続けて毎朝、市に立ちましたが、だれもそ知らぬ顔です。そこで、伯楽《はくらく》を訪ねて行って申しました、『臣は駿馬を持っています。売ろうと思い、三日続けて毎朝、市に立ちましたが、だれも声をかけてくれません。どうかあなたが私の馬の周《まわ》りをぐるっと一回りしてよく観察なさったうえ、立ち去り際《ぎわ》に振り返ってくださるようお願いします。臣は一朝分の食費を献上させていただきます』と。

伯楽はそれならばと、ぐるっと一回りしながらよく観察し、立ち去り際《ぎわ》に振り返ったところ、一朝《いっちょう》にしてその馬の価《あたい》が十倍になりました。今、臣は駿馬として王にお目にかかりたいのですが、臣の手びきをしてくださる人がありません。足下《そっか》には、臣の伯楽となってくださるお気持ちはありませんか。臣は白璧《はくへきいっそう》一双と黄金十鎰《じゅういつ》とを献上して、馬のえさ代とさせていただきます」と。淳于髠は「謹んで仰せを承りました」と言い、宮中に入り王に言上して蘇代を王にまみえさせた。斉王は蘇子《そし》がおおいに気に入った。（四四七　燕上　王噲2）

蘇《そ》代《だい》 燕《えん》の為に斉《せい》に説《と》く。未《いま》だ斉王に見《まみ》えず、先《ま》ず淳于髠《じゅんうこん》に説いて曰《いわ》く、「人駿馬《しゅんめ》を売る者有り。三旦《さんたん》に比《およ》ぶまで市《し》に立つ。人之《これ》を知る莫《な》し。往《ゆ》いて伯楽《はくらく》を見て曰く、『臣駿馬《しゅんめ》有り、之を売らんと欲《ほっ》し、三旦に比《およ》ぶまで市に立つ。人与《ひとと》もに言う莫し。願わくは子《し》還《めぐ》りて之を視《み》、去って之を顧みる。去って之を顧《かえり》みよ。臣請《こ》う、一朝《いっちょう》の賈《あたい》を献ぜん』と。伯楽乃《すなわ》ち還《めぐ》って之を視、去って之を顧みる。一旦《いったん》にして馬の価《あたい》十倍せり。今《いま》臣《しん》 駿馬を以《もっ》て王に見《まみ》えんと欲すれども、臣の先後《せんこう》を為《な》す者莫《な》し。足下《そっか》 臣の伯楽と為《な》るに意有らんか。臣請う 白璧一双《はくへきいっそう》・黄金十鎰《おうごんじゅういつ》を献じて、以て馬食《ばし》と為さん」と。淳于髠曰く、「謹んで命を聞く」と。入《い》って之を王に言いて之を見《まみ》えしむ。斉王大いに蘇子《そし》を説《よろこ》ぶ。

蘇代為燕説斉。未見斉王、先説淳于髠曰、人有売駿馬者。比三旦立市。人莫之知。往見伯楽曰、臣有駿馬、欲売之、比三旦立於市。人莫与言。願子還而視之、去而顧之。臣請献一朝之賈。伯楽乃還而視之、去而顧之。一旦而馬価十倍。今臣欲以駿馬見於王、莫為臣先後者。足下有意為臣伯楽乎。臣請献白璧一双黄金千*鎰、以為馬食。淳于髠曰、謹聞命矣。入言之王而見之。斉王大説蘇子。

▼伯楽は馬を見分ける名人の名。『荘子《そうじ》』に見える。唐《とう》の韓愈《かんゆ》の文に「伯楽一《ひと》たび冀北《きほく》の野を過ぎて、馬群遂《つい》に空《むな》し」（温処士を送るの序）。この物語から「伯楽一顧《はくらくいっこ》」と言われる。その道に権威ある人の気を引いたとなると、すぐにとびつきたくなる大衆の心理はいまも昔も変わらぬもののようである。この機微をうまく捉《とら》えた者が成功するのだろうか。

農《のう》夫《ふ》

二三　凍《こおり》を解《と》いて耕し、背を暴《さら》して耨《くさぎ》る

秦王《しんおう》が頓弱《とんじゃく》を引見《いんけん》してみたいと思った。ところが、頓弱は「臣の主義といたしまして、諸侯に拝謁しないことにしております。王がもし臣に拝《はい》の礼をしなくてよいことにしていただけるならば、お目に掛かりましょう。でなければ、お目に掛かりません」と言った。秦王はこれを許された。そこで、頓子《とんし》は申し上げた。「天下には、実があって名のないものがございますし、実なくして名のあるものがございます。ところで、名もなくまた実もないものがございますが、王には御存じでしょうか」。王「知らぬ」。頓子は言った、「実があって名のない者は、商人がそれです。銚《くわ》を握り耨《すき》を推《お》す労働はしないで、穀物を蓄《たくわ》えるという実を持っています。これが実あって名なき者です。実なくして名のある者は、農夫がそれです。凍《い》てついた地面の緩《ゆる》むのも待たずに耕《たがや》し、焼けつく日ざしに背をさらして草を取りながら、穀物を蓄えるという実は持たないのです。これが実なくして名ある者なのです。名もなくまた実もない者は、王こそがそれにほかならないのです。万乗《ばんじよう》の位にお立ちになりながら孝の名なく、千里四方の地をもって親を養われながら孝の実がおありにならぬのです」と。王はむっとして怒りは顔に表れた。（九三　秦下　始皇帝2）

秦王《しんおう》頓弱《とんじやく》を見んと欲《ほつ》す。頓弱曰《いわ》く、「臣の義 参拝せず。王能《おうよ》く臣をして拝《はい》すること無から使《し》めば、即《すなわ》ち可なり。不《しからず》んば即ち見《まみ》えじ」と。秦王之《これ》を許す。是《ここ》に於《おい》て頓子《とんし》曰く、「天下其《そ》の実有《じつあ》って其《そ》の名無き者有り、其の実無くして其の名有る者有り、其の名無く又《ま》た其の実無き者有り、王之《これ》を知るか」と。王曰く、「知《し》らず」と。頓子曰く、「其の実有って其の名無き者は、商人是《こ》れなり。銚《くわ》を把《と》り耨《すき》を推《お》すの勢無《せいな》く、而《しか》も積粟《せきぞく》の実有り。此《こ》れ其の実有って其の名無き者なり。其の実無くして其の名有る者は、農夫是《こ》れなり。凍《こおり》を解《と》いて耕《たがや》し、背《せ》を暴《さら》して耨《くさぎ》り、積粟の実無し。此れ其の実無くして其の名有る者《もの》なり。其の名無く又《ま》た其の実無き者は、王乃《すなわ》ち是れなるのみ。立って万乗《ばんじよう》為《た》れども、孝の名無く、千里を以て養えども、孝の実無し」と。秦王悖然《ぼつぜん》として怒る。

秦王欲見頓弱。頓弱曰、臣之義不参拝。王能使臣無拝、即可矣。不即不見也。秦王許之。於是頓子曰、天下有其実而無其名者、有無其実而有其名者、有無其名又無其実者。王知之乎。王曰弗知。頓子曰、有其実而無其名者、商人是也。無把銚推耨之勢、而有積粟之実。此有其実而無其名者也。無其実而有其名者、農夫是也。解凍而耕、暴背而耨、無積粟之実。此無其実而有其名者也。無其名又無其実者、王乃是也已。立為万乗、無孝之名、以千里養、無孝之実。秦王悖然而怒。

▼頓弱《とんじゃく》は言う、「天下は合従《がっしょう》でなければ連横《れんこう》です。連横が成れば秦《しん》は帝となり、合従が成れば楚《そ》が王となりましょう。秦が帝となれば、天下の富を以《もっ》て母君をお養いになれましょうが、楚《そ》が王となれば、お手もとに一万金があっても御自由にはなりますまい」と。かくて秦王から一万金を支給され、東のかた韓《かん》・魏《ぎ》に行ってその国の柱石《ちゅうせき》たる重臣を秦に迎え入れ、北のかた燕《えん》・趙《ちょう》に行って李牧《りぼく》を殺させ、斉王《せいおう》が入朝し、燕《えん》・趙《ちょう》・韓《かん》・魏《ぎ》の四国ことごとく従ったのは頓子《とんし》の遊説《ゆうぜい》の功であった。

二四　国家の主《しゅ》を立つるの贏《もうけ》は幾倍ぞ

商《しょう》　賈《こ》

濮陽《ぼくよう》の人、呂不韋《りよふい》は、趙《ちよう》の都邯鄲《かんたん》に店を構《かま》えていたが、秦《しん》から人質として来ていた公子の異人《いじん》を見かけ、家に帰って父に言った。「田地を耕作して得る利益は何倍でしょう」。「十倍だ」。「珠玉を商《あきの》うて得る利益は何倍でしょう」。「百倍だ」。「一国の主君を守り立てて得るうけは何倍でしょう」。「計り知れぬ」。「いま、汗水《あせみず》垂らして野良《のら》仕事に精を出しても、暖衣飽食できるわけではなし、それにひきかえ国を建て主君を立てれば、余沢《よたく》を子孫にまで残せます。出かけて行って仕《つか》えてみたいと思います。秦の公子の異人が趙に人質となって来ており、鄗城《きやくじよう》にいるのです」。（二〇〇　秦下　孝文1）

濮陽《ぼくよう》の人呂不韋《りよふい》、邯鄲《かんたん》に賈《こ》し、秦《しん》の質子《ちし》たる異人《いじん》を見て、帰って父に謂《い》って曰《いわ》く、「耕田の利は幾倍ぞ」と。曰く、「十倍」と。「珠玉の贏《もうけ》は幾倍ぞ」と。曰く、「百倍」と。「国家の主《しゆ》を立つるの贏は幾倍ぞ」と。曰く、「無数なり」と。曰く、「今力田疾作《りよくでんしつさく》するも、煖衣余食《いよしよく》を得ず。今国を建て君を立てば、沢《たく》以《もつ》て世《よ》に遺《のこ》す可《べ》し。願わくは往《ゆ》いて之《これ》に事《つか》えん。秦《しん》の子異人《こいじん》趙《ちよう》に質《ち》たり、鄗城《きやくじよう》に処《お》る」と。

濮陽人呂不韋、賈於邯鄲、見秦質子異人、帰而謂父曰、耕田之利幾倍。曰、十倍。珠玉之贏、幾倍。曰、百倍。立国家之主贏、幾倍。曰、無数。曰、今力田疾作、不得煖衣余食。今建国立君、沢可以遺世。願往事之。秦子異人質於趙、処於鄗城。

▼商《あきな》いは商いでも、呂不韋《りよふい》の域に達すれば、とても賤業だなどと蔑《さげす》むことはできまい。彼の発想に、まさに商魂の極《きわ》めつけを見る思いがする。

▼異人は秦《しん》の昭襄王《しようじようおう》の孫で、孝文王《こうぶんおう》の庶子、母は夏姫《かき》。かくて呂不韋は鄗城《きやくじよう》に行き、秦王の后《こう》の弟の陽泉君《ようせんくん》に説き、陽泉君が王后に説いて、秦は趙に請《こ》うて異人を帰国させることになる。趙が承知しないのを呂不韋が出かけて趙に説き、異人が帰って来ると、呂不韋は異人に楚《そ》国の服装をさせて王后にまみえさせた。楚の出身である王后はその姿が気に入って、わが子として名を楚と改め、子楚《しそ》とよばれる。即位して荘襄王となり、呂不韋を宰相として文信侯《ぶんしんこう》と号した。

二五　良商は人と買売の賈《あたい》を争わず

希《き》写《しや》が建信君《けんしんくん》にまみえた。建信君「文信侯《ぶんしんこう》（呂不韋《りよふい》）の私に対する態度は、はなはだ無礼だ。秦《しん》は人をよこして仕《つか》えさせたので、私はその者に丞《じよう》相《しよう》の官房に属させ、五大夫《ごたいふ》の爵を授《さず》けた。しかるに文信侯の私に対する態度たるや、ひどいものだ、その無礼なことは」。建信君はむっとして言った。希写「臣が思いますに、今の世の政治家は商売人に及びません」。建信君はむっとして言った。

「あなたは政治家をさげすんで、商売人を尊ばれるのか」と。

「そうではありません。いったい、優れた商人は、人と売買の値を競わないで、慎重に時機をうかがうものです。相場が安いときに買えば、高価なものでも安く買えたことになりま す。相場が高いときに売れば、安価なものでも高く売れたことになるのです。昔、周《しゅう》の文王《ぶんおう》は牖里《ゆうり》にとらわれ、武王《ぶおう》は玉門《ぎょくもん》につながれましたが、けっきょくは紂王《ちゅうおう》の首級をあげて、太《たい》白《はく》の旗の先につり下げました。これこそ時機をうかがった武王の功績なのです。いま、君には、文信侯と張り合いなさるのに、策略を用いるだけの御器量がなく、文信侯が礼を欠くことばかり責めておいでです。臣はひそかに、君のためにならぬことと、お見受けします」。

（二五六　趙下　孝成王18）

希《き》写《しゃ》 建信君《けんしんくん》に見《まみ》ゆ。建信君 曰《いわ》く、「文信侯《ぶんしんこう》の僕に於《お》けるや、甚《はなは》だ礼無し。秦《しん》 人をして来《きた》って仕《つか》え使《し》むるや、僕之《これ》を丞相《じょうしょう》 に官《かん》し、五大夫《ごたいふ》に爵す。文信侯の僕に於けるや、甚しいかな其《そ》の礼無きや」と。希写 曰く、「臣以為《おもえら》く、今世《こんせい》の事を用うる者は、商賈《しょうこ》に如《し》かず」と。建信君悖然《ぼつぜん》として曰く、「足下《そっか》事を用うる者を卑《いや》しんで、商賈を高しとするか」と。曰く、「然《しか》らず。夫《そ》れ良商は人と買売の賈《あたい》を争わずして、謹んで時を司《うかが》う。時賤《ときやす》くして買えば、貴《たか》しと雖《いえど》も已《はなは》だ賤く、時貴くして売らば、賤しと雖も已だ貴し。昔者《むかし》 文王《ぶんおう》は牖里《ゆうり》に拘《とらわ》れ、而《しこ》うして武王《ぶおう》は玉門《ぎょくもん》に羈《つな》がれしも、卒《つい》に紂《ちゅう》の頭《こうべ》を断って、太白《たいはく》に県《か》けし者は、是《こ》れ武王の功なり。今 君 文信侯と相伉《あいこう》するに権を以てすること能《あた》わずして、文信侯の礼少きを責《せ》む。臣窃《ひそ》かに君の為に取らざるなり」と。

希写見建信君。建信君曰、文信侯之於僕也、甚無礼。秦使人来仕、僕官之丞相、爵五大夫。文信侯之於僕也、甚矣其無礼也。希写曰、臣以為今世用事者、不如商賈。建信君悖然曰、足下卑用事者、而高商賈乎。曰、不然。夫良商不与人争買売之賈、而謹司時。時賤而買、雖貴已賤矣、時貴而売、雖賤已貴矣。昔者文王之拘於牖里、而武王羈於玉門、卒断紂之頭、而県於太白者、是武王之功也。今君不能与文信侯相伉以権、而責文信侯少礼。臣窃為君不取也。

▼文信侯とは呂不韋であるについては、二四の附記を参照。

説《ぜい》　士《し》

二六　蘇《そ》子《し》も亦《ま》た両国の金《きん》を得たり

東周《とうしゅう》で稲を作りたいと思っているのに、西周《せいしゅう》が水を流してよこさない。東周では困っていた。蘇《そ》子《し》が東周の君《きみ》に言った。「私が西周に水を流させるようにいたしたいのですが、よろしいですか」。そこで、出かけて西周の君にまみえて言うには、「君のはかりごとは間違っています。いま、水を流さないのは、東周を豊かにしてやることになるのです。いま、東周の民は、皆な麦を植えていて、ほかの穀物はないのです。君が、もし東周をひどい目に遭《あ》わせてやりたいのなら、一度、水を流してやって、東周が植えているものをだめにしてしまうにしくはありません。水を流せば、東周ではきっとまた稲を植えましょう。稲を植えましたら、また、水を取り上げてしまうのです。かようになされば、東周の民はこぞって西周を仰ぎ見て、君の仰せのままに従わせることができましょう」と。西周の君は、「なるほど」と言って水を流した。蘇子もまた両国の黄金をせしめたのである。（四　東周　恵王5）

東周《とうしゅう》稲を為《つく》らんと欲《ほっ》すれども、西周《せいしゅう》水を下《くだ》さず。東周之《これ》を患《うれ》う。蘇子《そし》東周の君に謂《い》って曰《いわ》く、「臣請《しんこ》う西周をして水を下さ使《し》めん、可ならんか」と。乃《すなわ》ち往《ゆ》いて西周の君に見《まみ》えて曰く、「君の謀《はかりごと》は過《あやま》てり。今《いま》水を下さざるは、東周を富ます所以《ゆえん》なり。今其《そ》の民《たみ》皆な麦を種《う》う。他の種《しゅ》無《な》し。君若《も》し之を害せんと欲せば、一たび為に水を下して以《もっ》て其の種《う》うる所を病《や》ましめんには若《し》かず。水を下さば、東周必《かなら》ず復《ま》た稲を種《う》えん。稲を種うれば復た之《これ》を奪え。是《かく》の若《ごと》くせば、則《すなわ》ち東周の民一《ひと》えに西周を仰《あお》いで命を君に受け令《し》む可《べ》し」と。西周の君曰く、「善し」と。遂《つい》に水を下す。蘇子も亦《ま》た両国の金《きん》を得たり。

東周欲為稲、西周不下水。東周患之。蘇子謂東周君曰、臣請使西周下水、可乎。乃往見西周之君曰、君之謀過矣。今不下水、所以富東周也。今其民皆種麦。無他種矣。君若欲害之、不若一為下水以病其所種。下水、東周必復種稲。種稲而復奪之。若是、則東周之民可令一仰西周而受命於君矣。西周君曰、善。遂下水。蘇子亦得両国之金也。

▼この時代、この辺《あた》りでは稲は贅沢品《ぜいたくひん》であったろう。『論語《ろんご》』に三年の喪《も》は長すぎるという宰我《さいが》に孔子《こうし》が、親の喪中に「夫《か》の稲を食《くら》い夫の錦《にしき》を衣《き》る。女《なんじ》に於《お》て安《やす》きか」(「陽貨《ようか》」)と言っている。

▼蘇秦《そしん》こそ説士《ぜいし》の代表である。「子《し》は本《もと》を釈《す》てて口舌《こうぜつ》を事とす。困《くる》しむも亦《ま》た宜《うべ》ならずや」と、その一族から言われた(『史記』「蘇秦《そしん》列伝」)男である。この話は、蘇秦にしては一見、規模が小さすぎる話であるが、口先一つで仕事をする説士の面目がよく表れている。もっとも、見方を変えれば、地続きの国同士での灌漑《かんがい》をめぐっての争いは、近代以前には洋の東西を問わず跡を絶《た》たなかったのであるから、ここでは狡智《こうち》にまさって見える蘇子の〝舌先三寸〟が、東西周をその破局から救うことになったとも言える。

二七　跖《せき》の狗《いぬ》　堯《ぎょう》に吠《ほ》ゆるは、跖を貴《たっと》んで堯を賤《いやし》むに非《あら》ず

貂勃《ちょうぼつ》はいつも田単《でんたん》をそしって、「安平君《あんぺいくん》は小人《しょうじん》だ」と言っていた。安平君(田単)はこれを聞きつけて、わざわざ酒席を設けて貂勃を招待して言った。「私はどういうことで先生に罪を犯しましたか、なんと常々朝廷でおほめにあずかっているようですが」。貂勃「盗跖《とうせき》の

犬は堯《ぎょう》にほえましたが、盗跖を尊び堯を卑《いや》しんでのことではありません。犬は必ず主人でないものにはほえるからなのです。ところでいま、公孫子《こうそんし》は賢者で、徐子《じょし》は愚者であるとしまして、もしも公孫子と徐子とが取っ組み合いをはじめますならば、徐子の犬はやはり、折をうかがって公孫子のふくらはぎに飛びかかりかみつくでしょう。しかし、もしも愚者のもとを去って賢者のために働けることになったなら、その犬は、相手のふくらはぎに飛びかかってかみつくだけでは、とても済まさないでしょう」。安平君は「謹んで仰せに従おう」と言い、翌日、王に彼を推薦した。（一五六　斉下　襄王3）

貂勃《ちょうぼつ》常に田単《でんたん》を悪《そし》りて曰《いわ》く、「安平君《あんぺいくん》は小人《しょうじん》なり」と。安平君之《これ》を聞き、故《ことさら》に酒を為《おさ》めて貂勃を召《め》して曰く、「単何《たんなに》を以《も》てか罪を先生に得《え》て、故《すなわ》ち常に朝《ちょう》に誉《ほ》め見《ら》るるや」と。貂勃曰く、「跖《せき》の狗《いぬ》 堯《ぎょう》に吠《ほ》ゆるは、跖を貴《たっと》んで堯を賤《いやし》むに非《あら》ず。狗は固《もと》より其《そ》の主《しゅ》に非ざるに吠ゆるなり。且《か》つ今《いま》 公孫子《こうそんし》をして賢にして徐子《じょし》をして不肖《ふしょう》なら使《し》め、然《しか》而して公孫子をして徐子と闘わ使めば、徐子の狗、猶《な》お時に公孫子の腓《ひ》を攫《つか》んで之を噬《か》む。若《も》し乃《すなわ》ち不肖者《ふしょうしゃ》を去って賢者の為にするを得ば、狗豈《あ》に特《ただ》に其の腓を攫んで之を噬むのみならんや」と。安平君曰く、「敬《つつし》んで命を聞く」と。明日之《これ》を王に任《すす》む。

貂勃常悪田単曰、安平君小人也。安平君聞之、故為酒而召貂勃曰、単何以得罪於先生、故常見誉於朝。貂勃曰、跖之狗吠堯、非貴跖而賤堯也。狗固吠非其主也。且今使公孫子賢而徐子不肖、然而使公孫子与徐子闘、徐子之狗、猶時攫公孫子之腓而噬之也。若乃得去不肖者而為賢者、狗豈特攫其腓而噬之耳哉。安平君曰、敬聞命。明日任之於王。

▼成語「跖《せき》の狗《いぬ》堯《ぎょう》に吠ゆ」の出処である。『史記』「淮陰侯列伝《わいいんこう》」にも、韓信《かんしん》に謀反《むほん》を教えたと審問された蒯通《かいとう》が、高祖《こうそ》に答えた言葉に同様の語が見える。

二八 禍《わざわい》を転じて福と為《な》す

燕《えん》の文公《ぶんこう》のとき、秦《しん》の恵王《けいおう》は自分の娘を燕の太子《たいし》の夫人とした。文公が亡《な》くなって易王《いおう》が即位したが、斉《せい》の宣王《せんおう》は燕の喪《も》に乗じて攻撃をかけ、十城を取った。そこで武安君蘇秦《ぶあんくんそしん》は燕のために斉王に献策することになった。蘇秦は再度、拝《はい》の礼をして祝辞を言上すると、今度は斉王の顔を仰ぎ見ながら弔辞《ちょうじ》を述べた。斉王は戈《か》のつかに手をかけ、蘇秦に退出を命じ、「これはなんとしたことだ。祝辞と弔辞をくっつけて述べるとは」と言った。

答えて、「どんなに飢えた人も、鳥兜《とりかぶと》を食べはしませんが、それはなぜかといえば、かりそめに腹を満たしたところで、死と隣《とな》り合《あ》わせである悲哀に変わりはないからであります。ところで燕は弱小国家ではありますが、強国、秦の、若き女婿《じょせい》でございます。王には燕の十城をまんまとお取りになって、強い秦と深く仇敵《きゅうてき》の関係とおなりです。いま、弱い燕を先鋒とし、強い秦に後方を制圧させて、天下の諸侯の精鋭部隊を招き寄せなさいますのは、烏兜を食べるたぐいでありましょう」と。斉王「ならばどうしたものか」。

答えて、「聖人が事を処理されるには、禍《わざわ》いを転じて福とし、失敗がもとで成功するものです。かの、斉の桓公《かんこう》はその夫人に悩まされたことから、覇者《はしゃ》としての名がますます尊くなりましたし、晋《しん》の韓献《かんけん》は邲《ひつ》の戦に罪をかむりましたが、そのことから三軍の将の結束はいよいよ固くなりました。これらはいずれも禍いを転じて福とし、失敗がもとで成功した実例でございます。王には、臣の申すことをお聞き入れいただけるのでしたら、燕の十城をお返しになり、辞を低くして秦にわびをお入れになるに越したことはありません。秦が、自分のことが原因で、王が燕に城をお返しになったと知れば、秦は王に恩義を感ずるにちがいありません。燕は理由もないままで十城を手に入れるのですから、燕もまた王に恩義を感じます。つまり強い仇敵の関係を捨てて厚い交《まじ》わりをお立てになることになるのです。そのうえ、燕・秦がそろって斉に仕《つか》えることになれば、大王の御命令には天下の諸侯皆《み》なが服従いたします。つまり王には中身は空《から》っぽのことばを秦にお与えになり、十城で天下をお取りになるわけです。これこそ覇王《はおう》の功業です。いわゆる『禍いを転じて福となし、失敗がもとで成功する』ということです」と。斉王は大いに喜んで、城を燕に返し、黄金千斤を贈って謝った。そのあとで、泥土《でいど》のなかに頓首《とんしゅ》して、どうか兄弟のよしみを結んでいただきたいと願い出て、秦に謝罪した。（四三二　燕上　易王1）

燕《えん》の文公《ぶんこう》の時、秦《しん》の恵王《けいおう》其《そ》の女《じょ》を以《もっ》て燕の太子《たいし》の婦《ふ》と為《な》す。文公卒《しゅっ》して、易王《いおう》立つ。斉《せい》の宣王《せんおう》燕の喪《も》に因《よ》って之《これ》を攻め、十城を取る。武安君《ぶあんくん》蘇秦《そしん》、燕の為に斉王《せいおう》に説《と》く。再拝して賀《が》し、因って仰いで弔《ちょう》す。斉王戈《か》を桉《あん》じて卻《しりぞ》けて曰く、「此《こ》れ一《いっ》に何ぞ慶弔《けいちょう》相随《あいしたが》うの速《すみ》やかなるや」と。対《こた》えて曰く、「人の飢うるも、烏喙《うかい》を食《くら》わざる所以《ゆえん》の者は、偸《いやしく》も腹に充《み》つと雖《いえど》も、死と患《うれい》を同じゅうすと以為《おも》えばなり。今燕《えん》は弱小なりと雖も、強秦の少《しょ》婿《うせい》なり。王其《そ》の十城を利して、深く強秦と仇《あだ》を為《な》す。今弱燕《じゃくえん》をして鴈行《がんこう》を為して、強秦をして其の後《のち》を制せ使《し》め、以《もっ》て天下の精兵を招くは、此《こ》れ烏喙《うかい》を食《くら》うの類なり」と。斉王《せいおう》曰く、「然《しか》らば則《すなわ》ち奈何《いかん》せん」と。対《こた》えて曰く、「聖人の事を制するや、禍《わざわい》を転じて福《ふく》と為《な》し、敗に因《よ》りて功を為す。故《ゆえ》に桓公《かんこう》は婦人を負《お》うて名益〻《ますます》尊《たっと》く、韓献《かんけん》は罪を開いて交《まじ》わり愈〻《いよいよ》固《かた》し。此《こ》れ皆な禍を転じて福と為し、敗に因《よ》りて功を為す者なり。王能く臣に聴かば、燕の十城を帰し、辞を卑《ひく》くして以て秦に謝するに如《し》くは莫《な》し。秦王の己《おのれ》の故を以て燕に城を帰《かえ》すを知らば、秦必《かなら》ず王を徳とせん。燕故《ゆえ》無くして十城を得ば、燕も亦《ま》た王を徳とせん。是《こ》れ強仇《きょうきゅう》を棄てて厚交を立つるなり。且《か》つ夫《そ》れ燕・秦の倶《とも》に斉に事《つか》えば、則ち大王の号令天下皆な従わん。是れ王虚辞を以《もっ》て秦を附《つ》け、而《しこ》うして十城を以て天下を取るなり。此れ覇王《はおう》の業なり。所謂《いわゆ》る『禍を転じて福と為し、敗に因りて功を成す』者なり」と。斉王大いに説《よろこ》び、乃《すなわ》ち燕に城を帰し、金千斤《せんきん》を以て謝す。其の後途中《とちゅう》に頓首《とんしゅ》し、兄弟《けいてい》と為《な》らんことを願うて、罪を秦に請《こ》えり。

燕文公時、秦恵王以其女為燕太子婦。文公卒、易王立。斉宣王因燕喪攻之、取十城。武安君蘇秦、為燕説斉王。再拝而賀、因仰而弔。斉王桉戈而卻曰、此一何慶弔相随之速也。対曰、人之飢、所以不食烏喙者、以為雖偸充腹、而与死同患也。今燕雖弱小、強秦之少婿也。王利其十城、而深与強秦為仇。今使弱燕為鴈行、而強秦制其後、以招天下之精兵、此食烏喙之類也。斉王曰、然則奈何。対曰、聖人之制事也、転禍而為福、因敗而為功。故桓公負婦人而名益尊、韓献開罪而交愈固。此皆転禍而為福、因敗而為功者也。王能聴臣、莫如帰燕之十城、卑辞以謝秦。秦知王以己之故帰燕城也、秦必徳王。燕無故而得十城、燕亦徳王。是棄強仇而立厚交也。且夫燕秦之俱事斉、則大王号令、天下皆従。是王以虚辞附秦、而以十城取天下也。此覇王之業矣。所謂転禍為福、因敗成功者也。斉王大説、乃帰燕城、以金千斤謝。其後頓首塗中、願為兄弟、而請罪於秦。

▼「禍《わざわい》を転じて福《ふく》と為《な》し、敗に因《よ》りて功を成す」、これも『戦国策』を通じて、考えの一つの柱であって、いくつかの場面でこれと同様の言葉が述べられている。

食客《しょくかく》

二九　長鋏《ちょうきょう》帰来《かえ》らんか食に魚《うお》無し

斉《せい》の人で、馮諼《ふうけん》という者がおり、貧乏していて自立できなかった。そこで、彼は人を介して、孟嘗君《もうしょうくん》の門下に寄食させていただきたいと願い出た。孟嘗君「あなたは何をお好みか」。「私にはなんの好みもございません」。「あなたは何がおできか」。「私は何もできません」。孟嘗君は笑いながら、「よろしい」と言って、彼を受け入れることにした。側近《そっきん》の者は主人が敬意を表してはいないと思い、菜食の膳をあてがっておいた。

こうしてしばらく経《た》つと、彼は柱に寄りかかり、剣をたたきながらこんな歌を歌うのだった、「長剣よ、帰ろうか。膳部に魚がつかないもの」。側近の者がこのことを注進すると、孟嘗君は「魚を食わせてやれ」と言うので、門下で魚を食わせる客の列に加えた。こうしてしばらく経つと、彼はまたも剣の鋏《つか》をたたきながら、「長剣よ、帰ろうか。外出するにも車がないもの」と歌った。側近の者はみな、笑いものにして、このありさまを報告した。すると、孟嘗君は「車を与えてやれ」と言う。そこで、門下で車を与えられる客の列に加えた。かくて、彼はその車に乗り、かの剣を肩に担《かつ》いで、彼の友人たちを訪問し、「孟嘗君が私を客として待遇した」と言って回った。しかし、その後しばらく経つと、またもやかの長剣の鋏をたたきながら、「長剣よ、帰ろうか。一家そろって住めないもの」と歌った。側近の者はみな、いやなやつだと思い、貪欲《どんよく》で飽《あ》くことを知らぬ男だと言った。孟嘗君が「馮公《ふうこう》には親がおありか」と尋ねると、「老いた母がおります」と答えたので、孟嘗君は、彼の親の分の食費を支給して不足することのないようにさせた。これで馮諼は、もう歌わなくなった。

その後、孟嘗君は書面を回して、門下の食客たちに尋ねた。「どなたか簿記にたんのうで、私のために貸しつけた金を薛《せつ》から取り立てて来ることのできる人はおいでか」と。すると、馮諼が「できます」と書き込んだ。孟嘗君は見覚えのない名であると思い、「これはだれなのか」と言った。側近の者が「それこそあの『長剣よ、帰ろうか』と歌った男でございます」と言う。孟嘗君は顔をほころばせて言った、「あの客人は思ったとおり有能な人物であったのだ。それなのに、私はほったらかしにして対面することもなかった」。辞を低くして対面しよう」と。そして、わびを入れてこう言った、「私は雑務に追われ、気苦労に心乱れ、おまけに愚鈍《ぐどん》の生まれつきで国事にかまけ、先生に申し訳のない失礼をいたしました。先生にはそれを辱《はずかし》めを受けたとなさらず、このたびはまた私のために、貸しつけた金を薛から取り立てて来てくださるとの御意向がおありとか」と。馮諼「させていただきます」。

かくて、車を整備し旅支度も万端調えて、債務の証券を載《の》せて出かけるまでになったとき、いとまごいして言った。「負債の取り立てがすっかり終わりましたら、何を買って帰りましょうか」と。孟嘗君「私の家にあまりない物を見つくろって来てください」。そこで、車をはせて薛へ行き、債務の償還をせねばならぬ人民たちを役人に命じて召集させた。ことごとくが集まってきて債券を合わせてみると、債券はすっかり符合した。すると、馮諼は立ち上がって、孟嘗君の命であると偽《いつわ》り、貸付金を人民たちに下さるのだと言って、債券を焼き捨ててしまったので、民は「万歳」を唱《とな》えた。

一気に車をはせて斉《せい》に帰り着き、早朝にもかかわらずお目に掛かりたいと願い出た。孟嘗君は彼の帰還のあまりに早いのを不思議に思ったが、衣冠を正して会見し、「負債はすっかり徴収し終えましたか。お帰りのなんと早いことよ」と言うと、「徴収し終えました」と言う。「それで、何を買ってお帰りですか」。馮諼「我が君には、『我家にあまりない物をよく見計らうように』との仰せでした。臣は我が心の内に推《お》し量《はか》りますところ、我が君のお屋敷には、珍宝が積まれ、犬も馬も外の馬屋にいっぱい、美人は後宮《こうきゅう》の後列まで埋まっております。我が君の家にあまりない物といえば、まず、義でございましょう。そこで私、考えまして、我が君のために義を買って参りました」。孟嘗君「義を買うとは、どうなさったのですか」。「いま、我が君には薛という狭い御領地をお治めですのに、御領地の民《たみ》を我が子のごとく慈《いつく》しみなさることなく、御領地を資本に商人のように利潤をおかせぎになります。臣はかってに主君の御命令であると申し、負債を庶民に賜るとて、債務の証券を焼き捨てましたところ、民は『万歳』と唱《とな》えました。これが臣の申す『君のために義を買って帰りました』ということです」。孟嘗君は不快げに言った。「そうでしたか。先生には御休息ください」。

このことあって一年ほどのちに、孟嘗君のことを湣王《びんおう》にそしる者があり、斉王《せいおう》が孟嘗君に言った。「私は先王の臣をおのが臣とはしないこととする」と。そこで、孟嘗君は薛の領地に帰国することになった。途中、まだ百里も行かないうちに、民は老人を支え幼児を抱いて、孟嘗君を道中に迎えに出ていた。孟嘗君は振り返って馮諼に言った。「先生が、私のために、義を買ってくださったということを、今日この目で見ました」と。

馮諼は言った。「利口な兎《うさぎ》は、穴を三つ持っていて、辛《かろ》うじて死を免れることができるのです。いま、我が君には一つの穴ができましたが、まだ枕を高くしてお休みになることはできません。ですから、我が君のために、さらに二つの穴をうがたせていただきましょう」と。

そこで、孟嘗君は車五十乗《じょう》と黄金五百斤《きん》とを与えた。すると、馮諼は西のかた梁《りょう》に行き、恵王《けいおう》に説《と》いて、「斉はその大臣である孟嘗君を諸侯の前にほうり出しました。諸侯のうちで、まっ先に孟嘗君を迎え入れた者は、富裕となり兵力強大となりましょう」と言った。梁王はそれならばと、高い地位を空席にすべく、現任の宰相を上将軍に移し、使者を遣《つか》わし、黄金千斤・車百乗を持たせて、孟嘗君を招聘《しょうへい》に行かせた。

馮諼は一足早くはせもどり、孟嘗君を諭《さと》して、「千金と言えば丁重《ていちょう》な幣物です。百乗といえば晴れがましいお使いです。斉がこれを聞きつけないはずはありません」と言った。梁の使者は三たび往復したが、孟嘗君は固く辞退して行こうとはしなかった。斉王はこのことを聞いて、君臣ともども驚き恐れ、太傅《たいふ》を使いに立て、黄金千斤と飾りつけした四頭立ての馬車二両と王が身に帯びていた剣一振りとを贈り物として、封書で孟嘗君にわびを入れた、「私は巡《めぐ》り合わせが悪くて、宗廟《そうびょう》のたたりを被《こうむ》り、こびへつらう臣下におぼれて、あなたに申し訳ないことをいたしました。私はあなたのお助けを頂くに足《た》らぬものではありますが、どうかあなたには、先王の宗廟のことをお考えいただいて、ともかく国へもどって万民を治めてはいただけないでしょうか」と。

馮諼は孟嘗君をいさめて、「どうか、先王の祭器を頂いて、宗廟を薛《せつ》にお立てなさいますよう」と言った。廟が完成した。馮諼は孟嘗君のもとへもどって来て報告した。「三つの穴がもうできあがりました。我が君には、これで当分、枕を高くして楽しくお過ごしください」と。孟嘗君が宰相であった数十年の間、いささかの禍いもなくて済んだのは、馮諼のはかりごとあってのことなのである。(一四〇　斉下　閔王4)

斉人《せいひと》に馮諼《ふうけん》という者有《ものあ》り、貧乏にして自《みずか》ら存《そん》すること能《あた》わず。人をして孟嘗君《もうしょうくん》に属《しょく》し、門下に寄食《きしょく》せんことを願わ使《し》む。孟嘗君曰《いわ》く、「客《かく》何をか好む」と。曰く、「客《かく》好む無きなり」と。曰く、「客《かく》何をか能《よ》くする」と。曰く、「客《かく》能くする無きなり」と。孟嘗君笑って之《これ》を受けて曰く、「諾《だく》」と。左右　君《きみ》　之《これ》を賤《いやし》むと以《おも》いて、食《くら》わしむるに草具《そうぐ》を以《もっ》てす。居《お》ること頃《しばら》く有りて、柱に倚《よ》って其《そ》の剣を弾《だん》じて歌いて曰く、「長鋏《ちょうきょう》帰来《かえ》らんか、食に魚《うお》無し」と。左右以《もっ》て告ぐ。孟嘗君曰く、「之に食せしめよ」と。門下の客に比す。居ること頃く有りて、復《ま》た其の鋏《きょう》を弾じて歌いて曰く、「長鋏帰来らんか、出《い》ずるに車無し」と。左右皆《み》な之を笑い、以て告ぐ。孟嘗君曰く、「之が為に駕《が》せよ」と。門下の車客《しゃかく》に比す。是《ここ》に於《おい》て其の車に乗り、其の剣を掲《にな》いて、其の友に過《よぎ》って曰く、「孟嘗君我を客《かく》とす」と。後頃《のちしばら》く有《あ》りて、復《ま》た其《そ》の剣鋏《けんきょう》を弾じて歌いて曰く、「長鋏帰来《かえ》らんか、以て家を為《な》す無し」と。左右皆《み》な之《これ》を悪《にく》み、以為《おもえら》く、貪《たん》にして足《た》るを知らずと。孟嘗君問う、「馮公親《しんあ》有りや」と。対《こた》えて曰く、「老母有り」と。孟嘗君人《ひと》をして其の食用を給《きゅう》し、乏《とぼ》しから使《し》むること無から使む。是《ここ》に於《おい》て馮諼復《ま》た歌わず。後《のち》孟嘗君記《き》を出《いだ》して、門下の諸客《しょかく》に問う、「誰《たれ》か計会《けいかい》に習《なら》い、能《よ》く文《ぶん》が為に責《さい》を薛《せつ》に収《おさ》むる者ぞや」と。馮諼署《しょ》して曰く、「能くせん」と。孟嘗君之《これ》を怪《あや》しんで曰く、「此《こ》れ誰ぞや」と。左右曰く、「乃《すなわ》ち夫《か》の『長鋏帰来らん』を歌いし者なり」と。孟嘗君笑って曰く、「客果《かくは》たして能くする有るなり。吾《われ》之《これ》に負《そむ》きて、未《いま》だ嘗《かつ》て見ざりしなり」。請《こ》うて之を見ん」と。謝して曰く、「文事《こと》に倦《う》み、憂《うれ》いに憒《みだ》れ、而うして性《せい》懧愚《じゅぐ》にして、国家の事に沉《しず》んで、罪を先生に開く。先生羞《は》じず、乃《すなわ》ち為に責《さい》を薛《せつ》に収《おさ》めんと欲するに意有るか」と。馮諼曰く、「之《これ》を願う」と。是《ここ》に於《おい》て車を約《とと》え装を治め、券契《けんけい》を載《の》せて行く。辞して曰く、「責《さい》畢《ことごと》く収《おさ》めば、以《もっ》て何をか市《こ》うて反《かえ》らん」と。孟嘗君曰く、「吾《わ》が家に有ること寡《すくな》き所の者を視《み》よ」と。駆《か》って薛《せつ》に之《ゆ》き、吏《り》をして諸民の当《まさ》に償《つぐな》うべき者を召《め》さ使《し》む。悉《ことごと》く来《きた》って券を合わす。券徧《あまね》く合う。起《た》ちて命と矯《いつわ》り、責《さい》を以《もっ》て諸民に賜い、因《よ》って其の券を焼く。民《たみ》万歳と称す。長駆《ちょうく》して斉《せい》に到《いた》り、晨《つと》にして見《まみ》えんことを求む。孟嘗君 其《そ》の疾《はや》きを怪しむ。衣冠して之を見て曰く、「責《さい》 畢《ことごと》く収めたりや。来《きた》ること何《なん》ぞ疾《はや》きや」と。曰く、「収め畢《おわ》れり」と。「以《もっ》て何をか市うて反れる」と。馮諼曰く、「君云《い》えり、『吾が家に有ること寡《すくな》き所の者を視《み》よ』と。臣窃《ひそ》かに計《はか》るに、君の宮中 珍宝《ちんぽう》を積み、狗馬《くば》は外廐《がいきゅう》に実《み》ち、美人は下陳《かちん》に充《み》てり。君の家に有ること寡《すくな》き所の者は、以《おも》うに義のみ。窃かに以《もっ》て君の為に義を市《か》えり」と。孟嘗君曰く、「義を市うは奈何《いかん》する」と。曰く、「今 君 区区《くく》の薛《せつ》を有《たも》ち、拊愛《ふあい》して其の民を子とせず、因《よ》て之に賈利《こり》す。臣窃《ひそ》かに君の命《めい》と矯《いつわ》り、責《さい》を以て諸民に賜い、因って其《そ》の券を焼きしに、民《たみ》万歳と称せり。乃《すなわ》ち臣 君の為に義を市える所以《ゆえん》なり」と。孟嘗君 説《よろこ》ばずして曰く、「諾《だく》。先生、休《きゅう》せよ」と。後朞年《のちきねん》、斉王《せいおう》 孟嘗君に謂《い》って曰く、「寡人《かじん》 敢《あえ》て先王の臣を以て臣と為《な》さじ」と。孟嘗君 国に薛《せつ》に就《つ》く。未《いま》だ至《いた》らざること百里、民《たみ》老を扶《たす》け幼《よう》を携《たずさ》えて、君を道中に迎う。孟嘗君顧みて馮諼に謂《い》う、「先生が文《ぶん》の為に義を市《か》える所の者、乃《すなわ》ち今日之《これ》を見る」と。馮諼曰く、「狡兎《こうと》は三窟《さんくつ》有りて、僅《わず》かに其の死を免るるを得《う》るのみ。今君《きみ》は一窟有るのみ。未《いま》だ枕を高《たこ》うして臥《ふ》するを得《え》ざるなり。請《こ》う君の為に復《ま》た二窟を鑿《うが》たん」と。孟嘗君 車五十乗《じょう》・金五百斤《きん》を予《あた》う。西のかた梁《りょう》に遊んで、恵王《けいおう》に謂《い》って曰く、「斉 其の大臣 孟嘗君を諸侯に放《はな》てり。諸侯の先《ま》ず之を迎えん者は、富みて兵強からん」と。是《ここ》に於《おい》て梁王 上位を虚《むな》しゅうし、故《もと》の相《しょう》を以て上将軍と為《な》し、使者を遣《つか》わし、黄金千斤・車百乗もて、往《ゆ》いて孟嘗君を聘《へい》せしむ。馮諼先《ま》ず駆《は》せて、孟嘗君を誡《いまし》めて曰く、「千金は重幣《じゅうへい》なり、百乗は顕使《けんし》なり。斉《せい》其れ之《これ》を聞かん」と。梁の使い三たび反《かえ》る。孟嘗君固《かた》く辞して往《ゆ》かず。斉王之《せいおうこれ》を聞《き》いて、君臣恐懼《くんしんきょうく》し、太傅《たいふ》をして黄金千斤・文車二駟《ぶんしゃにし》・服《ふっ》剣一《けんいっ》を賷《もたら》さ遣《し》め、封書して孟嘗君に謝して曰く、「寡人不祥《かじんふしょう》にして、宗廟《そうびょう》の祟《たたり》を被り、諂《てん》諛《ゆ》の臣《しん》に沈《しず》み、罪を君に開く。寡人は為《たす》くるに足《た》らざれども、願わくは君 先王の宗廟を顧み、姑《しばら》く国に反《かえ》って万人を統《す》べんか」と。馮諼 孟嘗君を誡《いまし》めて曰く、「願わくは先王の祭器を請《こ》うて、宗廟を薛《せつ》に立てよ」と。廟成る。還《かえ》って孟嘗君に報じて曰く、「三窟已《すで》に就《な》る。君姑《しばら》く枕を高《たこ》うして楽しみを為《な》せよ」と。孟嘗君 相為《しょうた》ること数十年《すうじゅうねん》、繊介《せんかい》の禍《わざわい》無《な》かりしは、馮諼の計《はかりごと》なり。

斉人有馮諼者、貧乏不能自存。使人属孟嘗君、願寄食門下。孟嘗君曰、客何好。曰、客無好也。曰、客何能。曰、客無能也。孟嘗君笑而受之曰、諾。左右以君賤之也、食以草具。居有頃、倚柱弾其剣歌曰、長鋏帰来乎、食無魚。左右以告。孟嘗君曰、食之。比門下之客。居有頃、復弾其鋏歌曰、長鋏帰来乎、出無車。左右皆笑之、以告。孟嘗君曰、為之駕。比門下之車客。於是乗其車、掲其剣、過其友曰、孟嘗君客我。後有頃、復弾其剣鋏歌曰、長鋏帰来乎、無以為家。左右皆悪之、以為、貪而不知足。孟嘗君問、馮公有親乎。対曰、有老母。孟嘗君使人給其食用、無使乏。於是馮諼不復歌。後孟嘗君出記、問門下諸客、誰習計会、能為文収責於薛者乎。馮諼署曰、能。孟嘗君怪之曰、此誰也。左右曰、乃歌夫長鋏帰来者也。孟嘗君笑曰、客果有能也。吾負之、未嘗見也。請而見之。謝曰、文倦於事、憒於憂、而性懧愚、沉於国家之事、開罪於先生。先生不羞、乃有意欲為収責於薛乎。馮諼曰、願之。於是約車治装、載券契而行。辞曰、責畢収、以何市而反。孟嘗君曰、視吾家所寡有者。駆而之薛、使吏召諸民当償者。悉来合券。券徧合。起矯命、以責賜諸民、因焼其券。民称万歳。長駆到斉、晨而求見。孟嘗君怪其疾也。衣冠而見之曰、責畢収乎。来何疾也。曰、収畢矣。以何市而反。馮諼曰、君云、視吾家所寡有者。臣竊計、君宮中積珍宝、狗馬実外廐、美人充下陳。君家所寡有者、以義耳。竊以為君市義。孟嘗君曰、市義奈何。曰、今君有区区之薛、不拊愛子其民、因而賈利之。臣竊矯君命、以責賜諸民、因焼其券、民称万歳。乃臣所以為君市義也。孟嘗君不説曰、諾。先生休矣。後朞年、斉王謂孟嘗君曰、寡人不敢以先王之臣為臣。孟嘗君就国於薛。未至百里、民扶老携幼、迎君道中。孟嘗君顧謂馮諼、先生所為文市義者、乃今日見之。馮諼曰、狡兎有三窟、僅得免其死耳。今君有一窟。未得高枕而臥也。請為君復鑿二窟。孟嘗君予車五十乗金五百斤。西遊於梁、謂恵王曰、斉放其大臣孟嘗君於諸侯。諸侯先迎之者、富而兵強。於是梁王虚上位、以故相為上将軍、遣使者、黄金千斤車百乗、往聘孟嘗君。馮諼先駆、誡孟嘗君曰、千金重幣也、百乗顕使也。斉其聞之矣。梁使三反。孟嘗君固辞不往也。斉王聞之、君臣恐懼、遣太傅賚黄金千斤、文車二駟、服剣一、封書謝孟嘗君曰、寡人不祥、被於宗廟之祟、沉於諂諛之臣、開罪於君。寡人不足為也、願君顧先王之宗廟、姑反国統万人乎。馮諼誡孟嘗君曰、願請先王之祭器、立宗廟於薛。廟成。還報孟嘗君曰、三窟已就。君姑高枕為楽矣。孟嘗君為相数十年、無纖介之禍者、馮諼之計也。

▼文字通り食客《しょくかく》である。食はもちろん、その他まる抱《がか》えであることが分かる。ただここで魚を美食としていることは注目してよい。『孟子《もうし》』に「魚は我の欲する所なり。熊掌《ゆうしょう》も亦《ま》た我の欲する所なり」（「告子上」）とあり、ただの肉ではなく、熊掌などと、とてつもない珍味と並べられている。「長鋏《ちょうきょう》帰らんか」の成語は有名であるが、この物語中の比喩《ひゆ》から「狡兎《こうと》三窟《さんくつ》」または「狡兎三穴」が慣用句として知られる。身を隠すことの確かさ、難を免れることの巧みさ、を言う。

▼『史記』にも同様の記事が見えるが、文は『史記』と多く異なる。それだけに、虚構と史実、記言と記事、のいずれへ傾斜するか、また孟嘗君と馮諼との対応関係の扱いについてなど、興味深い対比が見られる。

三〇　必ず其《そ》の血を以《もっ》て其《そ》の衣《い》を汚《けが》さん

孟嘗君《もうしょうくん》が合従《がっしょう》の体制をとった。公孫弘《こうそんこう》は孟嘗君に言った、「我が君には人をやってまず秦《しん》王《おう》のようすを観察させなさることです。なぜなら、もし秦王が帝王たるにふさわしい君主ならば、我が君には、おそらくその臣となることもおできになりますまい。合従して秦を阻《はば》むどころではありません。またもし秦王が愚昧《ぐまい》な君主ならば、我が君にはそれから合従して秦を阻まれても遅くはありません」と。孟嘗君は「いかにも。では、ついでにあなたに行っていただこう」と言った。公孫弘はかしこまってお受けし、車十乗《じゆうじよう》を従えて秦に出かけた。

秦の昭王《しようおう》は、ことの次第を伝え聞いて、応対のやり取りで恥をかかせてやろうと待ちうけていた。公孫弘がお目通りした。昭王「薛公《せつこう》の封地は、いかほどの広さですか」。公孫弘は答えた、「百里です」と。昭王は笑って、「私は数千里四方の領地を持ちますが、それでもまだ、それを頼んで他国を阻もうとしたことはありません。いま、孟嘗君の封地は百里四方でいらっしゃる。しかも、それによって私を阻もうとなさるが、おできになるものでしょうか」。

公孫弘は答えた。「孟嘗君は人物を好まれますが、大王には人物をお好みになるということはないようでございますね」。昭王「孟嘗君が人物を好むというのは、いかようにですか」。公孫弘「義によってはたとえ天子にでも臣として仕《つか》えず、諸侯でも友として交《まじ》わりはせず、志を得れば主君のために働くことを恥とせず、志を得なければ君主の臣下となることを承知しない、そういう人物が三人おります。また国を治める能力は、管仲《かんちゆう》・商鞅《しようおう》の師となりうるほどで、その義を喜びその行いを可とすれば、その主君を諸侯の首長たらしめることができる、さような人物が五人おります。また、たとえ万乗《ばんじよう》の国の厳君《げんくん》でも、その使者を辱《はずかし》めるとき、使者たるもの退いてみずから首はね、是が非でもその血をば君主の衣に降り注ぐ、この私ごとき者が、十人おります」と。

昭王は、笑いながら公孫弘に謝ってこう言った。「客人には、どうしてさように仰せか。私はただ、あなたと議論してみただけのことです。私は孟嘗君に好意を寄せている。あなたが私の気持ちをぜひともお伝えくださるよう、お願いします」と。公孫弘は、「謹んで承知いたしました」と言った。

公孫弘は辱められなかったといってよい。昭王は大国であり、孟嘗は千乗《せんじよう》の小国である。千乗の国を治める道理を述べて、相手のつけ込むすきを与えなかった。使者として十分の資格を備えたものと言えよう。（二四一　斉下　襄王5）

孟嘗君《もうしようくん》 従《しよう》を為《な》す。公孫弘《こうそんこう》 孟嘗君に謂《い》って曰《いわ》く、君 人をして先《ま》ず秦王《しんおう》を観《み》使《し》むるに若《し》かず。意者《おも》うに 秦王 帝王の主ならば、君 恐《おそ》らくは臣為《た》ることを得《え》ざらん。奚《なん》の暇《いとま》あってか従《しよう》して以《もつ》て之を難《はば》まん。意者うに秦王 不肖《ふしよう》の主ならば、君 従して以て之を難むとも未《いま》だ晩《おそ》からじ」と。孟嘗君 曰く、「善し。願わくは因《よ》って請《こ》う、公往《ゆ》け」と。公孫弘 敬《つつし》んで諾《だく》し、車十乗を以て秦に之《ゆ》く。昭王《しようおう》 之を聞いて、之を 媿《はずかし》むるに辞を以てせんと欲《ほつ》す。公孫弘見《まみ》ゆ。昭王 曰く、「薛公《せつこう》の地は、大小幾何《いくばく》ぞ」と。公孫弘 対《こた》えて曰く、「百里なり」と。昭王笑《わら》って曰く、「寡人《かじん》 地《ち》数千里《すうせんり》なるも、猶《な》お未《いま》だ敢《あえ》て以て難む有らざるなり。

今《いま》孟嘗君の地《ち》は、方百里にして、而《しか》も因《よ》って寡人を難《はば》まんと欲す、猶《な》お可ならんか」と。公孫弘 対えて曰《いわ》く、「孟嘗君は人を好む。大王は人を好まず」と。昭王曰く、「孟嘗君の人を好むや奚如《いかん》」と。公孫弘 曰く、「義として天子に臣たらず、諸侯に友たらず、志を得ば人主の為にするを慙《は》じず、志を得ずんば人臣と為《な》るを肯《がえん》ぜず、此の如《ごと》き者《かく》三人あり。而《よ》く治むること管《かん》・商《しょう》の師為《た》る可《べ》く、義を説《よろこ》び行いを聴かば、能《よ》く其の主を覇王《はおう》に致《いた》さん、此の如き者五人あり。万乗の厳主なるも、其の使者を辱《はずかし》めば、退いて自ら刎《くびは》ね、必ず其の血を以て其の衣を汚《けが》さん、臣の如き者十人あり」と。昭王笑って之《これ》に謝《しゃ》して曰《いわ》く、「客《かく》胡為《なんす》れぞ此の若《ごと》くなる。寡人《かじん》直《た》だ客と論ずる耳《のみ》。寡人 孟嘗君《もうしょうくん》に善《よ》し。客《かく》の必ず寡人の志《こころざし》を諭《さと》さんことを欲《ほっ》するなり」と。公孫弘曰く、「敬《つつし》んで諾《だく》す」と。公孫弘は侵《おか》されずと謂《い》う可《べ》し。昭王は大国《たいこく》なり、孟嘗は千乗《せんじょう》なり。千乗の義《ぎ》を立《た》てて、陵《しの》ぐ可《べ》からず。使《つか》いするに足《た》れりと謂《い》う可《べ》し。

孟嘗君為従。公孫弘謂孟嘗君曰、君不以使人先観秦王。*意者秦王帝王之主也、君恐不得為臣。奚暇従以難之。意者秦王不肖之主也、君従以難之未晩。孟嘗君曰、善。願因請公往矣。公孫弘敬諾、以車十乗之秦。昭王聞之、而欲媿之以辞。公孫弘見。昭王曰、薛公之地、大小幾何。公孫弘対曰、百里。昭王笑而曰、寡人地数千里、猶未敢以有難也。今孟嘗君之地、方百里、而因欲難寡人、猶可乎。公孫弘対曰、孟嘗君好人。大王不好人。昭王曰、孟嘗君之好人也奚如。公孫弘曰、義不臣乎天子、不友乎諸侯、得志不慙為人主、不得志不肯為人臣、如此者三人。而治可為管商之師、説義聴行、能致其*、如此者五人。万乗之厳主也、辱其使者、退而自刎、必以其血洿其衣、如臣者十人。昭王笑而謝之曰、客胡為若此。寡人直与客論耳。寡人善孟嘗君。欲客之必諭寡人之志也。公孫弘曰、敬諾。公孫弘可謂不侵矣。昭王大国也、孟嘗千乗也。立千乗之義、而不可陵。可謂足使矣。

▼二九に引き続き、孟嘗君のもとにはずいぶん立派な食客《しょっかく》がそろっているようであるが、これにはハッタリが相当あって、読者は後に、幾人か孟嘗君のあやしげな食客に遇《あ》うことになろう。

▼「孟嘗は千乗《せんじょう》の小国なり」、千乗とは兵車千乗（千台）を出しうる国。より小国は百乗の国。万乗の国が大国である。兵車一乗に乗るのは士官三人、それに歩兵七十二人が付く。『孟子《もうし》』に「万乗の国、其の君を弑《しい》する者は、必ず千乗の家なり」（「梁 恵王上《りょうけいおう》」）。

墨《ぼく》家《か》

三一　敢《あえ》て問う宋《そう》を攻むるは何《なん》の義ぞや

公輸般《こうしゆはん》が楚《そ》のために機械を設計して、宋《そう》に攻めかかろうとしていた。墨子《ぼくし》はそれを聞きつけると、一日百里（約四〇キロメートル）を歩いての泊りを百たび重ね、足にはまめの上にまめができて繭《まゆ》のようになりながら公輸般に会いに行き、公輸般に向かってこう言った。「私は宋におりましてあなたのおうわさを聞きました。あなたのお力をお借りして、殺したい人があるのです」。公輸般「私は自分の主義としてけっして人殺しはいたしません」。墨子「聞くところによると、あなたは雲梯《うんてい》を造って、宋を攻めようとなさっている由《よし》、しかし宋になんの罪がありましょう。主義として人殺しはしないと言いながら、国攻めはなさる。つまり少人数の殺戮《さつりく》はなさらぬが、大量の殺戮はなさるわけ。押してお伺《うかが》いしますが、宋をお攻めになるには、どういう道理がおありなのですか」。

公輸般はやり込められた。そして、王に会ってほしいと言った。墨子は楚王《そおう》に会うとこう言った、「ここにこんな人がいるといたしましょう。自分の持っている飾りのついた車は捨てておいて、隣家にぼろぼろの車があるのを盗もうとしたり、自分の持っている錦《にしき》の縫い取りのある着物は捨てておいて、隣家にそまつな下着があるのを盗もうとしたり、自分の家にある上等の肉は捨てておいて、隣家に酒糟《さけかす》や米糠《こめぬか》があるのを盗もうとしたりします。こんなのをどういう人間とお思いでしょうか」と。王「それは盗癖のある者にちがいない」。

墨子は言った、「荊《けい》の土地は五千里四方、宋は五百里四方です。この対比は、ちょうど飾りのついた車とぼろ車とのようなものです。荊には雲夢《うんぼう》の沢《たく》があり、犀《さい》や兕《じ》や麋《おおじか》や鹿《しか》がいっぱいいます。大江《たいこう》・漢江《かんこう》の魚や鼈《すっぽん》や黿《げん》や鼉《た》は、天下に知られた豊富さです。これに対して宋はいわゆる『雉《きじ》も兎《うさぎ》も鮒《ふな》もいない』国なのです。この違いは、ちょうど上等の肉と酒糟・米糠とのようなものです。荊には丈高い松や、木目《もくめ》の美しい梓《あずさ》や、楩《べん》や楠《くすのき》や予樟《よしょう》のような、良材の取れる大木がありますが、宋には大木がありません。この違いは、錦の縫い取りのついた着物とそまつな下着とのようなものです。臣には、王の下役人が宋を攻めようとしていますのが、これと同類と思えるのでございます」。王「いかにも。宋を攻めることのないようにしよう」。（四六四　宋　景公1）

公輸般《こうしゅはん》　楚《そ》の為に機《き》を設けて、将《まさ》に以《もっ》て宋《そう》を攻めんとす。墨子《ぼくし》之《これ》を聞き、百舎《ひゃくしゃ》し重繭《ちょうけん》して、往《ゆ》いて公輸般を見、之《これ》に謂《い》って曰《いわ》く、「吾宋《われ》自《よ》りして固《もと》より人を殺さず」と。墨子曰く、「聞く公雲《こううん》梯《てい》を為《つく》って、将《まさ》に以《もっ》て宋《そう》を攻めんとすと。宋何《なん》の罪か之《こ》れ有らん。義として人を殺さずして国を攻むるは、是《こ》れ少を殺さずして衆を殺すなり。敢《あえ》て問う、宋を攻むるは何の義ぞや」と。公輸般服す。請《こ》うて之を王に見《まみ》えしむ。墨子　楚王に見えて曰く、「今此《ここ》に人有り。其《そ》の文軒《ぶんけん》を舎《す》て、鄰《となり》に弊輿《へいよ》有りて、之を窃《ぬす》まんと欲し、其の錦繡《きんしゅう》を舎て、鄰に短褐《たんかつ》有りて、之を窃まんと欲し、其の粱肉《りょうにく》を舎て、鄰に糟糠《そうこう》有りて、之を窃まんと欲す。此《こ》れ何《い》若《か》なる人と為《な》すや」と。王曰く、「必ず窃疾《せっしつ》有りと為さん」と。墨子《ぼくし》曰く、「荊《けい》の地は方五千里、宋は方五百里、此《こ》れ猶《な》お文軒《ぶんけん》の弊輿《へいよ》に与《お》けるがごときなり。荊には雲夢《うんぼう》有り、犀兕《さいじ》麋鹿《びろく》之に盈《み》てり。江漢《こうかん》の魚鼈黿鼉《ぎょべつげんだ》は、天下の饒為《じょうた》り。宋は所謂《いわゆ》る『雉兎鮒魚《ちとふぎょ》無き』者なり。此れ猶お粱肉の糟糠《そうこう》に与《お》けるがごときなり。荊には長松《ちょうしょう》・文梓《ぶんし》、楩《べん》・柟《だん》・予樟《よしょう》有り。宋には長木《ちょうぼく》無し。此れ猶お錦繡の短褐に与《お》けるがごときなり。臣《しん》王の吏《り》の宋を攻むるを以《もっ》て、此《これ》と同類と為《な》すなり」と。王曰く、「善《よ》いかな、請《こ》う宋《そう》を攻むる無からん」と。

公輸般為楚設機、将以攻宋。墨子聞之、百舎重繭、往見公輸般、謂之曰、吾自宋聞子。吾欲藉子殺王。*公輸般曰、吾義固不殺王。*墨子曰、聞公為雲梯、将以攻宋。宋何罪之有。義不殺王而攻国、*是不殺少而殺衆。敢問、攻宋何義也。公輸般服焉。請見之王。墨子見楚王曰、今有人於此。舎其文軒、鄰有弊輿、而欲窃之、舎其錦繡、鄰有短褐、而欲窃之、舎其粱肉、鄰有糟糠、而欲窃之。此為何若人也。王曰、必為有窃疾矣。墨子曰、荊之地方五千里、宋方五百里、此猶文軒之与弊輿也。荊有雲夢、犀兕麋鹿盈之。江漢魚鼈黿鼉、為天下饒。宋所謂無雉兎鮒魚者也。此猶粱肉之与糟糠也。荊有長松文梓、楩柟予樟。宋無長木。此猶錦繡之与短褐也。*悪以王吏之攻宋、為与此同類也。王曰、善哉、請無攻宋。

▼公輸般《こうしゅはん》は魯《ろ》の人で細工《さいく》の名人。魯般《ろはん》（班とも書く）ともよばれ、魯の昭公《しょうこう》の子という（『孟子《もうし》』注）。『墨子《ぼくし》』に見える。戦国の世に諸子百家と言われるなかでも、墨子ほど幅の広い人間はいないであろう。この話だけでは、兼愛説を唱《とな》えるただの平和運動家である

が、『墨子』（「公輸」）によるとこの問答のあと、墨子は公輸般（『墨子』では盤）と攻城機械による模擬戦を行い、すべての攻撃を封じてしまう。最後に公輸般に「おまえは俺を殺して宋を攻めようと思っているが、それは無駄だ。我が弟子三百人が防城機を持って宋の城上にいるのだ」と言って去るのである。兼愛・鬼神を説き、機械工学・土木工学・数学・光学・論理学などに説き及ぶ。

従横家《じゅうおうか》

三二　遠く交《まじ》わりて近く攻めんには如《し》かず

范雎《はんしょ》は言った。「大王のお国は、北には甘泉《かんせん》と谷口《こくこう》があり、南には涇水《けいすい》・渭水《いすい》を巡《めぐ》らし、隴《ろう》と蜀《しょく》を右にし、関《かん》・阪《はん》を左にしておられます。戦車は千乗、奮戦するつわものは百万、秦《しん》の兵卒の勇猛さと、車騎の多量さをもってして、諸侯に立ち向かわれるならば、名犬の韓盧《かんろ》をけしかけて、蹇跛《けんぱ》の兎《うさぎ》を追うようなものです。覇《は》王《おう》の功業を成就なされましょう。ところがいま、かえって函谷関《かんこくかん》を閉じたまま、いっこうに山東《さんとう》の地をねらおうとはなさらないのは、穣侯《じょうこう》が国のために謀《はか》るのに誠意がなく、大王の計略にも誤りがおありだからでございます」。

王「その計略に誤りがあるという点について、お聞きしたい」。雎《しょ》「大王が韓《かん》・魏《ぎ》を越えて強力な斉《せい》を攻めようとしておられるのは、得策ではありません。兵力の出しかたが少ないときには、斉に損傷を与えるに足《た》らず、多いときには秦の国力が損なわれます。臣が思いますに、王の計略では秦の出兵はできるだけ少なくして、韓・魏の兵力をあるだけ出させようとなさっておいでですが、それは不義というものです。いま、同盟国が頼みにならぬと思いながら、人の国を越えて攻めるというのは、それでよろしいでしょうか。計略として粗略かと存じます。昔、斉の国が楚《そ》を討ち、戦いに勝ち、楚の軍を破り楚の将を殺し、再度、千里四方の地を開きながら、わずかばかりの土地さえ得ることがなかったのは、斉が土地を欲しいとは思わなかったからでしょうか。形勢のうえで保有することができなかったからです。諸侯は、斉が疲労し君臣が不和であるのを見て、兵を挙げて討ち、君主は辱《はずかし》められ軍は敗れて、天下の笑いものとなりました。それというのも、楚を討って韓・魏を肥《こえ》させたからです。これこそいわゆる、賊に武器を貸し、盗人に食糧を与える、というものです。

王には、遠い国と交《まじ》わって近い国をお攻めになることです。一寸《いっすん》の地でも得れば王の一寸の地であり、一尺《いっしゃく》の地でも得れば王の一尺の地でございます。いま、こうしたことはまるでお考えにならず、遠い国を攻めようとなさっていますのは、なんと誤りでありますことか。昔、中山《ちゅうざん》の国は四方五百里の土地でしたが、中山に最も近い国の趙《ちょう》が単独で占領し、功成り名立ち利益もそれに伴いました。しかし、天下の諸侯にこれを妨害できる者はいませんでした。今、韓・魏は中原《ちゅうげん》に位置し、天下の枢《とぼそ》に当たります。王が覇者になろうとお望みならば、ぜひとも中原に在《あ》って、天下の枢に当たる国々と親しくなさることによって、楚・趙《ちょう》を威圧なさることです。趙が強いときは楚が恐れて従いましょう。楚が強いときは趙が恐れて従いましょう。楚と趙が従えば、斉は必ず恐れます。恐れれば必ず辞を低くし幣物を厚くして秦に仕えるでしょう。斉が従えば韓・魏は廃虚にできましょう」と。（七七　秦下　昭襄王下2）

范睢曰《はんしょいわ》く、「大王の国、北には甘泉《かんせん》・谷口《こくこう》有り、南は涇《けい》・渭《い》を帯び、隴《ろう》・蜀《しょく》を右にし、関《かん》・阪《はん》を左にす。戦車千乗、奮撃《ふんげき》百万あり。秦卒《しんそつ》の勇、車騎の多きを以《もっ》て、以て諸侯に当らば、譬《たと》えば韓盧《かんろ》を馳《は》せて蹇兎《けんと》を逐《お》うが若《ごと》きなり。覇王《はおう》の業致《いた》す可《べ》し。今反《かえっ》て閉じて、敢《あえ》て兵を山東《さんとう》に窺《うかが》わせざる者は、是《こ》れ穣侯《じょうこう》国の為に謀《はか》ること不忠にして、大王の計 失する所有《ところあ》ればなり」と。王曰く、「願わくは計の失する所を聞かん」と。睢《しょ》曰く、「大王韓《かん》・魏《ぎ》を越えて、強斉《きょうせい》を攻むるは、計に非《あら》ざるなり。少しく師を出《いだ》さば、則《すなわ》ち以《もっ》て斉《せい》を傷《やぶ》るに足《た》らず、之を多くせば、則《すなわ》ち秦に害あり。臣意《おも》うに、王の計 少《すこ》しく師を出して、韓《かん》・魏《ぎ》の兵を悉《つく》さんと欲するは、則ち義ならず。今与国《よこく》の親しむ可《べ》からざるを見つつ、人の国を越えて攻むるは、可《か》ならんや。計に疏《うと》し。昔者斉人《むかしせいひと》楚を伐《う》ち、戦い勝って軍を破り将を殺し、再び千里を辟《ひら》いて、膚寸《ふすん》の地も得る無かりしは、豈《あ》に斉 地を欲せざりしならんや。形有《ゆう》する能《あた》わざりければなり。諸侯斉の罷露《ひろ》して、君臣の親しまざるを見、兵を挙《あ》げて之を伐《う》つ。主《しゅ》辱《はずかし》められ軍破れて、天下の笑いと為《な》れり。然《しか》る所以《ゆえん》の者は、其《そ》の楚を伐って韓・魏を肥《こ》やせしを以てなり。此《こ》れ所謂《いわゆる》賊に兵を藉《か》し、盗に食を齎《もたら》す者なり。王遠《とお》く交《まじ》わりて近《ちか》く攻《せ》めんには如《し》かず。寸を得れば則《う》ち王の寸なり、尺を得れば亦《ま》た王の尺なり。今此《これ》を舍《す》てて遠く攻む、亦《ま》た繆《あやま》らずや。且《か》つ昔《むかし》者は中山《ちゅうざん》の地方五百里、趙《ちょう》独《ひと》り之《これ》を擅《ほしいまま》にし、功成り名立ち、利附く。天下能《よ》く害するもの莫《な》かりき。今、韓・魏は中国に之《こ》れ処《お》り、天下の枢《すう》なり。王若《も》し覇《は》たらんと欲《ほっ》せば、必ず中国にして以《もっ》て天下の枢為《た》るに親しんで、以て楚・趙を威《おど》せ。趙彊《つよ》くば則《すなわ》ち楚附かん、楚彊くば則ち趙附かん。楚・趙附かば、則ち斉必ず懼《おそ》れん。懼れば必ず辞を卑《ひく》うし幣《へい》を重くして以て秦に事《つか》えん。斉附《せいっ》かば、韓・魏虚《きょ》とす可《べ》きなり」と。

范雎曰、大王之国、北有甘泉谷口、南帯涇渭、右隴蜀、左関阪。戦車千乗、奮撃百万以秦卒之勇、車騎之多、以当諸侯、譬若馳韓盧而逐蹇兎也。覇王之業可致。今反閉而不敢窺兵於山東者、是穰侯為国謀不忠、而大王之計有所失也。王曰、願聞所失計。雎曰、大王越韓魏而攻強斉、非計也。少出師則不足以傷斉。多之則害於秦。臣意、王之計欲少出師而悉韓魏之兵、則不義矣。今見与国之不可親、越人之国而攻、可乎。疏於計矣。昔者斉人伐楚、戦勝破軍殺将、再辟千里、膚寸之地無得者、豈斉不欲地哉。形弗能有也。諸侯見斉之罷露、君臣之不親、挙兵而伐之。主辱軍破、為天下笑。所以然者、以其伐楚而肥韓魏也。此所謂藉賊兵而齎盗食者也。王不如遠交而近攻。得寸則王之寸、得尺亦王之尺也。今舍此而遠攻、不亦繆乎。且昔者中山之地、方五百里、趙独擅之、功成名立利附則*。天下莫能害。今韓魏中国之処、而天下之枢也。王若欲覇、必親中国而以為天下枢、以威楚趙。趙彊則楚附、楚彊則趙附。楚趙附、則斉必懼。懼必卑辞重幣*以事秦。斉附而韓魏可虚也。

▼それまで軍事同盟と言えば、合従《がっしょう》か連横《れんこう》であった。しかるにこの范雎《はんしょ》の登用に至って、遠交近攻《えんこうきんこう》という新路線を秦《しん》が取ることとした。むやみに遠交路線を維持しようとすると、実利が伴わない。また近攻一辺倒では膨張主義と見られて、対秦の合従が強化され孤立する。遠交を加えることによって、秦の国は戦略的にも外交的にも成功することとなるのである。以来、中国の外交はこの路線上にある。漢の武帝《ぶてい》のときの有名な張騫《ちょうけん》の西域旅行もその一つである。

三三　張儀《ちょうぎ》　秦《しん》の為に従《しょう》を破り連横《れんこう》せんとして楚王《そおう》に説《と》く

張儀は、秦のために合従《がっしょう》を破って連横の策を実現しようとして、楚王に説いた、「秦は、領土は天下の半《なか》ばを占《し》め、兵力はかの四国、燕《えん》・趙《ちょう》・呉《ご》・楚《そ》に匹敵します。山に覆《おお》われ河に取り囲まれ、四方ふさがれて天然の要害となっております。虎のように勇猛な士卒《しそつ》は百余万、戦車は千乗、騎馬は一万匹、糧食《りょうしょく》は山のようです。軍律がよく行き渡っていますから、士卒は艱難《かんなん》をものともせず、喜んで命をささげます。君主は、威厳あってかつ賢明、将軍は、知略あってかつ武勇、軍隊を繰り出さないだけのこと、いったん繰り出せば恒山《こうざん》の険を席巻《せっけん》し、天下の背骨を折ることでしょうから、天下の諸侯のうち、あとから秦に降服する者は、先に滅びることでしょう。

また、そもそも合従をして、秦に敵対するということは、群羊《ぐんよう》を駆《か》り立てて猛虎《もうこ》に攻めかかるのと異なるところがありません。虎と羊とでは勝負にならないことは明らかです。いま、大王は猛虎と手を結ばずして群羊と仲間になっておいでです。ひそかに、大王のはかりごとは過《あやま》っておられると、考えております。……

およそ天下の諸侯が盟約合従して固く結んでいますのは、蘇秦《そしん》のしたことです。蘇秦は武《ぶ》安君《あんくん》に封《ほう》ぜられて燕の宰相となりますと、すぐ燕王と斉《せい》を破ってその土地を分け合おうとのはかりごとをたくらみまして、燕で罪を犯したと偽《いつわ》り、燕を逃げ出して斉に入りました。斉王はそれならばと受け入れて宰相にいたしましたが、そうして二年いるうちに事が発覚し、斉王はおおいに怒って蘇秦を市場で車裂《くるまざ》きの刑に処しました。そもそも詐偽《さぎ》背信《はいしん》の男、蘇秦一人の力で、天下を経営し諸侯を混然一体ならしめようなど、その成功すべくもないことは明らかなのであります。

いま、秦と楚との関係は、境界を接していて、もとより形勢のうえから親和すべき国どうしなのです。大王が誠《まこと》によく臣の申すことをお聞き入れくださるならば、臣は、秦の太子《たいし》が人質《ひとじち》として楚に入り、楚の太子が人質として秦に入るように、また秦の公女を大王に奉仕するはした女《め》とし、秦の戸数一万戸の都を王の湯沐《とうもく》の邑《ゆう》とし、行《ゆ》く末長《すえなが》く兄弟の国となって、生涯《しょうがい》、攻撃し合うことのないように、取り計らわせていただきましょう。臣が考えますに、これに勝《まさ》る都合よいはかりごとはございません。さればこそ我が秦王は、使臣を遣《つか》わしまして、国書を大王のお供車の風下に献じさせ、大王の御意向を待って、事を決しようとしているのでございます」と。

楚王は、「楚の国は辺鄙《へんぴ》な田舎《いなか》で、東海のほとりに国を寄せており、私は合従の策に従ったときにはまだ年若くて、国家にとっての長久《ちょうきゅう》の計を立てるに未熟であった。いま、我が客人が幸いにも秦王の公明なはかりごとをお教えくださった。私はこれを聞き入れ、謹んで国を挙《あ》げて従おう」と言い、そこで車百乗を遣《つか》わし、駭鶏《がいけい》の犀《さい》と夜光の璧とを秦王に献じさせた。（一七八　楚　懐王9）

張儀《ちょうぎ》　秦《しん》の為に従《しょう》を破り連横《れんこう》せんとして、楚王《そおう》に説《と》いて曰《いわ》く、「秦は地　天下に半《なか》ばして、兵　四国に敵《てき》す。山を被り河《こうむ》を帯《お》び、四塞《しそく》以て固《かた》めと為《な》す。虎賁《こほん》の士《し》百余万、車《くるま》千乗《せんじょう》、騎《き》万疋《まんびき》、粟《ぞく》は丘山《きゅうざん》の如《ごと》し。法令既《すで》に明らかにして、士卒《しそつ》難に安《やす》んじ死を楽しむ。主《しゅ》は厳にして以《もっ》て明らかに、将は知あって以て武なり。雖《た》だ兵甲《へいこう》を出《いだ》す無きのみ。常山《じょうざん》の険を席巻《せっけん》して、天下の脊《せき》を折《くじ》かば、天下後《おく》れて服する者、先《ま》ず亡《ほろ》びん。且《か》つ夫《そ》れ従《しょう》を為《な》す者は、以て群羊を駆《か》って猛虎を攻むるに異なる無し。夫れ虎の羊に与《お》ける、格《かく》せざるや明らかなり。今 大王 猛虎に与《くみ》せずして、群羊に与す。窃《ひそ》かに以為《おもえら》く、大王の計過《あやま》てりと。……凡《およ》そ天下の信約従親《しょうしん》する所を堅くせる者は、蘇秦《そしん》なり。封《ほう》ぜられて武安君《ぶあんくん》と為《な》りて、燕《えん》に相《しょう》たり。即《すなわ》ち陰《ひそ》かに燕王《えんおう》と 斉《せい》を破って共に其《そ》の地を分《わ》かたんことを謀《はか》り、乃《すなわ》ち罪有る佯《まね》して、出《い》で走りて斉に入《い》る。斉王因《よ》って受けて之《これ》を相《しょう》とす。居《お》ること二年にして覚《あらわ》る。斉王大いに怒って、蘇秦を市に車裂《しゃれつ》せり。夫《そ》れ一《いっ》の詐偽《さぎ》反覆《はんぷく》の蘇秦を以《もっ》てして、天下を経営し諸侯を混一《こんいつ》せんと欲《ほっ》す。其の成す可《べ》からざるや、亦《ま》た明らかなり。今 秦の楚に与《お》けるや、境を接し壌界《じょうかい》す。固《もと》より形親《けいしん》の国なり。大王誠《まこと》に能《よ》く臣に聴《き》かば、臣請《こ》う秦の太子《たいし》をば入《い》って楚に質《ち》たらしめ、楚の太子は入って秦に質たらしめん。請う秦の女《じょ》を以て大王の箕箒《きそう》の妾《しょう》と為《し》、万家《まんか》の都《と》を効《いた》して、以《もっ》て湯沐《とうもく》の邑《ゆう》と為《し》、長く昆弟《こんてい》の国と為《な》りて、終身 相攻撃《あいこうげき》すること無からん。臣以為《おもえら》く、計 此《これ》より便《べん》なる者無しと。故《ゆえ》に敝邑《へいゆう》の秦王、使臣をして書を大王の従車《じゅうしゃ》の下風《かふう》に献ぜ使《し》め、須《ま》って以《もっ》て事を決せんとす」と。楚王曰く、「楚国僻陋《へきろう》にして、東海の上《ほとり》に託し、寡人年幼《かじんとしよう》にして、国家の長計に習わず。今 上客《じょうかく》 幸いに教うるに明制《めいせい》を以てす。寡人之《これ》を聞けり。敬《つつし》んで国を以て従わん」と。乃《すなわ》ち車《くるま》 百乗《ひゃくじょう》 を遣《つか》わして、駭雞《がいけい》の犀《さい》、夜光《やこう》の璧《へき》を秦王に献ぜしむ。

張儀為秦破従連横、説楚王曰、秦地半天下、兵敵四国。被山帯河、四塞以為固。虎賁之士百余万、車千乗、騎万疋、粟如丘山。法令既明、士卒安難楽死。主厳以明、将知以武。雖無出兵甲。席巻常山之険、折天下之脊、天下後服者、先亡。且夫為従者、無以異於駆群羊而攻猛虎也。夫虎之与羊、不格明矣。今大王不与猛虎、而与群羊。窃以為、大王之計過矣。……

……凡天下所信約従親堅者、蘇秦。封為武安君、而相燕。即陰与燕王謀破斉共分其地、乃佯有罪、出走入斉。斉王因受而相之。居二年而覚。斉王大怒、車裂蘇秦於市。夫以一詐偽反覆之蘇秦、而欲経営天下混一諸侯。其不可成也、亦明矣。今秦之与楚也、接境壌界。固形親之国也。大王誠能聴臣、臣請秦太子入質於楚、楚太子入質於秦。請以秦女為大王箕箒之妾、効万家之都、以為湯沐之邑、長為昆弟之国、終身無相攻撃。臣以為、計無便於此者。故敝邑秦王、使使臣献書大王之従車下風、須以決事。楚王曰、楚国僻陋、託東海之上、寡人**年幼、不習国家之長計。今上客幸教以明制。寡人聞之。敬以国従。乃遣使車百乗、献雞駭之犀、夜光之璧於秦王。

▼恒山《こうざん》は五岳の北岳で、「北に在《あ》りて人の背脊《はいせき》の若《ごと》き有り」（『史記《しき》索隠《さくいん》』）という。常山《じょうざん》はその別名。駭鶏《がいけい》の犀《さい》とは南方の珍獣。

▼従横家《じゅうおうか》のこうした議論は、弁論練習のために、ある歴史上の場面をかりて論を立てたも

のだとするマスペロ・銭穆《せんぼく》両氏の説がある。もとより弁論そのもののためであるよりは、情況を綿密に把握し、総合的に判断する訓練であったのではないか。小川環樹《おがわたまき》「辯論《べんろん》の藝術について」（全釈漢文大系24『戦国策　上』月報「集英社」、『小川環樹著作集』第一巻「筑摩書房」）を参照されたい。

▼自国を陥れる計略であることにも思い至らず、張儀《ちょうぎ》の従横家の策に乗《の》せられた楚王《そおう》の姿に、戦国の主人公たちも、決してみずから戦いを好んだものではなく、なんとか自国の安泰を得ようと腐心していたのであろうことが看取できる。

三四　蘇秦《そしん》　趙《ちょう》の為に合従《がっしょう》し韓王《かんおう》に説く

蘇秦は趙のために合従の策を立て、韓王に次のように献策した。「韓は、北には鞏《きょう》・洛《らく》水《すい》・成皐《せいこう》などの堅牢な固《かた》めがあり、西には宜陽《ぎよう》・常阪《じょうはん》の要塞があり、東には宛《えん》・穰《じょう》などの城邑《ゆう》や洧水《いすい》があり、南には陘山《けいざん》があります。土地は四方千里、兵員は数十万、天下の強弓も強《きょう》弩《ど》も、みな韓から産出されています。谿子《けいし》の弩《ど》も、少府《しょうふ》で製造される時力《じりょく》とか距黍《きょしょ》とかよばれる弩も、みな六百歩より先を射ます。韓の兵卒が足をふんばって発射すれば、百発はあっという間に放《はな》たれ、遠くでは胸を貫《つらぬ》き、近くでは心臓に覆《おお》いかぶさるのです。

韓の兵卒の用いる剣や戟《げき》は、みな冥山《めいざん》から産出されます。棠谿《とうけい》・墨陽《ぼくよう》・合膊《ごうはく》・鄧師《とうし》・宛《えん》馮《ぴょう》・竜淵《りょうえん》・大阿《たいあ》などの名剣は、みな陸上では牛馬を切り、水中では鵠鴈《こくがん》を撃ち取り、敵に立ち向かえばたちまち固い装備を切り裂きます。よろい・盾《たて》・皮ぐつ・かぶと・ひじ当て、革製の弓懸《ゆがけ》、盾のつなぎひも、何一つ備わらぬものはありません。韓の兵卒の勇敢さに、堅固なよろいをまとい、強弩を踏み、鋭利な剣を帯《お》びれば、一人が百人の敵に当たること、言うまでもありません。

そもそも韓の強さと大王の賢明さとをもってして、なんと西に向いて秦《しん》に仕《つか》え、秦の東の藩屏《はんぺい》と称し、秦王の臨幸《りんこう》に備えて帝宮を構築し、秦の冠帯を受け、秦の宗廟《そうびょう》の春秋の祭祀《さいし》をし、手をこまねいて服従なさろうとしています。およそ社稷《しゃしょく》を辱《はずかし》めて、天下の物笑いとなることと、これに過ぎるものはありません。そういうわけですから、大王がじっくりとはかりごとをお立てくださるようお願い申し上げます。

大王が秦にお仕《つか》えになれば、秦はきっと宜陽・成皐を要求して参りましょう。今年それを献上なされば、来年はまたますます土地の割譲《かつじょう》を求めてきます。与えれば、たちまち供給する土地はなくなり、与えなければ、それまでの積み重ねはむだになり、そのあとさらに禍《わざわ》いを受けることとなるのです。それに大王の土地には限りがあり、秦の要求はやむことを知りません。そもそも有限の土地で無限の要求にこたえるのは、いわゆる『恨みを売《うら》って禍《わざわ》いを買う』ということでありまして、戦いもせぬうちに土地はもう削《けず》り取られてしまうのです。

臣は、諺《ことわざ》に『寧《むし》ろ鶏尸《けいし》と為《な》るも牛従《ぎゅうじゅう》と為《な》る無《な》かれ』というのを聞いております。いま、大王が西に向かって手をこまねいて秦に臣としてお仕えになるのは、牛の子分となるのとなんの違いがございましょう。そもそも大王ほどの賢明さをもって、強い韓の兵力を抱《かか》えておいでになりながら、牛の子分になったなどと言われるのは、臣はひそかに大王にとって恥ずかしいことと存じます」。韓王は、むっと怒りを顔に出し、ひじを挙《あ》げ、剣に手を掛け、天を仰いで大息《たいそく》して言った。「私はたとえ殺されようとも、断じて秦に仕えることはできぬ。いま、あなたに趙王の教えをお告げいただいた。謹んで社稷を奉じてそれに従おう」。（三六四　韓　昭侯4）

蘇《そ》秦《しん》趙《ちよう》の為に合従《がつしよう》し、韓王《かんおう》に説《と》いて曰《いわ》く、「韓は北に鞏《きよう》・洛《らく》・成皐《せいこう》の固《かた》め有り、西に宜《ぎ》陽《よう》・常阪《じようはん》の塞《さい》有り、東に宛《えん》・穣《じよう》・洧《い》水《すい》有り、南に陘山《けいざん》有り。地方千里、帯甲《たいこう》数十万あり。天下の強弓勁弩《きようきゆうけいど》は、皆《み》な韓自《よ》り出《い》ず。谿子《けいし》・少府《しようふ》の時力《じりよく》、距黍《きよしよ》は、皆な六百歩の外《ほか》を射る。韓卒《かんそつ》足を跕《ふ》んで射《い》ば、百発　止むるに暇《いとま》あらず。遠き者は胷《むね》を達《つらぬ》き　近き者は心《しん》を掩《おお》う。韓卒《かんそつ》の剣戟《けんげき》は皆な冥山於《めいざんよ》り出ず。棠谿《とうけい》・墨陽《ぼくよう》・合膊《ごうはく》・鄧師《とうし》・宛馮《えんぴよう》・竜淵《りようえん》・大阿《たいあ》は、皆な陸には馬牛を断《た》ち、水には鵠鴈《こくがん》を撃ち、敵に当たれば即《すなわ》ち堅《かた》きを斬る。甲《こう》・盾《じゆん》・鞮《てい》・鍪《ぼう》・鉄幕《てつばく》・革抉《かくけつ》・吷芮《ばつぜい》、畢《ことごと》く具《そなわ》らざる無し。韓卒の勇を以《もつ》て、堅甲《けんこう》を被り、勁弩《けいど》を蹠《ふ》み、利《り》剣《けん》を帯《お》びば、一人百《いちにん》に当たるは、言うに足《た》らざるなり。夫《そ》れ韓の勁《つよ》きと大王の賢《けん》なるとを以《もつ》て、乃《すなわ》ち西面《せいめん》して秦に事《つか》え、東藩《とうはん》と称し、帝宮を築き、冠帯を受け、春秋を祠《まつ》り、臂《ひじ》を交《まじ》えて服せんと欲《ほつ》す。夫れ社稷《しやしよく》を羞《はずかし》めて天下の笑いと為《な》ること、此《これ》に過ぐる者無し。

是《こ》の故に願わくは大王の之《これ》を熟計せられんことを。大王 秦《しん》に事《つか》えば、秦 必《かなら》ず宜陽《ぎよう》・成皐《せいこう》を求めん。今茲《ことし》之を効《いた》さば、明年又《ま》た益〻地を割《さ》くを求めん。之に与《あた》えば、即《すなわ》ち地の以て之に給する無けん。与えずんば、則ち前功《ぜんこう》を棄《す》てて、後更《のちさら》に其の禍《わざわい》を受けん。且《か》つ夫《そ》れ大王の地は尽《つ》くる有って、秦の求めは已《や》む無けん。夫れ尽くる有るの地を以てして、已む無きの求めを逆《むか》うるは、此れ所謂《いわゆる》『怨《うらみ》を市りて禍を買う』者なり。戦わずして地已《すで》に削《けず》られん。臣聞く、鄙語《ひご》に曰く、『寧《むし》ろ雞尸《けいし》と為《な》るも、牛従《ぎゅうじゅう》と為《な》る無《な》かれ』と。今 大王 西面して、臂《まじ》を交えて秦に臣事せば、何を以てか牛従に異ならんや。夫《そ》れ大王の賢《けん》を以て、強韓《きょうかん》の兵を挟《さしはさ》んで、而《しこ》うして牛従の名有《なあ》るは、臣竊《ひそ》かに大王の為に之《これ》を羞《は》ず」と。韓王忿然《ふんぜん》として色を作《な》し、臂を攘《かか》げ剣を按《あん》じ、天を仰ぎ太息《たいそく》して曰《いわ》く、「寡人《かじん》死すと雖《いえど》も、必ず秦に事《つか》うること能《あた》わず。今 主君 趙王の教えを以て之に詔《つ》ぐ。敬《つつし》んで社稷《しゃしょく》を奉じて以て従わん」と。

蘇秦為楚*合従、説韓王曰、韓北有鞏洛成皐之固、西有宜陽常阪之塞、東有宛穰洧水、南有陘山。地方千里、帯甲数十万。天下之強弓勁弩、皆自韓出。谿子少府時力、距来*、皆射六百歩之外。韓卒超*足而射、百発不暇止。遠者達胷近者掩心。韓卒之剣戟皆出於冥山。棠谿墨陽合伯*膊鄧師宛馮竜淵大阿、皆陸断馬牛、水撃鵠鴈、当敵即斬堅。甲盾鞮鍪鉄幕革抉吠*芮、無不畢具。以韓卒之勇、被堅甲、蹠勁弩、帯利剣、一人当百、不足言也。夫以韓之勁与大王之賢、乃欲西面事秦、称東藩、築帝宮、受冠帯、祠春秋、交臂而服焉。夫羞社稷而為天下笑、無過此者矣。是故願大王之熟計之也。大王事秦、秦必求宜陽成皐。今茲効之、明年又益求割地。与之、即無地以給之。不与、則棄前功、而後更受其禍。且夫大王之地有尽、而秦之求無已。夫以有尽之地、而逆無已之求、此所謂市怨而買禍者也。不戦而地已削矣。臣聞、鄙語曰、寧為雞口*、無為牛後*。今大王西面、交臂而臣事秦、何以異於牛後*乎。夫以大王之賢、挟強韓之兵、而有牛後*之名、臣窃為大王羞之。韓王忿然作色、攘臂按剣、仰天太息曰、寡人雖死、必不能事秦。今主君以楚王*之教詔之。敬奉社稷以従。

▼「鶏尸」とは、「尸」は「主」で（『爾雅《じが》』）、鶏のなかの主、親分。

▼現在の世界の諸同盟が合従《がっしょう》であるのか、連横《れんこう》であるのか、比定してみるのも面白い。EＣは合従であり、日米安保は連横であろう。また、現在も、遠交近攻を着実に実行している国もあるが、最近は交通手段の発達で遠近の距離が接近したため、諸同盟が錯綜《さくそう》する。

四《し》　君《くん》

三五　孟嘗君《もうしょうくん》の舎人《しゃじん》に君《きみ》の夫人と相愛《あいあい》する者有り

孟嘗君の舎人のうちに、孟嘗君の夫人と密通《みつつう》している者がいた。ある人がそのことを孟嘗君に告《つ》げて、「君の舎人でありながら、こっそり夫人と関係するなどとは、はなはだ道ならぬことです。我が君には、あの男を殺しておしまいになってください」と言った。孟嘗君「容貌に引かれて心を動かすのは、人情の自然だ。捨ておいて、言いたもうな」。そのまま一年ほど経《た》つと、孟嘗君は夫人と密通している男を召し出して、こう言った、「あなたは私の所へ来て、ずいぶんになる。高官につくことはまだ望めぬし、小官につくことはあなたが望まれないでしょう。衛君《えいくん》は私と気のおけぬ交《まじ》わりをしている仲です。車馬と礼物とを調《ととの》えさせてもらいます。あなたにはそれをもって衛君の所へ行っていただきたい」と。その舎人は衛に行ってはなはだ重く用いられた。（一三五　斉下　閔王1）

孟嘗君《もうしょうくん》の舎人《しゃじん》に君《きみ》の夫人と相愛《あいあい》する者有り。或《ある》ひと以《もっ》て孟嘗君に問《つ》げて曰《いわ》く、「君の舎人と為《な》りて、内《うち》夫人と相愛するは、亦《ま》た甚《はなは》だ不義なり。君其《そ》れ之《これ》を殺せ」と。君曰く、「貌《かお》を睹《み》て相悦《あいよろこ》ぶは、人の情なり。其れ之を錯《お》け、言う勿《なか》れ」と。居《お》ること朞年《きねん》、君《きみ》夫人を愛する者を召して、之に謂《い》って曰く、「子《し》文《ぶん》と游ぶこと久し。大官《たいかん》は未《いま》だ得可《うべ》からず、小《しょう》官《かん》は公《こう》又《ま》た欲《ほっ》せじ。衛君《えいくん》は文と布衣《ふい》の交《まじ》わりなり。請《こ》う車馬《しゃば》皮幣《ひへい》を具《そな》えん。願わくは君此《これ》を以て衛君に従え」と。衛に遊んで甚《はなは》だ重んぜらる。

孟嘗君舎人、有与君之夫人相愛者。或以問孟嘗君曰、為君舎人、而内与夫人相愛、亦甚不義矣。君其殺之。君曰、睹貌而相悦者、人之情也。其錯之勿言也。居朞年、君召愛夫人者、而謂之曰、子与文游久矣。大官未可得、小官公又弗欲。衛君与文布衣交。請具車馬皮幣。願君以此従衛君。遊於衛甚重。

▼王安石《おうあんせき》に「孟嘗君《もうしょうくん》伝《でん》を読む」という文があり、そのなかでは「孟嘗君は特《ただ》に鶏鳴狗盗《けいめいくとう》の雄《のみ》耳。豈《あ》に以《もっ》て士を得《う》ると言うに足《た》らんや」（『唐宋八家文読本《とうそうはっかぶんとくほん》』巻三十）と孟嘗君の弱点を指摘している。孟嘗君は逃亡者や罪人まで招致しているから、たしかに王安石の言うとおりであろう。事実、後世、太史公司馬遷《たいしこうしばせん》が薛《せつ》を過《よ》ぎると〝暴桀子弟〟が多い、これは孟嘗君のせいだ、と述べている。だが、ただそれだけでは暴力団の親分と異ならないわけであって、この話に見えるような孟嘗君の度量の広さが客を多数集め、四君の第一に置かれるのであろう。四君とは、孟嘗君《もうしょうくん》・春申君《しゅんしんくん》・信陵君《しんりょうくん》・平原君《へいげんくん》で、以下に順次登場する。

三六　汗明《かんめい》　春申君《しゅんしんくん》に見《まみ》ゆ

汗明《かんめい》が春申君に会った。訪問の機会を三ヵ月も待って、やっと会うことができたのであった。会談が終わって、春申君はたいそう喜んだ。汗明がさらに話そうとすると、春申君は、「ぼくはもう先生というかたをよく理解しました。先生には休息なされよ」と言う。汗明は悲しそうな顔をして言った、「我が君におうかがいしたいのですが、固陋《ころう》にして、我が君の聖徳が堯《ぎょう》といずれが優《すぐ》れておられるのか、よく存じ上げていないことを恐れます」と。春申君「先生は間違《まちが》っておいでだ。臣などがどうして堯に比《くら》べるに足《た》ろう」。汗明「それならば、君には、臣は舜《しゅん》といずれであると御覧ですか」。春申君「先生こそは舜でしょうか」。汗明「違います。臣がひとつ、君のためにとっくりと説明させていただきましょう。君の賢明さは、事実、堯に及びませんし、臣の能力は舜に及びもつきません。そもそも賢明な舜でさえ、聖徳ある堯に仕《つか》えるのに、三年がかりでやっと相手を理解したのでした。いま、君には、ほんの一時で臣を理解なさいました。つまり君は堯よりも聖徳があられ、臣は舜よりも賢明であることになるのです」。春申君は「なるほど」と言って、門下の書記を召し出して、汗先生のためにその名を賓客《ひんかく》の名簿に載《の》せさせ、五日に一度、会うことにした。（二一〇　楚　考烈王6）

汗明《かんめい》　春申君《しゅんしんくん》に見《まみ》ゆ。問《もん》を候《うかが》うこと三月《さんげつ》にして後《のち》見ゆるを得《え》たり。談卒《だんおわ》る。春申君大《おお》いに之《これ》を説《よろこ》ぶ。汗明　復《ま》た談ぜんと欲《ほっ》す。春申君曰《いわ》く、「僕已《すで》に先生を知る。先生息《いこ》え」と。汗明慨焉《しゆくえん》として曰く、「明願《めい》わくは君に問《と》う有らんとすれども、固《こ》にして君《きみ》の聖《せい》の堯《ぎょう》に孰与《いずれ》なるかを審《つまびら》かにせざるを恐る」と。春申君曰く、「先生過《あやま》てり。臣何《しんなん》ぞ以《もっ》て堯に当たるに足《た》らん」と。汗明曰く、「然《しか》らば則《すなわ》ち、君料《はか》るに臣は舜に孰与《いずれ》ぞ」と。春申君曰く、「先生は即《すなわ》ち舜か」と。汗明曰く、「然《しか》らず。臣請《こ》う君の為に終《つい》に之を言わん。君の賢《けん》は実《じつ》に堯に如《し》かず、臣の能は舜に及ばず。夫《そ》れ賢舜《けんしゅん》を以《もっ》て聖堯《せいぎょう》に事《つか》うるも、三年にして後乃《のちすなわ》ち相知《あいし》れり。今君一時《いちじ》にして臣を知る。是《こ》れ君は堯よりも聖にして、臣は舜よりも賢なるなり」と。春申君曰く、「善《よ》し」と。門吏《もんり》を召して汗先生の為に客籍《かくせき》に著《つ》けしめ、五日にして一たび見《まみ》ゆ。

汗明見春申君。候問三月而後得見。談卒。春申君大説之。汗明欲復談。春申君曰、僕已知先生。先生大*息矣。汗明憱焉曰、明願有問君、而恐固不審君之聖孰与堯也。春申君曰、先生過矣。臣何足以当堯。汗明曰、然則、君料臣孰与舜。春申君曰、先生即舜也。汗明曰、不然。臣請為君終言之。君之賢実不如堯、臣之能不及舜。夫以賢舜事聖堯、三年而後乃相知也。今君一時而知臣。是君聖於堯、而臣賢於舜也。春申君曰、善。召門吏為汗先生著客籍、五日一見。

▼太史公《たいしこう》は春申君《しゅんしんくん》を、古諺《こげん》の「当《まさ》に断ずべくして断ぜざるは、反《かえ》って其《そ》の乱を受く」を引いて評している。春申君はこののち年をとってぼけたのか、楚《そ》に相《しょう》たること二十余年、終《つい》に非業《ひごう》の死を遂《と》げる。

三七　信陵君《しんりょうくん》　晋鄙《しんぴ》を殺し邯鄲《かんたん》を救う

信陵君（無忌《むき》）は、魏《ぎ》の将晋鄙を殺し、趙《ちょう》の都邯鄲を救って、秦《しん》の軍を破り、趙国を存続させた。趙王はみずから郊外まで出迎えた。そのとき唐且《とうしょ》が信陵君に言った、「臣は、『物事には知る必要がない、また知っていなければならない、ことがある。忘れてはならないことがあり、また忘れなくてはならないことがある』と聞いております」と。信陵君「どういう意味でしょうか」。

答えて、「自分が人から憎《にく》まれていることは、知っていなくてはなりませんが、自分が人を憎んでいることは、知る必要がないことなのです。人が自分に恩徳を与えてくれたことは、忘れてはなりませんが、自分が人に恩徳を施《ほどこ》したことは、忘れなくてはいけないのです。今、我が君は、晋鄙を殺し、邯鄲を救い、秦軍を破り、趙国を存続させなさいました。これは大きな恩徳を施されたのです。いま、趙王がみずから郊外にお出迎えになります。思いも寄らぬこととして趙王にまみえなさい。臣は、我が君が、施した恩徳をお忘れになることを願うのです」と。信陵君「謹んでお教えを承った」。（三五五　魏下　安釐王17）

信陵君《しんりょうくん》　晋鄙《しんぴ》を殺し、邯鄲《かんたん》を救い、秦人《しんひと》を破り、趙《ちょう》の国を存《そん》せり。趙王自《みずか》ら郊迎《こうげい》す。唐且《とうしょ》信陵君に謂《い》って曰《いわ》く、「臣之《しんこれ》を聞く、曰く、『事に知る可《べ》からざる者有り、知らざる可からざる者有り。忘る可からざる者有り、忘れざる可からざる者有りと』と」。信陵君曰く、「何の謂《いい》ぞや」と。対《こた》えて曰く、「人の我を憎《にく》むや、知らざる可からざるなり。吾《わ》が 人を憎むや、得《え》て知る可からざるなり。人の我に徳有るや、忘る可からざるなり。吾が人に徳有《とくあ》るや、忘れざる可からざるなり。今君晋鄙を殺し、邯鄲を救い、秦人《しんひと》を破り、趙の国を存せり。此《こ》れ大徳なり。今趙王自ら郊迎《こうげい》す。卒然《そつぜん》として趙王に見《まみ》えよ。臣願わくは君の之《これ》を忘れんことを」と。信陵君曰く、「無忌《むき》謹《つつし》んで教えを受く」と。

信陵君殺晋鄙、救邯鄲、破秦人、存趙国。趙王自郊迎。唐且謂信陵君曰、臣聞之、曰、事有不可知者、有不可不知者。有不可忘者、有不可不忘者。信陵君曰、何謂也。対曰、人之憎我也、不可不知也。吾憎人也、不可得而知也。人之有徳於我也、不可忘也。吾有徳於人也、不可不忘也。今君殺晋鄙、救邯鄲、破秦人、存趙国。此大徳也。今趙王自郊迎。卒然見趙王。臣願君之忘之也。信陵君曰、無忌謹受教。

▼信陵君《しんりようくん》とは魏《ぎ》の公子無忌《むき》である。四君《しくん》のなかで一番人柄がよく、司馬遷《しばせん》は「公子は人《ひと》と為《な》り仁《じん》にして士に下る」と記している。またその記事ならびに太史公《たいしこう》の論ともに、漢《かん》の高《こう》祖《そ》も信陵君のファンであったことを言う。すなわち、高祖は若く微賤《びせん》であったころから、信陵君の賢明さを聞いていて、即位ののち大梁《たいりよう》を通過するごとに信陵君を祭り、五家の守《はか》冢《もり》を置いて四時《しいじ》に奉祠させたという。

▼唐且《とうしよ》が言ったとあるが、『史記』ではただ賓客《ひんかく》の一人がとなっている。『史記』とのこう

した異同ははなはだ多い。唐且は先に一九にも見えた。『戦国策』では春申君に自薦する言葉なども見える（一九九　楚　考烈王1）。

三八　二国の患《うれい》を解《と》けるは平原君《へいげんくん》の力なり

秦《しん》が趙《ちょう》を攻めた。平原君は使者を出して魏《ぎ》に救援を請《こ》わせた。魏の信陵君《しんりょうくん》が軍隊を派遣して邯鄲《かんたん》の城下に到着し、秦の軍は撤退した。虞卿《ぐけい》は平原君のために封地の加増《かぞう》を請《こ》うて趙王に言った、「およそ一兵をも戦わさず、一戟《いちげき》をも壊《こわ》さずに、二国の憂患を解決したのは、平原君の力でございます。人の力を使っておきながら、人の功を忘れては、よろしくありません」と。趙王は「なるほど」と言って、平原君に封地を加増しようとした。

公孫竜《こうそんりょう》はこのことを聞くと、平原君にまみえて言った。「君には戦車を覆《くつがえ》したり敵将を殺したりといった戦功もおありにならぬのに、東武城《とうぶじょう》に封《ほう》ぜられておいでです。また、趙国の人並み優《すぐ》れた人物で君の右に出る人は多くありますのに、君が相国《しょうこく》であられるのは、王の御親戚だからです。いったい君には、東武城に封ぜられても、功がないからと遠慮することなく、相国の印綬《いんじゅ》を帯《お》びても、無能だからと辞退なさることなく、ひとたび国家の艱難《かんなん》を解決するや、封地の加増をお求めです。これは、封は王の親戚として受けておきながら、功は国民として計ることになります。君のためにお計り申しますに、お受けにならぬのが最も御都合よいことでしょう」と。平原君は「謹んでお教えを承った」と言って、封を受けなかっ

た。（二四七　趙下　孝成王6）

秦《しん》 趙《ちょう》を攻む。平原君《へいげんくん》 人をして救いを魏《ぎ》に請《こ》わ使《し》む。信陵君《しんりょうくん》 兵を発して、邯鄲《かんたん》の城下に至る。秦の兵罷《や》む。虞卿《ぐけい》 平原君の為に地を益《ま》さんことを請い、趙王に謂《い》って曰《いわ》く、「夫《そ》れ一卒《いっそつ》を闘わしめず、一戟《いちげき》をも頓《やぶ》らずして、二国の患を解ける者は、平原君の力なり。人の力を用いて、而《しか》も人の功を忘るるは、不可なり」と。趙王曰く、「善《よ》し」と。将《まさ》に之《これ》に地を益さんとす。公孫竜《こうそんりょう》 之を聞き、平原君に見《まみ》えて曰く、「君《きみ》 軍を覆《くつがえ》し将を殺すの功無くして、封《ほう》ずるに東武城《とうぶじょう》を以《もっ》てせらる。趙国の豪傑の士、多く君の右に在《あ》りて、而《しか》も君 相《しょう》国為《こくた》る者は、親《しん》を以ての故《ゆえ》なり。夫《そ》れ君封《ほう》ぜらるるに東武城を以てして、無功を譲《ゆず》らず、趙国の相印《しょういん》を佩《お》びて、無能を辞せず、一たび国患《こっかん》を解きて、地を益すを求めんと欲す。是《こ》れ親戚もて封を受け、而うして国人《こくじん》もて功を計るなり。君の為に計るに、受くる勿《な》きの便《べん》なるに如《し》かず」と。平原君曰く、「謹んで令《れい》を受く」と。乃《すなわ》ち封を受けず。

秦攻趙。平原君使人請救於魏。信陵君発兵、至邯鄲城下。秦兵罷。虞卿為平原君請益地、謂趙王曰、夫不闘一卒、不頓一戟、而解二国患者、平原君之力也。用人之力、而忘人之功、不可。趙王曰、善。将益之地。公孫竜聞之、見平原君曰、君無覆軍殺将之功、而封以東武城。趙国豪傑之士、多在君之右、而君為相国者、以親故。夫君封以東武城、不譲無功、佩趙国相印、不辞無能、一解国患、欲求益地。是親戚受封、而国人計功也。為君計者、不如勿受便。平原君曰、謹受令。乃不受封。

▼太史公《たいしこう》は「平原君《へいげんくん》は翩翩《へんぺん》たる濁世《だくせい》の佳公子也《なり》」と評し、その人柄をほめてはいるが、馮亭《ふうてい》の邪説を信じ、長平《ちょうへい》の戦で趙《ちょう》が兵四十万を失った責任の一端があるとしている。

▼公孫竜《こうそんりょう》は、堅白異同《けんはくいどう》の弁をなした公孫竜で、趙《ちょう》の人。鄒衍《すうえん》（斉《せい》の人、陰陽五行説《いんようごぎょう》を説いた）が趙に来るまで、平原君に厚遇された（『史記』「孟荀列伝《もうじゅんれつでん》」「平原君虞卿列伝《へいげんくんぐけいれつでん》」）。

将《しょう》軍《ぐん》

三九　楽毅《がっき》　趙《ちょう》に奔《はし》り、趙封《ほう》じて以《もっ》て望諸君《ぼうしょくん》と為《な》す

昌国君《しょうこくくん》の楽毅は、燕《えん》の昭王《しょうおう》のために五国の軍を合同して斉《せい》を攻め、七十余城を降《くだ》し、そのことごとくを郡県にして燕に従属させた。ただ聊《りょう》・即墨《そくぼく》・莒《きょ》の三城だけは降らぬうちに、燕の昭王が死んで、恵王《けいおう》が即位すると、回《まわ》し者の斉人の言うことを取り上げて、楽毅を疑い、騎劫《ききょう》を楽毅に代えて将軍とした。楽毅は趙《ちょう》に出奔《しゅっぽん》し、趙は楽毅を望諸君に封じた。斉の田単《でんたん》は騎劫を欺《あざむ》いて、ついに燕軍を破り、再び七十城を手中《しゅちゅう》に収《おさ》めて、斉に取り返した。

燕王は後悔もしたし、ことに趙が楽毅を登用し、燕の疲弊《ひへい》に乗じて燕を討つのではないか

と恐れた。燕王はそこで使いをやって楽毅を責めるとともにわびを入れさせようと、こう言った。「先王は国を挙《あ》げて将軍にゆだねられ、将軍は燕のために斉を破り、先王の仇《あだ》に報復なされ、天下の諸侯に震《ふる》えおののかぬ者とてはなかった。私は、一日とて将軍の功労を忘れるようなことがあったろうか。たまたま先王が群臣を捨ててお亡《な》くなりになり、私が新たに即位したところ、左右の者が私を誤らせた。私が騎劫を将軍と交替させたのは、将軍には久しく国外にあって風露《ふうろ》にさらされておられたからこそであり、将軍を召し帰してしばらく休息していただいてから、作戦を練《ね》ろうとしたのである。ところが将軍は聞き違えて、私との間が気まずくなったと思い、さっさと燕を捨てて趙に身を寄せてしまわれた。将軍がみずから己《おの》が身の計をお立てになるのはけっこうだが、それではどのようにして、先王が将軍を厚遇されたお心に報いてくれるのか」。

望諸君はそこで、人をやって書簡を献上させ、燕王に返事をして次のように言った。「臣は不才《ふさい》にして、先王の教えを奉じて側近のかたがたの心にかなうことができませんでした。斧質《ふしつ》の刑を受ける罪に当たって、先王の御明察を傷つけ奉り、また足下《そっか》の御徳義を損《そこ》ない申すことを恐れましたればこそ、姿をくらまして趙に出奔し、己《おの》が不肖《ふしょう》ゆえに受けた罪と思って甘んじまして、言い訳をしようとはいたしませんでした。いま、王には使者を遣《つか》わされて、臣の罪をお責めです。臣は、おそばつきのかたがたには、なぜ先王が臣を慈《いつく》しみお養いになったかをお察しいただけず、また臣がいかなる気持ちで先王にお仕《つか》えしたかを分かっていただけないのではないかと恐れますので、あえて書面をもってお答え申し上げます。

　臣が聞きますところでは、『賢聖な君主《くんしゅ》は、俸禄《ほうろく》を親愛する者に私的に与えたりせず、功労の多い者に授《さず》ける。官職を親愛する者に随意《ずいい》に与えたりせず、それ相当の能力ある者をすえる』とのことです。したがって臣下の能力を明察して官を授けるのが、功業を成す君《きみ》なのであり、君主の行いを評価したうえで君臣の交《まじ》わりを結ぶのが、名声を立てる士なのであります。臣が学ぶところに基づいて観察いたしましたところ、先王のお振る舞いには世俗の君主に抜きん出た心意気がおありでした。さればこそ魏王《ぎおう》から使者としての符節をお借りし、燕に来てみずから先王に接見する機会を得ました。すると、先王には過《あやま》ってお取り立てになり、私を賓客のなかから抜擢《ばってき》され、君臣の上におすえになり、御一族の臣たちにも御相談なきまま、臣を亜卿《あけい》にお取り立てくださいました。私は命《めい》を奉じ教えを承《う》けて行けば、僥倖《ぎょうこう》にでもおとがめなく勤めおおせよう、と思いましたので、命をお受けして御辞退申すことはいたしませんでした。

　先王は臣にお命じになりました。『私は斉《せい》に、積《つ》もる恨みと深い怒りを抱いている。燕の国力の軽さ弱さをも忘れて、ただもう斉を討つことばかり考えている』と。臣はお答えしました。『そもそも斉には、覇《は》を唱えた国としての遺教があり、しばしば戦《いくさ》に勝った遺業があります。武器の取り扱いに慣れ、戦闘に習熟しています。王がもし斉を攻めたいとお望みなら、ぜひとも天下の諸侯を結集してお攻めになってください。天下の諸侯を結集して斉を攻めるには、趙と同盟する以上の近道はありません。それにまた、淮北《わいほく》と宋《そう》の地とは、楚《そ》と魏《ぎ》とがともに欲しがっている土地です。趙がもし承諾すれば、楚・魏と盟約を結び、力を出し尽《つ》くして、四国で斉を攻めれば、おおいに破ることができましょう』。先王は『なるほど』と仰せになりました。

臣はそこで、じきじきに御命令を受け、符節を用意して南のかた趙へと臣をお遣《つか》わしになりました。帰国しますと、命を受けて兵を起こし、諸侯に従って斉を攻めました。天道と先王の霊との加護により、黄河《こうが》以北の地が先王に従いました。臣はその地の兵を済水《せいすい》のほとりに結集しました。済水のほとりの軍は命を受けて斉を討ち、おおいに勝って軽装備の精鋭軍が長駆して斉の都に迫りました。斉王は人目を避けて莒に逃げ出し、なんとか一命を保つのが精いっぱいでした。斉の珠玉・財宝・戦車・武器・珍しい器物は、ことごとく接収して燕へ運びました。

斉の大呂《たいりょ》の鍾《しょう》は元英宮《げんえいきゅう》に陳列し、燕の故鼎《こてい》は暦室に返り、斉の器物は寧台《ねいだい》に設置され、燕の薊丘《けいきゅう》の植栽《しょくさい》には、斉の汶水《ぶんすい》のほとりの竹が植えられました。五覇《ごは》よりこのかた、功業のうえで先王に及ぶ者はありません。先王ははなはだ満足におぼしめし、臣をばよく命令を失墜《しっつい》しなかったとなされ、土地を割《さ》いて封《ほう》ぜられ、臣を小国の諸侯に匹敵させていただきました。臣は不才《ふさい》ながら、命《めい》を奉じ教えを承っていけば、僥倖にもおとがめを受けることなく過《す》ごせようと思いましたので、命をお受けして御辞退いたしませんでした。

臣が聞きますところでは、『賢明な君主《くんしゅ》は、功業が樹立して廃《すた》れることがないから、歴史に名が現れる。先見の明ある士は、名声が成立して敗れることがないから、後世に名が称せられる』と申します。先王が、恨《うら》みに報《むく》い、恥をそそぎ、斉という万乗《ばんじょう》の強国を討《う》ち平《たい》げ、その八百年にわたって蓄《たく》えた富《わ》を接収し、群臣をお捨てになる日になっても、その遺令、またその後嗣《こうし》に告げたまいし遺教は、政事を担当する臣下たちがよく法令を遵守《じゅんしゅ》し、嫡庶《ちゃくしょ》の筋目《すじめ》を正す態度に現れて、広く人民に敷《し》き及ぼされておりますなど、みな後世にとってのよき教訓とすることができましょう。

またこうも聞きます。『事をうまく起こす者が、うまく成功させるとはかぎらない。うまくはじめる者が、うまく終わらせるとはかぎらない』と。昔、伍子胥《ごししょ》は、その説が呉王闔閭《ごおうこうりょ》に聞き入れられました。そのため呉王は足跡を遠く郢《えい》にまで及ぼしました。しかしその子の夫差《ふさ》は子胥の説を是《ぜ》とせず、子胥に死を賜い、しかばねを馬革の袋に入れて長江《ちょうこう》に流しました。つまり呉王夫差は、先王が用いられた策によれば功業を立てうることを悟らなかったために、子胥を江《こう》に沈めて悔《く》いなかったのです。また子胥は、主君が父子の器量の同じからぬことをつとに見抜かなかったために、長江に投げ入れられて霊魂をさまよわせているのです。

およそ、罪過《ざいか》からこの身を免れて功勲《こうくん》を全《まっと》うし、先王の御事跡《じせき》を明らかにすることが、臣にとりましての上策でございます。陥れ辱《はずかし》める誹謗《ひぼう》の網に掛かって、先王の名誉を失墜《しっつい》し奉ることこそ、臣のおおいに恐れるところであります。燕を去って趙に仕《つか》えるほかなくなり不測の罪に臨《のぞ》む身が、燕の疲弊《ひへい》という僥倖に乗じて趙のために利益を計るなど、先王の恩義を受けた者としては道理としてさような行動にはけっして出はいたしません。臣は聞いております。『いにしえの君子《くんし》は、絶交したのちもその人の悪口を言わない。忠臣は国を去った場合、その名の潔白を言い立てない』と。臣は不才《ふさい》ながら、しばしば教えを君子に仰ぎました。御側近のかたがたが左右の人々の申しように親しまれて、疎遠の者の行いについてはよく御覧になってはいまいと恐れますので、あえて書簡をもってお返事申し上げます。なにとぞ我が君には御留意賜りますよう」。（四五三　燕下　恵王1）

昌国君楽毅《しょうこくくんがつき》、燕《えん》の昭王《しょうおう》の為に、五国の兵を合《がっ》して斉《せい》を攻め、七十余城を下《くだ》し、尽《ことごと》く之《これ》を郡県として、以《もっ》て燕に属す。三城未《いま》だ下らずして、燕の昭王死し、恵王《けいおう》位に即《つ》く。斉人《せいひと》の反間を用いて楽毅を疑い、而《しこ》うして騎劫《ききょう》をして之に代わって将たら使《し》む。楽毅趙《ちょう》に奔《はし》る。趙封《ちょうほう》じて以て望諸君《ぼうしょくん》と為《な》す。斉《せい》の田単《でんたん》騎劫を詐《あざむ》き、卒《つい》に燕の軍を敗《やぶ》り、復《ま》た七十城を収《おさ》めて以《もっ》て斉《せい》に復す。燕王悔《く》い、趙の楽毅《がっき》を用いて、燕の弊《へい》に乗じて以て燕を伐《う》たんことを懼《おそ》る。燕王乃《すなわ》ち人をして楽毅を譲《せ》め且《か》つ之に謝《しゃ》せ使《し》めて曰《いわ》く、「先王　国を挙《あ》げて将軍に委《ゆだ》ね、将軍　燕の為に斉を破り、先王の讎《あだ》を報い、天下振動《しんどう》せざるは莫《な》し。寡人《かじん》　豈《あ》に敢《あえ》て一日も将軍の功を忘れんや。会〻《たまたま》先王《せんおう》　群臣を棄《す》て、寡人新《あら》たに位《くらい》に即《つ》き、左右　寡人を誤る。寡人の騎劫をして将軍に代わら使めし者は、将軍の久しく外に暴露《ばくろ》するが為に、故《ゆえ》に将軍を召し、且《しばら》く休《きゅう》して事を計《はか》らんとす。将軍過《あやま》って聴《き》き、寡人と郤《げき》有りと以《おも》い、遂《つい》に燕を捐《す》てて趙に帰《き》せり。将軍自《みずか》ら計《けい》を為《な》すは、則《すなわ》ち可なり。而《しか》れども亦《ま》た何を以《もっ》てか 先王《せんおう》の 将軍を遇せし所以《ゆえん》の意に報いんや」と。望諸君 乃《すなわ》ち人をして書を献ぜ使《し》め、燕王に報《ふ》じて曰《いわ》く、「臣不佞《ふねい》にして、先王の教えを奉承して、以て左右の心に順《したが》うこと能《あた》わず。斧質《しっ》の罪に抵《あた》りて、以て先王の明を傷つけ、而《しこ》うして又《ま》た足下《そっか》の義を害せんことを恐る。故《ゆえ》に遁逃《とんとう》して趙に奔《はし》り、自《みずか》ら負《お》うに不肖の罪を以てす。故《ゆえ》に敢《あえ》て辞説を為《な》さず。今《いま》王 使者をして之《これ》が罪を数《せ》め使《し》む。臣 侍御者《じぎょしゃ》の 先王の臣を畜幸《ちくこう》せる所以《ゆえん》の理を察せず、而《しこ》うして又た臣が先王に事《つか》うる所以の心を白《あきら》かにせざらんことを恐る。故に敢て書を以て対《こた》う。臣聞く、『賢聖の君は、禄を以て其の親《しん》に私《わたくし》せず、功多き者 之を授《さず》く。官を以て其の愛に随《したが》わず、能《のう》之に当たる者 之に処《お》く』と。故に能を察して官を授くる者は、功を成すの君なり。行いを論じて交《まじ》わりを結ぶ者は、名を立つるの士なり。臣 学ぶ所の者を以て之を観《み》るに、先王の挙錯《きょそ》、世に高きの心有り。故に節を魏王《ぎおう》に仮《か》りて、身を以て燕に察せらるるを得たり。先王 過《あやま》り挙《あ》げ、之を賓客《ひんかく》の中より擢《ぬきん》で、之を群臣の上に立て、父兄に謀《はか》らずして、臣をして亜卿為《あけいた》ら使《し》む。臣自《みずか》ら以為《おもえら》く、令を奉じ教えを承《う》けて、以《もっ》て幸いに罪無かる可《べ》しと。故《ゆえ》に命《めい》を受けて辞せず。先王之《これ》に命じて曰《いわ》く、『我 斉に積怨深怒《せきえんしんど》有り。軽弱を量《はか》らずして、斉を以て事と為《な》さんと欲《ほっ》す』と。臣対《こた》えて曰く、『夫《そ》れ斉は覇国《はこく》の余教《よきょう》にして、驟勝《しゅうしょう》の遺事《いじ》なり。兵甲《へいこう》に閑《なら》い、戦攻《せんこう》に習えり。王若《も》し之《これ》を攻めんと欲《ほっ》せば、則《すなわ》ち必ず天下を挙《あ》げて之を図《はか》れ。天下を挙げて之を図るには、趙に結ぶ於《よ》りも径《ちか》きは莫《な》し。且《か》つ又《ま》た淮北《わいほく》・宋《そう》の地は、楚《そ》・魏《ぎ》の同じく願う所《ところ》なり。趙若《も》し許さば、楚・魏を約し、力を尽《つ》くして、四国之《これ》を攻めば、斉大いに破る可《べ》きなり』と。先王曰く、『善《よ》し』と。臣乃《すなわ》ち口ずから令を受く。符節を具して、南のかた臣を趙に使わす。顧反《こはん》して命ぜられて兵を起こし、随《したが》って斉を攻む。天の道・先王の霊を以《もっ》て、河北《かほく》の地 先王に随う。挙《あ》げて之を済《せい》上《じょう》に有《たも》つ。済上の軍、令を奉じて斉を撃《う》つ。大いに之に勝ち、軽卒鋭兵《けいそつえいへい》、長駆して斉に至る。斉王逃遁《とうとん》して莒《きょ》に走り、僅《わず》かに身を以《もっ》て免る。珠玉財宝《しゅぎょくざいほう》、車甲珍器《しゃこうちんき》は、尽《ことごと》く収《おさ》めて燕に入《い》る。大呂《たいりょ》元英《げんえい》に陳《ちん》し、故鼎《こてい》暦室《れきしつ》に反《かえ》り、斉器《せいき》寧台《ねいだい》に設《つら》ね、薊丘《けいきゅう》の植《しょく》は、汶篁於《ぶんこうよ》り植《う》えたり。五伯《ごは》自《よ》り以来、功未《いま》だ先王に及ぶ者有らざるなり。先王以《もっ》て其の志に慊《かな》うと為《な》し、臣を以て命を頓《おと》さずと為す。故《ゆえ》に地を裂《さ》いて之《これ》を封じ、之をして小国の諸侯に比するを得《え》使《し》む。臣不佞《ふねい》、自《みずか》ら以為《おもえら》く令を奉じ教えを承《う》けて、以て幸いに罪無かる可《べ》しと。故《ゆえ》に命を受けて辞せず。臣聞く、『賢明の君《きみ》は、功立って廃《すた》れず、故に春秋に著《あらわ》る。蚤知《そうち》の士は、名成って毀《やぶ》れず、故に後世に称せらる』と。先王の怨《うらみ》を報い耻《はじ》を雪《すす》ぎ、万乗《ばんじょう》の強国を夷《たいら》げて、八百歳の蓄積《ちくし》を収め、群臣を棄《す》つるの日に至るに及びて、余令《よれい》後嗣《こうし》に詔《つ》ぐるの遺義《いぎ》は、政《まつりごと》を執《と》り事に任ずるの臣の、能《よ》く法令に循《したが》い庶孽《しょげつ》を順にする所以《ゆえん》の者、施《し》いて萌隷《ぼうれい》に及ぶが若《ごと》き、皆な以《もっ》て後世に教う可《べ》し。臣聞く、『善く作《おこ》す者は、必ずしも善く成さず。始めを善くする者は、必ずしも終りを善くせず』と。昔者《むかし》五子胥《ごししょ》、説《せつ》闔閭《こうりょ》に聴《き》かる。故に呉王迹《ごおうあと》を遠くして郢《えい》に至れり。夫差《ふさ》は是《ぜ》とせず。之に鴟夷《しい》を賜うて、之を江《こう》に浮かぶ。故に呉王夫差は、先論の以て功を立つ可《べ》きを悟らず、故に子胥《ししょ》を沈《しず》めて悔《く》いず。子胥は蚤《はや》く主《しゅ》の量を同じくせざるを見ず。故に江に入って化《か》せず。夫《そ》れ身を免れ功を全《まっ》くして、以て先王の迹《あと》を明らかにするは、臣の上計なり。毀辱《きじょく》の非《そしり》に離《かか》りて、先王の名を堕《おと》すは、臣の大いに恐るる所なり。不測の罪に臨《のぞ》んで、幸いを以て利と為《な》すは、義の敢《あえ》て出でざる所なり。臣聞く、『古《いにしえ》の君子《くんし》は、交《まじ》わり絶《た》つも悪声を出《いだ》さず、忠臣の去るや、其《い》の名を潔《いさぎよ》くせず』と。臣不佞《ふねい》なりと雖《いえど》も、数〻《しばしば》教えを君子に奉ぜり。侍御者《じぎょしゃ》の左右の説に親しんで、疎遠の行いを察せざらんことを恐る。故《ゆえ》に敢《あえ》て書を以《もっ》て報ず。唯《た》だ君の意を留められんことを」と。

昌国君楽毅、為燕昭王、合五国之兵而攻斉、下七十余城、尽郡県之、以属燕。三城未下、而燕昭王死、恵王即位。用斉人反間疑楽毅、而使騎劫代之将。楽毅奔趙。趙封以為望諸君。斉田単*欺詐騎劫、卒敗燕軍、復収七十城以復斉。燕王悔、懼趙用楽毅*承燕之弊以伐燕。燕王乃使人譲楽毅且謝之曰、先王挙国而委将軍、将軍為燕破斉、報先王之讎、天下莫不振動。寡人豈敢一日而忘将軍之功哉。会先王棄群臣、寡人新即位、左右誤寡人。寡人之使騎劫代将軍者、為将軍久暴露於外、故召将軍、且休計事。将軍過聴、以与寡人有郄、遂捐燕而帰趙。将軍自為計、則可矣。而亦何以報先王之所以遇将軍之意乎。望諸君乃使人献書、報燕王曰、臣不佞、不能奉承先王之教、以順左右之心。恐抵斧質之罪、以傷先王之明、而又害於足下之義。故遁逃奔趙、自負以不肖之罪。故不敢為辞説。今王使使者数之罪。臣恐侍御者之不察先王之所以畜幸臣之理、而又不白於臣之所以事先王之心。故敢以書対。臣聞、賢聖之君、不以禄私其親、功多者授之。不以官随其愛、能当之者処之。故察能而授官者、成功之君也。論行而結交者、立名之士也。臣以所学者観之、先王之挙錯、有高世之心。故仮節於魏王、而以身得察於燕。先王過挙、擢之乎賓客之中、而立之乎群臣之上、不謀於父兄、而使臣為亜卿。臣自以為、奉令承教、可以幸無罪矣。故受命而不辞。先王命之曰、我有積怨深怒於斉。不量軽弱、而欲以斉為事。臣対曰、夫斉覇国之余教也、而驟勝之遺事也。閑於兵甲、習於戦攻。王若欲攻之、則必挙天下而図之。挙天下而図之、莫径於結趙矣。且又淮北宋地、楚魏之所同願也。趙若許、約楚魏、*宋尽力、四国攻之、斉可大破也。先王曰、善。臣乃口受令。具符節、南使臣於趙。顧反命起兵、随而攻斉。以天之道先王之霊、河北之地随先王。挙而有之於済上。済上之軍、奉令撃斉。大勝之、軽卒鋭兵、長駆至国。*斉王逃遁走莒、僅以身免。珠玉財宝、車甲珍器、尽収入燕。大呂陳於元英、故鼎反於暦室、斉器設於寧台、薊丘之植、植於汶皇。*自五伯以来、功未有及先王者也。先王以為慊其志、以臣為不頓命。故裂地而封之、使之得比乎小国諸侯。臣不佞、自以為奉令承教、可以幸無罪矣。故受命而弗辞。臣聞、賢明之君、功立而不廃、故著於春秋。

蚤知之士、名成而不毀、故称於後世。若先王之報怨雪耻、夷万乗之強国、収八百歳之蓄積、及至棄群臣之日、余令詔後嗣之遺義、執政任事之臣、所以能循法令順庶孽者、施及萌隷、皆可以教於後世。臣聞、善作者、不必善成。善始者、不必善終。昔者五子胥説聴乎闔閭。故呉王遠迹至於郢。夫差弗是也。賜之鴟夷、而浮之江。故呉王夫差、不悟先論之可以立功、故沉子胥而不悔。子胥不蚤見主之不同量。故入江而不改。*夫免身全功、以明先王之迹者、臣之上計也。離毀辱之非、堕先王之名者、臣之所大恐也。臨不測之罪、以幸為利者、義之所不敢出也。臣聞、古之君子、交絶不出悪声、忠臣之去也、不潔其名。臣雖不佞、数奉教於君子矣。恐侍御者之親左右之説、而不察疏遠之行也。故敢以書報。唯君之留意焉。

▼将軍という職業がこの時代に発生した。その前の時代、春秋《しゅんじゅう》の時には、戦争の指揮は政治家の仕事であって、この流れはギリシア、ローマと軌《き》を一《いつ》にする、とは宮崎博士の指摘である（宮崎市定『中国史　上』岩波全書、『宮崎市定全集』第一巻）。孔子《こうし》も戦争を指揮したらしいことは『論語《ろんご》』からもうかがえるが、しかしどうもあまり上手ではなかったようである。将軍は専門職であって、その都度《つど》、任命されるが、必ずしも一国の臣とは限らない。他国に傭《やと》われる例がいくつか『戦国策』に見られる。楽毅《がっき》の場合も、まず趙《ちょう》・魏《ぎ》に仕《つか》え、燕《えん》の昭王《しょうおう》に用いられてここに見えるような活躍をし、再び趙に行くこととなる。

これから見てとれる如《ごと》く、たしかに将軍の立場は微妙であって、勝ちすぎるとクーデターを疑われるし、敗《やぶ》れると責任を取らされる。そのため、終わりを全《まっと》うすることは難しい。楽毅は終わりを全うできた稀《まれ》な例であって、明哲保身《めいてつほしん》の鑑《かがみ》と評すべきであろう。

▼後世この楽毅のファンは多く、漢《かん》の高祖《こうそ》はその孫を取り立てているし、司馬遷《しばせん》も「賢にして兵を好む」と記し、魏《ぎ》の夏侯玄《かこうげん》は『楽毅論《がっきろん》』を著し、「其《そ》れ殆《ほとん》ど機 道に合《がっ》して以《もっ》て終始せる者に庶《ちか》からん与《か》」としている。この『楽毅論』は王羲之《おうぎし》の書となり、さらにわが国で光明《こうみょう》皇后の臨書がいまも正倉院御物《しょうそういんぎょぶつ》として伝わり、ことに名高い。

▼楽毅の燕王への返書は、斉の蒯通《かいとう》と主父偃《しゅほえん》は、これを読むたびに書を手放して泣かぬことはなかった、と太史公《たいしこう》は言う。「大呂《たいりょ》」とは楽律《がくりつ》、十二律の一の名であるが、『史記索隠《しきさくいん》』にここは斉《せい》の鍾《しょう》の名であるという。「元英《げんえい》」は燕《えん》の宮殿の名。「故鼎《こてい》」とは、燕の鼎《かなえ》で以前斉に運ばれたものがいま返ったから。「寧台《ねいだい》」は燕の碣石《けっせき》宮で、昭王の師の鄒衍《すうえん》のいた所。「薊丘《けいきゅう》」の薊は、薊の俗字で、燕の都。「八百歳の蓄積」とは斉の太公望呂尚《たいこうぼうりょしょう》から通算している。

四〇 白起《はっき》 微《な》かりせば吾《われ》 趙《ちょう》を滅ぼすこと能《あた》わざるか

秦《しん》の昭王《しょうおう》は、すでに民《たみ》を休息させ武器を補繕し終えたことでもあり、再び趙を討とうと思った。ところが、武安君《ぶあんくん》（白起）が「いけません」と言う。王「前年、我が国力は底をつき民《たみ》は飢えているさなかに、あなたは人民の力を計量することもなく、軍の兵糧を増益して趙を滅ぼすことを申請した。いま、私は民《たみ》を休息させて戦士を養成し、食糧を備蓄し、三軍に与える給与は以前の倍額に増《ふ》やした。それにもかかわらず『いけない』と言うが、その説明を聞かせてもらおう」。

武安君「長平《ちょうへい》の戦いでは、秦《しん》軍は大勝し、趙軍は大敗し、秦の人々は歓喜し、趙の人々は畏怖《いふ》しました。秦の民は、戦死した者は手厚く葬られ、負傷した者は手厚い療養を受け、労《ろう》役《えき》した者は供応され、飲み物や食べ物を贈られて、その財産を華《はな》やかに蓄えております。一方、趙の民は、戦死者は骨も拾ってもらえず、負傷者は医療も受けられず、涙を流し悲しみ、力を合わせ憂《うれ》いをともにし、田畑の耕作には増産にいそしみ、そうしてその財産を生み出しております。

いま、王が軍を出動させなさいますのに、たとえ兵力は以前の倍になさいましても、臣の見《み》積《つ》もりますところ、趙国の守備は、もう十倍しております。趙は長平の戦い以来、君臣ともに憂慮して、早朝に登朝《とうちょう》し日暮れて退出し、辞を低くし幣物《へいもつ》を丁重《ていちょう》にして、四方の国々に出かけて行き、親善関係を燕《えん》・魏《ぎ》と結び、友好関係を斉《せい》・楚《そ》に連《つら》ね、思慮を積み重ね心を合わせて、秦に備えることに務めて来ているのです。国内は充実し外交は成功しています。よりによっていま、趙をお討ちになってはならないのです」。

しかし王は、「私はすでに軍に出動を命じてしまった」と言い、五《ご》大夫《たいふ》の王陵《おうりょう》を将軍として趙を討たせた。王陵は戦って利あらず、所属部隊を失ってしまった。王は武安君を遣《つか》わそうとしたが、武安君は病気と言って行かなかった。

王はそこで応侯《おうこう》（范雎《はんしょ》）に、出向かせて武安君に会わせ、武安君をなじらせてこう言わせた。「楚《そ》はその土地五千里四方、戟《ほこ》を持つ戦士は百万に及ぶというのに、あなたは以前、わずか数万の兵を率いて楚に攻め入り、鄢《えん》・郢《えい》を落とし、その宗廟《そうびょう》を焼き、東のかた竟陵《きょうりょう》まで侵入された。楚の人々は震《ふる》えおののいて東に移り、けっして西に向かおうとはしなくなった。また韓《かん》・魏《ぎ》が協同して大軍を起こしたとき、あなたの率《ひき》いられた士卒はその半《なか》ばにも達しえなかったにもかかわらず、その大軍と伊闕《いけつ》で戦って、おおいに両国の軍を撃破され、流れる血潮《ちしお》は盾《たて》を漂《ただよ》わせ、首級《しゅきゅう》を切ること二十四万に及び、韓・魏はそのことのあったため、今日に至るまで、秦の東藩《とうはん》と称している。これこそあなたの功績であり、天下にだれ一人として聞かぬ者はいない。

いま、趙の士卒の戦死者のうち、長平の戦いに死んだ者が十人中七、八人に及び、その国力は虚弱になっている。さればこそ私はおおいに兵を徴集して、趙国の兵力に数倍している。どうかあなたに将軍となってもらって、ぜひとも趙を滅ぼしたい。あなたはかつて寡兵《かへい》をもって衆敵を撃《う》ち、勝利を収《おさ》めること神のごとくであった。ましてや強兵をもって弱卒を撃ち、衆軍をもって寡兵を撃つにおいては、なおのことであろう」と。

しかし武安君は言った。「当時は、楚《そ》王《おう》がその国の強大なのを頼み、政治をおろそかにしていました。そして、群臣は相手の功績をねたみ、おべっか者が政治を動かし、良臣が退《しりぞ》けられ、民衆の心は離れて、城池《じょうち》の修理もされていませんでした。良臣がいないばかりか、まるで守備がなされていないのですから、私は軍を率《ひき》いて深く侵入し、数多くの城邑《じょうゆう》を通過し、橋を打ち壊《こわ》し舟を焼き払って住民を我《わ》が物《もの》にし、郊野の田畑で略奪して軍糧を補給することができたわけです。

そのとき、秦の士卒は、軍中を家庭と思い、将師を父母と思い、約束するまでもなくして親しみ、相談するまでもなくして信じ合い、心を一《いっ》にし力を合わせ、必死の覚悟で、敵にうしろを見せる者はありませんでした。これに引き替えて楚の民は自分の土地で戦うはめになり、みなその家が気懸《きが》かりで、それぞれに心を散《ち》らせ、闘志を沸《わ》き立たせる者などおりません。そういうことで戦功を収めることができたのです。

伊闕《いけつ》の戦いの折は、韓は孤立していて魏を心頼みにし、自分から先に自国の兵を動かしたがりませんでした。また魏は韓の精鋭を頼みにして、これを推《お》し出して先鋒《せんぽう》にしようとしました。二国の軍が競《きそ》って自分の都合《つごう》を図《はか》りましたから、その力が一つになりませんでした。そこで、臣は見せかけの部隊を設けて韓の陣と対峙《たいじ》させておき、我が軍の精鋭を一《ひと》まとめにして、魏の不意を突くことができました。魏の軍が敗走したからには、韓の軍は自滅します。勝ちに乗《じょう》じて、逃げる者を追撃しました。そういうわけで戦功を立てることができたのです。いずれもみな敵の形勢について計算ずくの勝利であり、自然の理数にのっとったものでして、どうして、神などでありましょうか。

いま、秦は、趙の軍を長平《ちょうへい》に破ったとき、その機を逸《いっ》せず、趙が震《ふる》えおののいているときに乗じて一気に滅ぼすことをせず、畏服《いふく》したとして許し、趙がせっせと農事に励《はげ》んで蓄えを増《ま》し、孤児を養い幼童を育《はぐく》んでその民衆を増《ふ》やし、兵器や甲冑《かっちゅう》を修繕してその武力を増強し、城を増築し池を浚渫《しゅんせつ》して、その防備を固《かた》めることのできるいとまを与えたのです。趙では君主は節を屈してその臣に謙虚であり、臣は身をかがめて決死の戦士に敬虔《けいけん》であります。平原君《へいげんくん》ほどの名望ある家柄の場合に至るまで、みなその妻妾《さいしょう》を部隊のなかへ送って繕《つくろ》いをさせています。臣民心を一《いっ》にし、上下力を合わせているさまは、越王勾践《えつおうこうせん》が会稽《かいけい》に苦しみを耐え忍んだ故事さながらなのでございます。

こういう時機に討っても、趙は必ず固い守備体制を執《と》ります。戦いを仕掛けても、きっと出て来ようとはしないでしょう。その国都を包囲してもけっして勝てません。いくつもの城《じょう》邑《ゆう》を攻めてもけっして落とせません。その郊野から略奪してみても、けっして何も手に入りません。軍が出動して戦功がなければ、諸侯が気をそそられて、外から趙へ救援軍が向けられて来ることは確実です。臣には趙を討つ害ばかり見えて、利は一向に見いだせません。それに病気でまだ行くことはできません」と。

応侯は恥ずかしくなっていとまを告げ、武安君の言ったとおりに王に言上《ごんじょう》した。王はしかし、「白起《はっき》がいなければ、私には趙を滅ぼすことができないとでも言うのか」と言い、再びますます軍を増発し、さらに王齕《おうこつ》を任命して王陵《おうりょう》に代《か》え、趙を討たせた。邯鄲《かんたん》を囲むこと八、九ヵ月に及び、死傷者を多く出したが落ちなかったばかりか、趙王は軽装備の精鋭を繰り出して秦軍の背後を襲わせ、秦はしばしば状況不利に陥った。武安君は言った、「臣のはかりごとをお聞き入れにならなかったが、いま、果たしてどんなものか」と。王はそれを聞いて怒り、武安君に会いに来て、むりやりに起き上がらせ、「あなたは病気とのことだが、強《し》いて私のため、床に伏せったままでも将となって行ってもらう。戦功のあがることが私の願いであり、その暁《あかつき》にはあなたの身に厚い恩賞を加えよう。もしあなたが行かぬとならば、私はあなたを恨《うら》もうぞ」と言った。

武安君は頓首《とんしゅ》して言った。「臣はいま、出陣すれば、戦功はなくとも、王の命に従わぬという罪を免れることができ、出陣しなくて敗戦の罪は犯さなくてすんでも、王の命に背《そむ》くため誅戮《ちゅうりく》を免れないことを存じております。しかしながら、ひたすらお願い申し上げたいことは、大王が臣の愚計をよく御覧になり、趙を捨てておいて民《たみ》をお養いになりつつ、諸侯の動静を〔見渡されることです〕。畏縮《いしゅく》している者を宣撫《せんぶ》し、驕慢《きょうまん》な者を討ち懲《こ》らし、無道の者を誅滅《ちゅうめつ》して、諸侯に号令なされば、天下を我がものになされるのです。何も趙ばかり重視なさる必要などないのです。かようになさるのが、いわゆる『一人の臣下に膝《ひざ》を屈してやって、天下の諸侯に勝つ』ということなのです。

しかし大王がもし、臣の愚計を御明察くださらず、どうしても趙に一泡《ひとあわ》吹かせたく、そして、臣を罪に落としたくおぼしめすならば、これはもう、いわゆる『一人の臣下に勝って、天下の諸侯に膝を屈してやる』ということです。いったい、一人の臣下に勝つ威厳の重みと、天下の諸侯に勝つ威厳の大きさとでは、いずれが勝《まさ》りましょうか。臣が聞くところでは、『明主《めいしゅ》はその国を愛し、忠臣はその名を愛する』と申します。破れた国は二度と再びもとの全《まった》き姿にはもどせません。戦死した士卒は二度と再び生き返らせることはできません。臣はむしろ、伏して重い誅戮《ちゅうりく》の罪を受けて死にましても、敗軍の将となるには忍びません。大王の御明察をお願い申し上げます」と。王は答えないまま立ち去った。（四八六　秦下昭襄王12）

昭王《しょうおう》既《すで》に民《たみ》を息《いこ》え兵を繕《おさ》めて、復《ま》た趙《ちょう》を伐《う》たんと欲《ほっ》す。武安君《ぶあんくん》曰《いわ》く、「不可なり」と。王曰く、「前年国虚《くにむな》しく民飢《う》う。君《きみ》百姓《ひゃくせい》の力を量《はか》らず、軍糧を益《ま》し以《もっ》て趙を滅ぼさんことを求む。今寡人《かじん》民を息えて以《もっ》て士を養い、糧食《りょうしょく》を蓄積《ちくし》し、三軍の俸《ほう》、前に倍する有り。而《しか》るに『不可』と曰《い》う。其《そ》の説何《なん》ぞや」と。武安君《ぶあんくん》曰く、「長平《ちょうへい》の事、秦軍《しんぐん》大いに尅《か》ち、趙軍《ちょうぐん》大いに破れ、秦人《しんひと》歓喜し、趙人《ちょうひと》畏懼《いく》す。秦民の死する者は厚く葬り、傷つく者は厚く養い、労《つか》れたる者は相饗《あいきょう》し、飲食《いんしょく》餔餽《ほき》して、以《もっ》て其《そ》の財を靡《あでや》かにす。趙人《ちょうひと》の死する者は収《おさ》むるを得《え》ず、傷つく者は療するを得ず、涕泣《ていきゅう》して相哀《あいかな》しみ、力を勠《あわ》せ憂《うれ》いを同じくし、田《でん》を耕して疾作《しっさく》し、以て其の財を生ぜり。今王軍を発すること、其の前に倍《ばい》すと雖《いえど》も、臣料《はか》るに趙国の守備も、亦《ま》た以《すで》に十倍す。趙 長平《ちょうへい》自《よ》り已来《いらい》、君臣憂懼《ゆうく》し、早《つと》に朝《ちょう》し晏《おそ》く退き、辞を卑《ひく》くし幣《へい》を重くし、四面に出《い》で嫁《ゆ》き、親《しん》を燕《えん》・魏《ぎ》に結び、好《よしみ》を斉《せい》・楚《そ》に連《つら》ね、慮《りょ》を積み心を幷《あわ》せ、秦に備うるを務《つと》めと為《な》す。其の国は内に実《み》ち、其の交《まじ》わりは外に成れり。今の時に当たっては、趙は未《いま》だ伐《う》つ可《べ》からざるなり」と。王曰く、「寡人《かじん》既に以て師を興《おこ》せり」と。乃《すなわ》ち五大夫《ごたいふ》王陵《おうりょう》をして将として趙を伐た使《し》む。陵《りょう》 戦って利を失い、五校《ごこう》を亡《うしな》う。王 武安君を使わさんと欲す。武安君疾《やまい》と称して行かず。王乃《すなわ》ち応侯《おうこう》をして、往《ゆ》いて武安君を見、之《これ》を責《せ》め使《し》めて曰《いわ》く、「楚は地《ち》 方五千里、持戟《じげき》百万、君前《さき》に数万の衆を率《ひき》いて楚に入《い》り、鄢《えん》・郢《えい》を抜き、其の廟《びょう》を焚《や》き、東して竟陵《きょうりょう》 に至れり。楚人震恐《しんきょう》し、東に徙《うつ》りて敢《あえ》て西に向かわず。韓《かん》・魏《ぎ》相《あい》率いて、兵を興《おこ》すこと甚だ衆《おお》し。君が将《ひき》いる所の卒《そつ》、之《これ》に半《なか》ばなること能《あた》わず。而《しか》も之と伊闕《いけつ》に戦い、大いに二国の軍を破る。流血鹵《たて》を漂《ただよ》わし、首を斬ること二十四万、韓・魏故《ゆえ》を以て、今に至るまで東藩《とうはん》と称す。此《こ》れ君の功なり。天下聞かざる莫《な》し。今趙卒《ちょうそつ》の 長平に死する者、已《すで》に十の七八、其の国虚弱せり。是《ここ》を以て寡人《かじん》大いに軍人を発し、趙国の衆に数倍す。願わくは君をして将たら使《し》めて、必ず之を滅ぼさんと欲《ほっ》す。君嘗《かっ》て寡《か》を以て衆を撃《う》ち、勝ちを取ること神《しん》の如し。況《いわん》や彊《きょう》を以て弱を撃ち、衆を以て寡を撃つをや」と。武安君曰く、「是《こ》の時楚王《そおう》 其の国の大なるを恃《たの》んで、其の政《まつりごと》を恤《うれ》えず。而《しこ》うして群臣相妬《あいねた》むに功《こう》を以てし、諂諛《てんゆ》事を用《もち》い、良臣斥疎《せきそ》せられ、百姓《ひゃくせい》 心離れ、城池《じょうち》修まらず。既《すで》に良臣無く、又《ま》た守備無し。故《ゆえ》に起《き》 兵を引いて深く入《い》り、多く城邑《じょうゆう》に倍《そむ》き、梁《はし》を発《あ》げ舟を焚《や》いて、以《もっ》て民を専《もっぱ》らにし、郊野を掠《かす》めて、以て軍食を足《た》すことを得《え》し所以《ゆえん》なり。此《こ》の時に当たって、秦中の士卒、軍中を以て家と為《な》し、将帥《しょうすい》を父母と為す。約せずして親しみ、謀《はか》らずして信じ、心を一《いっ》にし功を同じゅうし、死して踵《くびす》を旋《めぐら》さず。楚《そ》人《ひと》は自ら其の地に戦い、咸《ことごと》く其の家を顧み、各〻《おのおの》散心《さんしん》有《あ》って、闘志有《あ》る莫《な》し。是《ここ》を以《もっ》て能《よ》く功有るなり。伊闕《いけつ》の戦いは、韓は孤《こ》にして魏を顧み、先《ま》ず其の衆を用うるを欲《ほっ》せず。魏は韓の鋭《えい》を恃《たの》んで、推《お》して以て鋒《ほう》と為《な》さんと欲す。二軍便《べん》を争うて、之《そ》の力同じからず。是《ここ》を以て臣疑兵を設《もう》けて、以て韓陣に待《たい》し、軍を専らにし鋭を幷《あわ》せて、魏の不意に触《ふ》るるを得たり。魏軍既《すで》に敗れて、韓軍自《おのずか》ら潰《つい》ゆ。勝ちに乗じて北《に》ぐるを逐《お》う。是《これ》を以ての故《ゆえ》に、能く功を立つ。皆な利を形勢に計る、自然の理なり。何の神か之れ有《こ》らんや。今秦趙の軍を長平《ちょうへい》に破るや、遂に時を以て其の振懼《しんく》に乗じて之を滅《そ》ぼさず、畏《おそ》るとして之を釈《ゆる》し、耕稼《こうか》して以て蓄積《ちくし》を益《ま》し、孤《こ》を養い幼を長じて、以《もっ》て其の衆を益《ま》し、兵甲《へいこう》を繕治《ぜんち》して、以て其の強を益《ま》し、城を増し池を浚《さら》えて、以て其の固《かた》きを益すを得使《えし》む。主《しゅ》節を折って以て其の臣に下《くだ》り、臣体《たい》を推《お》して以て死士に下る。平原君《へいげんくん》の属に至るまで、皆な妻妾《さいしょう》をして行伍《こうご》の間に補縫《ほほう》せ令《し》む。臣人心《しんじん》を一《いっ》にし、上下《しょうか》力を同じゅうす。猶《な》お勾践《こうせん》が会稽《かいけい》に困《くるし》みし時のごときなり。今を以て之を伐《う》たば、趙必ず固く守らん。其の軍に戦いを挑《いど》むとも、必ず肯《あえ》て出でず。其の国都を囲むとも、必ず尅《か》つ可《べ》からず。其の列城を攻むとも、必ず未《いま》だ抜く可からず。其の郊野を掠《かす》むとも、必ず得《う》る所無からん。兵出《い》でて功無くんば、諸侯心を生じ、外救《がいきゅう》必ず至らん。臣其《そ》の害を見て、未だ其の利を覩《み》ず。又《ま》た病《や》んで未だ行くこと能《あた》わず」と。応侯慙《は》じて退き、以て王に言《もう》す。王曰く、「白起《はっき》微《な》かりせば、吾《われ》趙を滅ぼすこと能わざるか」と。復《ま》た益〻《ますます》軍を発し、更に王齕《おうこつ》をして王陵《おうりょう》に代《か》わって趙を伐《う》た使《し》む。邯鄲《かんたん》を囲むこと八九月、死傷する者衆《おお》くして、而《しか》も下《くだ》らず。趙王《ちょうおう》軽鋭《けいえい》を出して、以《もっ》て其《そ》の後《うしろ》に寇《あだ》す。秦数〻《しばしば》利あらず。武安君曰く、「臣の計を聴《き》かず、今果《は》たして何如《いかん》」と。王之《これ》を聞いて怒り、因《よ》って武安君を見、彊《し》いて之を起《た》たしめて曰く、「君病《や》めりと雖《いえど》も、彊いて寡人《かじん》の為に、臥《ふ》しながらにして之に将たれ。功有らば、寡人の願《ねがい》なり、将《まさ》に重きを君に加えんとす。如《も》し君行かずんば、寡人君を恨《うら》みん」と。武安君頓首《とんしゅ》して曰く、「臣行かば功無しと雖も、罪を免るることを得、行かずして罪無しと雖も、誅《ちゅう》を免れざらんことを知る。然《しか》れども惟《た》だ願わくは、大王《たいおう》臣《しん》の愚計《ぐけい》を覧《み》て、趙を釈《す》てて民を養い、以て諸侯の変を〔　？　〕。其の恐懼《きょうく》を撫《な》で、其の憍慢《きょうまん》を伐《う》ち、無道を誅滅《ちゅうめつ》し、以て諸侯に令《れい》せば、天下定む可《べ》し。何《なん》ぞ必ずしも趙を以て先《さき》と為さんや。此《こ》れ所謂《いわゆ》る『一臣《いっしん》の為に屈し、而《しこ》うして天下に勝つ』なり。大王若《も》し臣の愚計を察せず、必ず心を趙に快《こころよ》くして、以て臣を罪に致《いた》さんと欲せば、此《こ》れ亦《ま》た所謂《いわゆ》る『一臣に勝って天下の為に屈する者』なり。夫《そ》れ一臣に勝つの厳焉《げんえん》たるは、天下に勝つの威大なるに孰若《いずれ》ぞや。臣聞く、『明主《めいしゅ》は其《そ》の国を愛し、忠臣は其の名を愛す』と。破国は復《ま》た完《まっと》うす可《べ》からず、死卒は復た生かす可からず。臣寧《むし》ろ伏して重誅《ちょうちゅう》を受けて死せんも、辱軍《じょくぐん》の将為《た》るに忍びず。願わくは大王之《これ》を察せよ」と。王荅《こた》えずして去《さ》る。

昭王既息民繕兵、復欲伐趙。武安君曰、不可。王曰、前年国虚民飢。君不量百姓之力、求益軍糧以滅趙。今寡人息民以養士、蓄積糧食、三軍之俸、有倍於前。而曰不可。其説何也。武安君曰、長平之事、秦軍大尅、趙軍大破、秦人歓喜、趙人畏懼。秦民之死者厚葬、傷者厚養、労者相饗、飲食餔餽、以靡其財。趙人之死者不得収、傷者不得療、涕泣相哀、勠力同憂、耕田疾作、以生其財。今王発軍、雖倍其前、臣料趙国守備、亦以十倍矣。趙自長平已来、君臣憂懼、早朝晏退、卑辞重幣、四面出嫁、結親燕魏、連好斉楚、積慮并心、備秦為務。其国内実、其交外成。当今之時、趙未可伐也。王曰、寡人既以興師矣。乃使五校*大夫王陵将而伐趙。陵戦失利、亡五校。王欲使武安君。武安君称疾不行。王乃使応侯、往見武安君、責之曰、楚地方五千里、持戟百万、君前率数万之衆入楚、抜鄢郢、焚其廟、東至竟陵。楚人震恐、東徙而不敢西向。韓魏相率、興兵甚衆。君所将之*、不能半之。而与戦之於伊闕、大破二国之軍。流血漂鹵、斬首二十四万、韓魏以故、至今称東藩。此君之功。天下莫不聞。今趙卒之死於長平者、已十七八、其国虚弱。是以寡人大発軍人、数倍於趙国之衆。願使君将、必欲滅之矣。君嘗以寡撃衆、取勝如神。況以彊撃弱、以衆撃寡乎。武安君曰、是時楚王恃其国大、不恤其政。而群臣相妬以功、諂諛用事、良臣斥疎、百姓心離、城池不修。既無良臣、又無守備。故起所以得引兵深入、多倍城邑、発梁焚舟、以専民、以掠*於郊野、以足軍食。当此之時、秦中士卒、以軍中為家、将帥為父母。不約而親、不謀而信、一心同功、死不旋踵。楚人自戦其地、咸顧其家、各有散心、莫有闘志。是以能有功也。伊闕之戦、韓孤顧魏、不欲先用其衆。魏恃韓之鋭、欲推以為鋒。二軍争便、之力不同。是以臣得設疑兵、以待韓陣、専軍并鋭、触魏之不意。魏軍既敗、韓軍自潰。乗勝逐北。以是之故、能立功。皆計利形勢、自然之理。何神之有哉。今秦破趙軍於長平、不遂以時乗其振懼而滅之、畏而釈之、使得耕稼以益蓄積、養孤長幼、以益其衆、繕治兵甲、以益其強、増城浚池、以益其固。主折節以下其臣、臣推体以下死士。至於平原君之属、皆令妻妾補縫於行伍之間。臣人一心、上下同力。猶勾践困於会稽之時也。以合*伐之、趙必固守。挑其軍戦、必不肯出。囲其国都、必不可尅。攻其列城、必未可抜。掠其郊野、必無所得。兵出無功、諸侯生心、外救必至。臣見其害、未覩其利。又病未能行。応侯慙而退、以言於王。王曰、微白起、吾不能滅趙乎。復益発軍、更使王齕代王陵伐趙。囲邯鄲八九月、死傷者衆、而弗下。趙王出軽鋭、以寇其後。秦数不利。武安君曰、不聴臣計、今果何如。王聞之怒、因見武安君、彊起之曰、君雖病、彊為寡人、臥而将之。有功、寡人之願、将加重於君。如君不行、寡人恨君。武安君頓首曰、臣知行雖無功、得免於罪、雖不行無罪、不免於誅。然惟願大王覧臣愚計、釈趙養民、以〔　？　〕諸侯之変。撫其恐懼、伐其憍慢、誅滅無道、以令諸侯、天下可定。何必以趙為先乎。此所謂為一臣屈、而勝天下也。大王若不察臣愚計、必欲快心於趙、以致臣罪、此亦所謂勝一臣而為天下屈者也。夫勝一臣之厳焉、孰若勝天下之威大耶。臣聞、明主愛其国、忠臣愛其名。破国不可復完、死卒不可復生。臣寧伏受重誅而死、不忍為辱軍之将。願大王察之。王不荅而去。

▼白起《はっき》と楽毅《がっき》は同時代人であるが、対照的な生き方をした両者であった。楽毅は数ヵ国に将軍となったが、斉《せい》とのわずか五年間の戦いで、天下の名将の声望を得、子孫にその余慶《よけい》を残した。一方、白起は秦《しん》の将たること三十余年、連年、戦いに明け暮れ、数多くの戦功を挙げ、六国統一の下準備をした。だがこの論争がもとで死を賜ることとなる。死に際して、「我何《な》んの罪か天に于《おい》てして此《ここ》に至る哉《か》」と、天に向かって問うている。明哲保身《めいてつほしん》と愚直一徹《ぐちょくいってつ》、どちらに共感を持つかは、個人の問題であるが、白起はどうも中国人に人気がないようで、魏の何晏《かあん》は「豈《あ》に徒《ただ》に酷暴をのみ之《こ》れ謂《い》える乎《か》」（『史記』「白起《はっき》王翦列伝《おうせんれつでん》」、『集解《しっかい》』）と言っているし、太史公《たいしこう》は「白起は敵を料《はか》り変に合《がっ》し、奇を出《いだ》すこと窮《きわま》り無く、声天下に震《ふる》う。然《しか》れども患《うれい》を応侯《おうこう》に救うこと能《あた》わざりき」と、即《すなわ》ち応侯の寝技《ねわざ》にしてやられたのだからさほどの者ではないと言っている。それ故《ゆえ》にこそ『史記』と『戦国策』とではこの辺《あた》りの記述が異なっており、ここに白起が「臣寧《むし》ろ伏《ふ》して重誅《ちょうちゅう》を受けて死せんも、辱軍《じょくぐん》の将為《た》るに忍びず」と、その心情を述べる一連の文は、『史記』には記されていないことから分かるように、司馬遷《しばせん》は全体的に白起に同情を示していない。

人主《じんしゅ》

四一　息壌《そくじょう》彼《かれ》に在《あ》り

秦《しん》の武王《ぶおう》は甘茂《かんぼう》に言った。「私は我が車が韓《かん》の三川《さんせん》の地に往来するようにして、周《しゅう》の王室を盗み見したいものだ。それができるなら私は死後に不朽《ふきゅう》の名をとどめることだろう」と。王甘茂は答えた、「魏《ぎ》に行かせていただいて、同盟を結んだうえで韓を討ちましょう」と。王は向寿《しょうじゅ》を副使としてつけてやった。甘茂は魏に着くと、向寿に言った、「あなたは帰国して王に、『魏は甘茂の申し出を受けました。しかしながら、どうか王には韓をお攻めにならないでいただきたい』と、申し上げてください。このことが成就《じょうじゅ》した暁《あかつき》には、すべてはあなたのお手柄《てがら》としましょう」と。向寿は帰ってそのとおり王に告げたので、王は甘茂を秦の息《そく》壌《じょう》の邑《ゆう》まで出迎えられた。

甘茂がもどって来たので、王がそのわけを問うと、答えて、「宜陽《ぎよう》は大きな県でございます。上党《じょうとう》や南陽《なんよう》の地の富は、久しくここに蓄えられています。名は県ながら、その実は郡なのです、いま、王がいくつもの険岨《けんそ》な要害を踏《ふ》み越えての行軍千里のあげくに、これをお攻めになることは至難の業《わざ》です。私の聞くところでは張儀《ちょうぎ》は西は巴蜀《はしょく》の地を併合し、北は西河《せいが》の向こうを取り、南は上庸《じょうよう》を取りましたが、天下の人々は張儀をほめはせず、先王を賢君であるとあがめました。また、魏の文侯《ぶんこう》が楽羊《がくよう》に命じ大将として狄《てき》の都の中山《ちゅうざん》を攻めさせたとき、三年かかって落としたのですが、楽羊は帰って来るとその功労を語りました。すると、文侯は非難の文書を詰めた箱を一つ取り出して見せたので、楽羊は再拝稽首《さいはいけいしゅ》して、『このたびのことは臣の功ではなく、主君のお力でありました』と申したとのことです。いま、私は他国者で臣下に加えていただいているのです。樗里疾《ちょりしつ》・公孫衍《こうそんえん》の二人が韓に好意を寄せて朝議《ぎ》を進めます場合、王は必ずそちらに耳をお傾けになりましょう。かくては、王は魏を欺《あざむ》かれることとなり、私は公仲侈《こうちゅうし》の恨みを受けることになるのです。

昔、曾子《そうし》は費《ひ》という邑《ゆう》に住んでおりましたが、費の人で曾子と同姓同名の者がいて人を殺したのです。ある人が曾子の母に『曾参《そうしん》が人を殺しましたよ』と告げました。曾子の母は『私の子は人殺しなどしません』と言って、平然と機織《はたお》りを続けました。しばらくして、別の人がまた『曾参が人を殺しましたよ』と言って来たのですが、母は、それでもなお平然と織り続けました。しばらくすると、また、別の人が『曾参が人を殺しましたよ』と言いに来ました。すると、母ははっと驚いて杼《おさ》を投げ出すと、垣根《かきね》を乗り越えて逃げ出しました。いったい曾参ほどの賢明さとその母の子に寄せる信頼とがありながら、三人がかりで惑乱されれば、慈母《じぼ》とてじっとしておれなくなるのです。いま、私の賢明さなど曾子に及びもつかず、また、王の私への御信頼はまだ曾子の母ほどではございますまい。しかも、私を疑う人は三人だけではございません。私は王が私のために杼を投げ出してくださることを恐れます」。

王は、「私はほかに耳を傾けなどしない。あなたと神かけて誓わせてもらおう」と言った。そこで、王と息壌《そくじょう》で誓いを結んだ。ところで果たして、宜陽《ぎよう》の攻略にかかって五ヵ月経《た》っても攻略できない。樗里疾《ちょりしつ》と公孫衍《こうそんえん》の二人は王の傍《かたわ》らにいて、王に逆《さか》らっても思いとどまらせようとする。王もそれを聞き入れようとして、甘茂を召還して意を告げた。甘茂は答えた、「息壌はかしこに依然として存在しております」と。王は「そうであったな」と言い、そこで、出せるかぎりの兵を起こして、再び甘茂に攻めさせて、宜陽を落とした。（五八　秦上武王6）

秦《しん》の武王《ぶおう》 甘茂《かんぼう》に謂《い》って曰《いわ》く、「寡人《かじん》 車《くるま》 三川《さんせん》に通《つう》じて、以《もっ》て周室《しゅうしつ》を闚《うかが》わんと欲《ほっ》す。而《しか》せば寡人死《し》すとも朽《く》ちざらんか」と。甘茂対《こた》えて曰く、「請《こ》う魏《ぎ》に之《ゆ》いて約《やく》して韓《かん》を伐《う》たん」と。王 向寿《しょうじゅ》をして輔行《ほこう》せ令《し》む。甘茂魏《ぎ》に至《いた》って、向寿に謂えらく、「子《し》帰《かえ》って王に告げて曰《い》え、『魏《ぎ》 臣《しん》に聴《き》けり。然《しか》れども願わくは王攻《せ》むる勿《なか》れ』と。事成《ことな》らば尽《ことごと》く以《もっ》て子《し》の功と為《な》さん」と。向寿帰《かえ》って以て王に告ぐ。王 甘茂を息壌《そくじょう》に迎《むか》う。甘茂 至《いた》る。王其《そ》の故《ゆえ》を問う。対《こた》えて曰く、「宜陽《ぎよう》は大県なり。上党《じょうとう》・南陽《なんよう》之に積《つ》むこと久し。名は県為《た》れども、其《そ》の実《じつ》は郡なり。今《いま》 王《おう》 数険《すうけん》に倍《そむ》き、行《ゆ》くこと千里にして、之を攻むるは難《かた》し。臣聞く、張儀《ちょうぎ》西は巴蜀《はしょく》の地を弁《あわ》せ、北は西河《せいが》の外を取り、南は上庸《じょうよう》を取りたれども、天下以《もっ》て張儀を多《た》と為《な》さずして、先王を賢《けん》とせり。魏《ぎ》の文侯《ぶんこう》 楽羊《がくよう》をして将として中山《ちゅうざん》を攻め令《し》め、三年にして之を抜く。楽羊反《かえ》って功を語る。文侯之《これ》に謗書一篋《ほうしょいっきょう》を示す。楽羊再拝稽首《さいはいけいしゅ》して曰《いわ》く、『此《こ》れ臣の功に非《あら》ず、主君の力なり』と。今 臣は羇旅《きりょ》の臣なり。樗里疾《ちょりしつ》・公孫衍《こうそんえん》の二人《にん》の者、韓を挟《さしはさ》んで議せば、王必ず之《これ》に聴《き》かん。是《こ》れ王 魏《ぎ》を欺《あざむ》いて、臣 公仲侈《こうちゅうし》の怨《うらみ》を受《う》けん。昔者《むかし》 曾子《そうし》 費《ひ》に処《お》る。費人《ひひと》に曾子と名族《めいぞく》を同じゅうする者有りて、人を殺す。人曾子の母に告げて曰く、『曾参《そうしん》人を殺せり』と。曾子の母曰《いわ》く、『吾《わ》が子は人を殺さず』と。織《お》ること自若《じじゃく》たり。頃《しばら》く有りて、人又《ま》た曰く、『曾参人を殺せり』と。其《そ》の母尚《な》お織ること自若《じじゃく》たり。之《これ》を頃くして、一人又《いちにんま》た之に告げて曰《いわ》く、『曾参人を殺せり』と。其《そ》の母懼《ははおそ》れて杼《ちょ》を投じ、牆《かき》を踰《こ》えて走れり。夫《そ》れ曾参の賢と母の信とを以《もっ》てして、三人之《これ》を疑わしむれば、則《すなわ》ち慈母も信ずること能《あた》わざるなり。今 臣の賢は曾子に及ばず、而《しこ》うして王の臣を信ずること、又《ま》た未《いま》だ曾子の母に若《し》かざるなり。臣を疑わん者は適《ただ》に三人のみならじ。臣《しん》 王の臣が為に杼《ちょ》を投ぜんことを恐るるなり」と。王曰く、「寡人《かじん》聴かじ。請う子《し》と盟《ちか》わん」と。是《ここ》に於《おい》て之と息壌《そくじょう》に盟う。果たして宜陽《ぎよう》を攻むること五月《ごげつ》、抜くこと能《あた》わざるや。樗里疾・公孫衍の二人在り、之を王に争う。王将《まさ》に之を聴《き》かんとし、甘茂を召《め》して之を告ぐ。甘茂対《こた》えて曰く、「息壌 彼《そくじょうかれ》に在《あ》り」と。王曰く、「之有《これあ》り」と。因《よ》って悉《ことごと》く兵を起こし、復《ま》た甘茂をして之を攻め使《し》め、遂《つい》に宜陽《ぎよう》を抜く。

秦武王謂甘茂曰、寡人欲車通三川以闚周室。而寡人死不朽乎*。甘茂対曰、請之魏約伐韓。王令向寿輔行。甘茂至魏、謂向寿、子帰告王曰、魏聴臣矣。然願王勿攻也。事成尽以為子功。向寿帰以告王。王迎甘茂於息壌。甘茂至。王問其故。対曰、宜陽大県也。上党南陽、積之久矣。名為県、其実郡也。今王倍数険、行千里而攻之難矣。臣聞、張儀西并巴蜀之地、北取西河之外、南取上庸、天下不以為多張儀、而賢先王。魏文侯令楽羊将攻中山、三年而抜之。楽羊反而語功。文侯示之謗書一篋。楽羊再拝稽首曰、此非臣之功、主君之力也。今臣羈旅之臣也。樗里疾公孫衍二人者、挟韓而議、王必聴之。是王欺魏而臣受公仲侈之怨也。昔者曾子処費。費人有与曾子同名族者、而殺人。人告曾子母曰、曾参殺人。曾子之母曰、吾子不殺人。織自若。有頃焉、人又曰、曾参殺人。其母尚織自若也。頃之、一人又告之曰、曾参殺人。其母懼投杼、踰牆而走。夫以曾参之賢与母之信也、而三人疑之、則慈母不能信也。今臣之賢不及曾子、而王之信臣、又未若曾子之母也。疑臣者不適三人。臣恐王為臣之投杼也。王曰、寡人不聴也。請与子盟。於是与之盟於息壌。果攻宜陽五月、而不能抜也。樗里疾公孫衍二人在、争之王。王将聴之、召甘茂而告之。甘茂対曰、息壌在彼。王曰、有之、因悉起兵、復使甘茂攻之、遂抜宜陽。

▼この物語から「息壌《そくじよう》 彼《かれ》に在《あ》り」は、慣用句として、約束にたがわぬ、の意に用いられる。また「曾参《そうしん》人を殺せり」は本書九六（三二二）「三人虎《とら》を成す」を参照。

四二　王の蔽《おお》わるること甚《はなはだ》し

鄒忌《すうき》は身の丈《たけ》八尺あまり、体つきみやびて麗《うるわ》しかった。朝服《ちょうふく》をつけ冠《かんむり》を頂《いただ》いて鏡をのぞき、その妻に、「私と城北《じょうほく》の徐公《じょこう》とでは、いずれが美男子か」と言えば、妻は、「あなたの美男子ぶりはたいへんなもの、徐公がなんであなたに及ぶことができましょう」と言った。城北の徐公とは、斉国《せいこく》に聞こえた見目《みめ》麗《うるわ》しいおのこである。

しかし、鄒忌は、どうも信じられなくて、今度はその妾《しょう》に尋ねた、「私と徐とでは、どちらが美男か」。妾は、「徐公がなんであなたに及びましょう」と言う。その翌日、外からの来客があって、対談するうちに、この質問を客に向けた。「私と徐公と、いずれが美男でしょう」。客は、「徐公はあなたの美男ぶりには及びませんね」と言った。その翌日に徐公がやって来た。つくづく観察するにつけ、とてもかなわぬと思えて来る。そっと鏡をのぞいて自分の顔をながめて見ると、それはもう、徐公にとても遠く及ばない。日暮れて寝床に入って考えてみた。「妻が私のほうが男前だと言ったのは、私へのえこひいきからなのだ。妾が私のほうが男前だと言ったのは、私への恐れからなのだ。客が私のほうが男前だと言ったのは、私に取り入ろうとしてのことなのだ」と。

そこで、参内《さんだい》して威王《いおう》にまみえ、「臣はほんとうに、徐公の男前には及ばないことを知っております。それなのに、臣の妻は臣にひいきし、臣の妾は臣を恐れ、臣の客は臣に取り入ろうといたしまして、みな徐公よりも美男であると申しました。いま、斉の地は千里四方、百二十城でございますが、後宮《こうきゅう》の侍女《じじょ》たちも側近《そっきん》の方々も王にひいきせぬ者はなく、朝廷の臣は王を恐れぬ者はなく、広い国内に王に取り入ろうとする気持ちのない者はありません。こう考えてみますと、王が目隠しされておられることは、たいへんなものです」と申し上げた。

王は、「なるほど」と考え込んだうえ、政令を下《くだ》した。「群臣吏民で、私の過《あやま》ちを面と向かって指摘できた者には上等のほうびを取らせよう。上書《じょうしょ》して私をいさめることのできた者には、中等のほうびを取らせよう。町中《まちなか》で非難して私の耳に入れることのできた者には、下等のほうびを取らせよう」と。この政令が下ってしばらくのうちは、諫言《かんげん》を奉る群臣たちで、宮殿の門も中庭も市場のような雑踏《ざっとう》ぶりであったが、数月ののちには、折々に、ぽつぽつと進諫《しんかん》があり、一年ののちには、何か申し上げたいと思っても進諫の種《たね》にできることが尽《つ》きてしまった。燕《えん》・趙《ちょう》・韓《かん》・魏《ぎ》は、このことを聞くと、みな斉に来朝した。これがいわゆる、朝廷の内に座しながら戦いに勝つ、ということなのだ。（二一五　斉上　威王6）

鄒忌《すうき》　脩《たけ》八尺有余にして、身体昳麗《いつれい》なり。朝服衣冠《ちょうふくいかん》して鏡を窺《うかが》い、其《そ》の妻に謂《い》って曰《いわ》く、「我《われ》は城北《じょうほく》の徐公《じょこう》の美に孰与《いずれ》ぞや」と。其の妻曰く、「君の美なること甚《はなは》だし。徐公何《なん》ぞ能《よ》く公《きみ》に及ばんや」と。城北の徐公は、斉国《せいこく》の美麗なる者なり。忌《き》　自《みずか》ら信ぜずして、復《ま》た其の妾《しょう》に問うて曰く、「吾《われ》は徐公の美に孰与ぞや」と。妾曰く、「徐公何《なん》ぞ能く君に及ばんや」と。旦日《たんじつ》 客《かく》 外従《そとよ》り来《きた》り与《とも》に坐談す。之《これ》を客に問うて曰く、「吾と徐公と孰《いずれ》か美なる」と。客曰く、「徐公は君の美なるに若《し》かざるなり」と。明日徐公来《きた》る。孰《つらつら》之を視《み》て、自ら以為《おもえら》く如《し》かずと。鏡を窺うて自ら視るに、又《ま》た如かざること遠く甚《はなはだ》し。暮《く》れに寝《い》ねて之を思うて曰く、「吾《わ》が妻の我《われ》を美とするは、我に私《わたくし》してなり。妾の我を美とするは、我を畏《おそ》れてなり。客の我を美とするは、我に求むる有らんと欲《ほっ》してなり」と。是《ここ》に於《おい》て入《にゅう》朝《ちょう》して威王《いおう》に見《まみ》えて曰く、「臣は誠《まこと》に徐公の美に如《し》かざるを知れり。臣の妻は臣に私し、臣の妾は臣を畏れ、臣の客は臣に求むる有らんと欲し、皆な徐公よりも美なりと以《い》う。今斉《せい》の地 方千里、百二十城あり。宮婦左右《きゅうふさゆう》は、王に私せざる莫《な》く、朝廷の臣、王を畏《おそ》れざる莫《な》く、四境の内は、王に求むる有らざる莫し。此《これ》に由《よ》って之《これ》を観《み》れば、王の蔽《おお》わるること甚し」と。王曰く、「善し」と。乃《すなわ》ち令を下す、「群臣吏民の、能《よ》く面《まのあたり》に寡人《かじん》の過《あやま》ちを刺《そし》る者は、上賞を受けん。上書《じょうしょ》して寡人を諫《いさ》むる者は、中賞を受けん。能《よ》く市朝に謗議《ぼうぎ》して寡人の耳に聞ゆる者は、下賞を受《ま》けん」と。令初めて下《くだ》る。群臣進諫《しんかん》して、門庭《もんてい》市《し》の若《ごと》し。数月の後は、時時《じじ》にして間に進み、期年の後は、言わんと欲すと雖《いえど》も、進む可《べ》き者無し、燕《えん》・趙《ちょう》・韓《かん》・魏《ぎ》、之《これ》を聞いて、皆な斉に朝《ちょう》す。此《こ》れ所謂《いわゆ》る戦い朝廷に勝てるなり。

鄒忌脩八尺有余、身体昳麗。朝服衣冠窺鏡、謂其妻曰、我孰与城北徐公美。其妻曰、君美甚。徐公何能及公也。城北徐公斉国之美麗者也。忌不自信而復問其妾曰、吾孰与徐公美。

妾曰、徐公何能及君也。旦日客従外来、与坐談。問之客曰、吾与徐公孰美。客曰、徐公不若君之美也。明日徐公来。孰視之、自以為不如。窺鏡而自視、又弗如遠甚。暮寝而思之曰、吾妻之美我者、私我也。妾之美我者、畏我也。客之美我者、欲有求於我也。於是入朝見威王曰、臣誠知不如徐公美。臣之妻私臣、臣之妾畏臣、臣之客欲有求於臣、皆以美於徐公。今斉地、方千里、百二十城。宮婦左右、莫不私王。朝廷之臣、莫不畏王、四境之内、莫不有求於王。由此観之、王之蔽甚矣。王曰善。乃下令、群臣吏民、能面刺寡人之過者、受上賞。上書諫寡人者、受中賞。能謗議於市朝、聞寡人之耳者、受下賞。令初下。群臣進諫、門庭若市。数月之後、時時而間進、期年之後、雖欲言、無可進者。燕趙韓魏、聞之皆朝於斉。此所謂戦勝於朝廷。

▼君主の蔽《へい》を指摘する話は『戦国策』に数多くあるが（たとえば本書七二）、なかでもこれは傑作であると言えよう。このようにわが身を同列に置いた諷諫《ふうかん》は珍しい。自《みずか》らの容貌を気にして、身近な者を誰彼《だれかれ》となくつかまえては同じ問いをかけ、同じ返事を得《え》ながら落ち着けずにいる、むしろ問うほどに不安は大きくなる、という鄒忌《すうき》のさまは滑稽で、イソップ物語にでもありそうな光景である。

▼「此《こ》れ所謂《いわゆ》る戦い 朝廷に勝てるなり」に高誘《こうゆう》は注して、『老子《ろうし》』に言う「之《これ》を身に脩《おさ》むれば、其《そ》の徳乃《すなわ》ち真なり」（第五十四章）を引き、これと同じことを言うものとし、これ

こそ四国をして尽《ことごと》く来朝せしめた根源であると言う。

四三　天地人《てんちじんみ》皆な以《もつ》て告ぐるに王 知らざるなり

斉《せい》の郊外に住む民で、狐咺《こけん》という者がいて、よく理にかなった議論をした。閔王《びんおう》はこの男を檀衢《だんく》という斉の町で斬罪《ざんざい》に処し、人民たちの信頼を失った。斉の宗室《そうしつ》の子の陳挙《ちんきょ》は、はばからずものを言った。閔王はこの人を東閭《とうりょ》という斉の城門で殺し、宗族《そうぞく》の心が離れ去った。司馬穰苴《しばじょうしょ》は時の政治に当たっていた者である。閔王はこの大臣を殺し、大臣たちが疎遠になった。そういうわけなので、燕《えん》は兵を挙《あ》げ、昌国君《しょうこくくん》を大将に任命し、斉を討たせた。斉では向子《しょうし》に命じ、大将としてこれに応戦させた。斉の軍は破れ、向子は車一台で逃げ延びた。斉の達子《たつし》は残りの士卒を集めて、再び勢いを盛り返して燕《えん》と戦い、士卒に与える恩賞を頂戴したいと要求したが、閔王は与えようとしなかった。ために軍は破れて敗走し、王は莒《きょ》に出《しゅっ》奔《ぽん》した。

淖歯《とうし》が閔王を責《せ》めて言う、「いったい、千乗《せんじょう》県と博昌《はくしょう》県との間、数百里四方に、血の雨が降《ふ》り人の衣服をぬらしたことを、王は御存じでしょうか」と。王「知らぬ」。「では、嬴《えい》と博《はく》と両地の間にわたり、土地に亀裂《きれつ》ができて地底の泉まで及んでいることを、王は御存じでしょうか」。王「知らぬ」。「では、宮門の傍《かたわ》らで声をあげて泣いている者があり、行ってみると姿が見えず、立ち去るとまた声が聞こえて来るという話を、王は御存じでしょうか」。

王「知らぬ」。淖歯は言う、「天が血の雨を降らせ、人の衣《い》をぬらしたのは、天が警告しているのです。地が亀裂を生じて泉に及んでいるのは、地が警告しているのです。宮門の傍らで声をあげて泣く者があるのは、人が警告しているのです。天地人《てんちじん》がそろって警告しているのに、王には自戒するお気持ちもない。どうして誅殺《ちゅうさつ》を免れえましょう」と。かくて閔王を鼓《こ》里《り》で殺した。

斉の太子《たいし》はそこで、装束を脱《ぬ》ぎ捨《す》て、太史《たいし》の家に逃げ込んで、畑仕事の労役《ろうえき》をしていた。のちに君王后《くんおうこう》となる太史氏《たいしし》の娘は、彼が貴人であることを見抜いて、まめまめしく世話をした。田単《でんたん》は即墨《そくぼく》の城と生き残った兵卒とを率《ひき》いて、燕の軍を破り、敵将騎劫《ききょう》を欺《あざむ》いて、斉を回復することに成功し、急遽《きゅうきょ》、太子を莒に迎え、王の位に立てた。襄王《じょうおう》は即位するや、前の太史氏の娘を后《こう》として立て、斉王建《けん》が生まれた。（一五二　斉下　閔王9）

斉《せい》の負郭《ふかく》の民《たみ》に、狐咺《こけん》なる者有り、正議す。閔王之《びんおうこれ》を檀衢《だんく》に斮《き》る。百姓《ひゃくせい》附《つ》かず。斉の孫《そん》室《しつ》の子陳挙《ちんきょ》、直言す。之を東閭《とうりよ》に殺す。宗族《そうぞく》心を離す。司馬穰苴《しばじょうしょ》は政《まつりごと》を為《な》す者なり。之《これ》を殺す。大臣親《した》しまず。故《ゆえ》を以《もっ》て燕《えん》兵を挙《あ》げ、昌国君《しょうこくくん》をして将として之を撃《う》た使《し》む。斉向子《しょうし》をして将として之に応ぜ使む。斉軍破る。向子 輿《よ》一乗《いちじょう》を以て亡《に》ぐ。達子《たつし》 余卒《よそつ》を収《おさ》めて復《ま》た振《ふ》るい、燕《えん》と戦い、償する所以《ゆえん》の者を求む。閔王与《あた》うるを肯《がえん》ぜず。軍破れ走り、王莒《きょ》に奔《はし》る。淖歯《とうし》 之《これ》を数《せ》めて曰《いわ》く、「夫《そ》れ千乗《せんじょう》・博昌《はくしょう》の間、方数百里、血を雨《あめふら》し衣《い》を沾《うるお》す。

王之《これ》を知るか」と。王曰く、「知らず」と。「嬴《えい》・博《はく》の間、地坼《さ》けて泉に至る。王之を知るか」と。王曰く、「知らず」と。「人、闕《けつ》に当たって哭《こく》する者有り。之を求むれば則《すなわ》ち得ず、之を去れば則ち其《そ》の声を聞く。王之を知るか」と。王曰く、「知らず」と。淖歯曰く、「天 血を雨し衣を沾《うるお》すは、天以《もっ》て告ぐるなり。地坼《さ》けて泉に至るは、地以て告ぐるなり。人 闕《けつ》に当たって哭する有るは、人以て告ぐるなり。天地《てんち》人《じん》皆な以《もっ》て告ぐ。而《しか》るに王 戒《いまし》むるを知らず。何ぞ誅《ちゅう》無《な》きを得んや」と。是《ここ》に於《お》て閔王を鼓里《こり》に殺す。太子乃《すなわ》ち衣を解《ぬ》ぎ服を免《ぬ》ぎ、太史の家に逃げて、為に園に漑《そそ》ぐ。君王后太史《くんおうこうたいし》氏《し》の女《じょ》、其《そ》の貴人なるを知って善《よ》く之《これ》に事《つか》う。田単《でんたん》即墨《そくぼく》の城、破亡《はぼう》の余卒《よそつ》を以《もっ》て、燕《えん》の兵を破り、騎劫《ききょう》を紿《あざむ》いて、遂《つい》に以て斉を復し、遽《にわ》かに太子を莒《きょ》に迎えて、之を立てて以て王と為《な》す。襄王《じょうおう》位に即《つ》き、君王后を立てて以《もっ》て后《こう》と為す。斉王建《せいおうけん》を生めり。

斉負郭之民、有*孤狐咺者、正議。閔王斮之檀衢。百姓不附。斉孫室子陳挙、直言。殺之東閭。宗族離心。司馬穰苴為政者也。殺之。大臣不親。以故燕挙兵、使昌国君将而撃之。斉使向子将而応之。斉軍破。向子以輿一乗亡。達子収余卒復振、与燕戦、求所以償者。閔王不肯与。軍破走、王奔莒。淖歯数之曰、夫千乗博昌之間、方数百里。雨血沾衣。王知之乎。王曰、不知。嬴博之間、地坼至泉。王知之乎。王曰、不知。人有当闕而哭者。求之則不得、去之則聞其声。王知之乎。王曰、不知。淖歯曰、天雨血沾衣者、天以告也。地坼至泉者、地以告也。人有当闕而哭者、人以告也。天地人皆以告矣。而王不知戒焉。何得無誅乎。於是殺閔王於鼓里。太子乃解衣免服、逃太史之家、為漑園。君王后太史氏女、知其貴人善事之。田単以即墨之城、破亡余卒、破燕兵、紿騎劫、遂以復斉、遽迎太子於莒、立之以為王。襄王即位、君王后以為后。生斉王建。*

▼この話が発端《ほったん》となり、五（一五三）で王孫賈《おうそんか》が活躍し、八（一五八A）の話となる。この話だけの限りでは閔王《びんおう》は相当な暗愚《あんぐ》な王であるが、実はなかなかの実力者で、四十年間、斉《せい》に王として四方に威《い》を振るい、ついにこの事件の四年前には東帝《とうてい》と称するに至ったほどであった。だが調子に乗りすぎて、膨張政策に手加減を加えることをしなかったため、燕《えん》・晋《しん》・楚《そ》、三晋の兵を被《こうむ》ることとなり、ついに楽毅《がくき》に斉国の大部分を占領される（本書三九　四五三）。この頃にはぼけてしまっていたのか、それとも老人の頑固さからか、衛国《えい》へ逃げのびたものの、不遜《ふそん》であったという（『史記』「田敬仲完世家」）。挙句《あげく》に、あちこちを逃げ回り、結局ここの本文のようなことになる。

▼司馬穰苴《しばじようしよ》は『史記』に「司馬穰苴列伝」がある。田完《でんかん》の子孫で、斉の景公《けいこう》に仕《つか》えた将軍。晋《しん》・燕《えん》の侵入を防ぎ、大司馬に任ぜられるが、讒言《ざんげん》によって退けられて病死する。また淖歯《とうし》は楚《そ》から斉《せい》を救援するために派遣されて来ていた将軍。『史記』「田敬仲完世家」に見える。

▼「太子乃《すなわ》ち衣《い》を解《ぬ》ぎ」以下には、『史記』「田単列伝」の「太史公曰《たいしこういわく》」に見える次の記事が参考できる。「初め淖歯《とうし》の湣王《びんおう》を殺す也《や》、莒人《きよひと》 湣王の子法章《ほうしょう》を求めて、之《これ》を太史嬓《きょう》の家に得たり。人の為に園に灌《そそ》ぐ。嬓の女《むすめ》 憐《あわれ》みて善《よ》く之を遇す。後 法章私《ひそ》かに情を以《もっ》て女に告ぐ。女遂《つい》に与《とも》に通ず。莒人の 共に法章を立てて斉王《せいおう》と為《な》し、莒《きょ》を以て燕を距《ふせ》ぐに及んで、太史氏の女 遂に后と為《な》る。所謂《いわゆ》る君王后《くんおうこう》なり」。

四四　王独《ひと》り彼《か》の蜻蛉《せいれい》を見ずや

荘辛《そうしん》が楚《そ》の襄王《じょうおう》に言った。「君王には、州侯《しゅうこう》を左に、夏侯《かこう》を右にはべらせられ、鄢陵君《えんりょうくん》と寿陵君《じゅりょうくん》とを車のお供に連れてお出かけになり、並外《なみはず》れた遊興《ゆうきょう》にふけって、国政をほったらかしになさっておいでです。この分では郢《えい》の都は必ず危うくなります」と。襄王「先生には老《お》いのたわごとを申されてか、それとも楚国に不吉の予言をなさろうとてか」。荘辛「臣には、誠《まこと》に必ずそうなるのが見えているのでございます。けっして国に不吉の予言をしようというわけではありません。君王が、いつまでもいまの調子でかの四人を御寵愛《ごちょうあい》になっておれば、楚国は必ず滅びます。臣は、趙《ちょう》へ身を引かせていただき、しばらくとどまってごようすを見ましょう」。

荘辛は楚を立ち去って趙へ行った。五ヵ月ほどとどまるうちに、秦《しん》が果たして鄢《えん》・郢《えい》・巫《ふ》・上蔡《じょうきい》・陳《ちん》といった土地を取り、襄王は成陽《せいよう》に逃げて身を隠《かく》した。そこで襄王は、迎えの車を用意して、荘辛を趙へ迎えにやると、荘辛は「承知しました」と言った。荘辛が到着すると、襄王は「私は、先生のおことばを用いることができなかったばかりに、いま、事態はこれほどまでになりました。どうしたものでしょう」と言った。荘辛は答えた。「臣は聞いております。ことわざに『兎《うさぎ》を見つけてから犬をよんでも、まだ間に合わなくはない。羊が逃げてから囲《かこ》いを補修しても、まだ手遅れではない』と申します。臣はまた聞いております。昔、殷《いん》の湯王《とうおう》・周《しゅう》の武《ぶ》王《おう》は百里四方の土地から起こって勢いを得、夏《か》の桀王《けつおう》・殷の紂王《ちゅうおう》は、天下に君臨しながら滅んだ、とのことです。いま、楚国は小さくはなりましたものの、土地の面積を計算してみれば、まだ数千里四方となります。百里四方などとは、わけが違います。

王もあの蜻蛉《とんぼ》を御覧になっておりましょう。六本の足に四枚の羽で、天地の間を飛び回り、うつむいては蚊《か》や虻《あぶ》をついばんで食べ、あおむいては天から降る甘露《かんろ》を受けて飲み、自分ではなんの心配もなく、人と争うこともないと思い込んでおりましょうが、身の丈《たけ》五尺ばかりの子供が、いまや飴《あめ》を上手に作り、にかわのように糸に塗りつけて、四仞《じん》の上空を飛んでいる自分にねらいをつけていようとは、そして、たたき落とされて蟻《あり》のえじきになるのだとは、気づいていないのです。

蜻蛉はまだしも小さなものです。雀《すずめ》にしても同じことです。うつむいては白い米粒をついばみ、あおむいてはよく茂った木に止まり、羽ばたいたり翼を振《ふ》るったりして、自分ではなんの心配事もなく、人と争うこともないと思い込んでおりましょうが、貴公子たちが、左手にはじき弓を持ち、右手に弾を持って、十仞《じん》の高い枝にいる自分にねらいをつけ、頸《くび》を的《まと》にしていようとは、気づいていないのです。昼は茂みに遊んでいたのが夕には料理されるのです。

雀はまだしも小さなものです。白鳥にしても同じことです。江海《こうかい》に遊び、大沼にとどまり、うつむいては鮎《なまず》や鯉《こい》をついばみ、あおむいては菱《ひし》や荇《あさざ》をつつき、六枚の風切羽を振るって清風に乗り、ふわりと浮いて空高くかけり、自分ではなんの心配もなく、人と争うこともないと思い込んでおりましょうが、鳥を射《い》る者が、いまや蒲《がま》や蘆《あし》で矢を作り、繒繳《いぐるみ》の糸を調えて、百仞の上空を飛ぶ自分にねらいをつけていて、矢じりの石を身に受けて細い糸に引かれ、清風の力を失って落ちてしまうことに、気づいていないのです。昼間は江河《こうが》に遊んでいても夕には鼎《かなえ》に盛られるのです。

白鳥はまだしも小さなものです。蔡《さい》の聖侯《せいこう》のことにしても同じことです。南のかた高陂《こうひ》に遊び、北のかた巫山《ふざん》に登り、茹谿《じょけい》の水を飲み、湘水《しょうすい》の魚を食べ、左手には年若い妾《しょう》を抱き、右手にはお気に入りの女を抱《かか》え、彼女らとともに高蔡《こうさい》のなかに馬車を駆《か》り、国家のことはほったらかし。楚《そ》の子発《しはつ》が宣王《せんおう》の命《めい》を受けて、自分を赤い糸で縛《しば》って王にまみえさせようとしているのに、気づいていなかったのです。

蔡《さい》の聖侯《せいこう》のことは、まだしも小さなことです。君王《くんおう》のことにしても同じことです。州侯を左に、夏侯を右にはべらせられ、鄢陵君と寿陵君《じゅりょうくん》とを車のお供に連れてお出かけになって、大夫《たいふ》の封邑《ほうゆう》で穀物を食べ、郡県の府庫《ふこ》で金を積み込んで、雲夢《うんぼう》の沢《たく》も狭《せま》しとみなで馬をはせ、天下国家のことはお忘れになっておいでです。そしてあの穣侯《じょうこう》が、いまや秦王《しんおう》の命を受け、黽塞《ぼうさい》の内側を兵で埋めて、君王を黽塞の外側にほうり出そうとしていることに、気づいておいでではないのです」。襄王はこれを聞くと、顔色が変わり身体は震《ふる》えだした。かくて、荘辛に執珪《しっけい》を授《さず》けて陽陵君《ようりょうくん》とし、荘辛とともに秦への対策を謀《はか》り、淮水《わいすい》以北の土地を取り返した。（二〇三　楚　頃襄王6）

荘辛《そうしん》　楚《そ》の襄王《じょうおう》に謂《い》って曰《いわ》く、「君王《くんおう》　州侯《しゅうこう》を左《ひだり》にし、夏侯《かこう》を右《みぎ》にし、鄢陵君《えんりょうくん》と寿陵君《じゅりょうくん》とを輦従《れんじゅう》し、淫逸侈靡《いんいつしび》を専《もっぱ》らにして、国政を顧みず。郢都《えいと》必ず危《あや》うからん」と。襄王曰く、「先生老《お》いて悖《こころみだ》れたるか。将《は》た以《もっ》て楚国の祆祥《ようしょう》を為《な》すか」と。荘辛曰く、「臣誠《まこと》に其《そ》の必ず然《しか》るを見ればなり。敢《あえ》て以《もっ》て国の祆祥を為すに非《あら》ざるなり。君王卒《つい》に四子《しし》の者を幸《こう》して衰《おとろ》えずんば、楚国必ず亡《ほろ》びん。臣請《こ》う　趙《ちょう》に辟《さ》け、淹留《えんりゅう》して以て之《これ》を観《み》ん」と。荘辛去《さ》って趙に之《ゆ》く。留《とど》まること五月《ごげつ》、秦《しん》果たして鄢《えん》・郢《えい》・巫《ふ》・上蔡《じょうさい》・陳《ちん》の地を挙《あ》げ、襄王成陽《せいよう》に流《りゅう》揜《えん》す。是《ここ》に於《おい》て人をして騶《しゅう》を発して、荘辛を趙より徴《め》さ使《し》む。荘辛曰《いわ》く、「諾」と。荘辛《そうしん》至《いた》る。襄王曰く、「寡人《かじん》　先生の言《げん》を用うること能《あた》わずして、今《いま》事此《ことここ》に至れり。之《これ》を為《な》すこと奈何《いかん》せん」と。荘辛対《こた》えて曰く、「臣聞く、鄙語《ひご》に曰く、『兎《うさぎ》を見て犬を顧みるも、未《いま》だ晩《おそ》しと為《な》さず。羊を亡《うしの》うて牢《ろう》を補うも、未だ遅しと為さず』と。臣聞く、昔 湯武《とうぶ》は百里を以て昌《さか》え、桀紂《けっちゅう》は天下を以て亡《ほろ》べりと。今 楚国《そこく》は小《しょう》なりと雖《いえど》も、長《ちょう》を絶《た》ち短《たん》を続《つ》げば、猶《な》お以て数千里あり。豈《あ》に特《ただ》に百里のみならんや。王独《ひと》り夫《か》の蜻蛉《せいれい》を見ずや。六足《ろくそく》四翼《よく》ありて、天地の間に飛翔《ひしょう》し、俛《ふ》して蚊虻《ぶんぼう》を啄《ついば》みて之《これ》を食《くら》い、仰ぎて甘露《かんろ》を承《う》けて之を飲み、自《みずか》ら以て患無《うれいな》しと為《な》し、人と争う無きなり。夫《か》の五尺《ごせき》の童子の、方《まさ》に将《まさ》に飴《あめ》を調《ととの》え糸《いと》に膠《にかわ》して、己《おのれ》に四仞《しじん》の上に加えて、下螻蟻《しもろうぎ》の食《しょく》と為らんとするを知らざるなり。蜻蛉は其《そ》の小なる者なり。黄雀《こうじゃく》も是《これ》に因《よ》る以《のみ》。俯《ふ》して白粒《はくりゅう》を噣《ついば》み、仰ぎて茂樹《もじゅ》に棲《す》み、翅《はね》を鼓《う》ち翼《つばさ》を奮《ふる》うて、自《みずか》ら以《もっ》て患無《うれいな》しと為《な》し、人と争う無し。夫《か》の公子王孫《おうそん》の、左に弾《だん》を挟《さしはさ》み、右に丸《がん》を摂《と》りて、将《まさ》に己《おのれ》に十仞《じゅうじん》の上に加え、其の頸《くび》を以て招《まと》と為《な》さんとするを知らず。昼《ひる》は茂樹《もじゅ》に游《あそ》ぶも、夕べには酸鹹《さんかん》に調《ととの》えらる。夫《か》の雀《すずめ》は其の小なる者なり。黄鵠《こうこく》も是《これ》に因《よ》る以《のみ》。江海《こうかい》に游び、大沼《たいしょう》に淹《とどま》り、俯《ふ》して鰋鯉《けんり》を噣《ついば》み、仰ぎて蔆衡《りょうこう》を嚙《か》み、其の六翮《ろっかく》を奮《ふる》うて清風を淩《しの》ぎ、飄揺乎《ひょうようこ》として高く翔《かけ》り、自《みずか》ら以て患《うれい》無しと為し、人と争う無し。夫《か》の射者《しゃしゃ》の方《まさ》に将《まさ》に其《そ》の芽盧《ほろ》を脩《おさ》め、其の繒繳《そうしゃく》を治《おさ》めて、将に己に百仞《ひゃくじん》の上に加えんとし、磻《かんは》を被《こうむ》り、微繳《びしゃく》を引かれ、清風に折れて抎《お》ちんとするを知《し》らず。故に昼《ひる》は江河《こうか》に游ぶも、夕べに鼎鼐《ていだい》に調えらる。夫の黄鵠は其の小なる者なり。蔡《さい》の聖侯《せいこう》の事も、是《これ》に因《よ》る以《のみ》。南は高陂《ひ》に游び、北は巫山《ふざん》を陵《しの》ぎ、茹谿《じょけい》の流れを飲み、湘波《しょうは》の魚《うお》を食《くら》い、左に幼妾《ようしょう》を抱《いだ》き、右に嬖女《へいじょ》を擁《よう》し、之と高蔡《こうさい》の中《うち》に馳騁《ちてい》して、国家を以て事と為《な》さず、夫《か》の子発《しはつ》の方《まさ》に命を宣王《せんおう》に受け、己《おのれ》を繫《つな》ぐに朱糸《しゅし》を以《もっ》てして之《これ》に見《まみ》えしめんとするを知らざるなり。蔡《さい》の聖侯《せいこう》の事は、其の小なる者なり。君王の事も是《これ》に因《よ》る以《のみ》。州侯《しゅうこう》を左にし、夏侯《かこう》を右にし、鄢陵君《えんりょうくん》と寿陵君《じゅりょうくん》とを輦従《れんじゅう》し、封禄の粟《ぞく》を飯《はん》して、方府《ほうふ》の金を載《の》せ、之と雲夢《うんぼう》の中《うち》に馳騁《ちてい》して、天下国家を以て事と為《な》さず。夫《か》の穰侯《じょうこう》が方《まさ》に命を秦王《しんおう》に受け、黽塞《ぼうさい》の内を塡《ふさ》ぎて、己を黽塞の外に投ぜんとするを知らず」と。襄王之を聞き、顔色《がんしょく》変作《へんさ》し、身体戦慄《せんりつ》す。是《ここ》に於《おい》て乃《すなわ》ち執珪《しっけい》を以て之に授け、陽陵君《ようりょうくん》と為し、而《しこ》うして与《とも》に秦《しん》を謀《はか》り、復《ふたた》び淮北《わいほく》の地を取《と》る。

荘辛謂楚襄王曰、君王左州侯、右夏侯、輦従鄢陵君与寿陵君、専淫逸侈靡、不顧国政。郢都必危矣。襄王曰、先生老悖乎。将以為楚国祅祥乎。荘辛曰、臣誠見其必然者也。非敢以為国祅祥也。君王卒幸四子者不衰、楚国必亡矣。臣請辟於趙、淹留以観之。荘辛去之趙。留五月、秦果挙鄢郢巫上蔡陳之地、襄王流揜*於城陽。於是使人発騶、徴荘辛於趙。荘辛曰、諾。荘辛至。襄王曰、寡人不能用先生之言、今事至於此。為之奈何。荘辛対曰、臣聞、鄙語曰、見菟*而顧犬、未為晩也。亡羊而補牢、未為遅也。臣聞、昔湯武以百里昌、桀紂以天下亡。今楚国雖小、絶長続短、猶以数千里。豈特百里哉。王独不見夫蜻蛉乎。六足四翼、飛翔乎天地之間、俛啄蚊虻而食之、仰承甘露而飲之、自以為無患、与人無争也。不知夫五尺童子、方将調鈆*膠糸、加己乎四仞之上、而下為螻蟻食也。蜻蛉其小者也。黄雀因是以。俯噣白粒、仰棲茂樹、鼓翅奮翼、自以為無患、与人無争也。不知夫公子王孫、左挟弾、右摂丸、将加己乎十仞之上、以其類為招*。昼游乎茂樹、夕調乎酸鹹。夫雀其小者也。黄鵠因是以。游於江海、淹乎大沼、俯噣鰋鯉、仰嚙蔆衡、奮其六翮而凌清風、飄揺乎高翔、自以為無患、与人無争也。不知夫射者方将脩其弅盧、治其繒繳、将加己乎百仞之上、被礛磻、引微繳、折清風而抎矣。故昼游乎江河、夕調乎鼎鼐。夫黄鵠其小者也。蔡聖侯之事、因是以。南游乎高陵、北陵乎巫山、飲茹谿流、食湘波之魚、左抱幼妾、右擁嬖女、与之馳騁乎高蔡之中、而不以国家為事、不知夫子発方受命乎宣王、繫己以朱糸而見之也。蔡聖侯之事、其小者也。君王之事因是以。左州侯、右夏侯、輦従鄢陵君与寿陵君、飯封禄之粟、而戴方府之金*、与之馳騁乎雲夢之中、而不以天下国家為事。不知夫穣侯方受命乎秦王、塡黽塞之内、而投己乎黽塞之外。襄王聞之、顔色変作、身体戦慄。於是乃以執珪而授之、為陽陵君、与淮北之地也**。

▼劉向《りゆうきよう》の『説苑《ぜいえん》』「正諫篇《せいかんへん》」にも、荆《けい》を伐《う》とうとする呉王《ごおう》を諫《いさ》めるのに、「蟷蜋《とうろう》、……蟬《せみ》を取らんと欲《ほつ》して、黄雀《こうじやく》の其《そ》の傍《かたわら》に在《あ》るを知らず」。また『荘子《そうじ》』「山木篇」に「一蟬《いつせん》の方《まさ》に美蔭《びいん》を得《え》て、其《そ》の身を忘るるを観《み》る。蟷蜋 翳《かげ》を執《と》って之《これ》を搏《う》たんとす」。

四五 文侯《ぶんこう》 虞人《ぐじん》と猟を期す

文侯《ぶんこう》は猟場の役人と猟に出かける期日を約束していた。その日、酒を飲んで楽しんでいるうち雨が降って来た。しかし、文侯は出かけようとする。側近の者たちが、「今日はお酒を召し上がってお楽しみのところへ、雨も降っております。公にはどちらへおいでになるのですか」と言うと、文侯は言った。「私は猟場の役人と猟をする約束をしている。いくら楽しくても、一度は約束どおり会いに行かねばなるまい」と。こう言って出かけて行き、自身で取りやめを告げた。魏《ぎ》はこういうことから強くなっていったのである。（二八二　魏上　文侯4）

文侯《ぶんこう》 虞人《ぐじん》と猟を期す。是《こ》の日 酒を飲みて楽しむ。天《てん》雨《あめふ》る。文侯将《まさ》に出《い》でんとす。左右曰く、「今日酒を飲みて楽しみ、天又《ま》た雨る。公将《こうまさ》に焉《いずく》にか之《ゆ》かんとする」と。文侯曰く、「吾《われ》 虞人と猟を期す。楽しと雖《いえど》も豈《あ》に一《ひと》たび期に会《かい》せざる可《べ》けんや」と。乃《すなわ》ち往《ゆ》き、身《み》自《みずか》ら之《これ》を罷《や》む。魏《ぎ》是《ここ》に於《おい》てか始めて強し。

文侯与虞人期猟。是日飲酒楽。天雨。文侯将出。左右曰、今日飲酒楽、天又雨。公将焉之。文侯曰、吾与虞人期猟。雖楽豈可不一会期哉。乃往、身自罷之。魏於是乎始強。

▼魏《ぎ》の文公《ぶんこう》は、孔子《こうし》の弟子子夏《しか》を師とし、賢者を礼遇し、この話の通り謙虚な態度で魏国《ぎこく》の全盛時代を築いた。まさに開明君主であって、本書一六（二八一）に見える西門豹《せいもんひょう》や、

他にも李克《りこく》といった、有能な実務家タイプの臣下を多く抱え、三十八年間、魏の王であった（『史記』「魏世家《ぎせいか》」）。

四六　寡人甚《かじんはなは》だ訑者《たんしゃ》の言《げん》を喜ばず

燕王《えんおう》が蘇代《そだい》に言った。「私は、うそつきのまくし立てるたわごとが、ひどくしゃくに触《さわ》る」と。蘇代は答えてこう言った。「私の故郷の周《しゅう》では、土地柄といたしまして、仲人《なこうど》を卑《いや》しむ風《ふう》がございます。男の家へ行って『彼女は美人です』と言い、女の家へ行って『彼は金持ちです』と申します。しかしながら、周の風習といたしまして、自分で直接妻をめとることはいたしません。また処女は、仲人がいなくては、年老《としお》いても嫁がぬままとなりましょう。また仲人を差し置いて自分をひけらかしてみても、失敗に終わって売れ残ります。順調に運んで失敗がなく、買い手がついて話がまとまるには、仲人に頼るほかないのです。それにまた、物事は、権謀によらなくては成功せず、勢いに乗じなくては成就《じょうじゅ》しないものです。およそ、依頼人に、居《い》ながらにしてできあがった結果を受け取らせる者は、うそつきをおいて他はございません」。王は「なるほど」と言った。（四四三燕上　昭王7）

燕王《えんおう》蘇代《そだい》に謂《い》って曰《いわ》く、「寡人甚《かじんはなは》だ訑者《たんしゃ》の言《げん》を喜ばざるなり」と。蘇代対《こた》えて曰く、「周《しゅう》の埊《ち》は媒《ばい》を賤《いやし》む。其《そ》の両《ふた》つながら誉《ほ》むるが為なり。男家《だんか》に之《ゆ》きては曰く、『女美《じょかおよ》し』と。女家《じょか》に之《ゆ》きては曰《いわ》く、『男《だん》富《と》めり』と。然《しか》り而《しこ》うして周《しゅう》の俗《ぞく》、自《みずか》ら妻《めと》を取るを為《な》さず。且《か》つ夫《そ》れ処女《しょじょ》媒無《ばいな》くんば、老《お》ゆとも且《まさ》に嫁《か》せざらんとす。媒を舎《お》きて自ら衒《てら》わば、弊《やぶ》れて售《う》れじ。順にして敗《やぶ》るる無く、售れて弊れざる者は、唯《た》だ媒のみ。且つ事権に非《あら》ざれば立たず、勢いに非《あら》ざれば成らず。夫《そ》れ人をして坐して成事を受け使《し》むる者は、唯だ誂者《たんしゃ》のみ」と。王曰く、「善し」と。

燕王謂蘇代曰、寡人甚不喜訑者言也。蘇代対曰、周埊賤媒。為其両誉也。之男家曰、女美。之女家曰、男富。然而周之俗、不自為取妻。且夫処女無媒、老且不嫁。舎媒而自衒、弊而不售。順而無敗、售而不弊者、唯媒而已矣。且事非権不立、非勢不成。夫使人坐受成事者、唯訑者耳。王曰、善矣。

四七　吾《われ》一杯の羊羹《ようこう》を以《もっ》て国を亡《ほろぼ》しぬ

中山君《ちゅうざんくん》は都《と》の士大夫《したいふ》を供応した。司馬子期《しばしき》もそのもてなしにあずかったが、羊《ひつじ》のあつものが子期のところまでは行き渡って来なかった。司馬子期は怒って楚《そ》に出奔《しゅっぽん》し、楚王《そおう》に説いて中山を討たせた。中山君は逃亡したが、戈《ほこ》を引っ提《さ》げてあとについて来る二人の男がいる。中山君は振り返って二人の者に、「おまえたち、何者か」と言うと、二人の者は答えて、「臣らの父が、飢《う》えて死にかかっておりましたとき、我が君には一壺《いっこ》の食物を恵《めぐ》んで食べさせてくださいました。臣らの父は死に際《ぎわ》に申しますには、『中山に有事の際は、おまえたち、きっと命を投げ出すのだぞ』と。そういうわけで我が君のために死のうと、やって参りました」と言った。

中山君は、「ああ」と天を仰いで嘆息しつつこう言った。「人に施《ほどこ》しをするのは多いか少ないかは問題でない。その人が困りきっているときを外《はず》さないことだ。人の恨みを受けるのは深いも浅いもない。その人の心を傷つければ決まって深く恨まれる。私は一杯の羊のあつものがもとで国を失い、一壺の食物がもとで二人の士を得た」と。（四八四　中山8）

中山君《ちゅうざんくん》 都《と》の士大夫《したいふ》を饗《きょう》す。司馬子期《しばしき》在《あ》り。羊羹《ようこう》 遍《あまね》からず。司馬子期怒《いか》って楚《そ》に走り、楚王に説《と》いて中山を伐《う》たしむ。中山君 亡《に》ぐ。二人戈《ほこ》を挈《ひっさ》げて其《そ》の後に随《したが》う者有り。中山君顧《かえり》みて二人に謂《い》う、「子《し》は奚為《なんす》る者ぞや」と。二人対《こた》えて曰《いわ》く、「臣 父有り、嘗《かつ》て餓《う》えて且《まさ》に死せんとす。君壺飡《こさん》を下《くだ》して之《これ》に餌《くら》わしむ。臣が父且《まさ》に死せんとして曰く、『中山に事有らば、汝《なんじ》 必ず之に死せよ』と。故《ゆえ》に来《きた》って君に死するなり」と。中山君喟然《きぜん》として仰ぎ歎《たん》じて曰く、「与《あた》うるは衆少《しゅうしょう》を期せず、其れ厄《やく》に当たるに於《おい》てす。怨《うらみ》は深浅《しんせん》を期せず、其れ心を傷つくるに於てす。吾 一杯の羊羹《ようこう》を以て国を亡《ほろぼ》し、一壺《いっこ》の飡《さん》を以て士《し》二人を得たり」と。

中山君饗都士大夫。司馬子期在焉。羊羹不遍。司馬子期怒而走於楚、説楚王伐中山。中山君亡。有二人挈戈而随其後者。中山君顧謂二人、子奚為者也。二人対曰、臣有父、嘗餓且死。君下壺飡餌之。臣父且死曰、中山有事、汝必死之。故来死君也。中山君喟然而仰歎曰、与不期衆少、其於当厄。怨不期深浅、其於傷心。吾以一杯羊羹亡国、以一壺飡得士二人。

▼食物の恨みと食物の功徳《くどく》とが併《あわ》せられて、できすぎた話である。たぶん二系統の話をつなげたものであろう。「恨み」のほうは、孔子《こうし》が膰俎《はんそ》（俎に盛って供えた祭肉）を大夫《たいふ》に配らなかった季桓子《きかんし》に失望して国を去った故事（『史記』「孔子世家《せいか》」）を下敷きにし（ただし『孟子《もうし》』「告子下」に「知らざる者は以《もっ》て肉の為《ため》なりと為《な》し、其《そ》の知る者は以て礼無きが為なりと為す」云々）、「功徳」のほうは『左伝《さでん》』「宣公《せんこう》二年」に見える、趙盾《ちょうとん》が飢《う》えて倒れている者に食を与え、その後、危急を助けられた故事を使った、と考えてみるのも面白い。それにしても中国人は昔から食物に執着が深いようだ。食物に関する故事、食物で人事を示す語辞の豊富さが、そのことを裏付ける。貧乏の極《きわ》みは「一簞《いったん》の食《し》、一瓢《いっぴょう》の飲《いん》」であり、その反対の富裕の極《きわ》みと言えば「酒池《しゅち》肉林《にくりん》」となる。

術策編

揣《し》摩《ま》

四八　謂《い》いて得《え》ざるに説《よろこ》べる色《いろ》有り

楚《そ》の都郢《えい》の人で、三年越しの裁判がなお決着がつかぬものが居た。そこで、人に自分の家の払い下げを請わせて判決の結果を占おうとした。昭奚恤《しょうけいじゅつ》の客人が、そこで、その人のために昭奚恤に向《こ》かって言った。「郢の人、某氏の宅ですが、臣が払い下げを願いとうございます」と。昭奚恤「郢の人、某氏は、罪に服するに当たらぬから、宅は手に入りませんぞ」。客人は辞去しようとしたが、昭奚恤は言ってしまってから後悔していた。そこで客に言った、「私はあなたと交誼《こうぎ》を得ておりますのに、あなたはなんでまた、たくらみをして私の前に出て来られたのですか」と。客「たくらみをしたわけではありません」。「願い出ておいて手に入らないのに、うれしそうな顔つきをなさった。たくらみでなくてなんでしょう」。（一七二　楚　宣王11）

郢人《えいひと》に獄三年《ごくさんねん》にして決せざる者有り。故《ゆえ》に其《そ》の宅を請《こ》い、以《もっ》て其の罪を卜《ぼく》せ令《し》む。客因《かくよ》って之《これ》が為に昭奚恤《しょうけいじゅつ》に謂《い》って曰《いわ》く、「郢人某氏の宅、臣之《これ》を願う」と。昭奚恤曰く、「郢人某氏は、当《まさ》に罪に服すべからず。故《ゆえ》に其の宅得可《うべ》からず」と。客辞《かくじ》して去る。昭奚恤已《すで》にして之を悔《く》ゆ。因《よ》って客に謂《い》って曰く、「奚恤 公に事《つか》うるを得《え》たり。公何為《なんす》れぞ故《こ》を以て奚恤に与《くみ》するや」と。客曰《かく》く、「故を用いしに非《あら》ざるなり」と。曰く、「謂《い》いて得《え》ざるに、説《よろこ》べる色有《いろあ》り。故に非《あら》ずして何ぞや」と。

郢人有獄三年不決者。故令請其宅、以卜其罪。客因為之謂昭奚恤曰、郢人某氏之宅、臣願之。昭奚恤曰、郢人某氏、不当服罪。故其宅不得。*客辞而去。昭奚恤已而悔之。*因謂客曰、奚恤得事公。公何為以故与奚恤。客曰、非用故也。曰、謂而不得、有説色。非故如何也。

▼相手の言動からその心中を推《お》し測《はか》る術である。揣《し》摩《ま》憶測《おくそく》の術と言うべきであろうか。『戦国策』（四一　秦上）に、蘇《そ》秦《しん》が「太公陰符の謀」を得て「簡練して以《もっ》て揣摩を為《な》す」「朞年《きねん》にして揣摩成る」とある。

四九　明日善珥《ぜんじ》の在《あ》る所を視よ

楚《そ》王《おう》の后《こう》が死んで、まだ代《か》わりの后を立てていないときのこと、ある人が昭魚《しょうぎょ》に言った。「あなたは、どうして后をお立てになるようにと願い出なさらないのですか」と。昭魚「王がお聞き入れにならぬときは、知恵も尽《つ》きて、新たに立たれた后に取り入りようもなくなります」。「それならば、五対《つい》の耳飾りを買い、そのうちの一対を特に上等のものにしておいて、それを王に献上し、翌日、特に上等の耳飾りがだれの耳にあるかを見定めて、それによってその人を后にお立てになるようにと願われたらよいではありませんか」。（二〇二　楚懐王15）

楚王《そおう》の后《こう》死して、未《いま》だ后を立てず。昭魚《しょうぎょ》に謂《い》って曰《いわ》く、「公何《なに》を以《もっ》てか后を立つるを請《こ》わざる」と。昭魚曰く、「王聴《き》かずんば、是《こ》れ知困《ちくるし》んで交《まじわ》り后に絶《た》えん」と。「然《しか》らば則《すなわ》ち何《なん》ぞ五双の珥《みみだま》を買い、其の一を善くせ令《し》めて、之《これ》を王に献じ、明日善珥《ぜんじ》の在《あ》る所を視《み》、因《よ》って請うて之《これ》を立てざる」と。

楚王后死、未立后也。謂昭魚曰、公何以不請立后也。昭魚曰、王不聴、是知困而交絶於后也。然則不買五双珥＊、令其一善、而献之王、明日視善珥所在、因請立之。

五〇　韓《かん》・魏《ぎ》の君　疵《し》を視《み》ること端《ただ》しゅうして趨《はし》ること疾《と》かりき

晋《しん》の知伯《ちはく》は韓《かん》・魏《ぎ》の軍を率《ひき》いて趙《ちょう》を攻め、晋陽《しんよう》を囲《かこ》んで水攻めにし、晋陽の城は水没まで板三枚分を余《あま》すだけとなった。そのとき、郗疵《ちし》が知伯に言った。「韓・魏の君は、必ず敵側に寝返りますよ」。知伯「どうしてそれが分かりますか」。郗疵「その気配《けはい》で分かるのです。そもそも韓・魏の軍を率いて趙を攻めておいでですが、趙が滅びれば、災難は必ず韓・魏に及びます。いま、趙に勝てばその土地を三分しようと約束しておいでです。そしていま、城の水没まで板三枚分を余すだけで、城中では臼《うす》にもかまどにも蛙《かえる》がわいたのを、人も馬もむさぼり食うありさまで、城の落ちるのもあと幾日かです。それなのに、韓・魏の君はいっこうにうれしそうではなく、憂《うれ》いの色を表しておいでです。これが、寝返りの兆《きざ》しでなくてなんでしょう」。

翌日、知伯は韓・魏の君に、「郗疵は、あなたがたがいまにも敵に寝返るというのですが」と告げた。韓・魏の君は、「そもそも趙に勝てば、その土地を三分することになっています。城はいまや落ちるところです。われわれ二人がいくら愚《おろ》か者でも、目の前の甘い利得を捨て、信義をかけた盟約をほごにしてまで、危なくて成就《じょうじゅ》すべくもないことなど、しようはずのないこと、事の成り行きから見てお分かりでしょう。それは郗疵が趙のために策謀し、あなたにわれら二主の心を疑わせ、趙への攻撃を緩《ゆる》めさせようとするのです。いま、あなたが讒言《ざんげん》する臣下の言うことを聞かれて、われら二主との友誼《ゆうぎ》を隔《へだ》てられるのは、あなたのために悲しみます」と言うや、小走りに退出した。

郗疵は知伯に言った、「君にはなんでまた、私の言ったことを韓・魏の君に告げるなど、なさったのですか」と。知伯「あなたにはどうしてそれが分かるのです」。答えて言う、「韓・魏の君は、私をじっとお見すえになりつつ、小走りなさることたいへんな速さでした」。郄疵は自分の進言が聞き入れられなかったのを知り、斉《せい》に使いしたいと請《こ》い、知伯は使いに出してやった。韓・魏の君は、果たして敵に寝返った。（二一三　趙上　襄子2）

知《ち》伯《はく》 韓《かん》・魏《ぎ》の兵を従えて以《もっ》て趙《ちょう》を攻め、晋陽《しんよう》を囲んで之《これ》に水《みずそそ》ぎ、城の沈《しず》まざる者三板《ものさんばん》のみ。郄疵《ちし》 知伯《ちはく》に謂《い》って曰《いわ》く、「韓《かん》・魏《ぎ》の君《きみ》、必ず反《はん》せん」と。知伯曰く、「何を以《もっ》てか之《これ》を知る」と。郄疵曰く、「其《そ》の人事を以て之を知る。夫《そ》れ韓・魏の兵を従えて趙を攻む。趙亡《ほろ》びば、難《なん》 必ず韓・魏に及ばん。今約《いまやく》すらく、趙に勝たば、而《すなわ》ち其の地を三分せんと。今 城 没せざる者三板《さんばん》のみ。臼竈《きゅうそう》に鼃《あ》を生じ、人馬相食《あいは》む。城の降《くだ》ること日《ひ》有《あ》り。而《しか》るに韓・魏の君、憙志《きし》無《な》くして憂色有り。是《こ》れ反に非《あら》ずして何ぞや」と。明日知伯《ちはく》以て韓・魏の君に告げて曰く、「郄疵 君の且《まさ》に反せんとするを言うなり」と。韓・魏の君曰く、「夫《そ》れ趙に勝たば、而《すなわ》ち其の地を三分せんとす。城《しろ》 今且《いままさ》将に抜けんとす。夫《そ》れ二家《にか》 愚《ぐ》なりと雖《いえど》も、美利《びり》を前に棄《す》て、信盟《しんめい》の約に背《そむ》いて、危難にして成す可《べ》からざるの事を為《な》さず、其の勢い見る可《べ》きなり。是れ疵《し》 趙の為に計《はか》り、君をして二主の心を疑うて趙を攻むるを解《おこた》ら使《し》めんとするなり。今《いま》 君《きみ》 讒臣《ざんしん》の言《げん》を聴《き》いて、二主の交《まじ》わりを離すは、君の為に之《これ》を惜しむ」と。趨《はし》りて出《い》ず。郄疵 知伯《ちはく》に謂《い》って曰く、「君又《ま》た何ぞ疵《し》の言《げん》を以《もっ》て韓・魏の君に告ぐるを為《な》す」と。知伯曰く、「子《し》安《いずく》んぞ之を知る」と。対《こた》えて曰く、「韓・魏の君 疵《し》を視《み》ること端《ただ》しゅうして趨《はし》ること疾《と》かりき」と。郄疵 其の言《げん》の聴かれざるを知り、斉《せい》に使いせんと請《こ》う。知伯之《これ》を遣《や》る。韓・魏の君、果たして反す。

知伯従韓魏兵以攻趙、囲晋陽而水之、城*下不沉者三板。*郄疵謂知伯曰、韓魏之君、必反矣。知伯曰、何以知之。郄疵曰、以其人事知之。夫従韓魏之兵而攻趙。趙亡、難必及韓魏矣。今約、勝趙、而三分其地。今城不没者三板。臼竈生鼃、人馬相食。城降有日。而韓魏之君、無憙志而有憂色。是非反如何也。明日知伯以告韓魏之君曰、*郄疵言君之且反也。韓魏之君曰、夫*三家雖愚、不棄美利於前、背信盟之約、而為危難不可成之事、其勢可見也。是疵為趙計矣、使君疑二主之心而解於攻趙也。今君聴讒臣之言、而離二主之交、為君惜之。趨而出。*郄疵謂知伯曰、君又何以疵言告韓魏之君為。知伯曰、子安知之。対曰、韓魏之君、視疵端而趨疾。*郄疵知其言之不聴、請使於斉。知伯遣之。韓魏之君、果反矣。

▼知《ち》伯《はく》が身を亡《ほろ》ぼす話は『戦国策』『韓非子《かんぴし》』などで多く語られる。本書五四（二七九）もその一つ。調子に乗りすぎて仰《あおむ》けざまにひっくり返った見本であろう。ところで『戦国策』に登場する説士《ぜいし》が本当にこれほど活躍したのかどうかは疑わしい。同じような場面での登場人物が異なるからである。『戦国策』（二一四　趙上）では、同じ場面で韓・魏の君を操《あやつ》る、張孟談《ちょうもうたん》という説士が登場する。孟談は韓・魏の君に、「脣《くちびる》亡《ほろ》べば則《すなわ》ち歯《は》寒《さむ》し」

と説《と》いて、知伯を裏切る約束を取りつける。そのとき、門外で知過《ちか》という晋《しん》の大夫《たいふ》と会う。知過は、張孟談が「其《そ》の志 矜《ほこ》り、其の行くこと高し」であるのを見て、二主の裏切りを察知する。そのことを知伯に告げるが聴《き》き入れられないため、去ってしまう。張孟談は己《おのれ》の計が知過に見破られたことを悟《さと》り、計画を即座に実行に移させるのである。張孟談の暗躍はできすぎており、たぶんこの本文が原型であったのであろう。

▼「臼竈《きゅうそう》 鼃《あ》を生ず」は、『春秋外伝』とよばれる『国語』の「晋語」に見える「沈竈《ちんそう》 鼃を産すれども、民《たみ》 畔反《はんぱん》せず」の成語で知られる。沈竈は水びたしになったかまど。

陥穽《かんせい》

五一　王に説いて田忌《でんき》をして魏《ぎ》を伐《う》た使《し》む

成侯鄒忌《せいこうすうき》が斉《せい》の宰相となった。田忌《でんき》は将軍となって、二人の仲はよくなかった。公孫閈《こうそんかん》は鄒忌に言った。「あなたはなぜ王のために策略を立てて魏を討つことになさらないのですか。戦いに勝てば、あなたの策略あってのこととして、あなたの功績になります。戦いに負ければ、田忌が進撃もせず戦死もしなかった、優柔不断のための敗戦として田忌は誅《ちゅう》せられましょう」。鄒忌は、いかにもと思い、そこで王に説《と》いて、田忌に魏を討たせたところ、田忌は三たび戦って三たび勝った。鄒忌はそのことを公孫閈に告げた。公孫閈は、それならばと、黄金《おうごん》十金を使いに持たせて市中の易者に占わせた。「私は田忌の家の者である。主人が申すに『わしは三たび戦い三たび勝って、名声は天下を震撼《しんかん》させておる。大事を成さんと思うが、これも吉《きち》なりや否《いな》や』」。そうしてこの依頼人が出て来るのを待ち受けて捕縛《ほばく》させ、占いの依頼に応じた者も、その占いのことばを王の前ではっきり供述したので、田忌は出奔《しゅっぽん》した。（二一一　斉上　威王5）

成侯鄒忌《せいこうすうき》斉《せい》の相為《しょうた》り。田忌《でんき》将為り、相説《あいよろこ》ばず。公孫閈《こうそんかん》鄒忌《すうき》に謂《い》って曰《いわ》く、「公何《こうなん》ぞ王の為に謀《はか》って魏《ぎ》を伐《う》たざる。勝たば則《すなわ》ち是《こ》れ君《きみ》の謀《はかりごと》なり。君以て功有る可し。戦って勝たずんば、田忌進《すす》み戦わずして死《し》せず、曲撓《きょくとう》として誅《ちゅう》せられん」と。鄒忌以《もっ》て然《しか》りと為《な》し、乃《すなわ》ち王に説いて、田忌をして魏を伐た使《し》む。田忌三たび戦い三たび勝つ。鄒忌以《もっ》て公孫閈に告ぐ。公孫閈乃《すなわ》ち人をして十金《じっきん》を操《と》って、往《ゆ》いて市に卜《ぼく》せ使《し》めて曰く、「我は田忌の人なり。吾《われ》三たび戦って三たび勝ち、声《こえ》天下を威《おど》す。大事を為《な》さんと欲す。亦《ま》た吉《きち》なりや否《いな》や」と。卜する者出《い》ず。因《よ》って人をして捕《とら》え令《し》む。人の為に卜《ぼく》する者、亦《ま》た其《そ》の辞を王の前に験《けん》す。田忌遂《つい》に走《はし》る。

成侯鄒忌為斉相。田忌為将、不相説。公孫閈謂鄒忌曰、公何不為王謀伐魏。勝則是君之謀也。君可以有功。戦不勝田忌不進戦、而不死、曲撓而誅。鄒忌以為然、乃説王而使田忌伐魏。田忌三戦三勝。鄒忌以告公孫閈。公孫閈乃使人操十金而往卜於市、曰、我田忌之人也。吾三戦而三勝、声威天下。欲為大事、亦吉否。卜者出。因令人捕。為人卜者、亦験其辞於王前。田忌遂走。

▼他人を陥れるには、増長させて足もとをすくうか、味方を多くして相手を讒《ざん》するかであろう。本書五四（二七九）にその根本を説く。

五二　江尹《こういん》　昭奚恤《しょうけいじゅつ》を楚王《そおう》に悪《そし》らんと欲《ほっ》す

江尹は　昭奚恤を楚王に謗《そし》ろうとしたが、彼の力量には余ることであった。そこで、楚に来ていた梁《りょう》（魏《ぎ》）の山陽君《さんようくん》のために、楚の国内に封地《ほうち》を請《こ》うてやった。楚王が「よし」と言うと、昭奚恤が「山陽君は楚の国に功績がありません。封ずべきではありません」と諫《いさ》めた。江尹はそこで、山陽君を味方にして、ともどもに昭奚恤を謗《そし》った。（一六六　楚　宣王6）

江尹《こういん》　昭奚恤《しょうけいじゅつ》を楚王《そおう》に悪《そし》らんと欲《ほっ》すれども、力能《ちからあた》わず。故《ゆえ》に梁《りょう》の山陽君《さんようくん》の為に、封《ほう》を楚に請《こ》う。楚王曰《いわ》く、「諾」と。昭奚恤曰く、「山陽君は楚国に功無《こうな》し。当《まさ》に封ずべからず」と。江尹因《よ》って山陽君を得《え》て、之と共に昭奚恤を悪《そし》れり。

江尹欲悪昭奚恤於楚王、而力不能。故為梁山陽君、請封於楚。楚王曰、諾。昭奚恤曰、山陽君無功於楚国。不当封。江尹因得山陽君、与之共悪昭奚恤。

五三　驥《き》に乗りて之《これ》を御《ぎょ》すれば倦《う》まずして道を取ること多し

ある人が建信君《けんしんくん》に言った。「あなたが王にお仕《つか》えになっているのは、容色《ようしょく》によってです。葺《しゅう》が王に仕えているのは、知恵によってです。容色は年をとると衰えますが、知恵は年をとると増します。日々に増す知恵を駆《か》って、衰えて見るに耐《た》えなくなる容色を追っかけるのですから、あなたは追い詰められるに決まっています」。建信君「どうしたものだろう」。「名馬と並んで走ろうものなら、五里も走れば疲れてしまいますが、名馬に乗って御《ぎょ》すならば、疲れないで長い道のりを行けます。あなたは、葺を、独裁という車に乗せ、独裁という権力を御しつつ、邯鄲《かんたん》の都に住むようにさせなさい。そして、彼に内は国の政治を取りしきり、外は諸侯の動静《どうせい》を探らせなさい。そうすれば葺の施政のうち、奏上せずじまいになる事柄ができましょう。あなたはそれをとらえて王に言上し、厳重に責任をとらせなさい。葺の乗る車の車軸はたちまち折れましょう」。建信君は再拝してありがたくこの教えを受け、参内《さんだい》して王に申し上げた。重要な国務をも葺にお任《まか》せになるよう、そして、厳重に責任をとらせるように、と。すると、一年も経《た》たぬうちに、葺は逃げ出してしまった。（二五四　趙下　孝

成王16）

或《ある》ひと建信《けんしん》に謂《い》う、「君《きみ》の王《おう》に事《つか》うる所以《ゆえん》の者は色《いろ》なり。葺《しゅう》の王に事うる所以の者は知《ち》なり。色は老《お》いて衰《おとろ》え、知は老いて多し。日に多きの知を以《もっ》て、衰悪《すいあく》するの色を逐《お》わば、君必《かなら》ず困《くるし》まん」と。建信君曰《いわ》く、「奈何《いかん》せん」と。曰く、「驥《き》に並《なら》んで走る者は、五里にして罷《つか》れ、驥に乗りて之《これ》を御《ぎょ》すれば、倦《う》まずして道を取ること多し。君《きみ》葺をして独断の車に乗り、独断の勢いを御《ぎょ》して、以《もっ》て邯鄲《かんたん》に居《お》ら令《し》め、之《これ》をして内は国事を治め、外は諸侯を刺《さぐ》ら令めば、則《すなわ》ち葺の事言《い》わざる者有らん。君因《よ》って王に言って重く之を責めば、葺の軸《じく》今折《お》れん」と。建信君再拝《けんしんくんさいはい》して命を受け、入《い》りて王に言い、厚く葺に任ずるに事を以てし、能《しこ》うして重く之を責む。未《いま》だ期年《きねん》ならずして葺亡《に》げ走る。

或謂建信、君之所以事王者色也。葺之所以事王者知也。色老而衰、知老而多。以日多之知、而逐衰悪之色、君必困矣。建信君曰、奈何。曰、並驥而走者、五里而罷、乗驥而御之、不倦而取道多。君令葺乗独断之車、御独断之勢、以居邯鄲、令之内治国事、外刺諸侯、則葺之事有不言者矣。君因言王而重責之、葺之軸今折矣。建信君再拝受命、入言於王、厚任葺以事、能重責之。未期年而葺亡走矣。

▼建信君《けんしんくん》はいわゆる便辟左右《べんぺきさゆう》（側近におべっかを使う）の臣の代表的人物らしく、『戦国策』にもその役割で登場する（二五二・二七二）。とは言うものの単純な阿諛《あゆ》、讒言《ざんげん》でその地位を確保しているわけではなく、『戦国策』の根本とも言うべき次章五四の「之《これ》を敗《やぶ》らんと欲《ほっ》せば、必ず姑《しばら》く之を輔《たす》けよ」という精神を理解、応用する能力を持っており、そのため、この物語中に登場している生智恵者《なまちえしゃ》などは、到底対抗できないこととなるのである。

五四　将《まさ》に之《これ》を敗《やぶ》らんと欲《ほっ》せば、必ず姑《しばら》く之を輔《たす》けよ

知伯《ちはく》が土地を魏桓子《ぎかんし》に要求して来たが、魏桓子は与えなかった。任章《じんしょう》が言った。「どうしてお与えにならないのですか」。桓子「理由もなしに土地を要求して来ているのだから、与えないのだ」。任章「理由もなく土地を求めなどすれば、隣の国々が恐れるにちがいなく、貪欲《どんよく》で飽《あ》くことなければ、天下の諸侯が恐れるにちがいありません。君には、土地をお与えになることとです。知伯はきっと驕慢《きょうまん》になります。驕慢になって相手国を軽《かろ》んじますと、隣の国々は恐れて互いに親交します。親交国の軍でもって相手を軽んじている国に立ち向かうのですから、知氏の命脈《めいみゃく》も長くはありますまい。『周書《しゅうしょ》』に、『破ろうと思うなら、是非しばらくは助けてやること、取ろうと思うなら、是非しばらくは与えてやること』とあります。君には、土地を与えておやりになって、知伯を驕《おご》らせなさることです。君にはどうして、

天下の諸侯を率《ひき》いて知氏への対策を立てようとはなさらないで、もっぱら我が国を知氏の標的となさるのですか」。君は「なるほど」と言った。そこで万戸の邑《ゆう》一つを知伯に与えた。知伯はたいそう喜んだ。その勢いで蔡《さい》・皐狼《こうろう》の土地を趙《ちょう》に要求した。趙が与えなかったので、晋陽《しんよう》を包囲した。韓・魏が城外で離反し、趙国が城内でこれに呼応したので、知氏は滅んだ。（二七九　魏上　桓子1）

知伯《ちはく》地を魏桓子《ぎかんし》に索《もと》む。魏桓子予《あた》えず。任章《じんしょう》曰《いわ》く、「何《なに》の故《ゆえ》にか予えざる」と。桓子《かんし》曰く、「故無《ゆえな》くして地を索む。故に予えず」と。任章曰く、「故無くして地を索めば、鄰国必ず恐れん。欲を重ねて厭《あ》く無くんば、天下必ず懼《おそ》れん。君之《これ》に地を予《あた》えよ。知伯《ちはく》必ず憍《おご》らん。憍って敵を軽《かろ》んぜば、鄰国懼《おそ》れて相親《あいした》しまん。相親しむの兵《へい》を以《もっ》て、敵を軽んずるの国を待たば、知氏の命長《めいなが》からじ。周書《しゅうしょ》に曰く、『将《まさ》に之を敗《やぶ》らんと欲《ほっ》せば、必ず姑《しばら》く之を輔《たす》けよ。将に之を取らんと欲せば、必ず姑く之を与《あた》えよ』と。君之《これ》を与えて以て知伯を驕《おご》らすに如《し》かず。君何《なん》ぞ天下を以《ひきい》て知氏を図《はか》るを釈《お》きて、独《ひと》り吾《わ》が国を以て知氏の質《しつ》と為《な》すや」と。君曰く、「善し」と。乃《すなわ》ち之に万家《ばんか》の邑一《ゆういつ》を与《あた》う。知伯大《おお》いに説《よろこ》ぶ。因《よ》って蔡《さい》・皐狼《こうろう》を趙《ちょう》に索む。趙与《あた》えず。因って晋陽《しんよう》を囲む。韓《かん》・魏《ぎ》外に反《そむ》き、趙氏之に内に応じて、知氏遂《つい》に亡《ほろ》ぶ。

知伯索地於魏桓子。魏桓子弗予。任章曰、何故弗予。桓子曰、無故索地。故弗予。任章曰、無故索地、鄰国必恐。重欲無厭、天下必懼。君予之地。知伯必憍。憍而軽敵、鄰国懼而相親。以相親之兵、待軽敵之国、知氏之命不長矣。周書曰、将欲敗之、必姑輔之。将欲取之、必姑与之。君不如与之以驕知伯。君何釈以天下図知氏、而独以吾国為知氏質乎。君曰、善。乃与之万家之邑一。知伯大説。因索蔡皐梁*於趙。趙弗与。因囲晋陽。韓魏反於外、趙氏応之於内、知氏遂亡。

▼「将《まさ》に之《これ》を敗《やぶ》らんと欲《ほっ》せば、必ず姑《しばら》く之を輔《たす》けよ」は『戦国策』の根本理念の一つである。『周書《しゅうしょ》』に見える言葉というが、『戦国策』で「周書」は四ヵ所に引かれている。他の三つは、「周書に言える有り、美女は舌を破ると」、また「美男は老を破る」（五〇　秦上）、いかなる諫言《かんげん》もまた老臣のそれにも、君主をして耳をふたせしめる。次に「周書に曰《いわ》く、緜緜《めんめん》たるを絶《た》たずんば、縵縵《まんまん》たるを奈何《いかん》せん。毫毛《ごうもう》にして抜かずんば、将《まさ》に斧柯《ふか》を成さんとす」（二八七　魏上）。そして「周書に曰く、命《めい》の常に于《おい》てせざるを維《おも》え」（三二五　魏下）。いずれも油断ならない言葉であり、現存しているものなら、是非読んでみたい書物である。しかしこの「周書」はただ古書の名と分かるだけで、宋《そう》の王応麟《おうおうりん》が「豈《あ》に蘇秦《そしん》が読む所の周書陰符なる者か」と言っている。ただここに引く語は今本『老子《ろうし》』第三十六章に「将欲奪之、必固与之。（将《まさ》に之《これ》を奪わんと欲《ほっ》せば、必ず固《しばら》く之を与えよ）」と、

よく似た語が見える。

起《き》死《し》

五五　楚《そ》人《ひと》に両妻《りょうさい》有る者あり

陳軫《ちんしん》が楚《そ》を去って秦《しん》に来たので、張儀《ちょうぎ》は秦王に向かってこう言った。「陳軫は王の臣下でありながら、日ごろお国の秘密を楚に知らせております。私はこんな男といっしょにお仕《つか》えすることはできません。どうか王には彼を追い出されますよう。そして、もし彼がまたもや楚へ行くようでしたら、どうぞ殺しておしまいなさい」。王「軫め、なんでまた楚へ行こうとするんだ」。王は陳軫を召し寄せて、意向を告げた。「私はあなたの言うとおりにしてあげるつもりだ。あなたはどこへ行きたいのか。あなたのために車を準備させてもらおう」。「臣は楚へ行かせていただきとう存じます」と答えるので、王は、「張儀はあなたは楚に行くのだと言っていた。私にもあなたが楚に行くことは分かっていた。あなたは楚でなくてどこへ行こうぞ」。

陳軫「臣はお国を出ましたら、必ずことさらに楚へ行くことにして、王が張儀とともにお立てになりました策に添うようにいたしましょう。そうして、臣が楚のために画策《かくさく》するものかどうかを明らかにいたしましょう。楚の人で二人の妻を持っている男がいました。ある人がそのうち年増《としま》のほうの気を引いてみましたところ、年増はののしりました。若いほうの気を引いてみると、若いのは言うなりになりました。そうこうするうちに二人妻を持つ男が死にましたので、ある客人がその、ものにした人に、『おまえさんは年増のほうをめとるかね、若いほうかね』と尋ねますと、『年増のほうをめとる』とのこと。客人が申すには、『年増のほうはおまえさんをののしり、若いほうはおまえさんになびいた。おまえさん、なんでまた年増のほうをめとるんかね』と。すると、『人の妻であるうちは、私の言うなりになってほしいですが、いま、自分の妻とする段になっては、私のためには、ちょっかいを出すやつをののしってほしいですから』と申したとのことでございます。

いま、楚王は英明な君主であります。昭陽《しょうよう》は賢明な宰相であります。私、軫が秦王の臣下でありながら、常々国の秘密を楚王に告げるようなことをしておりますなら、楚王は必ず臣を楚国に引き留めてはおかれませず、昭陽は臣とともに事を取り計らいなどいたしますまい。このことによって、臣が楚のために画策するものかどうかを明らかにいたしましょう」。

（五二　秦上　恵文王9）

陳軫《ちんしん》　楚《そ》を去りて秦《しん》に之《ゆ》く。張儀《ちょうぎ》　秦王《しんおう》に謂《い》って曰《いわ》く、「陳軫　王の臣と為《な》りて、常に国情を以《もっ》て楚に輸《いた》す。儀《ぎ》　与《とも》に事に従うこと能《あた》わず。願わくは王之《これ》を逐《お》え。即《も》し復《ま》た楚に之《ゆ》かば、願わくは王之を殺せ」と。王曰く、「軫《しん》　安《いずく》んぞ敢《あえ》て楚に之く」と。王　陳軫《ちんしん》を召《め》して、之に告げて曰く、「吾《われ》能《よ》く子《し》が言《げん》を聴《き》かん。子《し》何《いず》くにか之《ゆ》かんと欲《ほっ》する。請《こ》う子の為に車を約せん」と。対《こた》えて曰く、「臣願わくは楚に之かん」と。王曰く、「儀 子を以《もっ》て楚に之くと為《な》せり。吾又《ま》た自《みずか》ら子の楚に之くを知る。子 楚に非《あら》ずして、且《まさ》に安《いずく》にか之かんとする」と。軫曰く、「臣 出《い》でば必ず故《ことさら》に楚に之きて、以《もっ》て王と儀《ぎ》との策に順《したが》い、而《しこ》うして臣の楚と与《とも》にするか不《いな》かを明らかにせん。楚人《そひと》に両妻《りょうさい》を有する者あり。人其《そ》の長《とした》けたる者に誂《いど》む。長けたる者之《これ》を詈《ののし》る、其の少《わか》き者に誂む。少者《しょうしゃ》之に許す。居《お》ること幾何《いくばく》も無く、両妻を有する者死す。客《かく》誂《いど》める者に謂《い》って曰《いわ》く、『汝《なんじ》長けたる者を取《めと》らんか、少《わか》き者か』と。『長けたる者を取らん』と。客曰く、『長けたる者は汝を詈《ののし》り、少き者は汝に和《わ》せり。汝何《なん》為《す》れぞ長けたる者を取る』と。曰く、『彼《か》の人の所に居《お》らば、則《すなわ》ち其の我に許さんことを欲す。今 我が妻為《た》らば、則ち其の我が為に人を詈らんことを欲す』と。今楚王は明主《めいしゅ》なり、而《しこ》うして昭陽《しょうよう》は賢相《けんしょう》なり。軫《しん》人の臣と為《な》りて、常に国情《こくじょう》を以て楚王に輸《いた》さば、王 必《かなら》ず臣を留めず、昭陽《しょうよう》は将《まさ》に臣と与《とも》に事に従わざらんとす。此《これ》を以て臣の楚の与《ため》にするか不《いな》かを明らかにせん」と。

陳軫去楚之秦。張儀謂秦王曰、陳軫為王臣、常以国情輸楚。儀不能与従事。願王逐之。即復之楚、願王殺之。王曰、軫安敢之楚也。王召陳軫告之曰、吾能聴子言、子欲何之、請為子車約。対曰、臣願之楚。王曰、儀以子為之楚。吾又自知子之楚。子非楚且安之也。軫曰、臣出必故之楚、以順王与儀之策、而明臣之楚与不也。楚人有両妻者。人誂其長者、詈之、誂其少者、少者許之。居無幾何、有両妻者死。客謂誂者曰、汝取長者乎、少者乎。取長者。客曰、長者詈汝、少者和汝。汝何為取長者。曰、居彼人之所、則欲其許我也。今為我妻、則欲其為我詈人也。今楚王明主也、而昭陽賢相也。軫為人臣而常以国〔?〕輸楚王、王必不留臣、昭陽将不与臣従事矣。以此明臣之楚与不。

▼危機に陥ったときに、いかに切り抜けたかの話を、このあと五つ続ける。

五六　万戸《ばんこ》の都《と》を以《もっ》て范座《はんざ》を殺さんことを魏《ぎ》に請《こ》え

虞卿《ぐけい》が趙王《ちょうおう》に言った、「人情としては、むしろ人を入朝《にゅうちょう》させたいでしょうか、それとも人に入朝したいものか」。虞卿「いったい、魏《ぎ》が合従《がっしょう》の盟主となっていて、趙の方針に反対するのは范座《はんざ》でございます。いま、王には百里四方の土地もしくは万戸《ばんこ》の都《と》を贈って、魏の相《しょう》の范座を殺すことを魏に要求なさいませ。范座が死ねば、合従の主導権は趙に移しとることができましょう」。趙王は「なるほど」と言った。

そこで、使いを出して百里の土地を贈るから、范座を殺すようにと魏に要請した。魏王《ぎおう》は承諾《しょうだく》して、司徒《しと》に命じて范座を捕《と》らえさせたが、まだ殺しはしなかった。范座は書簡を魏王に献じ、こうしたためた、「臣が聞き及びますところでは、趙王は百里四方の土地と引き替えに私を殺すように要請して来たとのことです。いったい、罪のないこの私、范座を、殺しなさるのは、ささいなことです。そして、百里四方の土地を手にお入れになるのは大きな御利益です。臣はひそかに大王のためにお喜び申しております。しかしながら、ここに一つ申し上げることがあります。百里四方の土地を手にお入れになれない場合、死者はふたたび生き返らせることはできません。そのとき、王は必ず天下の物笑いとおなりでしょう。臣がひそかに考えますに、死人で取り引きなさるよりは、生きた人間で取り引きなさるに越《こ》したことはないでしょう」と。

また自分の後任の宰相である信陵君《しんりようくん》に、書簡を送ってこう書いた、「そもそも趙と魏とは、敵として戦わねばならぬ間柄なのです。しかるに、趙王が片々《へんぺん》たる書状を送ってよこしただけで、魏王は軽率《けいそつ》にもこれがために罪なきこの私を殺そうとされます。私は不肖《ふしよう》の者《もの》ではありますが、免職された、魏の元《もと》の宰相なのです。かねて魏のために働いて参りましたばかりに、趙から罪《つみ》せられる破目《はめ》となりました。およそ国は、内に有用な臣下がいなくなれば、外に土地を手に入れたところで、守りきれるものではありません。ところでいま、魏を守ることのできる臣として、あなたに勝《まさ》る人はありません。王が趙の言うままになって、この私を殺されたあと、強い秦《しん》が趙の欲望のあとを継《つ》いで、趙の割譲《かつじよう》に倍する土地で要求して来たとき、あなたはいかなる手段で食い止めなさいますか。これこそあなたにとって悩みの種《たね》でしょう」と。信陵君は「いかにも」と言って、急いで王に言上《ごんじよう》して、范座を出獄させた。

（二六五　魏下　安釐王5）

虞卿《ぐけい》趙王《ちようおう》に謂《い》って曰《いわ》く、「人の情は寧《むし》ろ人を朝《ちよう》せしめんか。寧ろ人に朝せんか」と。趙王曰く、「人亦《ま》た寧ろ人を朝せしめんのみ。何《なん》の故《ゆえ》にか寧ろ人に朝せん」と。虞卿曰く、「夫《そ》れ魏《ぎ》従主《しようしゆ》と為《な》りて、違《たが》う者は范座《はんざ》なり。今王《おうよ》能く百里の地若《も》しくは万戸《ばんこ》の都《と》を以《もつ》て、范座を殺さんことを魏に請《こ》え。范座死《し》せば、則《すなわ》ち従《しよう》の事は趙に移る可《べ》し」と。趙王曰く「善《よ》し」と。乃《すなわ》ち人をして百里の地を以《もつ》て、范座を殺さんことを魏に請《こ》わ使《し》む。魏王許諾し、司徒《しと》をして范座を執《とら》え使《し》めしが、未《いま》だ殺さず。范座書《しよ》を魏王に献じて曰く、「臣聞く、趙王百里の地を以て、座《ざ》の身を殺さんことを請えりと。夫《そ》れ無罪の范座を殺すは、薄故《はくこ》にして、百里の地を得るは、大利なり。臣窃《ひそ》かに大王の為に之《これ》を美とす。然《しか》りと雖《いえど》も、焉《ここ》に一《いつ》有《あ》り。百里の地得可《うべ》からずして、死者復《ま》た生く可《べ》からずんば、則《すなわ》ち王必ず天下の咲《わらい》と為《な》らん。臣窃《ひそ》かに以為《おもえら》く、其《そ》の死人を以て市《か》わんよりは、生人《せいじん》を以て市わんに若《し》かざるなり」と。又《ま》た其の後相《こうしよう》信陵君《しんりようくん》に書を遺《おく》って曰く、「夫《そ》れ趙・魏は敵戦の国なり。趙王咫尺《しせき》の書を以て来《きた》り、而《しこ》うして魏王軽《かろがろ》しく之が為に無罪の座《ざ》を殺さんとす。座不肖《ふしよう》なりと雖《いえど》も、故《もと》の魏の免相《めんしよう》なり。嘗《かつ》て魏の故《こと》を以て、罪を趙に得たり。夫《そ》れ国内に用臣《ようしん》無くば、外地を得《う》と雖《いえど》も、勢い守ること能《あた》わじ。然《しこ》うして今能《よ》く魏を守る者は、君に如《し》くは莫《な》し。

王　趙に聴《き》いて座を殺すの後、強秦《きょうしん》　趙《ちょう》の欲を襲《つ》ぎ、趙の割《かつ》に倍せば、則《すなわ》ち君　将《まさ》に何を以《もっ》てか之《これ》を止めんとする。此《こ》れ君の累《わずらい》なり」と。信陵君《しんりょうくん》　曰く、「善し」と。遽《にわ》かに之を王に言って之を出《いだ》せり。

*虞卿請趙王曰、人之情寧朝人乎。寧朝於人也。趙王曰、人亦寧朝人耳。何故寧朝於人。虞卿曰、夫魏為従主、而違者范座也。今王能以百里之地若万戸之都、請殺范座於魏。范座死、則従事可移於趙。趙王曰、善。乃使人以百里之地、請殺范座於魏。魏王許諾、使司徒執范座、而未殺也。范座献書魏王曰、臣聞、趙王以百里之地、請殺座之身。夫殺無罪范座、座*薄故也、而得百里之地、大利也。臣窃為大王美之。雖然、而有一焉。百里之地不可得、而死者不可復生也、則*主必為天下咲矣。臣窃以為、与其以死人市、不若以生人市*使也。又遺其後相信陵君書曰、夫趙魏敵戦之国也。趙王以咫尺之書来、而魏王軽為之殺無罪之座。座雖不肖、故魏之免*相望也。嘗以魏之故、得罪於趙。夫国内無用臣、外雖得地、勢不能守。然今能守魏者、莫如君矣。王聴趙殺座之後、強秦襲趙之欲、倍趙之割、則君将何以止之。此君之累也。信陵君曰、善。遽言之王而出之。

五七　趙《ちょう》能く此《こ》の二人を殺さば則《すなわ》ち可なり

秦《しん》が魏《ぎ》を攻めて寧邑《ねいゆう》を取った。諸侯はみな慶賀《けいが》した。趙王の使いも祝賀に行ったのであるが、再三繰り返してもその意を通じることができない。趙王は憂慮して、近侍《きんじ》の者に言った、「秦の威力で寧邑をものにし、斉《せい》・趙を制圧した。諸侯がみな慶賀し、私も慶賀の使いをやったのに、我が国だけが意を通じることができない。この分では、我が国に軍を差し向けてくるにちがいない。どうしたものだろう」と。近侍の者が言った。「使者がたびたび行っても、意を通じえませんのは、きっとそのお使いが適役ではないからでございましょう。諒毅《りょうき》と申す者がおりまして弁舌《べんぜつ》が立ちます。大王には試みにこの者を使いに出してごらんになるとよろしいでしょう」。

諒毅は趙王じきじきに命を受けて出かけた。秦に着くと、書簡を秦王に献じた。その文面はこうであった。「大王には、土地を寧邑にお広げになり、諸侯皆な、慶賀申しております。小邑《しょうゆう》の我が主君もひそかにお喜び申し、じっとしておられず、小臣《しょうしん》に命じて礼物を奉じて幾度も王の御朝廷に参らせたのでございましたが、使者はその意をお伝え申すことができないでおります。使者にもしも不行《ふゆ》き届きがございませんならば、なにとぞ大王には友好をお絶《た》ちあそばされませぬよう。もしも使者に不行き届きがございますならば、どうかお申し聞かせ願わしゅう存じます」。

秦王は、使者に、こう復命せよと言った。「私が趙国に命じたいことは、事の大小となく、皆な私の言うことを聞け、ということである。それに従うならば、国書と礼物とを受け取ろう。もし私の言うことが聞けないならば、使者はとっとと帰れ」。諒毅は答えた。「小臣が参りましたのは、もとよりお国の御意向を承ろうと願ってのことでございます。どうしてとやかく申しましょう。大王がもし何事かでもお命じくだされば、奉じ帰らせていただきまして、けっして御意向に背《そむ》くことは致しますまい」。

かくて秦王は、はじめて使者に会い、こう言った。「趙豹《ちょうひょう》と平原君《へいげんくん》(趙勝《ちょうしょう》)とは、しばしば私をたばかった。趙がこの二人を殺すことができればよし、もし殺すことができないなら、ひとつ、諸侯を率いて邯鄲《かんたん》の城下でお指図を仰ぐとしよう」と。諒毅は言った。「趙豹と平原君とは、まさしく我が主君の同母弟に当たります。ちょうど大王が葉陽君《しょうようくん》と涇陽君《けいようくん》をおかかえになっているようなものです。大王には孝の道をもって国を治めたまうこと、天下に聞こえております。着心地《きごこち》のよい衣服があり、お口に合う食物があったとき、葉陽・涇陽の君《きみ》にお分《わ》かちにならぬためしはなく、葉陽君・涇陽君の車馬も衣服も、大王のお召《め》しのそれと同じでないものはない、とのことでございます。臣が聞き及びますところでは、『鳥の巣を覆《くつがえ》して卵を壊《こわ》す者がいては、鳳凰《ほうおう》は飛翔《ひしょう》しない、胎児を割《さ》き出し、幼児を焼き殺す者がいては、麒麟《きりん》は出現しない』と申します。いま、臣に大王の命を受けて、帰国させ報告させなさいますれば、小邑の君主は恐れ畏《かしこ》んで、けっして御命令どおりにしないことはありますまいが、もしや葉陽君・涇陽君のお心を損ないはいたしませんでしょうか」。秦王「分かった。政治に関与させぬようにせよ」。諒毅「小邑の君主が同母弟を持っていてそれを教戒するだけの能がございませんでしたばかりに、大国のお憎しみを買いました。彼らを退《しりぞ》けて政治に関与させることのないようにして、大国の御意向にかなうようにさせていただきます」。秦王ははじめて喜び、その礼物を受け取り、使者を手厚くもてなした。（二七三　趙下孝成王7）

秦《しん》魏《ぎ》を攻めて寧邑《ねいゆう》を取る。諸侯皆《みな》賀《が》す。趙王《ちょうおう》の使い往《ゆ》いて賀し、三反《さんぱん》すれども通ずるを得《え》ず。趙王之《これ》を憂《うれ》え、左右に謂《い》って曰《いわ》く、「秦の強きを以《もっ》て寧邑を得て、以《もっ》て斉《せい》・趙を制す。諸侯皆な賀す。吾往《ゆ》いて賀すれども、独《ひと》り通ずるを得《え》ず。此《こ》れ必ず兵を我に加《くわ》えん。之《これ》を為《な》すこと奈何《いかん》」と。左右曰く、「使者三たび往《ゆ》いて通ずるを得ざるは、必ず使いする所の者、其《そ》の人に非《あら》ざればなり。諒毅《りょうき》と曰《い》う者あり、弁士なり。大王試《こころ》みに之を使わす可《べ》し」と。諒毅親しく命を受けて往く。秦に至り、書を秦王に献じて曰く、「大王地《ち》を寧邑《ねいゆう》に広め、諸侯皆な賀《が》す。敝邑《へいゆう》の寡君《かくん》も亦《ま》た窃《ひそ》かに之《これ》を嘉《よみ》し、敢《あえ》て寧居《ねいきょ》せず。下臣《かしん》をして其の幣物《へいもつ》を奉じ、三たび王廷に至ら使《し》めしも、使い通ずるを得《え》ず。使い若《も》し罪無くんば、願わくは大王其《そ》の歓を絶《た》つ無かれ。若《も》し使い罪有らば、願わくは之を請《こ》うを得ん」と。秦王　使者をして報ぜ使めて曰く、「吾《われ》　趙国に使《せし》むる所の者、小大《しょうだい》　皆な吾《わ》が言《げん》を聴かば、則《すなわ》ち書幣《しょへい》を受けん。若《も》し吾が言《げん》に従わずんば、則ち使者帰れ」と。諒毅対《こた》えて曰く、「下臣の来《きた》るは、固《もと》より大国の意を承《う》けんことを願うなり。豈《あ》に敢《あえ》て難《こば》む有らんや。大王若し以て之に令《れい》する有らば、請う奉じて之を行わん。敢《あえ》て疑う所無からん」と。是《ここ》に於《おい》て秦王乃《すなわ》ち使者を見て曰く、「趙豹《ちょうひょう》・平原君《へいげんくん》 数《しばしば》 寡人《かじん》を欺弄《きろう》す。趙 能く此《こ》の二人を殺さば、則《すなわ》ち可なり。若《も》し殺すこと能《あた》わずんば、請《こ》う今 諸侯《しょこう》を率《ひき》いて、命《めい》を邯鄲《かんたん》の城下に受けん」と。諒毅曰く、「趙豹・平原君は、親しく寡君《かくん》の母弟なり。猶《な》お大王の葉陽《しょうよう》・涇陽君《けいようくん》有るがごときなり。大王 孝を以《もっ》て治むること、天下に聞《きこ》ゆ。衣服の体《たい》に便《べん》なる、膳啗《ぜんたん》の口に嗛《かな》える。未《いま》だ嘗《かっ》て葉陽・涇陽君に分かたずんばあらず。葉陽君・涇陽君の車馬衣服は、大王の服御《ふくぎょ》に非《あら》ざる者無し。臣之《これ》を聞くに、『巣を覆《くつがえ》し卵を毀《やぶ》れば、而《すなわ》ち鳳皇翔《ほうおうかけ》らず、胎《たい》を刳《さ》き夭《よう》を焚《や》けば、而《すなわ》ち騏驎《きりん》至らず』ということ有り。今臣をして大王の令《れい》を受けて、以《もっ》て還《かえ》り報ぜ使《し》めば、敝邑《へいゆう》の君 畏懼《いく》して、敢《あえ》て行わずんばあらざるも、乃《すなわ》ち葉陽君・涇陽君の心を傷《やぶ》る無からんや」と。秦王曰く、「諾。政《まつりごと》に従わ使《し》むる勿《なか》れ」と。諒毅曰く、「敝邑《へいゆう》の君、母弟有りて教誨《きょうかい》すること能《あた》わず、以て大国に悪《にく》まる。請《こ》う之を黜《しりぞ》け、政事に与《あずか》ら使《し》むる勿《な》くして、以て大国に称《かな》わん」と。秦王乃《すなわ》ち喜び、其《そ》の幣《へい》を受けて厚く之を遇せり。

秦攻魏取寧邑。諸侯皆賀。趙王使往賀、三反不得通。趙王憂之、謂左右曰、以秦之強得寧邑、以制斉趙。諸侯皆賀。吾往賀、而独不得通。此必加兵我。為之奈何。左右曰、使者三往不得通者、必所使者、非其人也。曰諒毅者、弁士也。大王可試使之。諒毅親受命而往。至秦、献書秦王曰、大王広地寧邑、諸侯皆賀。敝邑寡君亦窃嘉之、不敢寧居。使下臣奉其幣物、三至王廷、而使不得通。使若無罪、願大王無絶其歓。若使有罪、願得請之。秦王使使者報曰、吾所使趙国者、小大皆聴吾言、則受書幣。若不従吾言、則使者帰矣。諒毅対曰、下臣之来、固願承大国之意也。豈敢有難。大王若有以令之、請奉而西*行之。無所敢疑。於是秦王乃見使者曰、趙豹平原君数欺弄寡人。趙能殺此二人、則可。若不能殺、請今率諸侯、受命邯鄲城下。諒毅曰、趙豹平原君、親寡君之母弟也。猶大王之有葉陽涇陽君也。大王以孝治、聞於天下。衣服*使之便於体、膳啗*使之嗛於口。未嘗不分於葉陽涇陽君。葉陽君涇陽君之車馬衣服、無非大王之服御者。臣聞之、有覆巣毀卵、而鳳皇不翔、刳胎焚夭、而騏驎不至。今使臣受大王之令、以還報、敝邑之君畏懼、不敢不行、無乃傷葉陽君涇陽君之心乎。秦王曰、諾。勿使従政。諒毅曰、敝邑之君、有母弟不能教誨、以悪大国。請黜之、勿使与政事、以称大国。秦王乃喜、受其弊*而厚遇之。

▼「巣を覆《くつがえ》し卵を毀《やぶ》れば」云々は、『礼記《らいき》』月令《がつりよう》篇の孟春《もうしゆん》の月（陰暦一月）に、「巣を覆すこと毋《な》からしめ、孩虫《がいちゆう》・胎夭《たいよう》・飛鳥《ひちよう》を殺すこと毋からしめ、麛《べい》（獣の子）することと毋からしめ、卵することと毋からしむ」。

五八　子《し》の腸も亦《ま》た且《まさ》に寸絶《すんぜつ》せんとす

張丑《ちようちゆう》が燕《えん》に人質となっていたところ、燕王はこれを殺そうとした。逃走して国境を出るすんでのところで、国境守備の役人が張丑を捕《と》らえた。張丑は言った。「燕王が私を殺そうなどとなさるのは、だれか、私が宝玉を持っていると言った者があり、王がそれを欲しがられてのことだ。いまでは私はとっくにその玉を失ってしまっているのに、燕王は私をお信じにならない。いま、あなたは私を王に差し出そうとしているが、私はあなたが私の玉を奪って呑み込んだと言おう。燕王はきっと、あなたを殺してあなたの腹をさき、あなたの腸を引っ繰《く》り返してみられるにちがいない。欲の深い主君には、利益で説得はできない。私はいずれ殺されるに決まっているが、あなたの腸も一寸刻《きざ》みにされるだろう」と。国境守備の役人は、恐れをなして張丑を釈放した。（四五九　燕下　恵王2）

張丑《ちょうちゅう》燕《えん》に質《ち》為《た》り。燕王之《これ》を殺さんと欲《ほっ》す。走って且《まさ》に境《さかい》を出《い》でんとす。境吏《きょうり》丑《ちゅう》を得《え》たり。丑《ちゅう》曰く、「燕王《えんおう》の将《まさ》に我を殺さんとするを為《な》す所の者は、人 我に宝珠《ほうしゅ》有りと言う有り、王之《これ》を得んと欲《ほっ》す。今 我已《すで》に之を亡《うしな》えり。而《しか》るに燕王 我を信ぜず。今 子且《まさ》に我を致《いた》さんとす。我且《まさ》に子が我が珠《しゅ》を奪いて之《これ》を呑むと言わんとす。燕王必ず当《まさ》に子を殺し、子の腹を刳《さ》き、子の腸を反《かえ》すべし。夫《そ》れ得《う》るを欲するの君は、説《と》くに利を以てす可《べ》からず。吾要《かなら》ず且に死せんとす。子《し》の腸も亦《ま》た且《まさ》に寸絶《すんぜつ》せんとす」と。境吏恐《おそ》れて之を赦《ゆる》す。

張丑為質於燕。燕王欲殺之。走且出境。境吏得丑。丑曰、燕王所為将殺我者、人有言我有宝珠也、王欲得之。今我已亡之矣。而燕王不我信。今子且致我。我且言子之奪我珠而呑之。燕王必当殺子、刳*子腹、及子之腸矣。夫欲得之君、不可説以利。吾要且死。子腸亦且寸絶。境吏恐而赦之。

五九　徳　梁《りょう》に施《ほどこ》して、而《しか》も趙《ちょう》に怨《うら》まるる無し

梁王《りょうおう》（魏王《ぎおう》）が趙《ちょう》の都邯鄲《かんたん》を討とうとして、宋《そう》に出兵を要請して来た。そこで宋君は使者を遣《つか》わして趙王に請《こ》わせた。「およそ梁（魏）は、その軍は強く、その覇権は重きをなしています。それがいま、我が国に出兵を要請して参りました。我が国が従わねば、おそらく社《しゃ》稷《しょく》を危うくすることとなりましょう。かといって、梁の援助をして趙を討ち、趙国を損《そこ》なうようなことは、私にできることではありません。どうか王におかれては我が国にお教えをいただきたくお願い申し上げる次第です」と。趙王「そのとおり。そもそも宋が梁に敵するに足《た》りぬことは、私によく分かっている。趙を弱らせ梁を強くすることは、宋にとって不利なことにちがいない。すると私は、どういうことをあなたに申せばよいのか」。

使者「ひとつ国境の城を拝借させてください。それをゆっくりと攻めて日数をかせぎ、御家来衆にその城を持ちこたえていただくのが上策と存じます」。趙王は「よかろう」と言った。そこで、宋は梁の求めのままに軍を起こして、趙との国境に侵入して一城を包囲した。梁王はたいそう喜んで、「宋は我が国を援助して攻撃している」と言い、趙王もまた喜んで、

「宋はあそこで止まっているわい」と言った。かくて梁・趙両軍は撤退し、戦いは終結し、恩徳を梁に施したうえ、趙に恨《うら》みを買うこともなかった。宋において名声は加わり、実利も転《ころ》げ込んで来たのである。（四六六　宋　景公2）

梁王《りょうおう》　邯鄲《かんたん》を伐《う》って、師を宋《そう》に徴《ちょう》す。宋君　使者をして趙王《ちょうおう》に請《こ》わ使《し》めて曰《いわ》く、「夫《そ》れ梁は兵勁《つよ》くして権重《けんおも》し。今　師を弊邑《へいゆう》に徴す。弊邑従《したが》わずんば、則《すなわ》ち恐らくは社稷《しゃしょく》を危《あや》うくせん。若《も》し梁を扶《たす》けて趙を伐《う》ち、以《もっ》て趙国を害するは、則ち寡人忍《かじんしの》びざるなり。願わくは王の以《もっ》て弊邑に命ずる有らんことを」と。趙王曰く、「然《しか》り。夫《そ》れ宋《そう》の梁《りょう》に如《し》くに足《た》らざるや、寡人　之《これ》を知れり。趙《ちょう》を弱めて以て梁を強くするは、宋《そう》必ず利とせざるなり。則《すなわ》ち吾《われ》何を以《もっ》てか子《し》に告ぐれば而《すなわ》ち可ならんか」と。使者曰く、「臣請《こ》う辺城《へんじょう》を受け、其の攻《こう》を徐《おもむろ》にして其の日を留《とど》め、以て下吏《かり》の城を有《たも》つを待たんのみ」と。趙王曰く、「善し」と。宋人因《よ》って遂《つい》に兵を挙《あ》げ、趙の境に入《い》って一城を囲む。梁王甚《はなは》だ説《よろこ》んで曰く、「宋人《そうひと》我を助けて攻む」と。趙王も亦《ま》た説《よろこ》んで曰く、「宋人此《ここ》に止《とどま》る」と。故《ゆえ》に兵退《しりぞ》き難解《なんと》け、徳《とく》　梁に施《ほどこ》して、而《しか》も趙に怨《うら》まるる無し。故に名《な》　加《くわ》うる所有りて、而《しこ》うして実《じつ》　帰《き》する所有り。

梁王伐邯鄲、而徴師於宋。宋君使使者請於趙王曰、夫梁兵勁而権重。今徴師於弊邑。弊邑不従、則恐危社稷。若扶梁伐趙、以害趙国、則寡人不忍也。願王之有以命弊邑。趙王曰、然。夫宋之不足如梁也、寡人知之矣。弱趙以強梁、宋必不利也。則吾何以告子而可乎。使者曰、臣請受辺城、徐其攻而留其日、以待下吏之有城而已。趙王曰、善。宋人因遂挙兵、入趙境而囲一城焉。梁王甚説曰、宋人助我攻矣。趙王亦説曰、宋人止於此矣。故兵退難解、徳施於梁、而無怨於趙。故名有所加、而実有所帰。

深《しん》謀《ぼう》

六〇　人主《じんしゅ》の愛する所を攻め、死するを楽《ねが》う者と闘う

秦《しん》が韓《かん》を攻めて陘《けい》を包囲した。范雎《はんしょ》は秦の昭王《しょうおう》に申し上げた、「人を攻める攻めかたもあり、地を攻める攻めかたもあります。穣侯《じょうこう》が十たびも魏《ぎ》を攻めながら、魏に損傷を与ええなかったのは、秦が弱くて魏が強いからというわけではないのです。攻めたのが土地であるからなのです。土地は、人君《じんくん》がはなはだたいせつにするものです。そしてその人君は、人臣たるもの、そのためには喜んで命を投げ出す相手です。人君がたいせつにするものを攻め、人臣が喜んで命を投げ出すものと戦うのですから、十たびも攻めながら勝てないのも道理です。いま、王には韓を攻めようとして陘を包囲なさっておいでですが、臣は王がその土地をお攻めになるばかりでなく、その人をお攻めになることが願わしゅう存じます。王が韓を攻めて陘を包囲なさるについては、これは張儀《ちょうぎ》が韓にいるためである、との口実になさいま

せ。張儀の勢力が多大であれば、土地を秦に割譲《かつじょう》することによって、彼自身の裁量で王に償《つぐな》いをつけるでしょう。土地を割譲しながら韓が滅びないでおれるはずがありましょうか。また、張儀の力が弱小であれば、王は張儀を放逐《ほうちく》させたうえ、改めて張儀よりも劣る人物と取り引きなさいませ。そうなされれば、王が韓に求められるものは、ことごとく手に入れることがおできになります」。（七九　秦下　昭襄王7）

秦《しん》 韓《かん》を攻め陘《けい》を囲む。范雎《はんしょ》 秦の昭王《しょうおう》に謂《い》って曰《いわ》く、「人を攻むる者有り、地を攻むる者有り。穣侯《じょうこうと》 十たび魏《ぎ》を攻めて而《しか》も傷《やぶ》るを得《え》ざる者は、秦弱くして魏強きに非《あら》ざるなり。其《そ》の攻むる所の者 地なればなり。地なる者は人主《じんしゅ》の甚《はなは》だ愛する所なり。人主なる者は人臣の 為に死するを楽《ねが》う所なり。人主の愛する所を攻め、死するを楽う者と闘う。故《ゆえ》に十たび攻めて而《しか》も勝つこと能《あた》わざりしなり。今 王 将《まさ》に韓を攻めんとして陘《けい》を囲む。臣願わくは王の独《ひと》り其の地を攻むる毋《な》くして其の人を攻めんことを。王 韓を攻め陘を囲むに、張儀《ちょうぎ》を以て言《げん》と為《な》せ。張儀の力多ければ、且《まさ》に地を削《さ》いて以て自《みずか》ら王に賸《あがな》わんとす。幾《あ》に地を割《さ》きて韓尽《つ》きざらんや。張儀の力少ければ、則ち王 張儀を逐《お》うて更《あらた》めて 儀《ぎ》に如《し》かざる者と市《し》せよ。則ち王の韓に求むる所の者、尽《ことごと》く得可《うべ》からん」と。

秦攻韓囲陘。范雎謂秦昭王曰、有攻人者、有攻地者。穣侯十攻魏而不得傷者、非秦弱而魏強也。其所攻者地也。地者人主所甚愛也。人主者人臣之所楽為死也。攻人主之所愛、与楽死者闘。故十攻而弗能勝也。今王将攻韓囲陘。臣願王之毋独攻其地而攻其人也。王攻韓囲陘、以張儀為言。張儀之力多、*且削地而以自贖於王。幾割地而韓不尽。張儀之力少、則王逐張儀而更与不如張儀者市。則王之所求於韓者、*言可得也。

六一　寡人《かじん》　誰をか三子《さんし》の計に於《おい》て用いん

楚《そ》の襄王《じょうおう》は太子《たいし》であったとき斉《せい》に人質となっていた。父の懐王《かいおう》が亡《な》くなったので、太子は斉王のもとを辞して国に帰ろうとした。すると、斉王はこれを阻《はば》んだ。「私に東地五百里四方をくれるなら、あなたを帰してあげよう。あなたがくれなければ、私は帰してあげるわけにはいかぬ」。太子「臣には師傅《しふ》がついておりますので、いずれ師傅に相談してのことにいたします」。師傅の慎子《しんし》は言った。「献上なさいませ。土地は御身のためにあるものでございます。土地を惜しまれて、亡くなられた父君の葬をお送りにならないというのは不義です。されぱこそ臣は献上なさるが得策ですと申し上げるのです」と。太子は宮中に入って斉王に復命し、「謹んで東地五百里四方を献上します」と言ったので、斉王は楚の太子を国へ帰した。

太子は国に帰って、即位して王となった。斉の使者が五十乗の車で、東地を楚から受け取りにやって来た。楚王は慎子に事の次第を告げて言った。「斉の使者がやって来て東地を要求している。どうしたものだろう」と。慎子「王には明日、群臣を参朝《さんちょう》させられ、皆なの者に計略を進献させなさいませ」。上柱国《じょうちゅうこく》の子良《しりょう》が朝廷に入って王にまみえた。王「私が国に帰り、祖先の墳墓《ふんぼ》を祭り、再び群臣に臨《のぞ》み、社稷《しゃしょく》を元どおりにすることができたのは、東地五百里をば斉にくれてやると約束したからだ。斉は使者をよこして土地を要求してきた。どうしたものだろう」。子良は言った。「王にはお与えにならねばなりません。王がおんみずから玉音《ぎょくおん》を出されて、強国万乗《ばんじょう》の斉に承諾を与えておかれながら、お与えにならないのは不信を招く行為です。以後、諸侯と盟約を結べなくなります。どうかお与えになっておいて、それから攻撃をおかけなさいませ。与えることは信を失わぬことであり、攻撃することは武《ぶ》の誉《ほま》れの立つことです。臣はさればこそお与えなさいと申すのです」。

子良は退出し、昭常《しょうじょう》が入って王にまみえた。王「斉の使者が来て、東地五百里を要求するが、どうしたものだろう」。昭常は言う。「お与えになってはいけません。万乗の国は、土地が広ければこそ万乗であるのです。いま、東地五百里を割《さ》くことは、戦闘力を持つ土地の半《なか》ばを割くことになります。万乗の名ばかりあって、千乗の実力もない、という状態になるのです。いけません。さればこそ臣はお与えになってはなりませんと申すのです。私に守備させていただきましょう」。

昭常は退出し、景鯉《けいり》が入ってまみえた。王「斉の使者が来て、東地五百里を要求するが、どうしたものだろう」。景鯉は言う。「お与えになってはいけません。然《さ》りとて、楚は独力では守りきれません。でも王おんみずから玉音を出して万乗の強国斉に承諾を与えておかれながら与えないとなれば、不義の汚名を天下の諸侯に負《お》わされます。しかし、楚はやはり独力では守りきれないのですから、臣が西へ行って秦に救援を求めさせていただきましょう」。

景鯉は退出し、慎子が入った。王は三人の大夫《たいふ》の計謀を慎子に告げて言った。「子良は私にまみえて、『与えなくてはいけません。与えておいてから攻めなさい』と言い、常《じょう》は私にまみえて、『与えてはいけません。常が守備させていただきます』と言い、鯉《り》は私にまみえて、『与えてはいけません。とは言え楚は独力では守りきれません。臣が秦に救援を求めさせていただきます』と言った。私は、この三人の計策のうちだれのものを採用しようか」と。

慎子は答えて、「王には、みな採用なさいませ」と言う。王はむっとして怒りを顔に表し「どういうことか」と言った。慎子は言う、「臣がその理由を説明させていただきましょう。そうすれば、王には、いかにもそうだとお分かりでございましょう。王には、上柱国の子良に車五十乗をつけておやりになり、北へ行って土地五百里を斉に献上され、子良を遣《つか》わした翌日に、昭常を大司馬《だいしば》に任じて、東地を守りに行かせ、昭常を行かせられた翌日に、景鯉に車五十乗をつけておやりになって、西へ行って秦に救援を求めさせなさいませ」。

王は「なるほど」と言った。そこで、子良を使者に立て北へ行って土地を斉に献じさせ、子良を遣わした翌日に、昭常を立てて大司馬として、東地を守らせ、また景鯉を遣わして西へ行って秦に救援を求めさせた。子良が斉に到着すると、斉では使者に武装兵をつけて東地を受け取りに来させた。昭常は斉の使者に応対して言った。「私は東地を守るのを職分とする者です。この土地と死生《しせい》をともにする覚悟です。また、五尺の童児から齢《よわい》六十の老人までを動員すれば三十余万、破れ甲冑《かっちゅう》になまくら刀ながら、貴国の戦塵《せんじん》をかぶらせていただきましょう」と。

斉王は子良に言った。「あなたは土地を献上しに来ているのに、いま、昭常が守っているというのは、どういうことか」と。子良「臣はこの身をもって命《めい》を我が国の王から受けました。それは昭常が偽《いつわ》っているのでございます。王には攻撃をお掛けください」。斉王は大挙して軍を出し東地を攻め、昭常を討った。その軍がまだ泗水《しすい》を渡らないうちに、強国秦が五十万の兵を率いて斉の右壌《ゆうじょう》まで来て、「そもそも楚の太子を阻《はば》んで国から出さなかったのは、不仁《ふじん》である。また楚の東地五百里を奪おうとするのは、不義である。甲兵を撤収するならばよし、さもなければ一戦を交《まじ》えて結着をつけよう」と言った。斉王は恐れた。そこで、子良に頼んで、南《みなみ》して楚に言い訳してもらい、西《にし》して秦に使いしてもらい、斉の憂《うれ》いを解消させた。楚は士卒も用いることなく、東地は再び安全になった。（二八八　楚　頃襄王1）

楚《そ》の襄王《じょうおう》太子為《たいした》りし時、斉《せい》に質《ち》たり。懐王薨《かいおうこう》ず。太子 斉王《せいおう》に辞して帰る。斉王之《これ》を隘《はば》む。「我に東地《とうち》五百里を予《あた》えば、乃《すなわ》ち子《し》を帰さん。子予《あた》えずんば、我《われ》帰すことを得《え》ず」と。

太子曰《いわ》く、「臣に傅有《ふ》り。請《こ》う追って傅に問わん」と。傅慎子《しんし》曰く、「之《これ》を献ぜよ。地は身の為にする所以《ゆえん》なり。地を愛《おし》みて死父《しふ》を送らざるは不義なり。臣故《ゆえ》に曰《いわ》く、之を献ずること便《べん》なりと」と。太子入《い》って命を斉王に致《いた》して曰く、「敬《つつし》んで地《ち》五百里を献ぜん」と。斉王 楚の太子を帰す。太子帰り、位《くらい》に即《つ》いて王と為《な》る。斉の使い車五十乗もて、来《きた》って東地を楚に取る。楚王 慎子《しんし》に告げて曰く、「斉の使い来《きた》って東地を求む。之《これ》を為《な》すこと奈何《いかん》せん」と。慎子曰く、「王 明日 群臣《ぐんしん》を朝《ちょう》して、皆な其の計を献ぜ令《し》めよ」と。上柱国子《じょうちゅうこくし》良《りょう》入って見《まみ》ゆ。王曰く、「寡人《かじん》の来《きた》り反《かえ》りて、墳墓《ふんぼ》を主《つかさど》り、群臣に復し、社稷《しゃしょく》を帰《かえ》すを得たるや、東地五百里を以て斉《せい》に許しき。斉使いをして来って地を求め令《し》む。之《これ》を為《な》すこと奈何《いかん》せん」と。子良曰く、「王与《あた》えずんばある可《べ》からざるなり。王身《みずか》ら玉声《ぎょくせい》を出《いだ》して、強き万乗《ばんじょう》の斉に許して而《しか》も与えずんば、則《すなわ》ち不信なり。後《のち》以《もっ》て諸侯に約結《やくけつ》す可《べ》からず。請う与《あた》えて復《ま》た之《これ》を攻めん。之を与うるは信なり。之を攻むるは武なり。臣故《ゆえ》に曰く、之を与えよ」と。子良出《い》ず。昭常《しょうじょう》入って見《まみ》ゆ。王曰く、「斉の使い来《きた》って東地五百里を求む。之を為《な》すこと奈何《いかん》せん」と。昭常曰く、「与う可《べ》からざるなり。万乗なる者は地の大なるを以て万乗と為す。今 東地五百里を去らば、是《こ》れ戦国の半《なか》ばを去るなり。万乗の号《ごう》有《あ》りて、千乗の用無きなり。不可なり。臣故《ゆえ》に曰く、与うる勿《なか》れと。常 請《じょうこ》う 之《これ》を守らん」と。昭常出ず。景鯉《けいり》入《い》って見《まみ》ゆ。王曰く、「斉の使い来《きた》って東地五百里を求む。之を為《な》すこと奈何《いかん》せん」と。景鯉曰く、「与う可《べ》からざるなり。然《しか》りと雖《いえど》も楚は独《ひと》り守ること能《あた》わず。王 身《みずか》ら玉声を出《いだ》して万乗の強斉《きょうせい》に許して、而《しか》も与えずんば、不義を天下に負《お》わん。楚亦《ま》た独り守ること能わず。臣 請《こ》う 西のかた救いを秦に索《もと》めん」と。景鯉出《い》ず。慎《しん》子《し》入る。王 三大夫《さんたいふ》の計を以《もっ》て慎子に告げて曰く、「子良 寡人《かじん》に見《まみ》えて曰く、『与えずんばある可《べ》からざるなり。与えて復《ま》た之を攻めん』と。常《じょう》 寡人に見えて曰く、『与う可からざるなり。常請《こ》う之を守らん』と。鯉《り》 寡人に見えて曰く、『与う可からざるなり。然《しか》りと雖《いえど》も楚《そ》独り守ること能《あた》わざるなり。臣 請う 救いを秦に索《もと》めん』と。寡人 誰《たれ》をか三子《さんし》の計に於《おい》て用いん」と。慎子 対《こた》えて曰く、「王皆な之を用《み》いよ」と。王 怫然《ふつぜん》として色《いろ》を作《な》して曰く、「何《なん》の謂《いい》ぞや」と。慎子曰く、「臣請《こ》う 其《そ》の説を効《いた》さん。而《しか》らば王 且《まさ》に其の誠《まこと》に然《しか》るを見んとするなり。王 上柱国子良を発《つかわ》して、車五十乗もて、而《しこ》うして北のかた地五百里を斉に献ぜしめ、子良を発《つかわ》すの明日、昭常を遣《や》りて大司馬《たいしば》為《た》らしめ、往《ゆ》いて東地を守ら令《し》め、昭常を遣《や》るの明日、景鯉を遣《つか》わして車五十乗もて、西のかた救いを秦に索《もと》めしめよ」と。王曰く、「善し」と。乃《すなわ》ち子良を遣わして北のかた地を斉に献ぜしめ、子良を遣《や》るの明日、昭常を立てて大司馬《たいしば》と為《な》し、東地を守ら使《し》め、又《ま》た景鯉を遣わして西のかた救いを秦に索めしむ。子良 斉に至《いた》る。斉人《せいひと》をして甲《こう》を以て東地を受け使む。昭常 斉の使いに応じて曰く、「我 東地を典主《てんしゅ》す。且《まさ》に死生《しせい》を与《とも》にせんとす。五尺より六十に至るまでを悉《つく》さば、三十余万。弊甲鈍兵《へいこうどんぺい》、願わくは下塵《かじん》を承《う》けん」と。斉王 子良に謂《い》って曰く、「大夫《たいふ》来《きた》って地を献ず。今常《じょう》 之を守るは、何如《いかん》」と。子良 曰く、「臣 身《みずか》ら命を弊邑《へいゆう》の王に受く。是《こ》れ常矯《いつわ》るなり。王 之《これ》を攻めよ」と。斉王 大いに兵を興《おこ》して東地を攻め、昭常を伐《う》つ。未《いま》だ渉《わた》らざるに、彊秦《きょうしん》五十万を以て、斉の右壌《ゆうじょう》に臨《のぞ》んで曰《いわ》く、「夫《そ》れ楚の太子を隘《はば》みて出《いだ》さざりしは、不仁《ふじん》なり。又《ま》た之が東地五百里を奪わんと欲《ほっ》するは、不義なり。其《そ》れ甲《こう》を縮めば則《すなわ》ち可なり。然《しか》らずんば則ち願わくは戦いに待たん」と。斉王 恐《おそ》る。乃《すなわ》ち子良に請い、南のかた楚に道《い》い、西のかた秦に使《つか》いして、斉の患《うれい》を解《と》く。士卒用《もち》いずして、東地復《ま》た全《まった》し。

楚襄王為太子之時、質於斉。懐王薨。太子辞於斉王而帰。斉王隘之。予我東地五百里、乃帰子。子不予、我不得帰。太子曰、臣有傅。請追而問傅。傅慎子曰、献之。地所以為身也。愛地不送死父不義。臣故曰、献之便。太子入致命斉王曰、敬献地五百里。斉王帰楚太子。太子帰、即位為王。斉使車五十乗、来取東地於楚。楚王告慎子曰、斉使来求東地。為之奈何。慎子曰、王明日朝群臣、皆令献其計。上柱国子良入見。王曰、寡人之得求反、*王*墳墓、復群臣、帰社稷也、以東地五百里許斉。斉令使来求地。為之奈何。子良曰、王不可不与也。王身出玉声、許強万乗之斉而不与、則不信。後不可以約結諸侯。請与而復攻之。与之信。攻之武。臣故曰与之。子良出。昭常入見。王曰、斉使来求東地五百里。為之奈何。昭常曰、不可与也。万乗者以地大為万乗。今去東地五百里、是去戦国之半也。有万乗之号、而無千乗之用也。不可。臣故曰、勿与。常請守之。昭常出。景鯉入見。王曰、斉使来求東地五百里。為之奈何。景鯉曰、不可与也。雖然楚不能独守。王身出玉声許万乗之強斉也、而不与、負不義於天下。楚亦不能独守。臣請西索救於秦。景鯉出。慎子入。王以三大夫計告慎子曰、子良見寡人曰、不可不与也。与而復攻之。常見寡人曰、不可与也。常請守之。鯉見寡人曰、不可与也。雖然楚不能独守也。臣請索救於秦。寡人誰用於三子之計。慎子対曰、王皆用之。王怫然作色曰、何謂也。慎子曰、臣請効其説。而王且見其誠然也。王発上柱国子良、車五十乗、而北献地五百里於斉、発子良之明日、遣昭常為大司馬、令往守東地、遣昭常之明日、遣景鯉車五十乗、西索救於秦。王曰、善。乃遣子良北献地於斉、遣子良之明日、立昭常為大司馬、使守東地、又遣景鯉西索救於秦。子良至斉。斉使人以甲受東地。昭常応斉使曰、我典主東地。且与死生。悉五尺至六十、三十余万。弊甲鈍兵、願承下塵。斉王謂子良曰、大夫来献地。今常守之、何如。子良曰、臣身受命弊邑之王。是常矯也。王攻之。斉王大興兵攻東地、伐昭常。未渉、疆*秦以五十万臨斉右壌曰、夫隘楚太子弗出、不仁。又欲奪之東地五百里、不義。其縮甲則可。不然則願待戦。斉王恐焉。乃請子良、南道楚、西使秦、解斉患。士卒不用、東地復全。

▼収拾不可能かと思われるほどに異なった三つの献策を、片手落ちなく、それぞれに面目をほどこさせた上で、一国の安泰を得させた慎子《しんし》の深謀ぶりは見事である。

六二　王者は度《ど》を得て、覇者《はしゃ》は計を知る

斉《せい》と魏《ぎ》が馬陵《ばりょう》で戦い、斉がおおいに魏に打ち勝って、太子申《たいししん》を殺し、十万の軍勢を覆滅した。魏王は恵施《けいし》を召し出して問うた。「斉は私の仇敵《きゅうてき》である。この恨みは死んでも忘れまい。我が国は小国ながら、私は全兵力を挙《あ》げて攻撃したいものと思い続けているが、どんなものだろう」と。

答えて、「いけません。臣は、『王者は法度《ほうど》を心得《こころえ》、覇者は計略を知悉《ちしつ》する』と聞いています。ただいま王が臣に仰《おお》せになりましたことは、法度に疎《うと》く、計略に迂遠《うえん》であります。王にはもともと、先に趙《ちょう》に恨みを抱かれ、のちに斉と戦われたのでした。いま、戦って敗れ、国には守戦の備えさえありませんのに、王には全軍を挙げて斉を攻撃しようとお考えです。これは臣がいま、申し上げましたのと異なります。王がもし、斉にお報いになろうとするならば、お召し物を変え、節を屈して斉に参朝《さんちょう》なさることです。楚王《そおう》は怒るにちがいありません。王には、人を二国の間に泳がせて組みつかせるようになされば、楚は必ず斉を討ちましょう。休養のとれている楚が疲弊《ひへい》している斉を討つのですから、斉王は必ず楚の虜《とりこ》となりましょう。つまり王は楚を使って斉をお毀《こぼ》ちになるわけなのです」と。

魏王は「なるほど」と言った。そこで、使者を立てて斉に申し入れさせた。「臣として養われる者として、参朝させていただきとう存じます」と。斉の相田嬰《でんえい》は許そうとした。張丑《ちょうちゅう》は「いけません。戦って魏に勝たないで、しかも参朝の礼を受け、魏と合同で楚に進撃す

るならば、それは大勝利を収めることができましょう。いま、戦って魏に勝ち、十万の軍勢を覆滅して、太子申を虜にし、万乗の国の魏を臣として、秦・楚を見下《みさ》げるなど、それは向こう見ずもいいところです。そのうえ、楚王の人柄ときては、戦争好きで、しかも名義にこだわるときています。終局的に斉にとっての憂患となる国は、楚であるにちがいないのです」と言ったが、田嬰は聞き入れず、そのまま魏王の請いを入れて、魏王とともに並んで斉《せい》侯《こう》に朝見《ちょうけん》すること、再三に及んだ。趙《ちょう》ではこの斉の動きを憎らしいことと思ったし、楚《そ》王《おう》は怒ってみずから将となって斉を討った。趙もこれに呼応し、おおいに斉を徐州《じょしゅう》に打ち破った。（三二六　魏上　恵王8）

斉《せい》・魏《ぎ》馬陵に戦う。斉大《おお》いに魏に勝ち、太子《たいし》申《しん》を殺し、十万の軍を覆《くつがえ》す。魏王恵施《けいし》を召して之《これ》に告げて曰《いわ》く、「夫《そ》れ斉は寡人《かじん》の讎《あだ》なり。之を怨《うら》むこと死に至るまで忘れじ。国小と雖《いえど》も、吾《われ》常に悉《ことごと》く兵を起こして之を攻めんと欲す。何如《いかん》」と。対《こた》えて曰く、「不可なり。臣之《これ》を聞く、『王者は度《ど》を得て、覇者《はしゃ》は計を知る』と。今王の臣に告ぐる所以《ゆえん》の者は、度に疏《うと》くして、計に遠し。王固《もと》より先に怨を趙《ちょう》に属し、而《しか》る後斉《せい》と戦う。今戦って勝たず、国守戦の備《そな》え無し。王又《ま》た悉く起こして斉を攻めんと欲す。此《こ》れ臣の謂《い》う所に非《あら》ざるなり。王若《も》し斉に報ゆるを欲せんか、則ち因《よ》って服を変じ節を折りて斉に朝《ちょう》せんには如《し》かず。楚《そ》王《おう》必ず怒らん。王人を遊《あそ》ばしめて其の闘《たたかい》を合わせば、則《すなわ》ち楚《そ》必ず斉を伐《う》たん。休楚《きゅうそ》を以《もっ》て罷斉《ひせい》を伐たば、則ち必ず楚の禽《とりこ》と為《な》らん。是《こ》れ王 楚を以て斉を毀《やぶ》るなり」と。魏王曰《いわ》く、「善し」と。乃《すなわ》ち人をして斉に報ぜ使《し》む、「願わくは臣畜《しんきく》として朝《ちょう》せん」と。田嬰《でんえい》許諾す。張丑《ちょうちゅう》曰く、「不可なり。戦って魏に勝たずして朝礼《ちょうれい》を得《え》、魏と和して楚に下《くだ》さば、此《こ》れ 以て大いに勝つ可《べ》きなり。今 戦って魏に勝ち、十万の軍を覆《くつがえ》して、太《たい》子申《ししん》を禽《とりこ》にし、万乗の魏を臣として、秦・楚を卑《いや》しむは、此れ 其の暴戻《ぼうれい》 定まれり。且《か》つ楚王の人と為《な》りや、兵を用うるを好みて甚だ名を務《つと》む。終《つい》に斉の患《うれい》を為さん者は、必ず楚ならん」と。田嬰聴《き》かず。遂《つい》に魏王を内《い》れて、之《これ》と並《なら》びて斉侯に朝すること再三なり。趙氏之を醜《にく》む。楚王怒り、自ら将として斉を伐つ。趙之《これ》に応じ、大いに斉を徐州《じょしゅう》に敗《やぶ》る。

斉魏戦於馬陵。斉大勝魏、殺太子申、覆十万之軍。魏王召恵施而告之曰、夫斉寡人之讎也。怨之至死不忘。国雖小、吾常欲悉起兵而攻之。何如。対曰、不可。臣聞之、王者得度、而覇者知計。今王所以告臣者、疏於度、而遠於計。王固先属怨於趙、而後与斉戦。今戦不勝、国無守戦之備。王又欲悉起而攻斉。此非臣之所謂也。王若欲報斉乎、則不如因変服折節而朝斉。楚王必怒矣。王游人而合其闘、則楚必伐斉。以休楚而伐罷斉、則必為楚禽矣。是王以楚毀斉也。魏王曰善。乃使人報於斉、願臣畜而朝。田嬰許諾。張丑曰、不可。戦不勝魏而得朝礼、与魏和而下楚、此可以大勝也。今戦勝魏、覆十万之軍、而禽太子申、臣万乗之魏、而卑秦楚、此其暴於戻定矣。且楚王之為人也、好用兵而甚務名。終為斉患者、必楚也。田嬰不聴。遂内魏王、而与之並朝斉侯再三。趙氏醜之。楚王怒、自将而伐斉。趙応之、大敗斉於徐州。

▼有名な馬陵《ばりょう》の戦の後始末である。馬陵の戦は孫臏《そんぴん》が魏《ぎ》の将龐涓《ほうけん》を樹下《じゅか》に死せしめたのであった（『史記』「孫子呉起列伝」）。この孫臏の先祖の孫武《そんぶ》が書いたといわれる兵法書に、「実《じつ》なれば而《すなわ》ち之《これ》に備《そな》え、強ければ而ち之を避《さ》く。怒りて之を撓《たわ》まし、卑《くだり》て之を驕《おご》らしむ」（『孫子』巻一「計」）とある。恵施《けいし》はまさにこの計を用いたのである。だがこの 謀《はかりごと》 に斉が乗せられたということは、いったい、孫臏《そんぴん》はこのとき、斉の国で何をしていたのであろうか。張丑《ちょうちゅう》が、太子《たいし》申《しん》を禽（とりこ）にし、というのも分からない。

伐《ばつ》 謀《ぼう》

六三　之《これ》に一骨を投ずれば、軽《たちま》ち起《た》って相牙《あいか》む者は何ぞや

天下の策士たちが合従《がっしょう》して趙《ちょう》に集まり、秦《しん》を攻めようとした。秦の相応侯《おうこう》は言った、「王、御心配には及びません。さっそく、やめさせてお目に掛けましょう。秦と天下の策士たちとの関係に、恨《うら》みがわだかまっているわけではありません。策士たちが集まって秦を攻めようとするのは、自分が富貴《ふうき》になりたいからなのです。王、王がお飼いになっている犬を御覧ください。伏しているものは伏し、起き上がっているものは起き上がり、歩いているものは歩き、立ち止まっているものは止まっていて、けんかするものはおりませんでしょう。ところが、そこへ骨を一本投げ与えようものなら、ぱっと飛び起きてかみ合いするのは、何故《なぜ》でございましょう。それは争う意欲が起こったからなのです」と。

かくて、唐睢《とうしょ》に、歌妓の一隊を車で運ばせ、五千金を渡して武安《ぶあん》に腰をすえて、盛大に宴を張り、策士たちとともに酒を飲ませることとした。そして、こう言い含めた。「邯鄲《かんたん》に集まっている人々のうちでこの金を取りに来るのはだれだろうか。その際、秦の攻略を謀《はか》っている者には、けっして与えるわけにはいかない。与えてよい者に与えなさい。与えた者とは兄弟のように親しくしなさい。あなたが秦のために実績を上げるためならば、金の行方は問題ではない。金が使い果たされるならば、利益はそれだけ多いであろう。そのときにはすぐ、だれかにまた五千金を車に載せて行かせ、あなたの指揮下に入らせよう」と。唐睢が旅して武安に着き、三千金もばらまけないでいるうちに、もう天下の策士たちは盛んに角突《つのつ》き合いを始めたのであった。（八一　秦下　昭襄王9）

天下の士合従《がっしょう》し、趙《ちょう》に相聚《あいあつま》って、秦《しん》を攻めんと欲す。秦の相応侯《おうこう》曰く、「王憂《うれ》うる勿《なか》れ。請《こ》う今《すなわ》ち之《これ》を廃せん。秦　天下の士に於《おい》て、怨《うらみ》有るに非《あら》ざるなり。相聚《あつま》って秦を攻むる者は、己《おのれ》の富貴《ふうき》を欲するを以《もっ》てなるのみ。王　大王の狗《いぬ》を見よ。臥《ふ》する者は臥し、起《た》つ者は起ち、行く者は行き、止《とどま》る者は止り、相与《あいとも》に闘う者毋《な》し。之《これ》に一骨を投ずれば、軽《たちま》ち起《た》って相牙《あいか》む者は何ぞや。則ち争意《そうい》有ればなり」と。是《ここ》に於《おい》て唐雎《とうしょ》をして音楽を載《の》せ、之《これ》に五千金を予《あた》え武安《ぶあん》に居《お》り、高会《こうかい》し相与《あいとも》に飲ま使《し》め、謂《い》えらく、「邯鄲《かんたん》の人、誰か来《きた》って取る者ぞ。是《ここ》に於て其《そ》の謀《はか》る者には固《まこと》に未《いま》だ得て予《あた》う可《べ》からざるなり。其の得て与う可き者には之を与えよ、昆弟《こんてい》たれ。公 秦の与に功を計らんには、金の之く所を問わず。金 尽きなば功多からん。今人をして復《ま》た五千金を載《の》せて公に随《したが》わ令《し》めん」と。唐雎行《ゆ》いて武安に至り、散ずること三千金なること能《あた》わずして、天下の士大《おお》いに相与に闘う。

天下之士合従、相聚於趙而欲攻秦。秦相応侯曰、王勿憂也。請令廃之。*秦於天下之士、非有怨也。相聚而攻秦者、以己欲富貴耳。王見大王之狗。臥者臥、起者起、行者行、止者止、毋相与闘者。投之一骨、軽起相牙者何。則有争意也。於是唐雎載音楽、予之五十金居*武安、高会相与飲、謂、邯鄲人誰来取者。於是其謀者固未可得予也。其可得与者与之、昆弟矣。公与秦計功者、不問金之所之。金尽者功多矣。今令人復載五十金随公。*唐雎行至*武安、散不能三千金、天下之士大相与闘矣。

▼『孫子《そんし》』に「戦わずして人の兵を屈するは、善の善なる者なり。故《ゆえ》に上兵《じょうへい》は謀《はかりごと》を伐《う》ち、其《そ》の次は交《まじわ》りを伐ち、其の次は兵を伐つ」（巻三「謀攻」）という。この物語は正《まさ》しく謀を

伐ったのである。

▼人間の欲深さを見事に逆手《さかて》にとった謀略である。また、戦国の世の説士《ぜいし》・策士とよばれる衆多の人士《じんし》が、決して高遠な政治理想によってばかり動いていたのではないことが、いとも鮮明に描かれている。

破《は》　謀《ぼう》

六四　子焉《いずく》よりか之《これ》を聞ける。犀首《さいしゅ》臣に告ぐ

甘茂《かんぼう》は秦《しん》にあって宰相を務めていた。秦王は公孫衍《こうそんえん》がお気に入りで、公孫衍とこっそり内緒話をなさったのだったが、その折、王みずから、「私はあなたを宰相にしようと思っている」と言われた。甘茂の属吏が通りすがりにこれを聞いて、そのことを甘茂に告げた。甘茂はそこで入朝《にゅうちょう》して王にまみえ、「王には、優《すぐ》れた宰相を得られましたこと、あえて再拝し賀《が》し奉ります」と言った。王「私は国をあなたに託しています。どうしてこのうえ、優れた宰相を得ることなどあろう」。答えて言う、「王には犀首《さいしゅ》（公孫衍）を宰相となさるおつもりでは」。王「あなたはどこからそれをお聞きか」。答えて、「犀首が私に話しました」。王は犀首が秘密を漏《も》らしたことを怒り、やがて放逐《ほうちく》したのであった。（六五　秦上　武王13）

甘茂《かんぼう》 秦《しん》に相《しょう》たり。秦王 公孫衍《こうそんえん》を愛し、之《これ》と与《とも》に間《ひそ》かに言う所有り。因《よ》って自《みずか》ら之に謂《い》って曰《いわ》く、「寡人《かじん》 且《まさ》に子《し》を相《しょう》とせんとす」と。甘茂の吏《り》 道にして之を聞いて、以《もっ》て甘茂に告ぐ。甘茂因《よ》って入《い》って王に見《まみ》えて曰く、「王 賢相《けんしょう》を得たり。敢《あえ》て再拝して賀《が》す」と。王曰く、「寡人《かじん》 国《くに》を子《し》に託す。焉《いずく》んぞ更に賢相を得ん」と。対《こた》えて曰く、「王 且《まさ》に犀首《さいしゅ》を相とせんとす」と。王曰く、「子《し》 焉《いずく》よりか之を聞ける」と。対えて曰く、「犀首 臣《しん》に告ぐ」と。王 犀首の泄《もら》せるを怒るや、乃《すなわ》ち之を逐《お》う。

甘茂相秦。秦王愛公孫衍、与之間有所立*。因自謂之曰、寡人且相子。甘茂之吏、道而聞之、以告甘茂。甘茂因入見王曰、王得賢相。敢再拝賀。王曰、寡人託国於子。焉更得賢相。対曰、王且相犀首。王曰、子焉聞之。対曰、犀首告臣。王怒於犀首之泄也、乃逐之。

▼内緒話の難しさ、危うさを実によく映し出している話である。いまの社会でも、これがそっくり当て嵌《は》まる人事劇が繰り返されているのではないか。

六五　功無きの賞《しょう》、力無きの礼《れい》は、察せずんばある可《べ》からず

晋《しん》の知伯《ちはく》は衛《えい》を討とうと思って、衛君に良馬四頭と白璧《はくへき》一個とを贈った。衛君はたいそう喜び、群臣 皆な慶賀した。ところが、南文子《なんぶんし》は心配そうな顔つきをしているので、衛君は

言った、「晋のような大国がおおいに好意を示してくれたのに、あなたは心配げな顔つきをしているのは、どうしてか」と。文子「なんの功績もないのに賞をもらったり、なんの骨折りもしていないのに礼をもらったりするについては、よく考えてみなくてはいけないのです。それに、良馬四頭と白璧一個など、これは小国が執《と》る礼です。にもかかわらず大国が執って来ました。我が君には対策をお立てください」。衛君はこの南文子の進言によって辺境に通達し守備を怠《おこた》らぬようにさせた。果たして知伯は軍を起こして衛を襲撃して来たが、国境まで来て引き返した。そしてこう言った。「衛には賢人がいる。私の謀《はかりごと》を見抜きよったわい」。（四七〇　衛　悼公2）

智伯《ちはく》衛《えい》を伐《う》たんと欲し、衛君に野馬《やば》四《し》・白璧一《はくへきいつ》を遺《おく》る。衛君大いに悦《よろこ》ぶ。群臣皆《み》な賀《が》す。南文子《なんぶんし》憂色有り。衛君曰《いわ》く、「大国大いに懽《かん》す。而《しか》るに子《し》憂色有るは、何ぞや」と。文子曰く、「功無きの賞《しょう》、力無きの礼《れい》は、察せずんばある可《べ》からざるなり。野馬四・白璧一は、此《こ》れ小国の礼なり。而るに大国之《これ》を致《いた》す。君其《そ》れ之を図れ」と。衛君其《そ》の言《げん》を以《もっ》て辺境に告ぐ。智伯果たして兵を起こして衛を襲い、境に至って反《かえ》る。曰く、「衛に賢人有り。先《ま》ず吾《わ》が謀《はかりごと》を知る」と。

智伯欲伐衛、遺衛君野馬四百白璧一。衛君大悦。群臣皆賀。南文子有憂色。衛君曰、大国大懽。而子有憂色何。文子曰、無功之賞、無力之礼、不可不察也。野馬四百璧一*、此小国之礼也。而大国致之。君其図之。衛君以其言告辺境。智伯果起兵而襲衛、至境而反。曰、衛有賢人。先知吾謀也。

▼『六韜《りくとう》』に「文伐《ぶんばつ》」という、兵を用いないで伐《う》つ法を述べている巻があり、その第八に「賂《まいな》うに重宝を以《もっ》てし、因《よ》って之《これ》と謀《はか》り、謀って之《これ》を利す。之を利すれば必ず信ず」とある。智伯はまさにこの法を用いたのであるが、南文子によって見破られたのである。

治《ち》　国《こく》

六六　百人　瓢《ひさご》を輿《にの》うて趨《はし》るは、一人持ちて走るの疾《と》きに如《し》かず

応侯《おうこう》（范雎《はんしょ》）が昭王《しょうおう》（昭襄王《しょうじょうおう》）に申し上げた。「王も、恒思《こうし》と申します所に鎮守《ちんじゅ》の森がございましたのをお聞き及びでしょうか。その恒思に向こう見ずの若者がおりまして、この森と双六《すごろく》をしようと挑《いど》みました。『おれがおまえに勝ったら、おまえさんはおれ様に、神様を三日間、貸してくれ。おれがおまえに負けたら、おまえはこのおれをさんざんな目に遭《あ》わせな』と申しまして、さてと、左手で森の分のさいころを投げ、右手で自分の分のさいころを投げて、森に勝ちました。森は神様を三日間、貸し出しました。森は返してもらいに行ったのですが、若者はそのままとうとう返しませんでした。五日経《た》つと森は枯れ、七日経つと森はなくなってしまいました。いま、秦のお国は王にとっての森、朝廷の権勢は王にとっての神様です。神様を人に貸し出して、それで危険がなくて済むものでしょうか。

　臣は、指がひじよりも太く、ひじが太ももより太い、などということは聞いたためしがございません。そんな人がもしおりましたら、よほどひどい病にちがいありますまい。また、百人がかりで瓢《ひさご》を担《かつ》いで走るよりは、一人で持って走るほうがよほど速いのです。本気で百人が一つの瓢を担いだ日には、瓢は裂《さ》けるに決まっています。いま、秦のお国は、華陽君《かようくん》が取りしきり、穰侯《じょうこう》が取りしきり、太后《たいこう》が取りしきられ、そして、王も取りしきっておられます。瓢が器《うつわ》の用をなすに足《た》らぬものなら、それまでのことですが、瓢が器の用をなすに足《た》るものであるかぎり、お国は裂けるに決まっておりますぞ。

　臣が聞くところでは『木の実がたわわに実れば、枝は折れるに決まったもの。枝が折れると幹《みき》まで傷《いた》む。都が大きくなると国が危うくなり、臣下が強くなると主君が危うくなる』と申します。いったい、郡邑《ぐんゆう》のなかでの小役人をはじめ尉《い》や内史《ないし》の官に至るまでにも、また、王の左右にはべる近臣にも、相国《しょうこく》穰侯の傘下《さんか》の人でない者がおりましょうか。国に事がなければけっこうですが、臣には、国家有事の際、王がたった一人で朝廷にお立ちになるお姿が目に見えるようです。臣は心ひそかに王のために心配しております。万世《ばんせい》ののち、お国を保つかたが、王の御子孫でないのではないかと心配なのです。

臣は、『いにしえの政治に巧みなる君主は、その威勢は国内において保持され、補佐の功は国外に行き渡り、四方よく治まり、政治は秩序を乱さず道理に逆《さか》らわず、外国へ使いする者は、道理に従ってまっすぐに行動し、けっして道理に外《はず》れたことをしない』と聞いています。ところがいま、太后の使者（穰侯）は、諸侯の仲を裂き、兵符を天下（山東《さんとう》）の諸侯に分け与え、大国の勢いをかさに着て、強引《ごういん》な徴兵を行って、諸侯を討伐しておられます。戦って勝ち、攻めて取れば、その利益はことごとく陶《とう》（穰侯の封邑《ほうゆう》）のものとなり、国への礼物である幣帛《へいはく》は、すっかり太后の家に収められ、国内で上がった利益は華陽君《かようくん》に分譲されるでしょう。『君主の地位を危うくして国を滅ぼす』と昔から申します道の、これが出発点であるに違いありません。三人の高貴なかたが国の利益を吸い尽くして、みずから安閑《あんかん》としておられます。これでは政令がどうして王からお出しになれましょう。政権がどうして分裂せずに済《す》みましょう。つまり、果たせるかな王は、三分の一の権力の座にお座りなのでございます」と。（七八　秦下　昭襄王4）

応侯《おうこう》昭王《しょうおう》に謂《い》って曰《いわ》く、「亦《ま》た恒思《こうし》に神叢《しんそう》有るを聞けるか。恒思に悍《かん》少年有り。叢と博《ばく》せんことを請《こ》うて曰く、『吾《われ》叢に勝たば、叢我《われ》に神を籍《か》すこと三日なれ、叢に勝たずんば、叢我を困《くるし》めよ』と。乃《すなわ》ち左手《さしゅ》にて叢の為に投じ、右手《ゆうしゅ》にて自《みずか》らの為に投ず、叢に勝つ。叢其《そ》の神を籍すこと三日、叢往《ゆ》いて之《これ》を求む。遂《つい》に帰さず。五日にして叢枯《か》れ、七日にして叢亡《ほろ》びぬ。今国は王の叢なり、勢いは王の神《しん》なり。人に籍すに此《これ》を以《もっ》てせば、危《あや》うき無きを得《え》んや。臣未《いま》だ嘗《かつ》て指の臂《ひじ》よりも大《だい》に、臂の股《もも》よりも大なるを聞《き》かず。若《も》し此《こ》れ有らば、則《すなわ》ち病《やまい》必ず甚《はなはだ》しからん。百人瓢《ひさご》を輿《にの》うて趨《はし》るは、一人持《も》ちて走るの疾《と》きに如《し》かず。百人誠《まこと》に瓢を輿《にな》わば、瓢必ず裂《さ》けん。今秦国《しんこく》は華陽《かよう》之を用い、穰侯《じょうこう》之を用い、太后《たいこう》之を用い、王も亦《ま》た之を用う。瓢の器為《きた》るに称《かな》わずば、則《すなわ》ち已《や》まん。瓢の器為るに称わば、国必ず裂《さ》けん。臣之を聞く、『木の実繁《しげ》る者は枝必ず披《さ》け、枝の披《さ》くる者は其《そ》の心《しん》を傷《やぶ》る。都《と》大《だい》なれ者《ば》其の国を危うくし、臣強けれ者《ば》其の主《しゅ》を危うくす』と。其れ令邑《れいゆう》の中、斗食《としょく》以上自《よ》り、尉《い》・内史《ないし》に至《いた》るまで、及び王の左右に、相国《しょうこく》の人に非《あら》ざる者有るか。国事無くば則ち已《や》まん。国事有らば、臣必ず王の独《ひと》り庭《てい》に立つを見ん。臣窃《ひそ》かに王の為に恐る。恐らくは万世《ばんせい》の後、国を有《たも》つ者は、王の子孫に非ざらんことを。臣聞く、『古《いにしえ》の善く政《まつりごと》を為《な》すものは、其の威《い》内に扶《たす》け、其の輔《ほ》外に布《し》き、四《よ》も治まり政乱《みだ》れず逆《さか》らわず、使者は道を直《なお》くして行い、敢《あえ》て非を為さざりき』と。今太后《たいこう》の使者、諸侯を分裂して、符《ふ》天下に布《し》き、大国の勢いを操《と》って、強《あながち》に兵を徴《ちょう》し、諸侯を伐《う》つ。戦って勝ち攻めて取れば、利は尽《ことごと》く陶《とう》に帰し、国の幣帛《へいはく》は竭《ことごと》く太后の家に入《い》り、竟内《きょうない》の利は、華陽《かよう》に分移《ぶんい》せらる。古《いにしえ》の所謂《いわゆ》る『主を危うくし国を滅ぼす』の道、必ず此《これよ》従り起こらん。三貴《さんき》国を竭《つく》して以《もっ》て自ら安《やす》んず。然《しか》らば則ち令何《れいなん》ぞ王従《よ》り出《い》ずるを得ん。権何《なん》ぞ分かるる毋《な》きを得ん。是《こ》れ王果たして三分の一に処《お》るなり」と。

応侯謂昭王曰、亦聞恒思有神叢与。恒思有悍少年、請与叢博曰、吾勝叢、叢籍我神三日、不勝叢、叢困我。乃左手為叢投、右手自為投、勝叢。叢籍其神三日、叢往求之。遂弗帰。五日而叢枯、七日而叢亡。今国者王之叢。勢者王之神。籍人以此、得無危乎。臣未嘗聞指大於臂、臂大於股。若有此則病必甚矣。百人輿瓢而趨、不如一人持而走疾、百人誠輿瓢、瓢必裂。今秦国華陽用之、穰侯用之、太后用之、王亦用之。不称瓢為器、則已。*已称瓢為器、国必裂矣。臣聞之也、木実繁者枝必披、枝之披者傷其心。都大者危其国、臣強者危其主。*其令邑中自斗食以上、至尉内史、及王左右、有非相国之人者乎。国無事則已。国有事臣必聞見王独立於庭也。臣窃為王恐。恐万世之後、有国者非王子孫也。臣聞、古之善為政也、其威内扶、其輔外布、四治政不乱不逆、使者直道而行、不敢為非。今太后使者、分裂諸侯、而符布天下、操大国之勢、強徴兵伐諸侯。戦勝攻取、利尽帰於陶、国之幣帛、竭入太后之家、竟内之利、分移華陽。古之所謂危主滅国之道、必従此起。三貴竭国以自安。然則令何得従王出。権何得毋分。是*我王果処三分之一也。

▼『戦国策』の時代には後世の皇帝に見られる権威は確立していない。大部分の国では、臣下が主家を簒奪《さんだつ》した、あまり正統性のない王であるため、本書七二（一五五）に見られるように、いつ臣下に取って代わられるか分からない状態であった。こういう状態の下

で、ひとり秦《しん》は、早くから王の権威を高めて行き、始皇帝《しこうてい》に象徴される絶対権力により、天下を統一することとなる。

▼「神叢《しんそう》」について、『史記』「陳渉世家《ちんしょうせいか》」の「又《ま》た間《ひそか》に呉広《ごこう》をして次《やどり》の近所の旁《かたわら》の叢祠《そうし》の中に之《ゆ》かしめ」の『索隠《さくいん》』に、「高誘《こうゆう》『戦国策』に注して云う、叢祠は神祠の叢樹なり、と」とある。『墨子《ぼくし》』「明鬼《めいき》下」に「必ず木の脩《なが》く茂れる者を択《えら》び、立てて以て叢位と為《な》す」。

六七　一里の厚《こう》にして千里の権を動かす者は地の利なり

三晋《さんしん》（趙《ちょう》・魏《ぎ》・韓《かん》）が知氏《ちし》（知伯《ちはく》）を破って、その土地を分割することになった。そのとき段規《だんき》が韓王に言った。「土地の分割に際しては、ぜひとも成皋《せいこう》をお取りなさい」と。韓王「成皋は石だらけの土地である。私の役に立たない」。段規「違います。臣が聞くところでは『一里四方の広さでも、千里四方の主権を震動せしめるのは、地の利によるからである。一万の軍勢でも、三軍を打ち破るのは、敵の不意をつくからである』と申します。王が臣の言《げん》をお取り上げになれば、韓はきっと鄭《てい》を取ることになりましょう」。王は「なるほど」と言い、段規の言うとおり成皋を取った。のち韓が鄭を取ることとなったとき、果たして成皋を作戦基地とした。（三六〇　韓　康子1）

三晋《さんしん》已《すで》に智《ち》氏《し》を破り、将《まさ》に其《そ》の地を分《わ》かたんとす。段規《だんき》韓王《かんおう》に謂《い》って曰《いわ》く、「地を分かたば必ず成皋《せいこう》を取れ」と。韓王曰く、「成皋は石溜《せきりゅう》の地なり。寡人《かじん》之《これ》を用うる所無し」と。段規曰く、「然《しか》らず。臣聞く、『一里の厚《こう》にして、千里の権を動かす者は、地の利なり。万人の衆にして、三軍を破る者は、不意なり』と。王臣の言《げん》を用いば、則《すなわ》ち韓《かん》必ず鄭《てい》を取らん」と。王曰く、「善し」と。果たして成皋を取る。韓の鄭を取るに至るや、果たして成皋従《よ》り始む。

三晋已破智氏、将分其地。段規謂韓王曰、分地必取成皋。韓王曰、成皋石溜之地也。寡人無所用之。段規曰、不然。臣聞、一里之厚、而動千里之権者、地利也。万人之衆、而破三軍者、不意也。王用臣言、則韓必取鄭矣。王曰、善。果取成皋。至韓之取鄭也、果従成皋始。

▼成皋《せいこう》の地は黄河《こうが》と伊水《いすい》の合流点近くにあり、交通防衛の要衝《ようしょう》で、『戦国策』にも十数回出て来る場所である。たとえば、蘇秦《そしん》は韓王《かんおう》に合従《がっしょう》を説いて「韓は北に鞏《きょう》・洛《らく》・成皋《せいこう》の固《かた》め有り」と言い（本書三四、三六四）、また秦《しん》を伐《う》つために五国の兵をここに留めている（二六二）、あるいは逆に張儀《ちょうぎ》は、秦が成皋を取ると韓は秦の臣となるであろうと言っている（三六五）。

▼「三軍」は大国の保有する軍。『周礼《しゅらい》』「夏官」の序官に「凡《およ》そ軍を制すること、万有二千五百人を軍と為《な》す。王は六軍《りくぐん》、大国は三軍、次国は二軍、小国は一軍」。「石溜《せきりゅう》之地」は『文選《もんぜん》』「魏都賦《ぎとのふ》」の李善《りぜん》注にこの句を引いて「石留の地は、土地の石多きこと、猶《な》お人物の留結《りゅうけつ》有るがごとくなるに喩《たと》うるなり」という。「溜」と「留」は同じ。

六八　此《こ》れ烏《からす》　烏と為《な》さず、鵲《かささぎ》　鵲と為さざるなり

史疾《ししつ》が韓《かん》のために楚《そ》に使《つかい》したとき、楚王が「客人には、どういう学術を専門としてお修《おさ》めか」と尋ねた。「列圉寇《れつぎょこう》の学を修めました」。「何を尊ぶかね」。「正を尊びます」。王「正ということでも、国を治めることができようか」。「できます」。王「楚の国には盗賊が多いが、正ということで、盗賊を防ぐことができようか」。「できます」。「正でもって盗賊を防ぐには、どうするのかね」。

とかくするうちに、一羽の鵲《かささぎ》が屋根の上に止まった。「ちょっとお伺《うかが》いいたしますが、楚の人々はあの鳥をなんとおよびですか」。王「鵲と言っている」。「烏《からす》とよんでもよろしいでしょうか」。「それはいけない」。「いま、王のお国には、柱国《ちゅうこく》・令尹《れいいん》・司馬《しば》・典令《てんれい》といった高官が設けられていて、官吏をそれらの官職に任命されるに際しては、決まって『廉潔《れんけつ》な人物で適任である』と仰せです。ところがいま、盗賊が大手を振ってまかり歩いているのに、ふせぎ止めることができないでおいでです。それこそ、烏を烏となさらず、鵲を鵲となさらな

いでいることになります」。（四〇三　楚　考烈王8）

史疾《しっ》 韓《かん》の為に楚《そ》に使《つか》いす。楚王《そおう》 問うて曰《いわ》く、「客《かく》 何《なん》の方《みち》にか循《したが》う所ぞ」と。曰く、「列《れつ》子圉寇《しぎょこう》の言《げん》を治む」と。曰く、「何をか貴《たっと》ぶ」と。曰く、「正《せい》を貴ぶ」と。王曰く、「正も亦《ま》た国を為《おさ》む可《べ》きか」と。曰く、「可《か》なり」と。王曰く、「楚国 盗《とう》 多し。正は以《もっ》て盗を圉《ふせ》ぐ可きか」と。曰く、「可《か》なり」と。曰く、「正を以て盗を圉ぐは、奈何《いかん》せん」と。頃間《しばら》くありて、鵲《かささぎ》の屋上に止《とど》まる者有り。曰《いわ》く、「請い問《こ》う、楚人 此《こ》の鳥を何とか謂《い》う」と。王曰く、「之《これ》を鵲と謂う」と。曰く、「之を烏《からす》と謂わば可ならんか」と。曰く、「不可なり」と。曰く、「今 王の国に、柱国《ちゅうこく》・令尹《れいいん》・司馬《しば》・典令《てんれい》有り。其《そ》の官に任じ吏《り》を置くや、必ず『廉潔《れんけつ》にして任に勝《た》う』と曰《い》う。今 盗賊 公行《こうこう》して、而《しか》も禁ずること能《あた》わざるなり。此れ烏 烏と為《な》さず、鵲 鵲と為さざるなり」と。

史疾為韓使楚。楚王問曰、客何方所循。曰、治列子圉寇之言。曰、何貴。曰、貴正。王曰、正亦可為国乎。曰、可。王曰、楚国多盗。正可以圉盗乎。曰、可。曰、以正圉盗奈何。頃間、有鵲止於屋上者。曰、請問、楚人謂此鳥何。王曰、謂之鵲。曰、謂之烏可乎。曰、不可。曰、今王之国、有柱国令尹司馬典令。其任官置吏、必曰廉潔勝任。今盗賊公行、而弗能禁也。此烏不為烏、鵲不為鵲也。

▼列子《れっし》の名圄寇《ぎょこう》を耳にして、盗（寇）を防（圄）ぐ法を尋ねた王は、しゃれたつもりなのだろうか。『列子』に、道傍《みちわき》に餓《う》えていた男が食物を与えられ、三口ほど食べてから、食をくれたのが大盗人の丘《きゅう》であると知り、むりに吐き出そうとしても出ぬうち死んでしまった、という話を記し、「而《しか》れども食は盗めるに非《あら》ざるなり、人の盗なるを以《もっ》て因《よ》りて食を謂《い》うて盗と為《な》して敢《あえ》て食《くら》わざるは、是《こ》れ名実を失える者なり」と言う（巻八「説符篇」）。

使《し》人《じん》

六九　必ず鳥有り鳥無きの際《さい》に張る

杜赫《とかく》は、景翠《けいすい》が周《しゅう》で重んぜられるようにと思い、周君に言った。「君のお国は小さいので、君の重宝珠玉をすっかり取り出して諸侯の歓心を買うなどということは、よほどよく考えてなさらねばいけません。たとえて申せば、霞網《かすみあみ》を張る者が、鳥のいない所に張りましたのでは、終日待っても獲物はありますまい。かといって鳥の多い所に張りましたのでは、鳥を驚かしてしまいます。まず鳥がいる所といない所との境際《ぎわ》に張ってこそ、たくさん鳥を取ることができるのです。いま、君が貴顕《きけん》の人に恩恵を与えられても、貴顕の人は君を軽《かろ》んじます。卑賤《ひせん》の人に恩恵を与えられても、卑賤の人には求めうるものはなく、そのうえ財を費やすることになります。君にはぜひとも、いま、困窮している士で、必ず貴顕の人となる者に恩恵を与えられることです。そうすれば、御希望どおりになりましょう」。（一七　東周　恵王）

14

杜赫《とかく》景翠《けいすい》を周《しゅう》に重《おも》くせんと欲して、周君に謂《い》って曰《いわ》く、「君の国《くに》小《しょう》、君の重宝《じゅうほう》珠玉《しゅぎょく》を尽《つ》くして、以《もっ》て諸侯に事《つか》う。察せずんばある可《べ》からず。之《これ》を譬《たと》うるに、羅《あみ》を張る者の如《ごと》し。鳥無きの所に張らば、則《すなわ》ち終日得《う》る所無し。鳥多き処《ところ》に張らば、則ち又《ま》た鳥を駭《おどろか》さん。必ず鳥有り鳥無きの際《さい》に張って、然《しか》る後能《よ》く多く鳥を得《え》ん。今　君　将《まさ》に大人《たいじん》に施さんとせば、大人は君を軽《かろ》んぜん。小人《しょうじん》に施さば、小人は以《もっ》て求む可《べ》き無くして、又た財を費さん。君必ず今の窮士《きゅうし》の不必《かなら》ず且《まさ》に大人為《た》らんとする者に施せ。故《すなわ》ち能《よ》く欲するを得ん」と。

杜赫欲重景翠於周、謂周君曰、君之国小、尽君子重宝珠玉、以事諸侯。不可不察也。譬之如張羅者。張於無鳥之所、則終日無所得矣。張於多鳥処、則又駭鳥矣。必張於有鳥無鳥之際、然後能多得鳥矣。今君将施於大人、大人軽君。施於小人、小人無可以求、又費財焉。君必施於今之窮士不必且為大人者。故能得欲矣。

七〇　人の子と為《な》りて死せる父を欺《あざむ》かざるもの

秦《しん》が、道を韓《かん》・魏《ぎ》に借りて、斉《せい》を攻めた。斉の威王《いおう》は、章子《しょうし》を将軍に任じて要撃させた。ところが章子は秦の軍と友誼《ゆうぎ》を結んで宿営し、使者が繁《しげ》く往来した。そうするうちに章子は、斉の旗印《はたじるし》を秦のものに変えて、秦の軍勢のなかに紛《まぎ》れ込んだ。斉の間諜《かんちょう》は、「章子は斉の全軍を挙《あ》げて秦の軍に入りました」と報告して来たが、威王は答えなかった。しばらく経《た》つと、間諜からはまた、「章子が斉の兵を率《ひき》いて秦に降《くだ》りました」との報告が届いたが、威王は答えない。こんなことが三たびとなったので、係りの役人はたまりかねて、「章子の敗戦を報告する者たちは、異口同音《いくどうおん》です。王はどうして別の将軍を派遣してお討たせにならないのですか」と申し上げたが、王は、「どうあろうと、彼が私に背《そむ》いたのでないことは、はっきり分かっている。どうしてこんなことくらいで彼を討とうか」と言った。しばらくして、斉軍が大勝利を収め、秦軍は大敗したとの知らせが入った。こうして、秦王は西方の藩《はん》屏《ぺい》の臣となって、斉に謝罪した。

側近《そっきん》の者が、「どうして、お分かりでありましたか」と尋ねるので、王は言った。「章子の母の啓《けい》は、章子の父に対して罪を犯《おか》したので、父親は妻を殺して、馬屋の床下に埋めたのだ。私は章子を将軍に任命するについて、彼を励ましてこう言った。『あなたの強さのことだから、兵を傷つけずに帰還することであろうが、その折にはきっとあなたの母を改葬してさしあげよう』と。すると、答えはこうであった。『臣は亡《な》き母を改葬できないわけではございません。臣の母の啓は、臣の父に罪を犯し、臣の父はまだ許さぬうちに死んでしまいました。父の指示を得ないままで、母を改葬しては、亡き父を欺《あざむ》くことになります。そういうわけで、いたしませんでした』と。そもそも人の子として亡き父を欺かない者が、なんで人臣として生きている主君を欺こうか」。（一一六　斉上　威王3）

秦《しん》道を韓《かん》・魏《ぎ》に仮《か》りて以《もっ》て斉《せい》を攻む。斉の威王《いおう》章子《しょうし》をして将として之《これ》に応ぜ使《し》む。秦と交和して舎《しゃ》す。使者数々相往来《しばしばあいおうらい》す。章子為《いつわ》りて其《そ》の徽章《きしょう》を変じ、以《もっ》て秦軍に雑《まじ》う。候者《こうしゃ》言う、「章子斉を以て秦に入《い》る」と。威王応《こた》えず。頃之《しばら》く間《あ》って、候者復《ま》た言う、「章子斉の兵《ひきい》を以て秦に降《くだ》る」と。威王応えず。此《かく》の而《ごと》き者三たび。有司《ゆうし》請うて曰く、「章子の敗を言う者、人を異《こと》にして辞《ことば》を同じゅうす。王何《なん》ぞ将を発して之《これ》を撃《う》たざる」と。王曰く、「此《こ》れ寡人《かじん》に叛《そむ》かざるや明らかなり。曷為《なんす》れぞ之を撃たん」と。頃《しばら》く間《あ》って言う、「斉の兵大《おお》いに勝ち、秦の軍大《おお》いに敗る」と。是《ここ》に於《おい》て秦王西藩《せいはん》の臣と称して、斉に謝す。左右曰く、「何を以てか之を知る」と。曰く、「章子の母啓《けい》、罪を其の父に得《え》、其の父之《これ》を殺して、馬桟《ばさん》の下に埋《うず》む。吾《われ》章子をして将たら使《し》むるや、之を勉《はげま》して曰《い》えり、『夫子《ふうし》の強き、兵を全《まっと》うして還《かえ》らば、必ず将軍の母を更《あらた》め葬《ほうむ》らん』と。対《こた》えて曰《い》えり、『臣先妾《せんしょう》を更め葬ること能《あた》わざるには非《あら》ざれども、臣の母啓《けい》、罪を臣の父に得、臣の父未《いま》だ赦《ゆる》さずして死せり。夫《そ》れ父の教えを得ずして、母を更め葬るは、是《こ》れ死せる父を欺《あざむ》くなり。故《ゆえ》に敢《あえ》てせじ』と。夫《そ》れ人の子と為《な》りて死せる父を欺かざるもの、豈《あ》に人の臣と為りて生ける君《きみ》を欺かんや」と。

秦仮道韓魏以攻斉。斉威王使章子将而応之。与秦交和而舎。使者数相往来。章子為変其徽章以雑秦軍。候者言、章子以斉入秦。威王不応。頃之間、候者復言、章子以斉兵降秦。威王不応。而此者三。有司請曰、言章子之敗者、異人而同辞。王何不発将而撃之。王曰、此不叛寡人明矣。曷為撃之。頃間言、斉兵大勝、秦軍大敗。於是秦王拝西藩之臣、而謝於*斉。左右曰、何以知之。曰、章子之母啓、得罪其父、其父殺之、而埋馬桟之下。吾使者章子将也、勉之曰、夫子之強、全兵而還、必更葬将軍之母。対曰、臣非不能更葬先妾也、臣之母啓、得罪臣之父、臣之父未教而死。夫不得父之教、而更葬母、是欺死父也。故不敢。夫為人子而不欺死父、豈為人臣欺生君哉。

▼『六韜《りくとう》』「竜韜篇《りょうとう》」に、将を選ぶのに八つの法が述べられている。その第一に説かれているのが、質問をしてその応答の詳細を観察することである。ここで威王《いおう》の採《と》った態度に当たるか。ちなみに、その第八には酒を飲ませてその態度を観《み》る、とある。

▼「西藩の臣」とは、西方の藩屏《はんぺい》すなわちまがきとなり、守りとなって臣事する諸侯。

七一　人を使うて能《あた》わざれば、則《すなわ》ち之《これ》を不肖《ふしょう》と謂《い》う

孟嘗君《もうしょうくん》はお抱《かか》えの舎人《しゃじん》で一人気にくわぬのがいて、かねて追い出したいと思っていた。魯《ろ》連《れん》が孟嘗君に言った。「小猿も大猿も、木から離れて水に入れば、魚や鼈《すっぽん》にかないません。険阻《けんそ》で危険な山道を通るには、一日千里を走る名馬も、狐や狸にかないません。漕沫《そうばつ》が三尺の剣を振るえば、一軍の兵力で当たってもかないませんが、もし漕沫に、その三尺の剣を捨てさせ、鋤《すき》を持たせて、農夫といっしょに田畑で働かせるならば、農夫にかなわないことでしょう。つまり、何ものも得意なところを用いないで、不得意なところを用いるならば、かの堯《ぎょう》とても人にかなわないことがありましょう。

いま、人に何かをさせて、それがうまくできないと、たちまち馬鹿なやつだと言い、人にものを教えて、それがうまくできないと、たちまちつまらぬやつだと言い、つまらぬ者は辞《や》めさせ、馬鹿な者は捨てる、とした場合、その捨て追われた者どもがおとなしくしていないで、もどって来て傷害に及んでまで恨《うら》みに報いる、ということにでもなりますと、世間に戒《いまし》めを示す先駆《さきが》けとなるのではありますまいか」と。孟嘗君は、「なるほど」と言って、その舎人を追い払わなかった。（二三六　斉下　閔王2）

孟嘗君《もうしょうくん》舎人《しゃじん》有りて悦《よろこ》ばず、之《これ》を逐《お》わんと欲《ほっ》す。魯連《ろれん》孟嘗君に謂《い》って曰《いわ》く、「猿《さる》・獮猴《びこう》も、木を錯《お》きて水に拠《よ》らば、則《すなわ》ち魚鼈《ぎょべつ》に若《し》かず。険を歴《へ》危《あや》うきに乗らば、則ち騏驥《きき》も狐狸《こり》に

如《し》かじ。曹沫三尺《そうばつさんしゃく》の剣を奮《ふる》うは、一軍も当たること能《あた》わざれども、曹沫をして其の三尺の剣を釈《す》て、銚鎒《ちょうどう》を操《と》って、農夫と壟畝《りょうほ》の中《うち》に居《お》ら使《し》めば、則ち農夫《のうふ》に若《し》かじ。故《ゆえ》に物 其の長《ちょう》ずる所を舎《お》いて、其の短なる所を之《もち》うれば、堯《ぎょう》も亦《ま》た及ばざる所有らん。今 人を使うて能《あた》わざれば、則ち之《これ》を不肖と謂《い》い、人を教えて能わざれば、則ち之を拙《せつ》と謂い、拙なれば則ち之を罷《や》め、不肖なれば則ち之を棄《す》て、人をして棄逐《きちく》せらるる有り、相与《あいとも》に処《お》らずして、来《きた》り害して相報《あいむく》い使《し》むる者は、豈《あ》に世《よ》の教えを立つるの首《しゅ》に非《あら》ざらんや」と。孟嘗君曰く、「善し」と。乃《すなわ》ち逐《お》わず。

孟嘗君有舎人而弗悦。欲逐之。魯連謂孟嘗君曰、猿獮猴、錯木拠水、則不若魚鼈。歴険乗危、則騏驥不如狐狸。曹沫*之奮三尺之剣、一軍不能当、使曹沫釈其三尺之剣、而操銚鎒、与農夫居壟畝之中、則不若農夫。故物舎其所長、之其所短、堯亦有所不及矣。今使人而不能、則謂之不肖、教人而不能、則謂之拙、拙則罷之、不肖則棄之、使人有棄逐、不相与処、而来害相報者、豈非世之立教首也哉。孟嘗君曰、善。乃弗逐。

▼ここで魯連《ろれん》が引いてきている喩《たと》え話は、わが国で「陸《おか》にのぼった河童《かっぱ》同然」などと、所を得ぬこと、場違いなことを喩えることばを思い出させよう。

▼曹沫《そうばつ》は『史記』「刺《し》客《かく》列伝」に見える。魯《ろ》の将軍として斉《せい》と戦って敗れ、魯の荘公《そうこう》と斉

の桓公《かんこう》とが柯《か》で会盟したとき、匕首《ひしゅ》を手に桓公を脅かし、失地を取り返した。「塩車《えんしゃ》の憾《うらみ》」（巻末「成語集」10）を参照。

七二　単に是《こ》の善有って王之《これ》を嘉《よみ》す

燕《えん》が斉《せい》を攻めたとき、斉は敗れて、閔王《びんおう》は莒《きょ》に逃れたが、淖歯《とうし》が閔王を殺した。田単《でんたん》は即墨《そくぼく》の城を守り、燕の兵を破って、斉の墳墓《ふんぼ》の土地を取り返した。当時、太子であった襄王《じょうおう》は、姓名を変えて庸役《ようえき》をしていたが、太子である片鱗《へんりん》を示した。斉が燕を破ってからは、田単が王位に立つことが予想され、斉国の民衆もみな田単がみずから位《くらい》につくものと思った。

しかし、襄王が即位して、田単はその宰相となった。この二人が菑水《しすい》の辺《あた》りを通りかかったところ、一人の老人が菑水を徒歩渡《かち》りして、寒さに凍《こご》え、川からは上がったものの、歩けなくなって、河原の砂の中に座り込んでいた。田単はこの老人が寒さに凍えているのを見て、供の車から衣類を出して与えようとしたが、分けてやれるようなものがなかった。すると、田単は自分の着ている皮衣を脱《ぬ》いで、着せかけてやった。襄王には田単のこのしぐさが気に入らなかった、「田単が物を恵むのは、私の国を奪おうとの下心《したごころ》があってであろう。早々に処置をせぬと、後《おく》れをとりかねないぞ」とつぶやいて、左右を見回したがだれもいなかった。だが、崖《がけ》下に貫珠《かんしゅ》という者がいた。襄王はこの男をよび寄せて尋ねた。「おまえには、わしのことばが聞こえたか」。答えて、「聞こえました」。王「おまえはどう思う」。

答えて言う。「王には、田単がしたことを御自分の善行となさることです。王が田単の善行を嘉賞《かしょう》され、令を下《くだ》して、『私が民《たみ》の飢《う》えるのを憂慮すると、田単は飢えた民を収容して食物を与えてくれる。私が民の凍えるのを憂慮すると、田単は皮衣を脱いで着せかけてやってくれる。私が人民の身を思うて心を痛めると、田単も憂慮してくれる。よく私の意に添うことだ』と、おっしゃい。田単に何か善行があれば、王がそれを嘉賞なさる、田単の善行を嘉《よみ》されることが、また王の善行なのです」と。王は「なるほど」と言い、そこで、田単のために盛大な宴を張り、その行いを嘉賞した。

そののち数日して、貫珠なる者は再び王にまみえて言った。「王には、群臣 参朝《さんちょう》の日が来ましたら、田単を召し出されて、朝廷で揖《ゆう》の礼をなさり、親しくおことばを賜ってねぎらわれたうえ、飢《う》え凍えている民を捜《さが》し、収容して衣食を与えなさい」と。そのとおりにしてから人をやって村里のうわさを聞かせてみると、男たちが話し合っているのが聞こえて来た。皆なこう言っていた。「田単が人を慈《いつく》しんだのは、ああ、なんと王の教化であったのだ」と。

（一五五　斉下　襄王2）

燕《えん》 斉《せい》を攻め、斉破れ、閔王《びんおう》 莒《きょ》に奔《はし》る。淖歯《とうし》 閔王を殺す。田単《でんたん》 即墨《そくぼく》の城を守り、燕の兵を破り、斉の墟《きょ》を復す。襄王《じょうおう》太子《たいし》の徴《ちょう》を為《な》す。斉 以《すで》に燕を破り、田単の立たんこと疑われ、斉国の衆、皆《み》な田単を以《もっ》て自立すと為す。襄王 立《た》ち、田単 之《これ》に相《しょう》たり。菑水《しすい》を過ぐ。老人の菑を渉《わた》って寒《こご》え、出《い》でて行くこと能《あた》わず、沙中《さちゅう》に坐《ざ》せる有り。田単 其《そ》の寒えたるを見て、後車《こうしゃ》をして衣を分かた使《し》めんと欲すれども、以《もっ》て分かつ可《べ》き者無し。単 裘《きゅう》を解《と》いて之《これ》に衣《き》す。襄王 之を悪《にく》んで曰《いわ》く、「田単の施すは、将《まさ》に以て我が国を取らんと欲するか。早く図《はか》らずんば、恐らくは之《これ》に後《おく》れん」と。左右顧《かえり》みるに人無し。巌下《がんか》に貫珠《かんしゅ》なる者有り。襄王《じょうおう》 呼んで之に問うて曰《いわ》く、「女《なんじ》 吾が言《げん》を聞けるか」と。対《こた》えて曰く、「之を聞けり」と。王曰く、「女 以《もっ》て何若《いかん》と為《な》す」と。対えて曰く、「王 因《よ》って以て己《おのれ》が善と為すに如《し》かず。王 単の善を嘉《よみ》して、令を下《くだ》して曰《い》え、『寡人《かじん》 民の飢《う》うるを憂うるや、単 収《おさ》めて之に食《くら》わしむ。寡人 民の寒《こご》ゆるを憂うるや、単 裘《きゅう》を解《と》いて之に衣《き》す。寡人 百姓《ひゃくせい》を憂労《ゆうろう》す、而《しこ》うして単も亦《ま》た之を憂う。寡人の意に称《かな》えり』と。単に是《こ》の善有って、王 之《これ》を嘉《よみ》し、単の善を善とせば、亦《ま》た王の善のみ」と。王曰く、「善し」と。乃《すなわ》ち単に 牛酒《ぎゅうしゅ》を賜《たま》い、其の行いを嘉《よみ》す。後数日《のちすうじつ》、貫珠なる者復《ま》た王に見《まみ》えて曰く、「王 朝日《ちょうじつ》に至れば、宜《よろ》しく田単を召して、之を庭《てい》に揖《ゆう》し、口《くち》ずから之《これ》を労《ねぎら》い、乃《すなわ》ち令を布《し》き、百姓の飢寒者《きかんしゃ》を求めて之を収穀《しゅうこく》すべし」と。乃《すなわ》ち人をして閭里《りより》に聴《き》か使《し》む。丈夫《じょうぶ》の相《あい》〔 ？ 〕与《とも》に語るを聞くに、挙《み》な〔 ？ 〕曰く、「田単の人を愛するは、嗟《ああ》、乃ち王の教沢《きょうたく》なり」と。

燕攻斉、斉破、閔王奔莒。淖歯殺閔王。田単守即墨之城、破燕兵、復斉墟。襄王為太子徴。斉以破燕、田単之立疑、斉国之衆、皆以田単為自立也。襄王立、田単相之。過菑水。

有老人渉菑而寒、出不能行、坐於沙中。田単見其寒、欲使後車分衣、無可以分者。単解裘而衣之。襄王悪之曰、田単之施、将欲以取我国乎。不早図、恐後之。左右顧無人。巌下有貫珠者。襄王呼而問之曰、女聞吾言乎。対曰、聞之。王曰、女以為何若。対曰、王不如因以為己善。王嘉単之善、下令曰、寡人憂民之飢也、単収而食之。寡人憂民之寒也、単解裘而衣之。寡人憂労百姓、而単亦憂之。称寡人之意。単有是善、而王嘉之、善単之善亦王之善已。王曰、善。乃賜単牛酒、嘉其行。後数日、貫珠者復見王曰、王至朝日、宜召田単、而揖之於庭、口労之、乃布令、求百姓之飢寒者収穀之。乃使人聴於閭里。聞丈夫之相□与語、挙□□□□曰、田単之愛人、嗟、乃王之教沢也。

七三　将軍　死するの心有って士卒　生くるの気無し

田単《でんたん》がいよいよ狄《てき》を攻めようというとき、魯仲子《ろちゅうし》を訪問した。仲子は「将軍が狄をお攻めになっても、攻め下《くだ》すことはおできになりますまい」と言った。田単は「私は、わずか五里四方の内城、七里四方の外城に、敗残の兵を率《ひき》いて、万乗《ばんじょう》の燕《えん》の国が繰り出した大軍を破り、斉の墳墓《ふんぼ》の地を取り返したのでした。狄を攻めても下せないとは、なんたることでしょう」と言うと、車に乗りあいさつも抜きで立ち去った。かくて狄を攻めたが、三月《みつき》経《た》っても勝利を収めなかった。斉のわらべ歌に、「大きな冠《かぶと》は箕《ふるい》かしら、長い剣は頤《あご》の支え。狄を攻めて攻めあぐね、いつまで梧丘《ごきゅう》に陣取るつもり」と。

田単は、はじめて襟《えり》を正《ただ》し、魯仲子に尋ねた。「先生は、おまえには狄を攻略することはできない、と言われましたが、どうかそのわけをお聞かせください」と。魯仲子「将軍が即《そく》墨《ぼく》においでの折には、座っているときにはもっこを織り、立っているときには鍬《すき》を杖にされて、士卒のためにお歌いでした。『いざ往《い》かん。祖国は滅びぬ。魂魄《こんぱく》はさまよえり。いずくの里にか帰らん』と。あの当時には、将軍には死の決意があり、士卒には生きながらえる気持ちがありませんでした。かようなことばを聞いては、涙を振い勇を鼓《こ》して、一戦を交《まじ》えようと思わぬ者とてはありませんでした。これこそ燕《えん》をお破りになった原動力です。

ただいまでは、将軍は東には夜邑《えきゆう》から上がる税金があって、西には菑水《しすい》のほとりのお楽しみがおありです。黄金をぎっしりちりばめた帯をなさって、淄水と澠水《じようすい》の間を馬を駆《か》って行き来されています。生きる楽しみがあって、死ぬ覚悟などおありでない。勝たれないのは当たりまえです」。田単は「決心がつきました。先生、見ていてください」と言った。翌日は気力を奮い起こして城壁を一回りし、矢や石の降ってくる所に立ち、みずから、攻め太鼓のばちを握って鼓打《つづみう》った。こうして狄ははじめて降参した。（一五七　斉下　襄王4）

田単《でんたん》将《まさ》に狄《てき》を攻めんとして、往《ゆ》いて魯仲子《ろちゆうし》を見る。仲子曰《いわ》く、「将軍狄《てき》を攻むとも下《くだ》すこと能《あた》わざらん」と。田単曰く、「臣 五里の城、七里の郭《かく》、破亡《はぼう》の余卒《よそつ》を以《もっ》て、万乗《ばんじよう》の燕《えん》を破り、斉《せい》の墟《きよ》を復《ふく》せり。狄を攻めて下されずとは、何ぞや」と。車に上《のぼ》り、謝せずして去る。遂《つい》に狄を攻む。三月《さんげつ》にして之《これ》に克《か》たず。斉の嬰児《えいじ》の謡《よう》に曰く、「大冠《たいかん》箕《き》の若《ごと》く、脩《しゅう》剣《けん》頤《おとがい》を拄《ささ》う。狄を攻めて下さず、梧丘《ごきゅう》に塁《るい》す」と。田単乃《すなわ》ち懼《おそ》れて、魯仲子に問うて曰《いわ》く、「先生 単《たん》が狄《てき》を下《くだ》すこと能《あた》わざるを謂《い》う。請《こ》う其《そ》の説を聞かん」と。魯仲子《ろちゅうし》曰く、「将軍の即墨《そくぼく》に在《あ》るや、坐すれば而《すなわ》ち蕢《き》を織り、立てば則《すなわ》ち挿《そう》を丈《つえつ》き、士卒の為に倡《とな》えて曰く、『往《ゆ》く可《べ》し。宗廟《そうびょう》亡《ほろ》びぬ。云白《こんぱく》尚《とう》たり。何《いずれ》の党《とう》にか帰《き》せん』と。此《こ》の時に当たって、将軍 死《し》するの心 有って、士卒 生《い》くるの気 無し。若《かくのごと》き言《げん》を聞いて、泣《なみだ》を揮《ふる》い臂《ひじ》を奮《ふる》って戦わんと欲せざるは莫《な》かりき。此《こ》れ燕を破れる所以《ゆえん》なり。当今 将軍 東のかた夜邑《えきゆう》の奉《ほう》有り、西のかた菑上《しじょう》の虞《たのしみ》有り。黄金帯《おび》に横《みた》して、淄《し》・澠《じょう》の間《あいだ》に馳《は》す。生の楽しみ有って、死の心 無し。勝たざる所以《ゆえん》の者なり」と。田単 曰く、「単《たん》 心 有り。先生 之《これ》を志《しる》せ」と。明日乃《すなわ》ち気を厲《はげま》し城を循《めぐ》り、矢石《しせき》の所に立って、乃ち枹《ふ》を援《と》って之《こ》を鼓す。狄《てき》人《ひと》乃ち下《くだ》る。

田単将攻狄、往見魯仲子。仲子曰、将軍攻狄不能下也。田単曰、臣以五里之城、七里之郭、破亡余卒、破万乗之燕、復斉墟。攻狄而不下、何也。上車弗謝而去。遂攻狄。三月而不克之也。斉嬰児謡曰、大冠若箕、脩剣拄頤。攻狄不能下、塁枯丘。田単乃懼、問魯仲子曰、先生謂単不能下狄。請聞其説。魯仲子曰、将軍之在即墨、坐而織蕢、立則丈挿、為士卒倡曰、可往矣。宗廟亡矣。云曰尚矣。帰於何党矣。当此之時、将軍有死之心、而士卒無生之気。聞若言、莫不揮泣奮臂而欲戦。此所以破燕也。当今将軍東有夜邑之奉、西有菑上之虞。黄金横帯、而馳乎淄澠之間。有生之楽、無死之心。所以不勝者也。田単曰、単有心。先生志之矣。明日乃厲気循城、立於矢石之所、乃援枹鼓之。狄人乃下。

▼『三略《さんりゃく》』「上略」に「夫《そ》れ将帥《しょうすい》なる者は、必ず士卒と滋味を同じゅうして、安危《あんき》を共にすれば、敵乃《すなわ》ち加う可《べ》し」とある。上に立つ者が一緒に苦労しなければうまくゆかないという、当然の話であるが、現代でも依然としてこれに類することが言われ続けていることは考えさせられる。

▼民間に行われる歌謡の諷刺《ふうし》性は、戦国時代にも暗然たる力を保ち続けていたことが窺《うかが》える。飾ることを知らぬ素朴《そぼく》な措辞《そじ》ゆえに、いっそう、統治者にとっては痛烈な一撃となったのであろう。原文に○をつけて、押韻しているところを示した。

▼狄《てき》は斉の北境の異民族。『戦国策』（四四一燕上）に蘇代《そだい》（蘇秦《そしん》の兄）が「北夷《ほくい》」とよんでいるものであろう。

七四　臨武君《りんぶくん》は嘗《かつ》て秦《しん》の孽《げっ》為《た》り。秦を拒《ふせ》ぐの将と為《な》す可《べ》からざるなり

天下の諸侯が合従《がっしょう》した。趙《ちょう》は魏加《ぎか》を使いに出して楚《そ》の春申君《しゅんしんくん》にまみえさせた。「君には、よい将軍をお持ちですか」。「おります。ぼくは臨武君《りんぶくん》を将軍にしようと思っています」。魏加は言う、「臣は若いときから、弓を射《い》るのが好きです。射《しゃ》の術で喩《たと》えさせていただきとうございますが、よろしいでしょうか」。春申君「よいとも」。加「先ごろ、更羸《こうるい》が魏王と京台《けいだい》のもとにいて、空飛ぶ鳥を仰ぎ見ておりました。更羸は魏王に申しました、『臣は弓を引いて弓弦《ゆづる》を鳴らすだけで、鳥を落としてお目に掛けましょう』と。魏王は申しました。『するとて、射の術もそこまでに達しうるものか』と言い、更羸は『はい』と申しました。しばらくして、雁《がん》が東のほうから飛んで来ました。更羸は弓弦を鳴らしただけで、その雁を落としました。魏王が『なるほど、射の術もここまでに達しうるものか』と言いますと、更羸は『これは手負《てお》いの鳥でございます』と申しました。

王は申しました、『先生には、どうしてそれがお分かりか』と。答えて申しました。『飛びかたはゆっくりで、鳴き声は悲しげでした。飛びかたがゆっくりであったのは、古傷が痛んでいたからです。鳴き声が悲しげであったのは、久しく群《むれ》から離れていたからです。古傷はまだ治っておらず、ショックはまだ消えていなかったところへ、弓弦の音を聞いて急に高く飛び上がろうとし、古傷が裂《さ》けて落ちたのでございます』と。いま、臨武君はかつて秦で傷ついた手負いの鳥です。秦を拒《ふせ》ぐための将軍になさってはなりません」。（二〇九　楚　考烈王5）

天下合従《がっしょう》す。趙《ちょう》魏加《ぎか》をして楚《そ》の春申君《しゅんしんくん》に見《まみ》え使《し》めて曰《いわ》く、「君《きみ》将《しょう》有りや」と。曰く、

「有り。僕《ぼく》臨武君《りんぶくん》を将とせんと欲《ほっ》す」と。魏加 曰く、「臣 少《わか》かりし時、射《しゃ》を好む。臣 願わくは射を以《もっ》て之《これ》を譬《たと》えん、可《か》ならんか」と。春申君 曰く、「可なり」と。加《か》 曰く、「異日《じつ》更羸《こうるい》魏王《ぎおう》と、京台《けいだい》の下《もと》に処《お》り、仰いで飛鳥《ひちょう》を見る。更羸 魏王に謂《い》って曰く、『臣《しん》 王の為に弓を引いて、虚発《きょはつ》して鳥を下《おと》さん』と。魏王 曰く、『然《しか》らば則《すなわ》ち射は此《ここ》に至る可《べ》きか』と。更羸 曰く、『可なり』と。間《しばら》く有り、鴈《がん》 東方従《よ》り来《きた》る。更羸《こうるい》 虚発《きょはつ》を以《もっ》て之《これ》を下《くだ》す。魏王曰《いわ》く、『然《しか》らば則《すなわ》ち射は此《ここ》に至る可《べ》きか』と。更羸曰く、『此《こ》れ孽《げつ》なり』と。王曰く、『先生 何《なに》を以てか之を知る』と。対《こた》えて曰く、『其《そ》の飛ぶこと徐《しず》かにして鳴くこと悲し。飛ぶこと徐かなるは、故瘡《こそう》 痛めばなり。鳴くこと悲しきは、久しく群《ぐん》を失えばなり。故瘡 未《いま》だ息《い》えずして、驚心《けいしん》 未だ去らず。弦音《げんおん》を聞いて高く飛び、故瘡隕《お》ちたるなり』と。今 臨武君《りんぶくん》は嘗《かつ》て秦《しん》の孽為《げつた》り。秦を拒《ふせ》ぐの将と為《な》す可《べ》からざるなり」と。

天下合従。趙使魏加見楚春申君曰、君有将乎。曰、有矣。僕欲将臨武君。魏加曰、臣少之時、好射。臣願以射譬之、可乎。春申君曰、可。加曰、異日者更羸与魏王、処京台之下、仰見飛鳥。更羸謂魏王曰、臣為王引弓、虚発而下鳥。魏王曰、然則射可至此乎。更羸曰、可。有間、鴈従東方来。更羸以虚発而下之。魏王曰、然則射可至此乎。更羸曰、此孽也。王曰、先生何以知之。対曰、其飛徐而鳴悲。飛徐者、故瘡痛也。鳴悲者、久失群也。故瘡未息、而驚心未至也。聞弦音引而高飛、故瘡隕也。今臨武君嘗為秦孽。不可為拒秦之将也。

七五　子《し》嘗《かつ》て寡人《かじん》に功労に循《したが》い次第を視《み》よと教う

申子《しんし》（申不害《しんふがい》）はその従兄《じゅうけい》を仕官させてほしいと願い出たが、昭侯《しょうこう》は許さなかった。申子は恨《うら》みがましい顔つきをした。昭侯は言った、「かねてあなたに教えてもらっているところと違うからなのだ。あなたの請願を聞き入れて、あなたの教えを捨てるか、それともむしろあなたの教えを実行してあなたの請願を捨てるかだ。あなたはかつて私に人を仕官させるには功労に従って順序をよく見極《みきわ》めよと教えられた。いま、御要求が出されたが、私はさてどちらを聞き入れたものか」と。申子はそこで官舎を退去して罪を請《こ》い、「我が君こそは、誠に我が道を行いたまうそのおかたでございます」と言った。（三六三　韓　昭侯3）

申子《しんし》 其の従兄《じゅうけい》を官に仕《つか》えしめんことを請《こ》う。昭侯《しょうこう》 許さず。申子 怨《うら》むる色《いろ》有り。昭侯 曰《いわ》く、「所謂《いわゆ》る子《し》に学ぶ者に非《あら》ざればなり。子の謁《こい》を聴《き》いて、子の道を廃《す》てんか。亡《む》其《し》ろ子の術を行いて、子の謁を廃てんか。子 嘗《かつ》て寡人《かじん》に功労に循《したが》い、次第を視《み》よと教う。今此《ここ》に求むる所有り。我 将《は》た奚《いずれ》にか聴かんや」と。申子乃《すなわ》ち舎《しゃ》を辟《さ》け罪を請《こ》うて曰く、「君は真に其の人なり」と。

申子請仕其従兄官。昭侯不許也。申子有怨色。昭侯曰、非所謂学於子者也。聴子之謁、而廃子之道乎。*又亡其行子之術、而廃子之謁乎。子嘗教寡人循功労、視次第。今有所求此。我将奚聴乎。申子乃辟舎請罪曰、君真其人也。

七六　先《ま》ず隗《かい》従《よ》り始めよ

燕《えん》の昭王《しょうおう》は、子之《しし》の乱に破滅した燕の混乱状態を収拾《しゅうしゅう》して即位し、謙虚な態度をとり幣《へい》物《もつ》を丁重《ていちょう》にして賢者を招き、その力を借りて仇《あだ》を報じようと思った。そこで、郭隗《かくかい》先生を訪問してこう言った。「斉《せい》は我が国の内乱に乗じて、破滅状態にある燕を急襲しました。私は、燕が小国で兵力も少なく、報復するには力量不足であることを知り抜いております。しかしながら優《すぐ》れた人物においでいただき、ともどもに国政を執《と》って、先王の恥辱《ちじょく》をすすぎたいというのが、私の願いなのです。失礼を顧みずお尋ねしますが、国を挙《あ》げて仇《あだ》に報いるにはどうしたものでしょうか」と。

郭隗先生は答えてこう言った。「帝たる人は師と生活をともにし、王たる人は友と生活をともにし、覇《は》たる人は臣と生活をともにし、国を失う人は奴僕《どぼく》と生活をともにするものです。信条を曲げてでも仕《つか》え、北面して教えを受ければ、自分の才能に百倍する人物が参ります。相手より先に小走りの礼をとり、相手よりのちに休息し、まず質問して、そののちは沈黙して教えを聞くようにすれば、自分の才能に十倍する人物が参ります。相手の人も小走りの礼をとり、自分も小走りの礼をとるならば、自分と同等の人物が参ります。脇息《きょうそく》に寄りかかったり、つえにもたれたりして、流し目で見たり指《さ》で指して使ったりすれば、雑役《ざつえき》の従者が参ります。またもし、思うさま怒って打ちつけたり、足げにかけてしかりとばしたりすれば、召し使いとなる奴僕が参ります。

これこそ道理に従って優れた人物を招くのに、古人が用いた方法なのです。王が誠に、広く国中の賢者を選んで、その門をお訪ねになれば、王が賢臣をその家にまでお訪ねになることが天下に聞こえ、天下の優れた人物は、必ず燕にはせ参じて参ります」。昭王「私はいったい、だれを訪ねればよいでしょうか」。

郭隗先生は言った。「臣はこんな話を聞いております。いにしえの人君《じんくん》で、千金をはたいて千里の馬を買い求めようとした人がありました。三年経《た》っても手に入れることができません。そのとき宮中の小間使《こまづかい》が君《きみ》に『買って来《こ》させてください』と申し出まして、君はその者を買いに行かせました。三月して千里の馬を見つけましたが、その馬が死んでいましたので、その首を五百金で買って帰り、君に復命しました。君はおおいに怒り、『買いにやったのは生きた馬だ。なんで死んだ馬などにかかずらわって、五百金をもはたいて来たのか』と申されますと、小間使は答えて、『死んだ馬さえ五百金に買うのですから、まして生きた馬ならなおのことです。天下の人々はきっと、王こそ馬の値うちを御存じのおかたと思いましょうから、馬はすぐにも集まります』と申しました。かくて一年とはせぬうちに、集まった千里の馬は三頭に及んだ、とのことです。

いま、王がほんとうに、優れた人物を招こうとお思いでしたら、まずこの隗《かい》を手始めになさってください。隗のような者でも仕《つか》えさせていただきましたならば、まして隗より優れた人物ならなおのこと、どうして千里の道のりをいといましょうか」。

そこで昭王《しょうおう》は、郭隗のために宮殿を築いてこれに師事したところ、楽毅《がっき》は魏《ぎ》から、鄒衍《すうえん》は斉《せい》から、劇辛《げきしん》は趙《ちょう》から出て来るという次第で、優れた人物が燕にぞくぞくと集まって来た。燕王は戦死者を弔《とむら》い生存者を見舞い、百官と苦楽をともにすること二十八年、燕の国は富み栄え、士卒は休養がとれて戦いをいとわぬようになった。かくて楽毅を上将軍とし、秦《しん》・楚《そ》・三晋《さんしん》と合策《がっさく》して斉《せい》を討った。斉の軍は敗れ、閔王《びんおう》は国外に出奔《しゅっぽん》した。燕軍は単独で敗走する斉軍を追って、斉の都臨淄《りんし》に入城し、斉の宝物をことごとく奪い取り、その宮殿・宗《そう》廟《びょう》を焼き払った。このとき、斉の城邑《じょうゆう》のうち投降しなかったのは、ただ莒《きょ》と即墨《そくぼく》とだけであった。（四四〇　燕上　昭王3）

燕《えん》の昭王《しょうおう》　破燕《はえん》の後《あと》を収《おさ》めて位《くらい》に即《つ》き、身を卑《ひく》くし幣《へい》を厚くして、以《もっ》て賢者を招き、将《まさ》に以て讎《あだ》を報《むく》いんと欲す。故《ゆえ》に往《ゆ》いて郭隗《かくかい》先生を見て曰《いわ》く、「斉《せい》　孤《こ》が国の乱に因《よ》りて、破燕を襲えり。孤　極《きわ》めて燕の小にして力少く、以《もっ》て報ゆるに足《た》らざるを知る。然《しか》れども賢士を得て、与《とも》に国を共にして、以て先王の耻《はじ》を雪《すす》がんことは、孤の願なり。敢《あえ》て問う、国を以て讎に報ゆるに者《は》、奈何《いかん》せん」と。郭隗先生対《こた》えて曰く、「帝者は師と与《とも》に処《お》り、王者は友と与に処り、覇者《はしゃ》は臣と与に処り、亡国は役《えき》と与に処る。指を詘《くっ》して之に事《つか》え、北面して学を受けば、則《すなわ》ち己《おのれ》に百する者至る。先《さきだ》ち趨《はし》って、後《おく》れて息《いこ》い、先《ま》ず問うて後に嘿《もく》せば、則ち己に什《じゅう》する者至る。人趨《はし》り己趨らば、則ち己に若く者至る。几《き》に馮《よ》り杖《つえ》に拠《よ》り、眄視《べんし》指使《しし》せば、則ち厮役《しえき》の人至る。若《も》し恣睢《しき》奮撃《ふんげき》し、跔藉《くせき》叱咄《しっとつ》せば、則ち徒隷《とれい》の人至らん。此《こ》れ古《いにしえ》の道に服《したが》い士を致《いた》すの法なり。王 誠《まこと》に博《ひろ》く国中《こくちゅう》の賢者を選びて、其《そ》の門下に朝《ちょう》せば、天下 王の其《そ》の賢臣に朝するを聞き、天下の士、必ず燕《えん》に趨《はし》らん」と。昭王《しょうおう》曰く、「寡人《かじん》将《は》た誰《たれ》にか朝すれば而《すなわ》ち可《か》ならん」と。郭隗《かくかい》先生 曰く、「臣 聞く、古の君人《くんじん》に千金を以て千里の馬を求むる者有り。三年にして得《う》ること能《あた》わず。涓人《けんじん》 君《きみ》に言って曰く、『請《こ》う之を求めん』と。君之《これ》を遣《や》る。三月《さんげつ》にして千里の馬を得たり。馬已《すで》に死す。其の首を五百金に買い、反《かえ》って以て君に報ず。君大《おお》いに怒って曰く、『求むる所の者は生馬《せいば》なり。安《いずく》んぞ死馬を事として、五百金を捐《す》てんや』と。涓人対《こた》えて曰く、『死馬すら且《か》つ之《これ》を五百金に買う。況《いわん》や生馬をや。天下必ず王を以て能《よ》く馬を市《か》うと為《な》さん。馬 今《すなわ》ち至らん』と。是《ここ》に於《おい》て期年なること能《あた》わざるに、千里の馬の至る者《もの》三と。今 王 誠《まこと》に士を致《いた》さんと欲せば、先《ま》ず隗《かい》 従《よ》り始めよ。隗すら且《か》つ事《つか》え見る、況《いわん》や隗 於《よ》り賢《まさ》れる者をや。豈《あ》に千里を遠しとせんや」と。是《ここ》に於《おい》て昭王 隗の為に宮を築きて之を師とす。楽毅《がっき》は魏 自《よ》り往《ゆ》き、鄒衍《すうえん》は斉 自り往き、劇辛《げきしん》は趙 自り往き、士争《あらそ》うて燕に湊《あつま》る。燕王 死《し》を弔い生《せい》を問《と》い、百姓《ひゃくせい》と其の甘苦《かんく》を同じゅうすること二十八年。燕国殷富《えんこくいんぷ》、士卒楽佚《らくいつ》して戦いを軽《かろ》んず。是に於て遂《つい》に楽毅を以て上将軍《じょうしょうぐん》と為《な》し、秦《しん》・楚《そ》・三晋《さんしん》と謀《はかりごと》を合わせて以て斉を伐《う》つ。斉の兵敗れ、閔王《びんおう》外に出走す。燕の兵独《ひと》り北《に》ぐるを追い、入《い》って臨淄《りんし》に至り、尽《ことごと》く斉の宝を取り、其の宮室・宗廟《そうびょう》を焼く。斉の城の下《くだ》らざる者《もの》は、唯《た》だ独り莒《きょ》と即墨《そくぼく》とのみ。

燕昭王収破燕後即位、卑身厚幣、以招賢者、欲将以報讎。故往見郭隗先生曰、斉因孤国之乱、而襲破燕。孤極知燕小力少、不足以報。然得賢士、与共国、以雪先王之恥、孤之願也。敢問、以国報讎者、奈何。郭隗先生対曰、帝者与師処、王者与友処、覇者与臣処、亡国与役処。詘指而事之、北面而受学、則百己者至。先趨、而後息、先問而後嘿、則什己者至。人趨己趨、則若己者至。馮几拠杖、眄視指使、則厮役之人至。若恣睢奮撃、呴藉叱咄、則徒隷之人至矣。此古服道致士之法也。王誠博選国中之賢者、而朝其門下、天下聞王朝其賢臣、天下之士、必趨於燕矣。昭王曰、寡人将誰朝而可。郭隗先生曰、臣聞、古之君人有以千金求千里馬者。三年不能得。涓人言於君曰、請求之。君遣之。三月得千里馬。馬已死。買其首五百金、反以報君。君大怒曰、所求者生馬。安事死馬、而捐五百金。涓人対曰、死馬且買之五百金。況生馬乎。天下必以王為能市馬。馬今至矣。於是不能期年、千里之馬至者三。今王誠欲致士、先従隗始。隗且見事、況賢於隗者乎。豈遠千里哉。於是昭王為隗築宮而師之。楽毅自魏往、鄒衍自斉往、劇辛自趙往、士争湊燕。燕王弔死問生、与百姓同其甘苦二十八年。燕国殷富、士卒楽佚軽戦。於是遂以楽毅為上将軍、与秦楚三晋合謀以伐斉。斉兵敗、閔王出走於外。燕兵独追北、入至臨淄、尽取斉宝、焼其宮室宗廟。斉城之不下者、唯独莒即墨。

▼「死馬の骨を買う」で名高い部分であるが、『戦国策』では諸本ほとんどが「死馬の首」としている。もとより「先《ま》ず隗《かい》より始めよ」の出処でもある。だがこの場合はうまく事が運んだからよいようなものの、不用意にこの故事を用いると、死馬の骨とも言うべき無能な人間の山となってしまう可能性がある。つまるところ君主《くんしゅ》が、千里の馬と死馬の骨とを見分けることができるかどうかにかかっていると言えよう。

処《しょ》世《せい》

七七　蛇《だ》足《そく》を為《な》す者は終《つい》に其《そ》の酒を亡《うしな》う

楚《そ》の将昭陽《しょうよう》は、楚のために魏《ぎ》を討ち、魏の軍を覆滅《ふくめつ》し、魏の将を殺し、八城を奪取し、その兵を転じて斉《せい》に攻め寄せた。陳軫《ちんしん》は斉王のために使いして、昭陽に会い、再拝して戦勝を祝し、立ち上がって尋ねた、「楚の国の法では、敵軍を覆滅し敵将を殺した功に対し、与えられる官爵は、なんでございましょうか」。昭陽「官は上柱国《じょうちゅうこく》で、爵は上執珪《じょうしつけい》です」。陳軫「ほかにそれより高い官爵としては、何がありましょうか」。「もう令尹《れいいん》だけです」。

陳軫は言った。「令尹と言えば最高の官でしょうが、楚王が二人の令尹を置かれるわけはありますまい。臣がひとつあなたのために例《たと》え話をしたいのですが、よろしゅうございましょうか。楚の国に先祖の祭りをした人がおりまして、近侍《きんじ》の者たちに大杯に一杯の酒をふるまいました。近侍の者たちは相談しました。『数人で飲めば足《た》りないが、一人で飲むならあり余るほどだ。これはひとつ、地面に蛇の絵をかいて、先にかきあげた者が飲むことにしてはどうか』。すると、一人の者が先に蛇をかきあげて、酒を引き寄せて、いまにも飲もうとしながら、左の手で杯を持ち、右手で蛇をかき続け、『おれは足をかく暇《ひま》まである』と申しました。その足がかき終わらないうちに、ほかの一人のかいていた蛇ができあがりまして、先の者の持つ杯を奪い取り、『蛇に足があってたまるものか。おまえさんに、足がかけようはずがない』と言って、その酒を飲んでしまいました。蛇の足をかいていた者は、とうとう酒を飲み損《そこ》なったのです。

いま、あなたは楚の宰相として魏をお攻めになり、魏の軍を破り、魏の将を殺し、八城を奪い取りながら、兵力を損傷することなく、さらに斉《せい》を攻めようとなさっています。斉であなたを恐れておりますのは、たいへんなものです。あなたはそれでもって栄誉となされば十分です。これまでの功績でお受けになる官爵の上に、さらに加えうる官があるわけではないのです。戦って負けたためしはないというので、とどまることをお忘れになりますと、お亡《な》くなりになった場合、爵は死後の身にお受けになることとなります。それでは蛇の足をかくようなものでしょう」と。昭陽は、いかにもと思い、軍を解散して引き上げた。（一二四　斉上　閔王1）

昭陽《しょうよう》 楚《そ》の為に魏《ぎ》を伐《う》ち、軍を覆《くつがえ》し将を殺して八城を得《え》、兵を移して斉《せい》を攻む。陳軫《ちんしん》 斉《せい》王《おう》の為に使いして、昭陽に見《まみ》え、再拝して戦勝を賀《が》し、起《た》って問う。「楚の法 軍を覆し将を殺さば、其の官爵は何ぞや」と。昭陽 曰《いわ》く、「官は上柱国《じょうちゅうこく》と為《な》り、爵は上執珪《じょうしつけい》と為《な》らん」と。陳軫 曰く、「異《こと》に此《これ》よりも貴き者は、何ぞや」と。曰《いわ》く、「唯《た》だ令尹《れいいん》あるのみ」と。陳軫 曰く、「令尹は貴し。王 両令尹を置くに非《あら》ざるなり。臣 窃《ひそ》かに公の為に譬《たと》えん、可ならんか。楚に祠《まつ》る者有り。其の舎人《しゃじん》に卮《し》酒《しゅ》を賜う。舎人 相謂《あいい》って曰く、『数人之《これ》を飲めば足《た》らず。一人《いちにん》之を飲めば余り有り。請《こ》う地に画《えが》きて蛇を為《な》し、先ず成らん者酒を飲まん』と。一人 蛇先《ま》ず成る。酒を引いて且《まさ》に之を飲まんとす。乃《すなわ》ち左手に卮《し》を持ち、右手に蛇を画きて曰く、『吾能《よ》く之が足を為さん』と。未《いま》だ成らざるに、一人の蛇成る。其の卮を奪うて曰く、『蛇は固《もと》より足無し。子安《いずく》んぞ能く之が足を為さん』と。遂《つい》に其の酒を飲む。蛇足《だそく》を為す者、終《つい》に其の酒を亡《うしな》えり。今 君 楚に相《しょう》として魏を攻め、軍を破り将を殺し、八城を得て兵を弱めず、斉を攻めんと欲す。斉 公を畏《おそ》るること甚《はなは》だし。公是《これ》を以て名《な》と為さば足《た》れり。官の上《かみ》に、重《くわ》う可《べ》きに非ざるなり。戦って勝たざる無くして、止《とど》まるを知らざる者は、身且《まさ》に死せんとし、爵且に後《のち》に帰《き》せんとす。猶《な》お蛇足《だそく》を為《な》すがごときなり」と。昭陽以《もっ》て然《しか》りと為し、軍を解《と》いて去る。

昭陽為楚伐魏、覆軍殺将得八城、移兵而攻斉。陳軫為斉王使、見昭陽、再拝賀戦勝、起而問。楚之法覆軍殺将、其官爵何也。昭陽曰、官為上柱国、爵為上執珪。陳軫曰、異貴於此者、何也。曰、唯令尹耳。陳軫曰、令尹貴矣。王非置両令尹也。臣窃為公譬、可也。楚有祠者。賜其舎人巵酒。舎人相謂曰、数人飲之不足。一人飲之有余。請画地為蛇、先成者飲酒。一人蛇先成。引酒且飲之。乃左手持巵、右手画蛇曰、吾能為之足。未成、一人之蛇成。奪其巵曰、蛇固無足。子安能為之足。遂飲其酒。為蛇足者、終亡其酒。今君相楚而攻魏、破軍殺将、得八城不弱兵、欲攻斉。斉畏公甚。公以是為名居足矣*。官之上、非可重也。戦無不勝而不知止者、身且死、爵且後帰。猶為蛇足也。昭陽以為然、解軍而去。

▼「蛇足《だそく》」の出処である。『史記』「楚世家《そせいか》」にも見え、高等学校漢文教科書によく載《の》せられる。蛇足を画いた舎人《しゃじん》の部分の話だけであると、その蛇足の意味は、「よけいなもの」と解することになるが、全体について読めば、「人生 足るを知ることが大切だ」という内容が付加されることになる。

七八　驕奢《きょうしゃ》は死亡と期せずして、死亡 至る

平原君《へいげんくん》が平陽君《へいようくん》に言った。「魏《ぎ》の公子牟《ぼう》は秦《しん》へ行っておりましたが、東へ帰ろうとして応《おう》侯《こう》に別れのあいさつに行きましたところ、応侯は『公子には、もう御出立《ごしゅったつ》ですか。何かお教えいただいておくことはありませんか』と言いました。公子牟が言いますには、『たとえ君《きみ》の仰せがなくとも、臣のほうより申し上げるところでございました。いったい、身分が高ければ、富は、招かなくても富のほうからやって来ます。富をつかんでおれば、米と肉は、招かなくても米と肉のほうからやって来ます。米と肉があれば、ぜいたくは、招かなくてもぜいたくのほうからやって来ます。ぜいたくをしていると、死は、招かなくても死のほうからやって来ます。幾世代も前の世から、この因果に、はまり込んだ人が多いのです』と。応侯は『公子の教えかたは懇切です』と言いました由。私はこの話を聞きましてより、ずっと心に留めております。どうかあなたもお忘れにならぬよう」と。平陽君は言った、「ありがたく承った」。（二四五　趙下　孝成王13）

平原君《へいげんくん》 平陽君《へいようくん》に謂《い》って曰《いわ》く、「公子牟《こうしぼう》 秦《しん》に游《あそ》び、且《まさ》に東《ひがし》せんとして応侯《おうこう》を辞す。応侯 曰く、『公子 将《まさ》に行《さ》らんとす。独《ひと》り以《もっ》て之《これ》に教《おし》うる無きか』と。曰く、『且《か》つ君の命《な》之を命ずる微きも、臣 固《もと》より且《まさ》に君に効《いた》す有らんとす。夫《そ》れ貴は富と期せずして、富 至《いた》り、富は粱肉《りょうにく》 と期せずして、粱肉 至り、粱肉は驕奢《きょうしゃ》と期せずして、驕奢 至り、驕奢は死亡と

期せずして、死亡至る。累世《るいせい》以前より、此《これ》に坐する者多し』と。応侯曰く、『公子の之《これ》に教うる所以《ゆえん》の者厚《あつ》し』と。僕此《これ》を聞くを得《え》て、心に忘れず。願わくは君の亦《ま》た忘るる勿《な》からんことを」と。平陽君曰く、「敬《つつし》んで諾す」と。

平原君謂平陽君曰、公子牟游於秦、且東而辞応侯。応侯曰、公子将行矣。独無以教之乎。曰、且微君之命命之也、臣固且有効於君。夫貴不与富期、而富至、富不与粱肉期、而粱肉至、粱肉不与驕奢期、而驕奢至、驕奢不与死亡期、而死亡至。累世以前、坐此者多矣。応侯曰、公子之所以教之者厚矣。僕得聞此、不忘於心。願君之亦勿忘也。平陽君曰、敬諾。

▼処世訓である。公子牟《ぼう》は魏《ぎ》の賢公子（『列子《れっし》』「仲尼篇《ちゅうじ》」）、「道家《どうか》と名づけ」た「書四篇を作」った（晋《しん》の張湛《ちょうたん》の注）。『漢書《かんじょ》』「藝文志」諸子略道家者流の書に「公子牟四篇」と見える。公孫竜子《こうそんりようし》の形名《けいめい》の学も学んだらしく、『列子』「仲尼篇」では白馬非馬《はくばひば》などの問答をしている。『荘子《そうじ》』「秋水篇」には「公孫竜　魏牟に問う」が見える。

弁説編

諫《かん》止《し》

七九　楚《そ》王《おう》 張《ちょう》儀《ぎ》を魏《ぎ》より逐《お》わんとす

楚《そ》王《おう》は、張《ちょう》儀《ぎ》を魏《ぎ》から追い出そうとした。陳《ちん》軫《しん》が、「王にはどうして張子を追い出されるのですか」と言うと、「臣でありながら、不忠であり不信であるからだ」。「不忠ならば、王には臣下となさいますな。不信ならば、彼とともには盟約を結びなさいますな。また、魏の臣が不忠であり不信であろうと、王におかれてはなんの損害もありません。忠であり信であろうとも、王におかれてはなんの利益もありません。追い出そうとして魏が言うことを聞けばよろしいですが、もしも聞かなければ王の御命令が通らないことになります。そのうえ、万《ばん》乗《じょう》の国に、その宰相を罷《ひ》免《めん》させるということは、城下の誓いをさせることになるのです」。

（一九二　楚　懐王2）

楚《そ》王《おう》 張《ちょう》儀《ぎ》を魏《ぎ》より逐《お》わんとす。陳《ちん》軫《しん》 曰《いわ》く、「王 何《なん》ぞ張子を逐うや」と。曰く、「臣と為《な》りて不忠不信なればなり」と。曰く、「不忠ならば、王 以《もっ》て臣と為《す》る無かれ。不信ならば、王 与《とも》に約を為《な》す勿《なか》れ。且《か》つ魏の臣の不忠不信なる、王に於《おい》て何ぞ傷《いた》まん。忠にして且つ信なるも、王に於て何ぞ益《えき》せん。逐《お》うて聴《き》かば則《すなわ》ち可なり、若《も》し聴かずんば、是《こ》れ王の令《れい》困《くるし》むなり。且つ万乗《ばんじょう》の国をして其の相《しょう》を免ぜ使《し》むるは、是れ城下の事なり」と。

楚王逐張儀於魏。陳軫曰、王何逐張子。曰、為臣不忠不信。曰、不忠、王無以為臣。不信、王勿与為約。且魏臣不忠不信、於王何傷。忠且信、於王何益。逐而聴則可、若不聴、是王令困也。且使万乗之国免其相、是城下之事也。

▼楚王は、張儀に方六百里の土地を献上すると詐《いつわ》られた有名な事件（五三　秦上）のため、張儀に対しては相当な怨みがあったのであろうが、信義・忠誠という観点から他国の臣である張儀にお節介をかけようとした王に対し、陳軫《ちんしん》は政治力学的に行動するよう王に求めている。

八〇　夢に竈君《そうくん》を見る

公子牟《ぼう》は王に言った、「衛《えい》の霊公《れいこう》は、雍疽《ようしょ》と弥子瑕《びしか》をなれ近づけておりました。この二人の者は君《きみ》の威光をかさに着て、側近《そっきん》の人々を覆い隠してしまいました。そこで、復塗偵《ふくとてい》が君に申しますに、「先ごろ、臣は我が君の夢を見ました」と。王「どんな夢を見たのかね」。「竈《かまど》の神を夢に見たのです」。君はむっと気色《けしき》ばんで申しました。「私は、『人君《じんくん》の夢を見る者は、太陽を夢見る』と聞いている。いま、おまえは『竈の神を夢に見た』と言いながら、しかも『我が君の夢を見た』と言った。説明がつけば許すが、説明がつかねば死刑だ」。これに答えて、「太陽は天下をくまなく照らすもので、一物とてその光を覆《おお》うことのできるものはありません。竈などはそれと違います。前にいる人が火をくべれば、うしろにいる人からは何も見えません。いま、臣はたれか君の御前で火をくべている者がありはすまいかと疑っております。そのため、竈の神を夢に見たのです」と。君は「なるほど」と言いまして、そこで、雍疽と弥子瑕とを退け、司空狗《しくうく》を取り立てたのでした」と。(二五三　衛　霊公1)

〔魏牟《ぎぼう》曰く、〕衛《えい》の霊公《れいこう》 雍疽《ようしょ》・弥子瑕《びしか》を近づく。二人《ににん》の者 君《きみ》の勢いを専《もっぱ》らにし、以《もっ》て左右を蔽《おお》う。復塗偵《ふくとてい》 君に謂《い》って曰《いわ》く、「昔日《せきじつ》臣 夢《ゆめ》に君を見る」と。君曰く、「子《し》何《なに》をか夢《ゆめみ》る」と。曰く、「夢に竈君《そうくん》を見たり」と。君 忿然《ふんぜん》として色を作《な》して曰く、「吾《われ》聞く、『夢に人君《じんくん》を見る者は、夢に日を見る』と。今 子《し》『夢に竈君を見る』と曰《い》い、而《しこ》うして『君』と言う。説《せつ》有らば則《すなわ》ち可なり、説無くんば則ち死せん」と。対《こた》えて曰く、「日は天下を幷《あわ》せ燭《てら》す者なり。一物《いちぶつ》も蔽《おお》うこと能《あた》わざるなり。竈《かまど》の若《ごと》きは則ち然《しか》らず。前の人煬《あぶ》れば、則ち後の人 従《したが》って見る無きなり。今臣《しん》 人《ひと》の君に煬る者有らんことを疑う。是《ここ》を以て夢に竈君を見たり」と。君曰く、「善し」と。是《ここ》に於《おい》て因《よ》って雍疽《ようしょ》・弥子瑕《びしか》を廃して、司空狗《しくうく》を立つ。

〔魏牟曰、〕衛霊公近雍疽*弥子瑕。二人者専君之勢、以蔽左右。復塗偵謂君曰、昔日臣夢見君。君曰、子何夢。曰、夢見竈君。君忿然作色曰、吾聞、夢見人君者、夢見日。今子曰夢見竈君、而言君也。有説則可、無説則死。対曰、日幷燭天下者也。一物不能蔽也。若竈則不然。前之人煬*、則後之人無従見也。今臣疑人之有煬於君者也。是以夢見竈君。君曰、善。於是因廃雍疽弥子瑕、而立司空狗。

▼『論語《ろんご》』「八佾篇《はちいつ》」に「其の奥に媚《こ》びん与《よ》りは、寧《むし》ろ竈《かまど》に媚びよ」とあり、古くから竈神《そうしん》の信仰があったことがわかる。『抱朴子《ほうぼくし》』「内篇微旨《びし》」に、人体のなかにいるという三尸《さんし》が庚《こう》申《しん》の日毎《ごと》に天に上って司命《しめい》（人間の寿命を司《つかさど》る神）にその人の過失を告げると同様に、竈神も毎月みそかの夜に天に上って人の罪状を告げ、大きな罪は三百日、小さいのは三日、その寿命をちぢめる、などと見えるので、後世わが国にも伝えられた庚申《こうしん》信仰の源《みなもと》であるかもしれない。しかしこの神は一段低く見られていたことは、ここでの霊公《れいこう》の言葉や『論語』の例からも分かる。

▼原文のはじめに「魏牟《ぎぼう》曰、」を補って、全体を公子牟《ぼう》（本書七八　二四五参照）が王に告げる言葉として読んだのは、衛《えい》の霊公は『論語』に「衛霊公篇」があるように戦国の人ではなく、この文は元来、前の文（二五二）に続いていたものと考えられるからである。

▼雍疽《ようしょ》は雍も疽もはれもので、できものを治療する専門医の名などと考えられた（『孟子』

趙注）が、清《しん》の銭大昕《せんたいきん》は、衛の霊公が寵愛した雍渠《ようきょ》という宦者《かんじゃ》で、『史記《しき》』「孔子世家《こうしせいか》」、司馬遷《しばせん》「任安《じんあん》に報ずる書」に見える者とする（『潜研堂文集』巻九「答問」）。弥子瑕《びしか》は、衛の霊公に寵を受けたさまと、その色衰えてののちとの対比が、『韓非子《かんぴし》』「説難」に見える。

八一　葬《そう》日有り。天大いに雪雨《ふ》り、牛の目に至る

魏《ぎ》の恵王《けいおう》が亡《な》くなって、埋葬の日取りも定まっていた。ところが大雪が降って、牛の目の高さまで積《つ》もった。太子は城郭を取り壊《こわ》したうえ、懸《か》け橋を渡して、期日どおり葬儀を出そうとした。群臣たちのうち、太子をいさめる者が多く、「雪がこんなにひどいのに柩《ひつぎ》を送られましては、人民はきっとたいそう苦しみましょうし、政府の出費が恐らくは持ちますまい。どうか予定を取りやめて改めて日取りをお決めになりますよう」と言った。太子「人の子として、人民の労苦と政府の経費とが理由で、先王の埋葬の儀を見合わせるなどは、道に外《はず》れたことである。あなたがたは二度と言いたまうな」。群臣たちはみな言おうとはせず、ことの次第を犀首《さいしゅ》に告げた。犀首「私もまだ、おいさめ申すのに適任ではない。それには恵《けい》公《こう》しかおられまい。ひとつ恵公にお願い申し上げてみよう」。恵公は「承知しました」と言った。

恵子は車に乗って太子を訪問した。「御葬儀の日取りが決まりましたとか」。太子「そう」。

恵公「昔、王季歴《おうきれき》は楚山《そざん》のふもとに埋葬されましたところ、漏《も》り水がその墓を浸食し、棺の頭が、露出しました。そのとき文王《ぶんおう》は、『ああ、これはきっと先君が、今一度、群臣や人民たちに会いたがっておいでなのだろう。だからこそ、漏り水に棺の頭を出させなさったのだ』と申されました。そこで、棺を掘り出して朝廷に帳《とばり》を張ってさしあげ、人民たちまで皆なお目通りしました。そして、三日のちに葬り直されたのでした。これが、文王が子としての道を尽くされたなさりかたなのです。

いま、御葬儀の日取りが決まっておりますのに、雪がひどく降って牛の目の高さまで積もりました。これでは、挙行し難《がと》うございます。太子には期日どおりに行おうとなさるために、埋葬をお急ぎになっているきらいはないでしょうか。どうか太子には、期日をお改め願いとうございます。先王はいましばらくとどまって、社稷《しゃしょく》を守り人民を安《やす》んじようとお望みであるのにちがいないのです。さればこそ雪をこんなにひどくお降らしです。この場合、予定を取りやめて日取りを決め直すのが、文王に倣《なら》ったなさりかたです。この状態であるのにそうなさらないのは、思うに文王をお手本とすることを恥じておいでなのでしょうか」。太子は「たいへんけっこうなお説。謹んで予定を取りやめ、改めて期日を選ぶこととしよう」と言った。

恵子はただその説を実行に移したのみならず、また魏の太子に、その先王の埋葬を延期させ、その機会に、文王の徳義を述べた。文王の徳義を述べてそれを天下に示したことは、ど

うしてささやかな功績であろうか。（三一一　魏上　襄王1）

魏《ぎ》の恵王《けいおう》死す。葬《そう》日《ひ》有《あ》り。天大《おお》いに雪雨《ふ》り、牛の目に至る。城郭を壊《こぼ》ち、且《か》つ桟道《さんどう》を為《つく》りて葬らんとす。群臣 太子《たいし》を諫《いさ》むる者多し。曰《いわ》く、「雪甚《はなはだ》しきこと此《か》の如《ごと》くにして喪《そう》行かば、民必ず甚だ之《これ》を病《や》まん。官費 又《ま》た恐らくは給せざらん。請う期を弛《と》いて日を更《か》えん」と。太子 曰く、「人の子《こ》と為《な》りて、民《たみ》の労と官の費用との故《ゆえ》を以《もっ》てして、先王の喪《そう》を行わざるは、不義なり。子《し》復《ま》た言う勿《なか》れ」と。群臣皆《み》な敢《あえ》て言わずして、以て犀首《さいしゅ》に告ぐ。犀首 曰く、「吾 未《いま》だ以て之を言う有らざるなり。是れ其《そ》れ唯《た》だ恵公《けいこう》か。請う恵公に告げん」と。恵公 曰く、「諾」と。駕《が》して太子に見《まみ》えて曰く、「葬日《ひ》有り」と。太子曰く、「然《しか》り」と。恵公 曰く、「昔《むかし》 王季歴《おうきれき》 楚山《そざん》の尾《ふもと》に葬らる。欒水《らんすい》 其の墓を齧《か》み、棺《かん》の前和《ぜんわ》を見《あらわ》す。文王《ぶんおう》 曰く、『嘻《ああ》、先君必ず群臣百姓《ひゃくせい》を一見《いっけん》せんと欲するか。故《ゆえ》に欒水《らんすい》をして之を見《あらわ》さ使《し》む』と。是《ここ》に於《おい》て出《いだ》して之が為に朝《ちょう》に張り、百姓皆な之を見《み》る。三日にして後更《のちあらた》め葬る。此《こ》れ文王《ぶんおう》の義なり。今 葬 日有り。而《しか》るに雪甚《はなはだ》しくして牛の目に及ぶ。以《もっ》て行《ゆ》き難《がた》し。太子 日に及ばんが為の故《ゆえ》に、亟《すみや》かに葬らんと欲するに嫌《うたがいな》毋きを得《え》んや。願わくは 太子 日を更《か》えよ。先王必ず少《しばら》く留《とど》りて、社稷《しゃしょく》を扶《たす》け黔首《けんしゅ》を安《やす》んぜんと欲するなり。故に雪をして甚しから使《し》む。因《よ》って期を弛《と》いて更《あらた》めて日を為《な》すは、此《こ》れ文王の義なり。此《か》の若《ごと》くにして而《しか》も為《な》さざるは、意《おも》うに文王に法《のっと》るを羞《は》ずるか」と。太子 曰く、「甚だ善し。敬《つつし》んで期を弛《ゆる》べ、更に日を択《えら》ばん」と。恵子は徒《ただ》に其の説を行うのみに非《あら》ざるなり。又《ま》た魏の太子をして未《いま》だ其の先王を葬らざら令《し》め、而《しこ》うして因《よっ》て又た文王の義を説《と》く。文王の義を説きて、以て天下に示すは、豈《あ》に小功ならんや。

魏恵王死。葬有日矣。天大雨雪、至於牛目。壊城郭、且為桟道而葬。群臣多諫太子者。曰、雪甚如此而喪行、民必甚病之。官費又恐不給。請弛期更日。太子曰、為人子、而以民労与官費用之故、而不行先王之喪、不義也。子勿復言。群臣皆不敢言、而以告犀首。犀首曰、吾未有以言之也。是其唯恵公乎。請告恵公。恵公曰、諾。駕而見太子曰、葬有日矣。太子曰、然。恵公曰、昔王季歴葬於楚山之尾。欒水齧其墓、見棺之前和。文王曰、嘻、先君必欲一見群臣百姓也夫。故使欒水見之。於是出而為之張於朝。百姓皆見之。三日而後更葬。此文王之義也。今葬有日矣。而雪甚及牛目。難以行。太子為及日之故、得毋嫌於欲亟葬乎。願太子更日。先王必欲少留、而扶社稷安黔首也。故使雪甚。因弛期而更為日、此文王之義也。若此而弗為、意者羞法文王乎。太子曰、甚善。敬弛期、更択日。恵子非徒行其説也。又令魏太子未葬其先王、而因又説文王之義。説文王之義、以示天下、豈小功也哉。

▼葬を行わないのは子としての最大の不孝であるようで、本書六一（一八八）に「地を愛《おし》みて死父を送らざるは不義なり」として、五百里の地を与える話がある。

▼大雪が降り積《つも》って牛の目に及ぶとは面白い表現であるが、いったい、牛と葬とはどうい

う関係にあるのだろうか。柩《ひつぎ》を挽《ひ》くのには、牛馬を使わないで人力で綱を引くのが普通であるから、あるいは会葬者が乗り物に用いたのであろうか。宋《そう》の蘇軾《そしょく》の雪の詩の名作の一つ「雪後北台の壁に書す」に「試みに北台を掃《はら》って馬耳《ばじ》を看《み》れば、未《いま》だ埋没に随《したが》わずして双尖《そうせん》有り」。超然台《ちょうぜんだい》から馬耳山の雪景を詠《よ》んだもの。『戦国策』のこの故事を山名にからめた発想である。

八二　秦《しん》 魏《ぎ》を華《か》に敗り、魏王 且《まさ》に秦に入朝《にゅうちょう》せんとす

秦《しん》が魏《ぎ》を華《か》で破った。魏王は秦に入朝しようとした。そのとき周訢《しゅうきん》が王に言った、「宋《そう》の人で学問をしに出かけていた者がおりました。三年経《た》って帰って来ましたところ、母を名でよびました。母が、『おまえは三年も学問して、帰って来ると私を名でよぶのは、どうしたことかね』と申しますと、その子が言いますには、『私が優れた人物と思う人として、堯《ぎょう》・舜《しゅん》に勝《まさ》る者はありません。その堯・舜さえも名でよびます。私が偉大であると思うものとして、天地より大きいものはありません。その天地さえも名でよびます。ところで、母上のご立派さは、堯・舜より勝らず、母上の偉大さは天地より勝りません。ですから母上を名でよぶのです』と。その母は申しました、『おまえは学問については、なんでも皆《み》な実行しようとお思いかね。それなら、どうかおまえがなにか方法を考え出して、母を名でよぶのに代えておくれ。それともおまえは学問についても、実行に移さないこともあるとお思いかね。そ

れなら、どうかおまえが母を名でよぶことは、しばらく後回しにしてはくれまいかね』と。ところでいま、王が秦にお仕《つか》えになりますのも、まだほかに入朝に代える手段があるのではございませんか。王が、何かこれに代わる手段をおとりになって、入朝は後回しになさってくださることが願わしゅう存じます」。

魏王「あなたは、私が秦に入ったまま出られなくなるのではと、心配しているのか。それなら、許綰《きょわん》が私のために誓いを立て、秦へ入って出られないなら、首を懸《か》けて私に殉《じゅん》じさせてもらう、と言っている」。周訢は答えた。「臣のように卑《いや》しい者でも、もしだれか臣に『この底知れぬ淵に入っても、きっとお出になれます。出られなければ、一匹の鼠の首を懸けてあなたのために殉じさせましょう』と言う者がおりましても、臣はけっして入りません。ところで、秦は得体《えたい》の知れぬ国です。まるで底知れぬ淵のようなものです。そして許綰の首は、まるで鼠の首のようなものです。王を得体の知れぬ秦にお入れして、しかも王に殉じるのが鼠の首であるのでは、臣はひそかに王のおためにならぬことと存じます」。（三二六　魏下　安釐王2）

秦《しん》魏《ぎ》を華《か》に敗《やぶ》る。魏王且《まさ》に秦に入朝《にゅうちょう》せんとす。周訢《しゅうきん》王に謂《い》って曰《いわ》く、「宋人《そうひと》学ぶ者有り。三年にして反《かえ》って其《そ》の母を名《な》う。其の母曰く、『子学《まな》ぶこと三年、反って我を名《な》うは、何ぞや』と。其の子《こ》曰く、『吾《わ》が賢とする所の者は、堯《ぎょう》・舜《しゅん》に過ぐる無し。堯・舜すら名《ない》う。吾《わ》が大《だい》とする所の者は、天地より大なるは無し。天地すら名《ない》う。今母の賢は堯・舜に過ぎず、母の大は天地に過ぎず。是《ここ》を以《もっ》て母を名《ない》うなり』と。其の母曰く、『子《し》の学に於《お》けるは、将《まさ》に尽《ことごと》く之《これ》を行わんとするか。願わくは子《し》の以て母を名《ない》うに易《か》うる有らんことを。子《し》の学《がく》に於《お》けるや、将に行わざる所有らんとするか。願わくは子《し》の且《しばら》く母を名《ない》うを以て後《のち》と為《な》さんことを』と。今王《おう》の秦に事《つか》うるは、尚《な》お以て入朝《にゅうちょう》に易《か》う可《べ》き者有るか。願わくは王の以て之に易うる有りて、入朝を以て後と為《な》さんことを」と。魏王曰く、「子寡人《かじん》の入りて出でざらんことを患《うれ》うるか。許綰《きょわん》我が為に祝して曰《いわ》く、『入《い》って出でずんば、請《こ》う寡人に殉《じゅん》ずるに頭《こうべ》を以てせんと』」と。周訢対《こた》えて曰く、「臣の賤《いや》しきが如《ごと》きも、今人臣に謂《い》って、『不測の淵《ふち》に入《い》るとも必ず出《い》でん。出でずんば、請《こ》う一鼠《いちそ》首《しゅ》を以て女《なんじ》が為に殉ぜん』と曰《い》う者有るも、臣必ず為さざらん。今秦《しん》の知る可《べ》からざるの国なるや、猶《な》お不測の淵のごときなり。而《しこ》うして許綰の首は、猶お鼠首のごときなり。王を知る可からざるの秦に内《い》れて、王に殉ずるに鼠首を以てす。臣窃《ひそ》かに王の為に取らざるなり」と。

秦敗魏於華。魏王且入朝於秦。周訢謂王曰、宋人有学者。三年反而名其母。其母曰、子学三年、反而名我者、何也。其子曰、吾所賢者、無過堯舜。堯舜名。吾所大者、無大天地。天地名。今母賢不過堯舜、母大不過天地。是以名母也。其母曰、子之於学者、将尽行之乎。願子之有以易名母也。子之於学也、将有所不行乎。願子之且以名母為後也。今王之事秦、尚有可以易入朝者乎。願王之有以易之、而以入朝為後。魏王曰、子患寡人入而不出邪。許綰為我祝曰、入而不出、請殉寡人以頭。周訢対曰、如臣之賤也、今人有謂臣曰、入不測之淵而必出。不出、請以一鼠首為女殉者、臣必不為也。今秦不可知之国也、猶不測之淵也。而許綰之首、猶鼠首也。内王於不可知之秦、而殉王以鼠首。臣窃為王不取也。

▼名をよぶことは友人関係でさえ失礼なこととされ、そのため字《あざな》というものがある。母の名をよんだ息子の理屈は理屈として全くその通りであろう。当時、戦国諸子のなかにはこのような説をなす者もいたことは想像に難《かた》くない。ギリシアのソフィストが怪説で青少年に害をなしたことと軌《き》を一《いつ》にするものであろう。

▼「汝《なんじ》が為《ため》に殉《じゅん》ぜん」という大きい決意を鼠の死と置き換えられてみると、許綰《きょわん》の説得が一度にくずれてしまう。諷諫《ふうかん》の妙であろう。だがこの許綰の論はわが国では通用しやすく、最近でもよく行われていることに気が付く。「俺が責任を持つ」などもその一つと言えよう。

八三　猶《な》お薪《たきぎ》を抱きて火を救うがごとし

華《か》の陣の戦いで、魏《ぎ》は秦《しん》に勝てなかった。そこで翌年、段干崇《だんかんすう》をやって、土地を割譲《かつじょう》して講和することになった。孫臣《そんしん》が魏王に言った。「魏が、敗戦という現実に立ちながら土地を割《き》かなかったのは、敗戦時にうまく対処した、と申せましょう。また秦が勝利という事実を踏《ふ》まえながら土地を割譲させなかったのは、戦勝の機会を利用できなかった、と申せましょう。いまそれから一年経《た》って、なんと割譲しようとなさいます。これは群臣が私利を図ってのことですのに、王にはお気づきになっておりません。

それにまた、秦の封爵《ほうしゃく》を欲しがっているのは段干子《だんかんし》です。王には、よりによって彼を土地割譲の使いにお立てです。土地を欲しがっているのは秦です。それにもかかわらず王には、秦に封爵を授《さず》けさせなさいます。そもそも封爵を欲しがる者が土地を握っており、土地を欲しがる者が封爵を握っているのです。この成り行きでは、きっと魏国はなくなってしまいます。それにまた、姦臣《かんしん》どもはもともとみな土地を土産《みやげ》に秦に仕《つか》えようともくろんでいるのです。土地を土産に秦に仕えるのは、いわば薪《たきぎ》を抱《かか》えて火事を消しに行くようなものです。薪がなくなるまで、火事は消えません。いま、王の土地には限りがあります。秦の欲求は無限です。まったく、薪を抱えての消火そのものです」。

魏王は言った。「なるほど。しかしながら私はもう秦に承諾してしまっている。方針を変えることはできない」と。答えて言った、「王におかれては、かの双六《すごろく》をする者が梟棋《きょうき》を使うのを御覧になっておいででしょう。相手の棋《き》を食おうと思うときには食い、握っていようと思うときには握っております。いま、君が群臣に脅かされて秦に承諾したから、『方針を変えることはできない』と仰せなのは、知恵を働かせることにおいて梟棋の使いかたにも及

ばぬではありませんか」。魏王は「なるほど」と言って、やっと使いに行かせるのを取りやめた。（三二七　魏下　安釐王3）

華軍《かぐん》の戦いに、魏《ぎ》秦《しん》に勝たず。明年将《まさ》に段干崇《だんかんすう》をして地を割《さ》きて講ぜ使《し》めんとす。孫臣《そんしん》魏王に謂《い》って曰《いわ》く、「魏 敗の上《じょう》を以《もっ》て割《さ》かざるは、善く勝たざるを用うと謂《い》う可《べ》く、而《しこ》うして秦 勝《しょう》の上を以て割かざるは、善く勝を用いずと謂う可し。今処《お》ること期年にして、乃《すなわ》ち割かんと欲す。是《こ》れ群臣の私《わたくし》にして、王 知らざるなり。且《か》つ夫《そ》れ璽《じ》を欲する者は段干子なり。王 因《よ》って之《これ》をして地を割《さ》か使《し》む。地を欲する者は秦なり。王 因て之をして璽を授《さず》け使む。夫れ璽を欲する者地《ち》を制して、地を欲する者《もの》璽を制す。其の勢い必ず魏《ぎ》無からん。且《か》つ夫《そ》れ姦臣は固《もと》より皆《み》な地を以て秦に事《つか》えんと欲す。地を以て秦に事《つか》うるは、譬《たと》えば猶《な》お薪《たきぎ》を抱きて火を救うがごときなり。薪尽《つ》きずんば、則《すなわ》ち火止《ひや》まじ。今王の地は尽くる有りて、秦の求めは窮《きわ》まり無し。是《こ》れ薪火《しんか》の説なり」と。魏《ぎ》王《おう》曰《いわ》く、「善し。然《しか》りと雖《いえど》も、吾已《われすで》に秦に許せり。以《もっ》て革《あらた》む可《べ》からざるなり」と。対《こた》えて曰く、「王 独《ひと》り夫《か》の博者《はくしゃ》の梟《きょう》を用うるを見ずや。食《は》まんと欲すれば則《すなわ》ち食み、握らんと欲すれば則ち握る。今 君群臣に劫《おびやか》されて秦に許し、因《よ》って『革む可からず』と曰《い》う。何ぞ智を用うるの梟に若《し》かざるや」と。魏王曰く、「善し」と。乃《すなわ》ち其《そ》の行を案《とど》む。

華軍之戦、魏不勝秦。明年将使段干崇割地而講。孫臣謂魏王曰、魏不以敗之上割、可謂善用不勝矣、而秦不以勝之上割、可謂*不能用勝矣。今処期年、乃欲割。是群臣之私、而王不知也。且夫欲璽者段干子也。王因使之割地。欲地者秦也。而王因使之*受璽。夫欲璽者制地、而欲地者制璽。其勢必無魏矣。且夫姦臣固皆欲以地事秦。以地事秦、譬猶抱薪而救火也。薪不尽、則火不止。今王之地有尽、而秦之求無窮。是薪火之説也。魏王曰、善。雖然、吾已許秦矣。不可以革也。対曰、王独不見夫博者之用梟邪。欲食則食、欲握則握。今君劫於群臣而許秦、因曰不可革。何用智之不若梟也。魏王曰、善。乃案其行。

▼主君を諫止《かんし》する場合の困難さは『韓非子《かんぴし》』でも説《と》くところであるが、この場は譬《たと》えの妙で成功した例である。同工の二番煎《せん》じに「油を以て火を救う」というのがある。

八四 君 楚《そ》に之《ゆ》く。将《は》た奚為《なんす》れぞ北面する

魏王《ぎおう》は邯鄲《かんたん》を攻めようとした。季梁《きりょう》はこのことを聞くや、中途からとって返して来た。服はよれよれで縮《ちぢ》こまり、旅塵《りょじん》の積んだ髪の毛も洗わぬまま、王のもとに伺候《しこう》して次のように言った。「今、臣がこちらへ参ります折、太行山《たいこうざん》の道で、ある人を見掛けました。折しも北へ向かって馬の手綱《たづな》を握り、『私は楚《そ》に行くところです』と、臣に申すのです。臣が『きみは楚に行くのに、またどうして北へ向かっているのか』と申しますと、『私の馬は駿馬《しゅんめ》だ』

とのこと。臣が『馬が駿馬であるにせよ、これは楚へ行く道路とは違う』と申しますと、『私の旅費はたっぷりだ』とのこと。臣が『旅費はたっぷりにせよ、これは楚へ行く道路とは違う』と申しますと、『私の手綱さばきは名人芸だ』とのことでした。これらいくつかの条件がそろえばそろうほど、楚との距離はそれだけ遠くなるのです。

ただいま、王におかれては、行動を起こして、覇王《はおう》の業を成し遂《と》げ、天下の諸侯に信を得《え》んもの、とお望みであります。そして、王のお国の広大さと軍隊の精鋭なのを頼み、邯鄲を攻めて土地を広め尊名を得ようとしておいでです。王の御行動がしばしばであればあるだけ、王業の成就《じょうじゅ》からそれだけお遠ざかりになるのです。あたかも楚に行くのに北へ向かって行くようなものでございます」。（三五〇　魏下　安釐王15）

魏王《ぎおう》　邯鄲《かんたん》を攻めんと欲す。季梁《きりよう》之を聞き、中道《ちゆうどう》にして反《かえ》る。衣焦《いちぢ》みて申《の》びず。頭塵《とうじん》　浴さず。往《ゆ》いて王に見《まみ》えて曰《いわ》く、「今者《いま》　臣来《きた》るとき、人を大行《たいこう》に見る。方《まさ》に北面して其《そ》の駕《が》を持《じ》し、臣に告げて曰く、『我　楚に之《ゆ》かんと欲す』と。臣　曰く、『君　楚に之く。将《は》た奚為《なんす》れぞ北面する』と。曰く、『吾《わ》が馬　良し』と。臣　曰く、『馬　良しと雖《いえど》も、此《こ》れ楚の路《みち》に非《あら》ざるなり』と。曰く、『吾《わ》が用　多し』と。臣　曰く、『用　多しと雖も、此れ楚の路に非ざるなり』と。曰く、『吾が御者《ぎよは》　善し』と。此の数者《すうしや》　愈〻《いよいよ》善くして、楚を離るること愈〻遠からんのみ。今　王　動いて覇《は》王《おう》を成さんと欲し、挙《あ》げて天下に信ぜられんと欲す。王の国の大と兵の精鋭とを恃《たの》んで、邯鄲を攻《せ》め、以て地を広め名を尊くせんとす。王の動《どう》愈〻数〻《しばしば》にして、王を離るること愈〻遠からんのみ。猶《な》お楚に至らんとして北行するがごときなり」と。

魏王欲攻邯鄲。季梁聞之、中道而反。衣焦不申。頭塵不去。*往見王曰、今者臣来、見人於大行。方北面而持其駕、告臣曰、我欲之楚。臣曰、君之楚。将奚為北面。曰、吾馬良。臣曰、馬雖良、此非楚之路也。曰、吾用多。臣曰、用雖多、此非楚之路也。曰、吾御者善。此数者愈善、而離楚愈遠耳。今王動欲成覇王、挙欲信於天下。恃王国之大兵之精鋭、而攻邯鄲、以広地尊名。王之動愈数、而離王愈遠耳。猶至楚而北行也。

▼「轅《ながえ》を北にして楚《そ》に之《ゆ》く」という成語がある。白居易《はっきょい》が「新楽府《しんがふ》」立部伎《りゅうぶぎ》に、雅楽《ががく》の替《すた》れたことを刺《そし》り、「鳳《ほう》の来《きた》りて百獣の舞わんを望まんと欲すること、何ぞ轅を北にして将《まさ》に楚に適《ゆ》かんとするに異ならん」とうたった比喩《ひゆ》の発想は、ここにもとづく。

八五　漁者　得《え》て之《これ》を并《あわ》せ禽《とら》う

趙《ちょう》がいまにも燕《えん》を討とうとした。蘇代《そだい》は燕のために趙の恵王《けいおう》にこう言った。「今日、臣がこちらへ上がります途上、易水《えきすい》を通りかかりましたところ、蚌《はまぐり》がちょうど水から出てひなたぼっこをしているところでした。すると鷸《しぎ》が蚌の肉をついばみました。蚌は貝を閉《と》じ合わせて鷸のくちばしをはさみました。鷸が申しました、『今日、雨が降らず、明日も雨が降らなかったら、見る間に蚌の干物《ひもの》ができるぞ』と。蚌も鷸に申しました。『今日、出してやらず、明日も出してやらなかったら、たちまち鷸の死骸《しがい》ができるぞ』と。両者いっかな放そうとはいたしません。そこへ漁師が来て、しめたとばかりいっしょに捕らえました。

いま、趙は燕を討とうとしておいでです。燕・趙が長い間張り合っていて、数多くの人民を疲労させれば、かの強い秦《しん》が漁父《ぎょほ》となるであろうことが、臣には心配でならないのです。なにとぞ王がこの点をじっくりとおはかりくださるようお願い申しあげます」。恵王は「いかにも」と言って、燕を討つことを取りやめた。（四五六　燕上　昭王15）

趙《ちょう》 且《まさ》に燕《えん》を伐《う》たんとす。蘇《そ》代《だい》 燕の為に恵王《けいおう》に謂《い》って曰《いわ》く、「今者《きょう》 臣 来《きた》るとき、易水《えきすい》を過ぐ。蚌《ぼう》 方《まさ》に出《い》でて曝《さら》す。而《しこ》うして鷸《いつ》 其《そ》の肉を啄《ついば》む。蚌 合《あ》わせて其の喙《くちばし》を拑《はさ》む。鷸《いつ》 曰く、『今日 雨《あめふ》らず、明日 雨らずんば、蚌将《まさ》に脯《ほじし》と為《な》らんとす』と。蚌も亦《ま》た鷸に謂《い》って曰く、『今日 出《いだ》さず、明日 出さずんば、即《すなわ》ち死《し》鷸《いつ》 有らん』と。両者相舎《あいす》つるを肯《がえん》ぜず。漁者《ぎょしゃ》 得《え》て之《これ》を幷《あわ》せ禽《とら》う。今 趙且《まさ》に燕を伐《う》たんとす。燕・趙久《ひさ》しく相支《あいささ》えて、以《もっ》て大衆を弊《つから》さば、臣 強秦《きょうしん》の漁父《ぎょほ》と為《な》らんことを恐るるなり。故《ゆえ》に願わくは王の之を熟計せられんことを」と。恵王曰く、「善し」と。乃《すなわ》ち止《や》む。

趙且伐燕。蘇代為燕謂恵王曰、今者臣来、過易水。蚌方出曝。而鷸啄其肉。蚌合而拑其喙。鷸曰、今日不雨、明日不雨、即有死蚌。蚌亦謂鷸曰、今日不出、明日不出、即有死鷸。両者不肯相舍。漁者得而并禽之。今趙且伐燕。燕趙久相支、以弊大衆、臣恐強秦之為漁父也。故願王之熟計之也。恵王曰、善。乃止。

▼成語「漁父《ぎょほ》の利《り》」「鷸蚌《いつぼう》の争い」の出処である。『史記《しき》』「春申君列伝《しゅんしんくんれつでん》」に見える「両虎相闘うて駑犬《どけん》其の弊《へい》を受く」は、ほぼこれと同意と言ってよいであろう。しかし『戦国策』（五四　秦上）に見える「両虎　人を争うて闘う」の場合は、必ずしも同意とは言えない。積極的に闘わせて両者の疲弊《ひへい》を待とうという意が込められている。似たような成語でも、原典では少しずつニュアンスが異なっている点に注意すべきであろう。

説《ぜい》　林《りん》

八六　周人《しゅうひと》は鼠《ねずみ》の未《いま》だ腊《ほじし》にせざる者を朴《はく》と謂《い》う

応侯《おうこう》（范雎《はんしょ》）は言った。「鄭《てい》の人はまだみがきあげてない玉《ぎょく》のことをハク（璞）とよびますが、周《しゅう》の人はまだ乾《かわ》ききっていない鼠《ねずみ》の干物《ひもの》のことをハク（朴）とよびます。周の人が朴を懐《ふところ》に入れて鄭の商人の所へ行き、『ハク（朴）を買うつもりはおありか』と尋ねますと、鄭の商人は『買いたいです』と答えました。懐にした朴を取り出して見せると、なんと鼠の干物なのでした。そこで、断って買いませんでした。いま、平原君《へいげんくん》は賢者をもって自認し、その名は天下に隠れもなきかたです。しかし、主父《しゅほ》を砂丘に退けて、おのが臣下にしてしまいました。天下の王はそれでもまだ平原君を尊敬なさっておりますが、このざまでは天下の王が、かの鄭の商人の知恵にさえ及ばないことになるのです。名に目がくらんで、実を知らぬからなのです」と。（八〇　秦下　昭襄王8）

応侯《おうこう》曰《いわ》く、「鄭人《ていひと》は玉《ぎょく》の未《いま》だ理《おさ》めざる者を璞《はく》と謂《い》い、周人《しゅうひと》は鼠《ねずみ》の未《いま》だ腊《ほじし》にせざる者《もの》を朴《はく》と謂《い》う。周人 朴を懐《いだ》いて、鄭の賈《こ》に過《よぎ》って曰《いわ》く、『朴を買わんと欲するか』と。鄭の賈 曰く、『之《これ》を欲す』と。其《そ》の朴を出《いだ》して之を視《み》しむれば乃《すなわ》ち鼠《ねずみ》なり。因《よ》って謝して取らざりき。今《いま》 平原君《へいげんくん》 自《みずか》ら以《もっ》て賢なりとし、名を天下に顕《あらわ》す。然《しか》れども其の主父《しゅほ》を沙《さ》丘《きゅう》に降《くだ》して之を臣とす。天下の王 尚《な》お猶《な》お之を尊ぶ。是《こ》れ天下の王、鄭の賈《こ》の智《ち》に如《し》かざるなり。名に眩《げん》して其の実を知らざるなり」と。

応侯曰、鄭人謂玉未理者璞、周人謂鼠未腊者朴。周人懐璞*過鄭賈曰、欲買朴乎。鄭賈曰、欲之。出其朴視之乃鼠也。因謝不取。今平原君自以賢、顕名於天下。然降其主父沙丘而臣之。天下之王尚猶尊之。是天下之王、不如鄭賈之智也。眩於名不知其実也。

▼『尹文子《いんぶんし》』「大道下」に「断って買いませんでした」まで同じ記述が見える。『尹文子』は戦国斉《せい》の処士尹文《いんぶん》の撰とされる古書。また『後漢書《ごかんじょ》』「応劭伝《おうしょう》」に「昔 鄭人《ていひと》 乾鼠《かんそ》を以《もっ》て璞《はく》と為《な》し、之《これ》を周《しゅう》に鬻《ひさ》ぐ」と見え、ほじしになりきったものを言うことになっている。いずれともこの故事から、無用の物を「鼠璞《そはく》」と言う。

▼主父《しゅほ》とは武霊王《ぶれいおう》。平原君《へいげんくん》はその子である。主父を離宮に退けたのが平原君であるという証はない。李兌《りたい》が主父の食を減じて餓死させたことは、本書二〇の付記を参照。

八七　虎　獣《じゅう》の己《おのれ》を畏《おそ》れて走るを知らず、以為《おもえら》く狐を畏るるなりと

荊《けい》の宣王《せんおう》が臣下たちに尋ねた、「私は、北方の諸国が昭奚恤《しょうけいじゅつ》を恐れていると聞くが、果たして事実はどうであるのか」。臣下たちに答える者がいなかった。すると、江一《こういつ》が答えてこう言った。

「虎は、あらゆる獣《けもの》を捕《と》らえて食べますが、あるとき狐を捕《つか》まえました。狐が申しますには、『あなたは、私を食べるなんてことをしてはなりません。天帝は私を、ありとあらゆる獣の長者となさったのです。いま、あなたが私を食べれば、天帝の命《めい》に逆らうことになるのです。あなたが、私の言うことが信じられないのでしたら、私が先に立って歩いてあげま

しょう。あなたは私のうしろからついて来て、獣たちのうち、私の姿を見ながら、逃げ出さないでいるものなどがいるかどうか、御覧なさい』と。虎はよかろうと思いましたので、狐といっしょに歩きました。獣たちは、これを見かけると皆な逃げました。虎は、獣たちが自分を恐れて逃げるのだとは気がつきませんでした。狐を恐れていると思い込んでいたのです。

いま、王の御領地は、五千里四方、精兵は百万、それをもっぱら昭奚恤にお預けになっております。ですから、北方の諸国が昭奚恤を恐れますのは、その実、王の軍勢を恐れているのでして、それはちょうど、獣たちが虎を恐れたようなものでございます」。（一六三　楚宣王4）

荊《けい》の宣王《せんおう》 群臣に問うて曰《いわ》く、「吾《われ》 北方の昭奚恤《しょうけいじゅつ》を畏《おそ》るるを聞く。果たして誠《まこと》に何如《いかん》」と。群臣対《こた》うる莫《な》し。江一《こういつ》対《こた》えて曰く、虎 百獣を求めて之を食《くら》う。狐を得たり。狐曰く、「子《し》 敢《あえ》て我を食うこと無かれ。天帝 我をして百獣に長《ちょう》たら使《し》む。今 子《し》 我を食わば、是《こ》れ天帝の命に逆《さか》らうなり。子《し》 我を以《もっ》て信ならずと為《な》さば、吾 子《し》が為に先行せん。子 我が後に随《したが》って、百獣の我を見て、敢《あえ》て走らざるかを観《み》よ」と。虎 以《もっ》て然《しか》りと為《な》す。故《ゆえ》に遂《つい》に之と与《とも》に行く。獣《じゅう》 之を見て皆《み》な走る。虎 獣の己《おのれ》を畏《おそ》れて走るを知らざるなり。以為《おもえら》く狐を畏るるなりと。今 王《おう》の地 方五千里、帯甲《たいこう》百万あって、専《もっぱ》ら之を昭奚恤に属《ぞく》す。故《ゆえ》に北方の奚恤を畏るるは、其《そ》の実《じつ》王の甲兵を畏るるなること、猶《な》お百獣の虎を畏るるがごときなり」と。

荊宣王問群臣曰、吾聞北方之畏昭奚恤也。果誠何如。群臣莫対。江一対曰、虎求百獣而食之。得狐。狐曰、子無敢食我也。天帝使我長百獣。今子食我、是逆天帝命也。子以我為不信、吾為子先行。子随我後、観百獣之見我、而敢不走乎。虎以為然。故遂与之行。獣見之皆走。虎不知獣畏己而走也。以為畏狐也。今王之地方五千里、帯甲百万、而専属之昭奚恤。故北方之畏奚恤也、其実畏王之甲兵也、猶百獣之畏虎也。

▼成語「虎の威を借る狐」が、ことによく知られている。

八八　其《そ》の狗《いぬ》嘗《かつ》て井《い》に溺《いばり》す

江乙《こういつ》が昭奚恤《しょうけいじゅつ》をそしり、楚《そ》王《おう》に向かって言った。「自分の飼っている犬が、番犬としてよく役立つと言って、かわいがっている者がおりました。あるとき、その犬が井戸に尿《いばり》をしました。隣の者が、犬が井戸に尿しているのを見て、飼い主の家に入って告げようとしますと、犬はこれを憎みまして、門前に立ちはだかってかみつこうとします。隣の人はためらって、入って告げることができませんでした。邯鄲《かんたん》の戦の折、楚《そ》が軍を進めれば魏《ぎ》の都大梁《たいりょう》は取れたはずです。しかるに昭奚恤は魏の宝物をわいろに受け取ったのです。臣は魏におりましたから知っております。さればこそ、昭奚恤は、臣が王にお目通りするのを、常にいやがるのです」。（一六八　楚　宣王8）

江乙《こういつ》 昭奚恤《しょうけいじゅつ》を悪りて、楚王《そおう》に謂《い》って曰《いわ》く、「人 其《そ》の狗《いぬ》を以《もっ》て執《まも》る有りと為《な》して之《これ》を愛する有り。其の狗 嘗《かっ》て井《い》に溺《いばり》す。其の鄰人 狗の井に溺するを見るや、入《い》って之を言わんと欲す。狗 之《これ》を悪《にく》み、門に当たって之を噬《か》まんとす。鄰人《りんじん》 之を憚《はばか》りて、遂《つい》に入って言うを得《え》ざりき。邯鄲《かんたん》の難に、楚 兵を進めば、大梁《たいりょう》 取れたらん。昭奚恤 魏《ぎ》の宝器《ほうき》を取れり。臣 魏《ぎ》に居《お》りて之を知る。故《ゆえ》に昭奚恤 常《つね》に臣が王に見《まみ》ゆるを悪《にく》む」と。

江乙悪昭奚恤、謂楚王曰、人有以其狗為有執而愛之。其狗嘗溺井。其鄰人見狗之溺井也、欲入言之。狗悪之、当門而噬之。鄰人憚之、遂不得入言。邯鄲之難、楚進兵、大梁取矣。昭奚恤取魏之宝器。*臣居魏知之。故昭奚恤常悪臣之見王。

八九　下《しも》 比周《ひしゅう》すれば則《すなわ》ち上危《かみあや》うく、下 分争《ぶんそう》すれば則ち上安《かみやす》し

江乙《こういつ》が昭奚恤《しょうけいじゅつ》を楚《そ》にそしろうとして、楚王に向かって言った。「『臣下が徒党を組んでまとまったときには、君《きみ》は危険であり、臣下がてんでに争うときには、君は安泰である』と言いますが、王も御存じでしょうか。どうか王にはお忘れなさいませぬよう。ところで、好んで他人の善を言い立てる者がおりましたら、王にはいかがお思いになりますか」。王「それは君子《くんし》だ。近づけよう」。江乙「好んで他人の悪を言い立てる者がおりましたら、王におかれてはいかがお思いになりますか」。王「それは小人《しょうじん》だ。遠ざけよう」。江乙「それでは、子にしてその父を殺し、臣にしてその君を弑《しい》する者がおりましても、王にはついにそれを御存じないのは、なぜでしょう。それは、王が人をほめるのを聞くことがお好きで、人の悪口を言うのを聞くことをいやがられるからなのです」。王「なるほど。私は両方ともに耳を傾けることにしたいものだ」。（一六九　楚　宣王9）

江乙《こういつ》 昭奚恤《しょうけいじゅつ》を楚《そ》に悪《そし》らんと欲して、楚王に謂《い》って曰《いわ》く、「『下《しも》 比周《ひしゅう》すれば則ち上危《かみあや》うく、下《しも》 分争《ぶんそう》すれば則ち上安《かみやす》し』と。王も亦《ま》た之《これ》を知れるか。願わくは王 忘《わす》るる勿《なか》れ。且《か》つ人の善を揚《あ》ぐるを好む者有らば、王に於《おい》て何如《いかん》」と。王 曰く、「此《こ》れ君子《くんし》なり。之を近づけん」と。江乙 曰く、「人 人の悪を揚ぐるを好む者 有らば、王に於《おい》て何如」と。王 曰く、「此れ小人《しょうじん》なり。之を遠ざけん」と。江乙 曰く、「然《しか》らば則《すなわ》ち且《まさ》に子《こ》 其の父を殺し、臣《しん》 其の主を弑《しい》する者有らんとするも、王 終《つい》に已《もっ》て知らざる者は、何ぞや。王の人の美《び》を聞くを好んで、人の悪を聞くを悪《にく》むを以てなり」と。王曰く、「善し。寡人《かじん》願わくは両《ふた》つながら之を聞かん」と。

江乙欲悪昭奚恤於楚、謂楚王曰、下比周則上危、下分争則上安。王亦知之乎。願王勿忘也。且人有好揚人之善者、於王何如。王曰、此君子也。近之。江乙曰、有人好揚人之悪者、於王何如。王曰、此小人也。遠之。江乙曰、然則且有子殺其父、臣弑其主者、而王終已不知者、何也。以王好聞人之美、而悪聞人之悪也。王曰、善。寡人願両聞之。

▼江乙《こういつ》が昭奚恤《しょうけいじゅつ》を楚王に讒《そし》る話が続いた。「虎の威を借る孤」の話の「江一《こういつ》」本書八七（一六三）も同一人物であり、他でも楚に出ていた梁《りょう》（魏）の山陽君《さんようくん》を味方に引き込んでともどもに昭奚恤を讒る「江尹《こういん》」（一六六　楚。尹は官名か）も江乙で、魏から楚へ送り込まれて来ていた者のようである（一七一　楚）。楚王の寵臣安陵君《あんりょうくん》に献策しておおいに両者の意を得ていることについては、本書一四（一七〇）を参照。

九〇　楚《そ》国《こく》の食は、玉《ぎょく》よりも貴《たか》く、薪《たきぎ》は桂《けい》よりも貴し

蘇《そ》秦《しん》は楚《そ》に行ったが三月も経《た》ってから、やっと王にまみえることができた。話が済むと、楚を立ち去るあいさつをした。楚王は言った。「私は先生のおうわさを聞くと、いにしえの人であるように思えてならなかったのです。その先生がいま、なんと千里の道を遠しとせずして来られて、私の目の前におられる、それなのにどうしてとどまろうとはなさらぬのか。

どうかそのわけをお聞かせ願いたい」と。答えた、「楚の国の食物は宝石より高く、薪《たきぎ》は桂《けい》よりも高く、お取り次ぎ役にもなかなかお会いできないこと幽鬼《ゆうき》に出会うごとくであり、王にお目に掛かることの難しさときては天帝《てんてい》に会うごとくでございます。いま、臣に、宝石を食べ桂をたいて炊事しつつ、幽鬼のなかだちで天帝に目通りせよとおっしゃっても、それは無理な御相談です」。王「先生には賓客《ひんかく》の宿舎にお入りあれ。仰せはよく承った」。（一九一

楚　威王1）

蘇秦《そしん》楚《そ》に之《ゆ》く。三月《さんげつ》にして乃《すなわ》ち王に見《まみ》ゆるを得《え》たり。談《だん》卒《おわ》って辞《じ》して行く。楚王曰《いわ》く、「寡人《かじん》先生を聞くこと、古人を聞くが若《ごと》し。今 先生乃《すなわ》ち千里を遠しとせずして寡人に臨《のぞ》みながら、曾《すなわ》ち留《とどま》るを肯《がえん》ぜず。願わくは其の説を聞かん」と。対《こた》えて曰く、「楚国の食は、玉《ぎょく》よりも貴《たか》く、薪《たきぎ》は桂《けい》よりも貴し。謁者《えっしゃ》の見《み》るを得難《えがた》きこと鬼《き》の如《ごと》く、王の見《まみ》ゆるを得難きこと天帝《てんてい》の如し。今 臣をして玉を食《は》み桂《けい》を炊《かし》ぎ、鬼に因《よ》って帝に見《まみ》え令《し》むるも、其《そ》れ得可《うべ》けんや」と。王 曰く、「先生 舎《しゃ》に就《つ》け。寡人命を聞けり」と。

蘇秦之楚。三日乃得見乎王。談卒辞而行。楚王曰、寡人聞先生、若聞古人。今先生乃不遠千里而臨寡人、曾不肯留。願聞其説。対曰、楚国之食、貴於玉、薪貴於桂。謁者難得見如鬼、王難得見如天帝。今令臣食玉炊桂、因鬼見帝。＊　王曰、先生就舎。寡人聞命矣。

▼この物語から「桂玉《けいぎょく》の艱《かん》」という成語が知られる。他国の物価高の中で暮らすこと。「転じて、物価の高い都会で苦学するにもいう」（諸橋轍次『大漢和辭典』）。

▼桂《けい》は、きんもくせい。かつら、ではない。またここは、玉・桂・鬼・天帝、と並んでいて、実在の植物としてよりも、月中の桂枝を指すであろう。

九一　王　臣を殺さば、是《こ》れ死薬なり

不死の薬を荊王《けいおう》に献じた者がいた。取り次ぎの役人が手に持って入って来ると、中射《ちゅうしゃ》の士が尋ねた。「食べられますか」。「はい」。それでひったくって食べてしまった。王は怒って、この中射の士を殺させようとした。中射の士は人を介して王に説いた。「臣が取り次ぎ役に尋ねましたところ、取り次ぎ役が『食べてもよい』というものですから、臣は食べたのです。つまり臣には罪はなく、罪は取り次ぎ役にございます。そのうえ客人が不死の薬を献ぜられ、臣がこれを食べ、そして、王が臣をお殺しになれば、それは死の薬です。王は、罪なき臣を殺されて、人が王を欺《あざむ》いたことを公示なさることになります」。王は殺すことを思いとどまった。（二〇七　楚　頃襄王4）

不死の薬を荊王《けいおう》に献ずる者 有り。謁者操《えっしゃと》って以《もっ》て入《い》る。中射《ちゅうしゃ》の士《し》 問うて曰《いわ》く、「食《くら》う可《べ》きか」と。曰く、「可《か》なり」と。因《よっ》て奪いて之《これ》を食う。王 怒《いか》り、人をして中射の士を殺さ

使《し》めんとす。中射の士、人をして王に説《と》か使めて曰く、「臣《しん》 謁者《えっしゃ》に問う。謁者 曰く、『食う可し』と。臣 故《ゆえ》に之を食えり。是《こ》れ臣は罪無くして、罪は謁者に在《あ》るなり。且《か》つ客《きゃく》 不死の薬を献ず。臣 之《これ》を食う。而《しこ》うして王 臣を殺さば、是れ死薬なり。王 罪無きの臣を殺して、人の王を欺《あざむ》くを明《あらわ》すなり」と。王乃《すなわ》ち殺さず。

有献不死之薬於荊王者。謁者操以入。中射之士問曰、可食乎。曰、可。因奪而食之。王怒、使人殺中射之士。中射之士、使人説王曰、臣問謁者。謁者曰、可食。臣故食之。是臣無罪、而罪在謁者也。且客献不死之薬。臣食之。而王殺臣、是死薬也。王殺無罪之臣、而明人之欺王。王乃不殺。

▼「一休《いっきゅう》さん」の水飴《みずあめ》の話が思い起こされるが、『列子《れっし》』「説符篇」にも似た話がある。不死の法を知っているという人物に、燕《えん》の君《きみ》が使《つかい》を出してその法を学ばせることにしたところ、使がぐずぐずしているうちにその法を説《と》く者が死んでしまった。燕君はおおいに怒り、使を誅《ちゅう》しようとするが、ここと同様な諫《いさ》めにより助けられるのである。ただ『列子』ではもうひとひねりする人物が出て来て、人間のなかには法を知っていても行うことができない者、行うことはできてもその法を人に説明することができない者、がいる。従って不死の法を知っているという者が死んだからとて、その不死の法がインチキであるという

わけにはいかないであろう、と言うのである。それにしても三神山に不老不死の薬を採りにやらせた秦《しん》の始皇帝《しこうてい》のことが知られるが、すでに戦国の世でも、不死をめぐる悲喜劇は根強く世に広がっていたことが分かる。

九二　夜半　土梗《どこう》　木梗《ぼっこう》と闘《あらそ》う

蘇秦《そしん》は李兌《りたい》に献策しようとしてこう言った。「雒陽《らくよう》の乗軒里《じょうけんり》の蘇秦と申しますが、家は貧しく親は老《お》い、ぼろ車や駄馬《だば》はおろか、桑の木をたわめて作った車の輪も蓬《よもぎ》を編《あ》んで作った車の箱も、ございませず、脚半《きゃはん》を巻き、書物を背に負《お》い、袋を肩に掛けまして、ほこりにまみれ霜露《そうろ》をかむり、漳水《しょうすい》を渡りますうち、足にはまめが重なり合いましたが、一日に百里歩いては宿りつつ、御門の外に到着し、御前にまかり出て天下の事をば直接に言上《ごんじょう》したい、と願っております」。

李兌は言った。「先生が霊魂の世界のことを話そうというので私にお会いになるなら、けっこうです。もし人間世界のことを話そうというのでしたら、私はすっかり知り尽くしています」と。蘇秦は答えた。「臣はもとより霊魂の世界のお話をしようと思って君にお会いするのです。人間世界のお話をしようとしてではございません」と。李兌は会うことにした。蘇秦は言った。「今日、私がこちらへ参りますとき、日が暮れて外城の門の門限に遅れ、宿を借りようにも当《あ》てもなく、だれかの畑のなかに野宿《のじゅく》させてもらいました。傍《かたわ》らは一帯に大木の森林でしたが、真夜中になって、どろのこけしと木のこけしとが言い争いをはじめたのです。『おまえなんかおれにかなうものか。おれさまは土でできている。もし強風や長雨に出くわせば、くずれこわれて再び土に帰るだけのことだ。ところが、おまえは木の根か、さもなければ木の枝だ。おまえが強風や長雨に出くわせば、ふわふわと漳水に流れ込み、東へ流されて海に着き、波のまにまにどこまでも漂《ただよ》って行くだろう』と。臣は心に、これはどろのこけしの勝ちだ、と思ったことでございます。ところで、君には、主父《しゅほ》を殺してその一族を皆殺しになさいました。君が天下に臨《のぞ》まれるのは、積み重ねた卵よりも危のうございます。君が臣のはかりごとをお聞き入れになれば、お命が続きましょう。臣のはかりごとをお聞き入れにならねば、お命を落とされましょう」。

（二二〇　趙上　恵文王3）

蘇《そ》秦《しん》　李《り》兌《たい》に説《と》いて曰《いわ》く、「雒陽《らくよう》の乗軒里《じょうけんり》の蘇秦、家貧《いえまず》しく親老《お》い、罷《ひ》車《しゃ》駑《ど》馬《ば》、桑輪蓬篋《そうりんほうきょう》だも無《な》く、滕《とう》を羸《まと》い書を負《お》い橐《たく》を担《にな》い、塵埃《じんあい》に触《ふ》れ、霜露《そうろ》を蒙《こうむ》り、漳河《しょうか》を越え、足　繭《けん》を重ね、日に百にして舎《やど》り、外闕《がいけつ》に造《いた》り、前に見《まみ》えて口《くち》ずから天下の事を道《い》わんことを願う」と。李兌曰く、「先生　鬼《き》の言《げん》を以《もっ》て我を見《み》ば、則《すなわ》ち可なり。若《も》し人の事を以てせば、兌《たい》尽《ことごと》く之《これ》を知れり」と。蘇秦　対《こた》えて曰く、「臣固《もと》より鬼の言を以て君に見《まみ》えんとす。人の言を以てするに非《あら》ざるなり」と。李兌　之《これ》を見る。蘇秦　曰く、「今日　臣の来《きた》るや、暮《ひぐ》れて郭門《かくもん》に後《おく》れ、席を藉《か》るに得《う》る所無く、人の田中《でんちゅう》に寄宿す。傍《かたわ》らに大叢有《たいそうあ》り。夜半、土梗《どこう》木梗《ぼっこう》と闘《あらそ》うて曰く、『汝《なんじ》は我に如《し》かず。我《われ》は乃《すなわ》ち土《つち》なり。我をして疾風淋雨《しっぷうりんう》に逢《あ》わ使《し》めば、壊沮《かいそ》して乃《すなわ》ち復《ま》た土に帰《き》せん。今《いま》汝は木の根に非《あら》ずんば、則《すなわ》ち木の枝ならん耳《のみ》。汝疾風淋雨に逢わば、漂《ただよ》うて漳河《しょうか》に入《い》り、東に流れ海に至りて、氾濫《はんらん》して止《とど》まる所無けん』と。臣窃《ひそ》かに以為《おもえら》く、土梗《どこう》勝《まさ》れりと。今君主父《しゅほ》を殺して之を族《ぞく》す。君の天下に立つや、累卵《るいらん》よりも危《あや》うし。君臣の計を聴《き》かば則《すなわ》ち生きん。臣の計を聴かずんば則《すなわ》ち死《し》せん」と。

蘇秦説李兌曰、雒陽乗軒車蘇秦*、家貧親老、無罷車駑馬、桑輪蓬篋、嬴縢負書担橐、触塵埃、蒙霜露、越漳河、足重繭、日百而舍、造外闕、願見於前口道天下之事。李兌曰、先生以鬼之言見我、則可。若以人之事、兌尽知之矣。蘇秦対曰、臣固以鬼之言見君。非以人之言也。李兌見之。蘇秦曰、今日臣之来也、暮後郭門、藉席無所得、寄宿人田中。傍有大叢。夜半、土梗与木梗闘曰、汝不如我。我者乃土也。使我逢疾風淋雨、壊沮乃復帰土。今汝非木之根、則木之枝耳。汝逢疾風淋雨、漂入漳河、東流至海、氾濫無所止。臣窃以為、土梗勝也。今君殺主父而族之。君之立於天下、危於累卵。君聴臣計則生。不聴臣計則死。

▼当時、民衆のほとんどは城郭内に住んでおり、日が暮れて城門が閉じられると、城外は無人の地となる。そのため「人の田中《でんちゅう》の物置小屋」にでも宿ったのであるが（宮崎市定

〈中国における聚落形体の変遷について〉『宮崎市定全集』第三巻「古代」)、その側《そば》に「大叢」があった、という。この叢はこの話の筋書きからして本書六六に見える「神叢」であろうから、舞台装置はよく整っているのである。

九三　車を借る者は之《これ》を馳《は》せ、衣《い》を借る者は之を被《き》る

趙王《ちょうおう》は孟嘗君《もうしょうくん》を武城《ぶじょう》に封《ほう》じた。孟嘗君は舎人《しゃじん》のなかから役人たちを選んだが、彼らを派遣するに際して言った。「俚言《りげん》に、『人の車を借りた者は、むやみに走らせ、人の着物を借りた者は、やたらに着る』と言ってはいないかね」と。皆《み》が「さよう申します」と答えた。孟嘗君「私ははなはだ賛成しかねる。そもそも着物や車を借りる相手は、親友でなければ兄弟なのだ。親友の車をむやみに走らせ、兄弟の着物をやたらに着るなど、私はいけないことだと思う。いま、趙王は、私の不肖《ふしょう》を知りたまわず、武城に封《ほう》じてくださった。どうか、あなたがたが行かれたら、一本の樹木も切らないでほしい、一軒の家も壊《こわ》さないでほしい。何もしないでおいて趙王が悟《さと》られ、この私を知ってくださるようにしたいのです。つね日頃心して、そっくりそのままお返しできるように、計らってほしいのです」。(二二八　趙上　恵文王4)

趙王《ちょうおう》　孟嘗君《もうしょうくん》を封《ほう》ずるに武城《ぶじょう》を以《もっ》てす。孟嘗君　舎人《しゃじん》を択《えら》び、以て武城の吏《り》と為《な》して之を遣《つか》わして曰《いわ》く、「鄙語《ひご》に豈《あ》に『車を借る者は之を馳《は》せ、衣を借る者は之を被《き》る』と曰《い》わずや哉」と。皆《み》な対《こた》えて曰く、「之《これ》有り」と。孟嘗君曰く、「文《ぶん》甚《はなは》だ取らざるなり。夫《そ》れ衣《い》車《しゃ》を借る所の者は、親友に非《あら》ずんば、則《すなわ》ち兄弟《けいてい》ならん。夫れ親友の車を馳せ、兄弟の衣を被るは、文以《もっ》て不可と為《な》す。今《いま》趙王文の不肖《ふしょう》を知らずして、之を封ずるに武城を以てせり。願わくは大夫《たいふ》の往《ゆ》くや、樹木を伐《き》る毋《な》く、屋室《おくしつ》を廃《くず》す毋《な》く、訾然《しぜん》として趙王をして悟《さと》りて文を知ら使《し》めよ。謹《つつし》んで全《まった》くして之《これ》を帰《き》す可《べ》から使《し》めよ」と。

趙王封孟嘗君以武城。孟嘗君択舎人、以為武城吏而遣之曰、鄙語豈不曰借車者馳之、借衣者被之哉。皆対曰、有之。孟嘗君曰、文甚不取也。夫所借衣車者、非親友。則兄弟也。夫馳親友之車、被兄弟之衣、文以為不可。今趙王不知文不肖、而封之以武城。願大夫之往也、毋伐樹木、毋発屋室、訾*然使趙王悟而知文也。謹使可全而帰之。

九四　凡《およ》そ強と弱と事を挙《あ》ぐれば、強は其《そ》の利を受け弱は其の害を受く

魏《ぎ》は、使《つかい》に托して、平原君《へいげんくん》を介して趙《ちょう》に合従《がっしょう》するよう請《こ》わせて来た。平原君は幾度も進言したが、趙王は聞き入れなかった。退出して来て虞卿《ぐけい》に出会ったので、「参内《さんだい》された折には、ぜひとも合従なさるよう話していただきたい」と言った。虞卿が参内した。王「いましがた、平原君が魏のために、合従するよう請うたが、私は聞き入れなかった。あなたとしては、どう思うか」。虞卿「魏は間違っております」。王「そうだろう。だから私は聞き入れなかったのだ」。虞卿「王も間違っておいでです」。王「どうしてかね」。「およそ強いものと弱いものとで何かをすれば、強いものがその利益を受け、弱いものがその害を受けるものです。いま、魏が合従を求めて来まして王はお聞き入れになりませんでした。これは、魏が損害を求めて来て王は利益を辞退なさったのです。ですから臣は、『魏は間違っておりますが、王も間違っておいでです』と申し上げたのです」。（二四三　趙下　孝成王11）

魏《ぎ》 人をして平原君《へいげんくん》に因《よ》りて、従《しょう》を趙《ちょう》に請《こ》わ使《し》む。三《み》たび之《これ》を言えども、趙王聴《き》かず。出《い》でて虞卿《ぐけい》に遇《お》うて曰《いわ》く、「為《も》し入《い》らば、必ず従を語れ」と。虞卿 入《い》る。王曰く、「今者《いま》平原君 魏の為に従を請う。寡人《かじん》聴かず。其れ子《し》に於《おい》て何如《いかん》」と。虞卿《ぐけい》曰く、「魏 過《あやま》てり」と。王曰く、「然《しか》り。故《ゆえ》に寡人《かじん》 聴かず」と。虞卿 曰く、「王も亦《ま》た過てり」と。王曰く、「何《なん》ぞや」と。曰く、「凡《およ》そ強と弱と事を挙《あ》ぐれば、強は其《そ》の利を受け、弱は其の害を受く。今 魏 従《しょう》を求めて、王聴かず。是《こ》れ魏は害を求めて、王は利を辞するなり。臣 故《ゆえ》に曰く、『魏 過てり、王も亦た過てり』と」と。

魏使人因平原君、請従於趙。三言之、趙王不聴。出遇虞卿曰、為入必語従。虞卿入。王曰、今者平原君為魏請従。寡人不聴。其於子何如。虞卿曰、魏過矣。王曰、然。故寡人不聴。虞卿曰、王亦過矣。王曰、何也。曰、凡強弱之挙事、強受其利、弱受其害。今魏求従、而王不聴。是魏求害、而王辞利也。臣故曰、魏過、王亦過矣。

九五　十人をして楊《やなぎ》を樹《う》えしめ、一人をして之《これ》を抜か使《し》む

田需《でんじゅ》は魏王《ぎおう》に仕《つか》えて高位に就《つ》いていた。恵子《けいし》が言った。「あなたは、ぜひとも王の側近《そっきん》と仲よくなさい。たとえば、あの楊樹《ようじゅ》は、横に植えても生長し、逆さに植えても生長し、折って植えても、それなりに生長します。しかし、もし十人がかりで楊《やなぎ》を植えても、一人がそれを抜けば、生長する楊は一本もありません。十人という人数で生長しやすい木を植えたのです。それにもかかわらず一人にかなわぬのは、どうしてでしょうか。植えることは困難ですが、除去することは容易であるからです。いま、あなたは自分で王というこのうえない土地に植わっておいでですが、あなたを除去しようとする者たちが多くては、あなたは必ず危うくおなりです」。（三一八　魏上　哀王16）

田需《でんじゅ》魏王《ぎおう》に貴《たっと》ばる。恵子《けいし》曰《いわ》く、「子必《しかなら》ず左右《さゆう》に善《よ》くせよ。今夫《いまそ》れ楊《やなぎ》は横《よこ》に之《これ》を樹《う》うるも則《すなわ》ち生じ、倒《さかさま》に之《これ》を樹うるも則《すなわ》ち生じ、折りて之《これ》を樹うるも又《ま》た生ず。然《しか》れども十人《じゅうにん》をして楊《よう》を樹えしめ、一人《いちにん》をして之を抜《ぬ》か使《し》めば、則ち生楊《せいよう》無からん。故《ゆえ》に十人の衆《しゅう》を以《もっ》て、生じ易《やす》きの物《もの》を樹《う》う。然《しか》り而《しこ》うして一人《いちにん》に勝《か》たざる者《もの》は、何《なん》ぞや。之を樹うること難《かた》

くして、之を去《さ》ること易ければなり。今子《いまし》自《みずか》ら王《おう》に樹《う》うと雖《いえど》も、而《しか》も子を去《さ》らんと欲《ほっ》する者《もの》衆《おお》からば、則ち子必ず危《あや》うからん」と。

田需貴於魏王。恵子曰、子必善左右。今夫楊横樹之則生、倒樹之則生、折而樹之又生。然使十人樹楊、一人抜之、則無生楊矣。故以十人之衆、樹易生之物。然而不勝一人者、何也。樹之難、而去之易也。今子雖自樹於王、而欲去子者衆、則子必危矣。

▼当時から楊樹《ようじゅ》を植えることが行われており、それは枝や幹《みき》を地面に挿木《さしき》する方法を用いていたのであろう。

九六　三人　市に虎有りと言わば、王之《これ》を信ぜんか

龐葱《ほうそう》は魏《ぎ》の太子とともに趙《ちょう》の都邯鄲《かんたん》に人質として行くこととなった。龐葱が魏王に言った。「いまもし、一人の者が『市場に虎が出た』と申したとして、王にはお信じになりますか」。王「いや」。「二人の者が『市場に虎が出た』と申しましたら、王はお信じになりますか」。王「私は、あるいはそうかも、と思うだろう」。「では三人の者が『市場に虎が出た』と申しましたら、王はお信じになりますか」。王「信じるだろう」。龐葱は言った。「いったい、市場に虎が出るはずがないことは、明白です。それにもかか

わらず、三人して言えば虎が出せます。ところで、邯鄲は魏の都大梁《たいりょう》を去ること街の市場よりはるかに遠く、そして、臣のことをとやかく言う者は三人では収《おさ》まりますまい。なにとぞ王には御明察ください」と。王は「私はみずから知恵を働かすことにしよう」と言った。かくて暇乞《いとまご》いして出発した。すると、讒言《ざんげん》のほうが、彼の到着より先に王の耳に届いた。その後、太子は人質を解かれ〔て帰国し〕たが、果たしてお目通りできなかった。（三二一　魏上　恵王4）

龐葱《ほうそう》太子《たいし》と与《とも》に邯鄲《かんたん》に質《ち》たり。魏王《ぎおう》に謂《い》って曰《いわ》く、「今一人《いちにん》『市《し》に虎有《とらあ》り』と言わば、王之《これ》を信ぜんか」と。王曰く、「否《いな》」と。「二人《ににん》『市に虎有り』と言わば、王之を信ぜんか」と。王曰く、「寡人《かじん》之を疑わん」と。「三人《さんにん》『市に虎有り』と言わば、王之を信ぜんか」と。王曰く、「寡人之を信ぜん」と。龐葱曰く、「夫《そ》れ市の虎無きや明らかなり。然《しか》り而《しこ》うして三人言えば虎を成す。今邯鄲は大梁《たいりょう》を去ること市《し》於《よ》りも遠《とお》く、而うして臣を議する者は三人於《よ》りも過ぐ。願わくは王之を察せよ」と。王曰く、「寡人自《みずか》ら知るを為《な》さん」と。是《ここ》に於《おい》て辞して行く。而うして讒言《ざんげん》先《ま》ず至る。後《のち》太子質《ち》を罷《や》む。果たして見《まみ》ゆるを得ず。

龐葱与太子質於邯鄲。謂魏王曰、今一人言市有虎、王信之乎。王曰、否。二人言市有虎、王信之乎。王曰、寡人疑之矣。三人言市有虎、王信之乎。王曰、寡人信之矣。龐葱曰、夫市之無虎明矣。然而三人言而成虎。今邯鄲去大梁也遠於市、而議臣者過於三人矣。願王察之矣。王曰、寡人自為知。於是辞行。而讒言先至。後太子罷質。果不得見。

▼本書四一「息壌《そくじょう》彼《かれ》に在《あ》り」を参照。また『戦国策』（八四　秦下）に「三人　虎を成し、十夫《じっぷ》椎《つち》を橈《たわ》む。衆口の移す所、翼《つばさ》無《な》くして飛ぶ」との諺を引いている。

九七　狗《いぬ》を禁じて己《おのれ》に吠《ほ》ゆる無《な》から使《し》むること能《あた》わず

白珪《はくけい》が新城君《しんじょうくん》にこう言った。「夜道を行く人は、盗みを働くことなどのないようにはできますが、犬を自分にほえつかせないように制することはできません。したがって臣は我が君のことを王の前にとやかく申すことのないようにはできますが、人が臣のことを我が君の前でとやかくいうのを制することはできません」。（三三九　魏下　昭王10）

白珪《はくけい》　新城君《しんじょうくん》に謂《い》って曰《いわ》く、「夜行く者は、能《よ》く姦《かん》を為《な》す無きも、狗《いぬ》を禁じて己《おのれ》に吠《ほ》ゆる無から使《し》むること能《あた》わざるなり。故《ゆえ》に臣　能《よ》く君を王《おう》に議する無きも、人の　臣を君に議するを禁ずること能わざるなり」と。

白珪謂新城君曰、夜行者、能無為姦、不能禁狗使無吠己也。故臣能無議君於王、不能禁人議臣於君也。

▼前の話に続いて、ここでも、人の口の恐ろしさが示されている。

九八　子《し》が纆牽《ぼくけん》長し

段干越人《だんかんえつじん》が新城君《しんじょうくん》に次のように言った。「御《ぎょ》の名人王良《おうりょう》の弟子が、馬を車につけてみて、『一日に千里を行く名馬だ』と言っているところへ、たまたまこれも御の名人造父《ぞうほ》の弟子に出会いました。造父の弟子は申しました。『せっかくだが千里は走らぬな』と。王良の弟子が、『馬は千里の馬だ。服（ひき馬）としても千里の服だ。それなのに千里は走れぬとは、なぜか』と言いますと、『あなたの手綱《たづな》が長すぎる』と申しました。もとより手綱などは御のこと全体からみれば万分の一にすぎませんのに、千里を行くのを阻害します。いま、臣は不肖《ふしょう》ながら、秦においてはやはり万分の一ほどの値うちはありましょう。しかるに相国《しょうこく》には、臣にお会いになりながら、相国との間をさまたげる者を除《の》けようとはなさいませぬ。これは手綱が長すぎておいでだということになりましょう」。（四二八　秦上　昭襄王16）

段干越人《だんかんえつじん》新城君《しんじょうくん》に謂《い》って曰《いわ》く、「王良《おうりょう》の弟子《ていし》、駕《が》して云《い》う、『千里を取るの馬なり』と。

造父《ぞうほ》の弟子に遇《あ》う。造父の弟子 曰く、『馬 千里《せんり》せじ』と。王良の弟子 曰く、『馬は千里の馬なり。服は千里の服なり。而《しか》るに千里を取ること能《あた》わずとは、何ぞや』と。曰く、『子《し》が纆牽《ぼくけん》長し』と。故《もと》より纆牽は事に於《おい》て万分の一《いっ》なり、而《しか》も千里の行を難《はば》む。今臣不肖《ふしょう》なりと雖《いえど》も、秦に於《おい》て亦《ま》た万分の一なり。而るに相国《しょうこく》臣を見て、塞《ふさ》ぐ者を釈《す》てざるは、是《こ》れ纆牽 長きなり」と。

段干越人謂新城君曰、王良之弟子、駕云、取千里馬。遇造父之弟子。造父之弟子曰、馬不千里。王良弟子曰、馬千里之馬也。服千里之服也。而不能取千里、何也。曰、子纆牽長。故纆牽於事万分之一也、而難千里之行。今臣雖不肖、於秦亦万分之一也。而相国見臣、不釈塞者、是纆牽長也。

▼「千慮《せんりょ》の一失《いっしつ》」という言葉もある。条件を万端《ばんたん》整えたつもりでいて、全体から見て取るに足りぬ一点を失念したために、万事《ばんじ》休《きゅう》すという憂目《うきめ》を見ることが、世間にはいかに多いことだろう。

争《そう》弁《べん》

九九　古《いにしえ》を以《もっ》て今を制する者は事の変に達せず

趙《ちょう》の武霊王《ぶれいおう》はある平穏な日に静かに座っていた。肥義《ひぎ》がその座に侍《はべ》っていて、こう言った。「王には、世の移り変わりを考慮し、用兵の法を検討し、簡子《かんし》・襄子《じょうし》の御事跡《じせき》を思慕し、胡狄《こてき》から得る利益を計算なさっておいででしょうか」と。王「位《くらい》をついで立ったからには、先王の徳を忘れないのが、君《きみ》たる者の道である。礼物を差し出して臣となったからには君主の長所を引き出すように務めるのが、臣たる者のわきまえである。だから賢君は、静かにしているときは、民《たみ》を導き政事に都合よくする教えを敷《し》き、行動を起こしたときは、いにしえの道を明らかにして世に先駆《さきが》ける功業をあげるのだ。また臣下たる者は、用いられぬときは、長上《ちょうじょう》に従い人に譲《ゆず》る節度を持ち、用いられたときは、民を助け君を利する業績を表すのだ。この二つは、君と臣とそれぞれの職分なのだ。

いま、私は襄主《じょうしゅ》の功業を継《つ》いで胡狄の郷《きょう》の文明を開こうと思うが、一生かかっても実現しそうにない。相手が弱ければ、労力は少なくて成果は多く、民の力を使い尽《つ》くすことなく往《おう》昔《せき》のいさおしを享受することもできよう。そもそも世に誇らかな功業を立てた者は、必ず習俗を捨てたとの非難を被《こうむ》るものであり、独創性のある計略が立てられる者は、必ず庶民の恨みを受けるものである。いま、私は胡《こ》服《ふく》を着て騎射《きしゃ》し、民を教育しようとしているのだが、世間ではきっと私のことをとかく言っているであろう」。

肥義は言う。「臣は、『自信ないままにしたことは成功せず、自信ないままにした行いは名声が立たぬ』と聞いております。いま、王には直《ただ》ちに、習俗を捨てたとの非難を背負う覚悟をお決めになり、天下の人々のとかくの論議を顧慮なさいますな。そもそも、最高の徳を目標に置く者は世俗に和同《わどう》せず、大《だい》なる功業を成し遂《と》げる者は大衆に相談しないものです。昔、舜《しゅん》は有苗《ゆうびょう》の地で舞い、禹《う》は膚脱《はだぬ》ぎになって裸国《らこく》へ入りました。それで欲望を満たし心を楽しませたのではなく、それで徳を目差し功を求めようとしたのです。愚者には成功していることも見えず、知者には兆《きざ》しさえ現れていないことが見えるものです。王には、さっさと実行なさいませ」と。

王「私は胡服を着ることを決しかねているのではない。私は天下の人々が、私を嘲笑《ちょうしょう》するのを恐れるのだ。狂人の楽しみは、知者からみれば哀れであり、愚《おろ》か者の笑いは、賢者からみればかわいそうなものである。世間に私に倣《なら》う者がおりさえすれば、胡服を着る効果は、計り知れぬものがあるのだ。たとえ世を挙《あ》げて私を嘲笑しようとも、胡地《こち》・中山《ちゅうざん》は私が必ず手に入れてみせよう」。かくて王はためらわず胡服をつけた。そして王孫緤《おうそんせつ》を遣《つか》わして公子成《せい》に告げさせた。「私は胡服をつけて朝廷に出ることにした。叔父《おじ》上にも胡服を着ていただきたい。一家にあっては親の言うことを聞き、一国にあっては君《きみ》の命《めい》に従うのは、古今変わらぬ通則である。子は親に背《そむ》かず、臣は君主に逆《さか》らわぬのは、先王以来の通義である。いま、私は手本を示して服を改めた。それに叔父上が服を改められぬと、天下の人々がとかくの論議をすることが心配です。

およそ国を治めるのに、常道があって民に利を与えることが根本です。政治を執《と》るのに、法則があって政令が行われることが最上です。ゆえに徳を明らかにするには、身分の低い者の立場に立って考えてやること、政令を行き渡らせるには、身分の高い者に誠実にすることです。いま、胡服を着ようというのは、それによって欲望を満足させ楽しい思いをしようとしてではありません。何事もはじめてみてこそ、成果が期待できるのです。そのことが成功してはじめて、徳は現れることでしょう。いま、私は叔父上が政治を執《と》る法則に逆らわれて、群臣が公叔《こうしゅく》の意見に賛同することとなるのを恐れます。また私の聞くところでは『国家の利益を計るに努《つと》める君主は、行いによこしまがなく、貴戚《きせき》に頼る君主は、名誉を傷つけられることはない』と言います。そこで、私は群臣が公叔の意見に賛同して胡服をつけることによって、その成果を収めたいものと願い、緤《せつ》を遣《つか》わして叔父上に言上《ごんじょう》させました。どうか胡服をおつけください」。

公子成は再拝して言った。「臣は確かに王が胡服されたことを承りました。ふつつか者の私、病床に伏していて、参上することがかないません。そのため私のほうからお訪ねもせずにおりますところへ、王にはいま、お言いつけがありました。臣はそれゆえ、あえて誠心《せいしん》を尽くして申し上げます。臣は、『中国は、聡明《そうめい》・叡智《えいち》の人の住まう所、あらゆる物資の集まる所、聖賢《せいけん》に教化されている所、仁義《じんぎ》の道の行き渡っている所、詩書礼楽《ししょれいがく》の学問が行われている所、傑出《けっしゅつ》した才能や専門の技術を持つ者の取り立てられる所、遠方の国々が見習う国、蛮夷《ばんい》が典型とする国である』と聞いております。いま、王にはこれをお捨てになり、遠方の国の服を着て、いにしえの教えを変更し、いにしえの道を変革し、民の心に逆らい、学者に背き、中国から離れようとなさっておいでです。臣は大王がこの点をお考えくださることを願います」と。

使者は王に報告した。王は「私は、いかにも叔父上が病気であると聞いている」と言い、すぐに公叔成の家に出かけて行き、じきじきに要請した。「そもそも服は、実用に便利なものです。礼は、事情に順応するものです。さればこそ聖人は、その郷《きょう》の土地柄《とちがら》をよく見て適宜《てきぎ》の服を考え、その地の生活事情に添って礼を定められました。これこそその民の利を増しその国の富《ふ》を殖《ふ》やす手だてなのです。

ざんばら髪で身体に入れ墨《ずみ》し、腕組みして左前のえりにするのは、甌越《おうえつ》の民です。歯を黒く染め、額《ひたい》に入れ墨し、鯷魚《ていぎょ》の皮の冠《かんむり》をかむり、長い針で縫った目の粗《あら》い服を着るのは、大呉《たいご》の国の風俗です。かように礼も服もそれぞれ異なっているが、その便に従ったものであることには変わりないのです。

かように郷が違えば日用品も変わり、生活が違えば礼も変わるのです。したがって聖人は、いやしくもその民に利益をもたらしうるのならば、その日用品を一つに限りませんし、果たしてその生活に便を与えうるのならば、その礼を同じにそろえはしません。儒者《じゅしゃ》は、同じ師についてもそれぞれに礼は異なり、中国は、習俗は同じでも教えはいろいろに分かれています。それに、ましてや山谷の僻地《へきち》に利便を計るにおいてはなおのことです。そして、ある土地に住み着くか立ち去るかの決断は、知者とても一定にすることはできず、都から遠い土地と近い土地の服装は、聖賢とても同一にすることはできません。遠隔の郷にはそれぞれ異なった習俗が多く、曲学《きょくがく》の徒はとかく多弁である。自分が知らなくても人を疑うことなく、自分と意見が違っても人を非難することのない人は、公平な態度で善を求める人なのです。いま、あなたの仰せは、世俗の論ですが、私が言うのは世俗の論を指導するものなのです。

いま、我が国は、東には黄河《こうが》や薄洛《はくらく》の流れがあり、斉《せい》・中山とこれを共有しているが、役に立つ船舶《せんぱく》がない。常山《じょうざん》からして代《だい》・上党《じょうとう》の地までは、東は燕《えん》・東胡《とうこ》との国境であり、西は楼煩《ろうはん》・秦《しん》・韓《かん》との辺境であるが、守備する騎射《きしゃ》がない。そこで私は、いま役に立つ船舶を集め、河辺に住まう民を求めて、黄河や薄洛の流れを守備し、服を着替えて騎射し、燕・東胡・楼煩・秦・韓との辺境を守備したいと思うのです。

それにまた、昔、簡主《かんしゅ》は晋陽《しんよう》の険《けん》で国をふさがず、上党まで国を広げ、そして、襄主《じょうしゅ》は戎《じゅう》の地を併《あわ》せ、代《だい》を取って、もろもろの胡人《こじん》を打ち払われた。このことは、人みなのよく知っていることです。先ごろ中山は、斉の強い兵力を頼みにして、我が国土を侵略し、我が民を捕虜にし、水を引いて鄗《こう》を包囲しました。もし社稷《しゃしょく》の神霊の加護がなかったら、鄗はほとんど守りきれなかったでしょう。先王は憤《いきどお》られ、その恨みはまだ晴らすことができておりません。

いま、騎射の服は、これを用いて、近くは上党の形勢に備えうるし、遠くは中山の恨みに報《むく》いうるのです。しかるに叔父上には、中国の習俗に従われて、簡主・襄主の心に逆らい、服を替えるという名目をいやがって、国家の恥辱を忘れておられる。そういう態度は私のあなたへの期待に添わぬことです」と。公子成《せい》は再拝稽首《けいしゅ》して、「臣は愚かにも王の御意向を理解せず、あえて世迷言《よまいごと》を申し上げてしまいました。いま、王には簡主・襄王の御意志を継《つ》いで、先王のお心に従おうとなさっておいでです。臣がお言いつけに従わぬはずがございましょうか」と言い、また再拝した。かくて胡服を賜った。

趙文《ちょうぶん》が進み出ていさめた。「農夫は労働し、位《くらい》に在《あ》る者はこれを養うのが、政治の法則であり、愚者は思うことを述べて、知者はこれを評論するのが、教育の方法であり、臣下は真心を隠《かく》すことなく、主君は忠言にふたをなさらないのが、国家の福禄《ふくろく》であります。臣は愚か者ですが、真心を尽くしとうございます」と。王「思慮が定まっておれば心に悪《あ》しき乱れは起こらぬ。忠言には過《あやま》ちも罪もありえない。きみ、まあ言ってごらん」。趙文「その世に準じて習俗を助けるのが、いにしえの政道《せいどう》であり、衣服に常態《じょうたい》を保つのが礼の制度であり、法に従って過《あやま》ちを犯さぬのが民の職分《しょくぶん》であります。この三つは先聖《せんせい》の教えられたことです。いま、我が君にはこれを捨てて、遠方未開の地の服を着て、いにしえの教えを変え、いにしえの道を変えようとなさっておいでです。さればこそ臣は、王がよくお考えくださることを願うのです」。

王「きみの説は世迷言《よまいごと》だ。一般民衆は習俗におぼれ、学者は聞いたことに耽溺《たんでき》する。どちらも、官職につき政治に従う者であるが、遠い将来を見越して先覚者となる資質の者ではない。それにまた、夏《か》・殷《いん》・周《しゅう》三代はそれぞれ衣服の制を異《こと》にしたが、皆な王業を成した。五《ご》覇《は》はそれぞれ教化の法を異《こと》にしたが、皆な政治は安定した。知者が教化に当たって、愚者は指導され、賢者が習俗を定めて、不肖者はおとなしく従うのだ。いったい、定められた服制に従うだけの民とは、ともにその意義を論ずることはなく、一般の習俗にとらわれているだけの大衆には、こちらの考えを分からせることはないのだ。さればこそ世の形勢に応じて習俗を変え、世の変遷に応じて礼を改めるのが、聖人のなさりようなのだ。教えられたとおり行動し、法に従って勝手なことをしないのが、民の職分なのである。学問の素養ある人は、聞くにつれて転換することができ、礼の変化の理に通じていると、時勢《じせい》につれて転変できる。だから、おのがためにするには、人に期待しないものであるし、今日に制度を定めるには、いにしえに法則を求めないものだ。きみは自説を取り下げなさい」。

趙造《ちょうぞう》がいさめた。「心を隠して誠《まこと》を尽くさぬのは、姦臣《かんしん》のともがらです。私心《ししん》を抱いて国をだますのは、賊臣《ぞくしん》のともがらです。姦を犯《おか》す者は殺され、国を損《そこ》なう者は一族皆殺しにされます。この二つの処刑が決められているのは、先の世の聖人が明示された刑法であり、臣下たる者の大罪なのです。臣は愚か者ですが、真心を尽くして、死をも辞さない所存でございます」。

王「臣が意見をすっかり述べて隠さぬのは、忠である。上に立つ者が臣下の言《げん》を覆《おお》いふさがぬのは、明《めい》である。忠であるには身の危険を避けず、明であるには人を拒《こば》まぬことだ。きみ、まあ言ってごらん」。趙造「臣が聞きますところでは、『聖人は民を変えぬままで教え、知者は習俗を変えぬままで行動させる。民のありようのままで教えると、労せずして成果があがり、習俗のありようのままで行動させると、すっと頭に入って、理解しやすい』と申します。いま、王が当初からのありようを変えて習俗に従われず、胡服を着させて世俗を無視なさいますのは、民を教化して礼を行き渡らせることにはなりません。それにまた服装が奇《き》抜《ばつ》ですと、気持ちも調和を失いますし、習俗がひなびましては、民情も乱れます。ですから、国の政《まつりごと》に携《たずさ》わるおかたは、奇癖《きへき》な服を着ず、中国が蛮夷《ばんい》の慣行に近づかぬようにするのは、それが民を教化して礼を行き渡らせることではないからなのです。そしてまた、法則に従えば過ちはなく、礼に従えばよこしまはないものです。臣は王がよくお考えくださることを願います」。

王「いにしえといまとでは習俗が異なるのに、いかなる古俗《こぞく》に法則を求めるのか。帝王はだれも前代の制を受け継《つ》いでいないのに、いかなる礼に従うのか。宓戯《ふっき》・神農《しんのう》は教化して誅《ちゅう》戮《りく》せず、黄帝《こうてい》・堯《ぎょう》・舜《しゅん》は誅戮《ちゅうりっ》して怒らず。禹・湯《とう》・文武《ぶんぶ》の三王ともなれば、時世《じせい》をよく見て法を制し、生活に即して礼を定めた。法度も制令も、おのおのそのよろしきに従い、衣服も器具も、おのおのその用途に便利であるようにした。つまり世を治めるのにその道は一つとはかぎらず、国の便を計るには、古法にのっとるとばかりはかぎらない。聖人が帝王となる勢いが現れると、前代の制を受け継ぐことなくても王となり、夏《か》・殷《いん》が衰勢に向かうと、礼を変えなくても滅亡した。してみれば、いにしえの法に反しても、間違いとばかりは言えず、また礼に従っていても、取り立ててほめることはない。それにまた、服装が奇抜であると、気持ちも調和を失うものなら、鄒《すう》・魯《ろ》には奇抜な行為をする者はいないことになり、習俗がひなびると民情が変わるものなら、呉《ご》・越《えつ》には優れた人物はいないことになる。

そういうわけで、聖人にあっては、身体にとって便利なものが服なのであり、生活にとって便利なものが教えなのである。日常作法の節度、衣服の制度は、一般民衆を統治する手だてであって、賢者を治める手だてではないのである。したがって聖人は世俗の変遷につれて流れ、賢者は変化につれて変わる。ことわざにも『書物で学んで馬を御《ぎょ》する者には、馬の心が分かっていない。古法によっていまの世を治めようとする者は、事態の変化がつかめていない』とある。つまり法に従ってばかりいてあげた成果は、世にも優《すぐ》れたものとはならず、古法にのっとってばかりいる学問は、いまの世を治めるだけの力はない。きみはもう何も言うな」。（二三三　趙上　武霊王4）

武霊王《ぶれいおう》 平昼《へいちゅう》 間居《かんきょ》す。肥義《ひぎ》侍坐《じざ》せり。曰《いわ》く、「王 世事《せいじ》の変《へん》を慮《おもんぱか》り、甲兵《こうへい》の用を権《はか》り、簡《かん》・襄《じょう》の迹《あと》を念《おも》い、胡狄《こてき》の利を計るか」と。王曰く、「嗣立《しりつ》して先徳《せんとく》を忘れざるは、君《きみ》の道なり。質《し》を錯《お》きて主《しゅ》の長《ちょう》を明らかにするを務《つと》むるは、臣の論なり。是《ここ》を以《もっ》て賢君は、静《せい》にしては而ち民を道《みちび》き事に便するの教え有り、動いては而ち古《いにしえ》を明らかにし世に先《さきだ》つの功有《あ》り。人臣為《じんしんた》る者は、窮しては弟長辞譲《ていちょうじじょう》の節有り、通じては民を補い主《しゅ》を益《えき》するの業《ぎょう》有り。此《こ》の両《ふた》つの者は君臣の分《ぶん》なり。今吾《われ》襄主《じょうしゅ》の業を継《つ》ぎ、胡翟《こてき》の郷《きょう》を啓《ひら》かんと欲すれども、世を卒《お》るまで見ざらん。敵弱ければ、力を用うること少くして功多く、以《もっ》て百姓《ひゃくせい》の労を尽《つ》くす無くして往古《おうこ》の勲《くん》を享《う》く可《べ》し。夫《そ》れ世に高きの功有る者は、必ず俗を遺《す》つるの累《わずらい》を負《お》い、独知《どくち》の慮《おもんばかり》有る者は、必ず庶人《しょじん》の怨《うらみ》を被《こうむ》る。今吾将《まさ》に胡服騎射《こふくきしゃ》して以《もっ》て百姓《ひゃくせい》を教えんとすれども、世必ず寡人《かじん》を議《ぎ》せん」と。肥義《ひぎ》曰《いわ》く、「臣之《これ》を聞く、『疑事《ぎじ》は功無く、疑行《ぎこう》は名無し』と。今王即《すなわ》ち俗を遺《す》つるを負うの慮を定め、殆《ほとん》ど天下の議を顧《かえり》みる毋《なか》れ。夫《そ》れ至徳《しとく》を論ずる者は、俗に和せず。大功を成す者は、衆に謀《はか》らず。昔《むかし》舜《しゅん》は有苗《ゆうびょう》に舞い、禹《う》は袒《たん》して裸国《らこく》に入《い》れり。以《もっ》て欲を養いて志《こころざし》を楽しましめんとには非《あら》ず、以て徳を論じ功を要《もと》めんと欲したるなり。愚者は成事《せいじ》に闇《くら》く、智者は未萌《みぼう》に見る。王其《そ》れ遂《つい》に之《これ》を行え」と。王曰く、「寡人《かじん》胡服《こふく》を疑うに非《あら》ず。吾天下の之を笑わんことを恐る。狂夫《きょうふ》の楽しみは、知者焉《これ》を哀《かなし》み、愚者の笑いは、賢者焉《これ》を戚《うれ》う。世に我に順《したが》う者有らば、胡服の功、未《いま》だ知る可《べ》からざるなり。世を殴《か》りて以て我を笑うと雖《いえど》も、胡地《こち》・中山《ちゅうざん》は、吾《われ》必ず之を有《たも》たん」と。王遂《つい》に胡服す。王孫緤《おうそんせつ》をして公子《こうし》成《せい》に告げ使《し》めて曰く、

「寡人 胡服して、且《まさ》に将《まさ》に以て朝《ちよう》せんとす。亦《ま》た叔《しゆく》の之を服せんことを欲するなり。家親に聴《き》き、国 君《きみ》に聴くは、古今《ここん》の公行《こうこう》なり。子《こ》 親に反《そむ》かず、臣 主に逆らわざるは、先王の通誼《つうぎ》なり。今 寡人 教えを作《な》し服を易《か》え、而《しこ》うして叔《しゆく》 服せずんば、吾《われ》 天下の之を議せんことを恐るるなり。夫《そ》れ国を制するに常有《つねあ》り、而うして民を利するを本《もと》と為《な》す。政《まつりごと》に従うに経有《けいあ》り、而うして令《れい》の行わるるを上《じよう》と為す。故《ゆえ》に徳を明らかにするは賤《せん》を論ずるに在《あ》り。政を行うは貴に信にするに在り。今胡服《こふく》の意は、以て欲を養いて志を楽しましむるに非《あら》ざるなり。事 出《い》ずる所有り、功 止《とど》まる所有り。事成り功立ちて、然《しか》る後徳《のちとく》且《まさ》に見《あらわ》れんとするなり。今 寡人 叔《しゆく》が政に従うの経《けい》に逆《さか》ろうて、以《もつ》て公叔《こうしゆく》の議を輔《たす》けんことを恐る。且《か》つ寡人 之を聞く、『国を利するを事とする者は、行い 邪《よこしま》無く、貴戚《きせき》に因《よ》る者は、名 累《わずらわ》されず』と。故に寡人 公叔の義を慕って、以て胡服の功を成さんことを願い、紲《せつ》をして之を叔に謁《つ》げ使《し》む。請う服せよ」と。公子成《こうしせい》 再拝して曰《いわ》く、「臣 固《もと》より王の胡服するを聞く、不佞《ふねい》 疾《やまい》に寝《い》ね、趨走《すうそう》すること能《あた》わず。是《ここ》を以て先《ま》ず進まず。王 今 之《これ》に命ず。臣 固《まこと》に敢《あえ》て其の愚忠《ぐちゆう》を竭《つく》さん。臣 之を聞く、『中国《ちゆうごく》は聡明叡智《そうめいえいち》の居《お》る所、万物財用《ばんぶつざいよう》の聚《あつま》る所、賢聖《けんせい》の教うる所、仁義《じんぎ》の施《し》く所、詩書礼楽《ししよれいがく》の用いらるる所、異敏技芸《いびんぎげい》の試《もち》いらるる所、遠方の観赴《かんふ》する所、蛮夷《ばんい》の義行《ぎこう》する所なり』と。今 王 此《これ》を釈《す》てて遠方の服を襲《き》、古の教えを変じ、古の道を易《か》え、人の心に逆らい、学者に畔《そむ》き、中国を離る。臣 願わくは大王の之を図られんことを」と。使者《ししや》 王に報ず。王 曰く、「吾 固《もと》より叔の病《やまい》を聞けり」と。即《すなわ》ち公叔成の家に之《ゆ》き、自《みずか》ら之に請《こ》うて曰く、「夫《そ》れ服は用に便する所以《ゆえん》なり。礼《れい》は事に便する所以なり。是《ここ》を以て聖人は其の郷《きょう》を観《み》て宜《よろ》しきに順《したが》い、其の事に因《よ》って礼を制す。其の民を利して其の国を厚くする所以《ゆえん》なり。髪を被り身に文《いれずみ》し、臂《ひじ》を錯《まじ》え衽《えり》を左にするは、甌越《おうえつ》の民なり。歯を黒め題《ひたい》に雕《ほ》り、鯷《てい》の冠に秫縫《じゅつほう》なるは、大呉《たいご》の国なり。礼と服とは同じからざるも、其の便は一《いつ》なり。是《ここ》を以て郷異にして用変じ、事異にして礼易《かわ》る。是《こ》の故《ゆえ》に聖人は苟《いやしく》も以て其の民を利す可《べ》くんば、其の用を一にせず。果たして以て其の事を便にす可くんば、其の礼を同じくせず。儒者《じゅしゃ》は師を一にして礼異なり、中国は俗を同じくして教え離《わか》る。又《ま》た況《いわん》や山谷《さんこく》の便をや。故に去就《きょしゅう》の変は、知者も一にすること能《あた》わず、遠近の服は、賢聖も同じくすること能わず。窮郷《きゅうきょう》に異《い》多く、曲学《きょくがく》に弁多し。知らずして而《しか》も疑わず、己《おのれ》に異なりて而も非とせざる者は、善を求むるに公《こう》なるなり。今卿《けい》の言う所は、俗なり。吾《わ》が言う所は、俗を制する所以《ゆえん》なり。今吾が国東に河《か》・薄洛《はくらく》の水有り、斉《せい》・中山《ちゅうざん》と之を同じくすれども、舟檝《しゅうしゅう》の用無く、常山《じょうざんよ》自り以《もっ》て代《だい》・上党《じょうとう》に至るまで、東に燕《えん》・東胡《とうこ》の境《さかい》有り、西に楼煩《ろうはん》・秦《しん》・韓《かん》の辺《へん》有れども、騎射《きしゃ》の備え無し。故《ゆえ》に寡人且《まさ》に舟檝の用を聚《あつ》め、水居《すいきょ》の民を求め、以て河《か》・薄洛《はくらく》の水を守り、服を変じて騎射し、以《もっ》て燕・東胡・楼煩・秦・韓の辺に備えんとす。且《か》つ昔者《むかし》簡主《かんしゅ》は晋陽《しんよう》を塞《ふさ》がずして、以て上党《じょうとう》に及び、而《しこ》うして襄主《じょうしゅ》は戎《じゅう》を兼ね代《だい》を取りて、以て諸胡《しょこ》を攘《はら》えり。此《こ》れ愚知《ぐち》の明らかにする所なり。先時中山斉の強兵を負《たの》みて、吾《わ》が地を侵掠《しんりゃく》し、吾が民を係累《けいるい》し、水を引き部《こう》を囲む。社稷《しゃしょく》の神霊に非《あら》ざりせば、即《すなわ》ち鄗《こう》は幾《ほとん》ど守られざりしならん。先王 之《これ》を忿《いか》れども、其の怨《うらみ》 未《いま》だ報ゆること能《あた》わざるなり。今 騎射の服は、近くは以て上党の形に備う可《べ》く、遠くは以て中山の怨に報ゆ可し。而《しか》るに叔《しゅく》や 中国の俗に順《したご》うて、以て簡《かん》・襄《じょう》の意に逆らい、服を変ずるの名を悪《にく》みて、国事の恥《はじ》を忘る。寡人が子《し》に望む所に非ず」と。公子成《こうしせい》 再拝稽首《さいはいけいしゅ》して曰く、「臣 愚《ぐ》にして王の議に達せず、敢《あえ》て世俗の聞《ぶん》を道《い》う。今簡《かん》・襄《じょう》の意を継《つ》ぎ、以て先王の志に順《したが》わんと欲す。臣敢《あえ》て令を聴《き》かざらんや」と。再拝す。乃《すなわ》ち胡服を賜う。趙文《ちょうぶん》 進みて諫《いさ》めて曰く、「農夫 労《ろう》して、君子養うは、政《まつりごと》の経《けい》なり。愚者 意を陳《の》べて、知者論ずるは、教えの道なり。臣 忠《ちゅう》を隠《かく》す無く、君 言《げん》を蔽《おお》う無きは、国の禄《ろく》なり。臣 愚なりと雖《いえど》も、願わくは其の忠を竭《つく》さん」と。王 曰く、「慮《りょ》に悪《あく》擾《じょう》無く、忠に過罪《かざい》無し。子《し》其れ言え」と。趙文 曰く、「世に当たりて俗を輔《たす》くるは、古《いにしえ》の道なり。衣服常《つね》有るは、礼の制なり。法《ほう》に循《したが》って愆《あやまち》無きは、民の職なり。三者は先聖《せんせい》の教うる所以《ゆえん》なり。今 君此《これ》を釈《す》てて、遠方の服を襲《き》、古の教えを変じ、古の道を易《か》う。故《ゆえ》に臣願わくは王の之《これ》を図られんことを」と。王 曰く、「子の言は、世俗の聞《ぶん》なり。常民は習俗に溺《おぼ》れ、学者は聞く所に沈《しず》む。此《こ》の両者は、官を成して政に順《したが》う所以《ゆえん》なり。遠きを観《み》て始めを論ずる所以に非《あら》ざるなり。且《か》つ夫《そ》れ三代は服を同じくせずして王たり。五《ご》伯《は》は教えを同じくせずして政《な》す。知者は教えを作して、愚者は制せられ、賢者は俗を議して、不肖者は拘《かかわ》る。夫れ服に制せらるるの民《たみ》は、与《とも》に心を論ずるに足《た》らず、俗に拘《かかわ》るの衆は、与《とも》に意を致《いた》すに足らず。故《ゆえ》に勢いは俗と与に化《か》して、礼は変と倶《とも》にするは、聖人の道なり。教えを承《う》けて動き、法に循《したが》って私《わたくし》無きは、民の職なり。学を知るの人は、能《よ》く聞《ぶん》と与《とも》に遷《うつ》り、礼の変に達し、能《よ》く時と与に化《か》す。故に己《おのれ》の為にする者は人を待たず、今に制する者は古に法《のっと》らず。子其《そ》れ之を釈《お》け」と。趙造《ちょうぞう》諫《いさ》めて曰《いわ》く、「忠《ちゅう》を隠《かく》して竭《つく》さざるは、姦《かん》の属なり。私《わたくし》を以《もっ》て国を誣《し》うるは、賊の類なり。姦《かん》を犯す者は身死《みし》し、国を賊する者は宗《そう》を族す。此《こ》の両者有るは、先聖の明刑《めいけい》にして、臣下の大罪なり。臣 愚《ぐ》なりと雖《いえど》も、願わくは其の忠を尽《つ》くして、其の死を遁《のが》るる無からん」と。王曰く、「意を竭《つく》して諱《い》まざるは、忠なり。上《かみ》 言《げん》を蔽《おお》う無きは、明なり。忠は危うきを辟《さ》けず、明は人を距《こば》まず。子其れ言え」と。趙造 曰く、「臣之を聞く、『聖人は民を易《か》えずして教え、知者は俗を変ぜずして動かす。民に因《よ》って教うる者は、労せずして功を成し、俗に拠《よ》って動かす者は、慮《おもんぱかり》 径《ちか》くして見易《やす》し』と。今王 初《はじ》めを易《か》えて俗に循《したが》わず、胡服《こふく》して世を顧みず。民を教えて礼を成す所以《ゆえん》に非《あら》ざるなり。且《か》つ服奇《き》なれば志淫《いん》し、俗辟《へき》なれば民を乱《みだ》る。是《ここ》を以《もっ》て国に莅《のぞ》む者は、奇辟《きへき》の服に襲《よ》らず、中国は蛮夷《ばんい》の行いに近づかず。民を教えて礼を成す所以の者に非ざればなり。且つ法に循《したが》えば過《あやま》ち無く、礼に循《したが》えば邪《よこしま》無し。臣 願わくは王の之《これ》を図られんことを」と。王曰く、「古今《ここん》俗を同じゅうせず、何の古にか之れ法《のっと》らん。帝王 相襲《あいよ》らず、何の礼にか之れ循わん。宓戯《ふっき》・神農《しんのう》は、教えて誅《ちゅう》せず。黄帝《こうてい》・堯《ぎょう》・舜《しゅん》は、誅して怒らず。三王《さんおう》に至るに及んで、時を観《み》て法を制し、事に因《よ》って礼を制す。法《ほう》度《ど》・制令《せいれい》、各〻《おのおの》其の宜《よろ》しきに順《したが》い、衣服・器械、各〻其の用を便にす。故《ゆえ》に世を理《おさ》むるに必ずしも其の道を一《いつ》にせず。国を便にするは必ずしも古に法《のっと》らず。聖人の興《おこ》るや、相襲《あいよ》らずして王たり。夏《か》・殷《いん》の衰《おとろ》うるや、礼を易《か》えずして滅《ほろ》べり。然《しか》らば則ち古に反するも未《いま》だ非とす可《べ》からず、而《しこ》うして礼に循《したが》うも未《いま》だ多《た》とするに足《た》らざるなり。且《か》つ服奇《き》にして志淫《いん》ならば、是《こ》れ鄒《すう》・魯《ろ》には奇行《きこう》無からん。俗辟《へき》にして民易《たみかわ》らば、是れ呉《ご》・越《えつ》には俊民《しゅんみん》無からん。是《ここ》を以て聖人は身を利する之《これ》を服と謂《い》い、事を便にする之を教えと謂う。進退の節、衣服の制は、常民を斉《ととの》うる所以にして、賢者を論ずる所以に非《あら》ざるなり。故《ゆえ》に聖は俗と与《とも》に流れ、賢は変と倶《とも》にす。諺《ことわざ》に曰く、『書を以て御《ぎょ》を為《な》す者は、馬の情を尽《つ》くさず。古を以て今を制する者は、事の変に達せず』と。故に法に循うの功は、以て世に高しとするに足《た》らず。古に法《のっと》るの学は、以て今を制するに足らず。子其《そ》れ反する勿《なか》れ」と。

武霊王平昼間居。肥義侍坐。曰、王慮世事之変、権甲兵之用、念簡襄之迹、計胡狄之利乎。王曰、*嗣立不忘先徳、君之道也。錯質務明主之長、臣之論也。是以賢君、静而有道民便事之教、動有明古先世之功。為人臣者、窮有弟長辞譲之節、通有補民益主之業。此両者君臣之分也。今吾欲継襄主之業、啓胡翟之郷、而卒世不見也。敵弱者、用力少而功多、可以無尽百姓之労而享往古之勲。夫有高世之功者、必負遺俗之累、有独知之慮者、必被庶人之恐*。今吾将胡服騎射以教百姓、而世必議寡人矣。肥義曰、臣聞之、疑事無功、疑行無名。今王即定負遺俗之慮、殆毋顧天下之議矣。夫論至徳者、不和於俗。成大功者、不謀於衆。昔舜舞有苗、而禹袒入裸国。非以養欲而楽志也、欲以論徳而要功也。愚者闇於成事、智者見於未萌。王其遂行之。王曰、寡人非疑胡服也。吾恐天下笑之。狂夫之楽、知者哀焉、愚者之笑、賢者戚焉。世有順我者、則胡服之功、未可知也。雖敺世以笑我、胡地中山、吾必有之。王遂胡服。使王孫緤告公子成曰、寡人胡服、且将以朝。亦欲叔之服之也。家聴於親、国聴於君、古今之公行也。子不反親、臣不逆主、先王之通誼也。今寡人作教易服、而叔不服、吾恐天下議之也。夫制国有常、而利民為本。従政有経、而令行為上。故明徳在於論賤。行政在於信貴。今胡服之意、非以養欲而楽志也。事有所出、功有所止。事成功立、然後徳且見也。今寡人恐叔逆*従政之経、以輔公叔之議。且寡人聞之、事利国者、行無邪、因貴戚者、名不累。故寡人願募公叔之義、以成胡服之功、使緤謁之叔。請服焉。公子成再拝曰、臣固聞王之胡服也、不佞寝疾、不能趨走。是以不先進。王今命之。臣固敢竭其愚忠。臣聞之、中国者聡明叡智之所居也、万物財用之所聚也、賢聖之所教也、仁義之所施也、詩書礼楽之所用也、異敏技藝之所試也、遠方之所観赴也、蛮夷之所義行也。今王釈此而襲遠方之服、変古之教、易古之道、逆人之心、畔学者、離中国。臣願大王図之。使者報王。王曰、吾固聞叔之病也。即之公叔成家、自請之曰、夫服者所以便用也。礼者所以便事也。是以聖人観其郷而順宜、因其事而制礼。所以利其民而厚其国也。被髪文身、錯臂左衽、甌越之民也。黒歯雕題、鯷冠秫縫、大呉之国也。礼服不同、其便一也。是以郷異而用変、事異而礼易。是故聖人苟可以利其民、不一其用。果可以便其事、不同其礼。儒者一師而礼異、中国同俗而教離。又況山谷之便乎。故去就之変、知者不能一、遠近之服、賢聖不能同。窮郷多異、曲学多弁。不知而不疑、異於己而不非者、公於求善也。今卿之所言者、俗也。吾之所言者、所以制俗也。今吾国東有河薄洛之水、与斉中山同之、而無舟檝之用、自常山以至代上党、東有燕東胡之境、西有楼煩秦韓之辺**、而無騎射之備。故寡人且聚舟檝之用、求水居之民、以守河薄洛之水、変服騎射、以備其参胡楼煩秦韓之辺。且昔者簡主不塞晋陽、以及上党、而襄*王兼戎取代、以攘諸胡。此愚知之所明也。先時中山負斉之強兵、侵掠吾地、係累吾民、引水囲鄗。非社稷之神霊、即鄗幾不守。先王忿之、其怨未能報也。今騎射之服、近可以備上党之形、遠可以報中山之怨。而叔也順中国之俗、以逆簡襄之意、悪変服之名、而忘国事之耻。非寡人所望於子。公子成再拝稽首曰、臣愚不達於王之議、敢道世俗之間*。今欲継簡襄之意、以順先王之志。臣敢不聴今*。再拝。乃賜胡服。趙文進諫曰、農夫労、而君子養焉、政之経也。愚者陳意、而知者論焉、教之道也。臣無隠忠、君無蔽言、国之禄也。臣雖愚、願竭其忠。王曰、慮無悪擾、忠無過罪。子其言乎。趙文曰、当世輔俗、古之道也。衣服有常、礼之制也。修*法無愆、民之職也。三者先聖之所以教。今君釈此、而襲遠方之服、変古之教、易古之道。故臣願王之図之。王曰、子言世俗之間*。常民溺於習俗、学者沈於所聞。此両者所以成官而順政也。非所以観遠而論始也。且夫三代不同服而王。五伯不同教而政。知者作教、而愚者制焉、賢者議俗、不肖者拘焉。夫制於服之民、不足与論心、拘於俗之衆、不足与致意。故勢与俗化、而礼与変俱、聖人之道也。承教而動、循法無私、民之職也。知学之人、能与聞遷、達於礼之変、能与時化。故為己者不待人、制今者不法古。子其釈之。趙造諫曰、隠忠不竭、奸之属也。以私誣国、*賤之類也。犯姦者身死、*賤国者族宗。*反此両者、先聖之明刑、臣下之大罪也。臣雖愚、願尽其忠、無遁其死。王曰、竭意不諱、忠也。上無蔽言、明也。忠不辟危、明不距人。子其言乎。趙造曰、臣聞之、聖人不易民而教、知者不変俗而動。因民而教者、不労而成功、拠俗而動者、慮径而易見也。今王易初不循俗、胡服不顧世。非所以教民而成礼也。且服奇者志淫、俗辟者乱民。是以莅国者、不襲奇辟之服、中国不近蛮夷之行。非所以教民而成礼者也。且循法無過、*脩礼無邪。臣願王之図之。王曰、古今不同俗、何古之法。帝王不相襲、何礼之循。宓戯神農、教而不誅。黄帝堯舜、誅而不怒。及至三王、観時而制法、因事而制礼。法度制令、各順其宜、衣服器械、各便其用。故*礼世不必一其道。便国不必法古。聖人之興也、不相襲而王。夏殷之衰也、不易礼而滅。然則反古未可非、而循礼未足多也。且服奇而志淫、是鄒魯無奇行也。俗辟而民易、是呉越無俊民也。是以聖人利身之謂服、便事之謂教。進退之謂*節、衣服之制、所以斉常民、非所以論賢者也。故聖与俗流、賢与変俱。諺曰、以書為御者、不尽於馬之情。以古制今者、不達於事之変。故循法之功、不足以高世。法古之学、不足以制今。子其勿反也。

▼『史記《しき》』「趙世家《ちょうせいか》」では、この物語の結末「子其《しそ》れ反する勿《なか》れ」は「子は及ばざるなり（君には考え及ばないことなのだ）」としており、それに続けて「遂《つい》に胡服《こふく》し、騎射《きしゃ》を招く」と結んでいる。このことから胡服・騎射は趙《ちょう》の武霊王《ぶれいおう》にはじまるとされる。つまり従来の戦車戦が騎馬《きば》戦に変わる転機と見るのである。それについて清《しん》初に顧炎武《こえんぶ》は、騎射の法は趙の武霊王以前にあったことを、『詩』『左伝《さでん》』などを引いて、言う。春秋《しゅんじゅう》時代、戎《じゅう》狄《てき》のうち中夏《ちゅうか》に雑居《ざっきょ》していたものは、たいていはみな山谷《さんこく》の間の、兵車の入らぬ所にいた。斉《せい》の桓公《かんこう》、晋《しん》の文公《ぶんこう》が戎狄を打ち払っただけで、深くその地に入らなかったのも、車を用いていたからである。車では不便となれば、騎に変わるのが成り行きで、騎射は山谷の間に便であり、胡服は騎射に便なのである。だから、ここで公子成《せい》らの諫言《かんげん》も、胡服を諫《いさ》めているが、騎射を諫めてはいない。つまり、騎射の法は武霊王より先に用いられていたにちがいない、というのが顧炎武の意見である。『日知録《にっちろく》』巻三十九「騎」に詳《くわ》しい。

一〇〇　其《そ》の言《げん》一《いつ》なれども、言う者異なれば、則《すなわ》ち人心 変ず

秦《しん》は趙《ちょう》を長平《ちょうへい》で攻めて大いに趙を打ち破り、軍勢を引き上げて帰国した。そこで、使者をよこして六つの城邑《じょうゆう》を趙に出させて講和しようと言って来たが、趙の計策《けいさく》はなかなか決定しなかった。ちょうどそこへ楼緩《ろうかん》が秦からやって来たので、趙王は楼緩とともにはかりごとを立てようと思い、「秦に城を与えるのは、与えないのといずれが得策であろうか」と言った。

楼緩は辞退して言った。「それは、臣《しん》などには分かりかねることでございます」。王「そうではあろうが、試みにあなたの私見を述べなさい」。

楼緩は言った。「王にはかの公甫文伯《こうほぶんぱく》の母君のことをお聞き及びでしょうか。公甫文伯は魯《ろ》で仕官しておりましたが、病死しますと、そのあとを追って閨房《けいぼう》で自殺する婦人たちが二《に》八《はち》の十六人に及びました。しかし、母君は息子が死んだことを聞いても哭《こく》そうとはしませんでした。そば付きの婦人が『子供が死んだのに哭さぬ母親がどこにおりましょうか』と言いますと、その母は、『孔子《こうし》は賢人です。その孔子が魯を追い出されましたとき、あの子は付いて行きませんでした。いま、あの子が死にますと、十六人もの婦人があとを追って死にました。こうなったのも、あの子が長者に対しては薄情で、婦人に対しては情が濃《こ》いということなのです』と申しました。

つまり母の口から言ったのですから、これこそ賢母です。しかしもし妻の口から言ったのなら、それこそ必ず嫉妬《しっと》深い妻との評判を免れないでしょう。つまりことばは同じでも、言う人によって聞き手の心持ちが変わります。いま、臣は秦から参りましたばかりです。『お与えなさいますな』と申せば、策とは言えません。そういう者が『お与えなさいませ』と申せば、恐らく、王は臣が秦のために言っているとお思いでしょう。ですから、お答えしなかったのです。もし臣に王のためにはかりごとを立てさせていただけますなら、お与えになることです」と。王「分かった」。

虞卿《ぐけい》はこのことを聞くと、参内《さんだい》して王にまみえた。王は楼緩の言ったことを虞卿に告げた。虞卿「それは、見せかけだけの説でございます」。王「どういう意味かね」。虞卿「秦は趙を攻めまして、戦いに倦《う》んで帰ったのでしょうか。それとも、むしろその戦闘力としてはまだまだ進攻できるのに、王をお気の毒に思って攻めなかったのでしょうか」。王「秦は我が国を攻めて、余力を残してはいなかった。戦いに倦んで帰ったにちがいない」。虞卿「秦は、その力では取ることのできないものを攻めて、戦いに倦んで帰りましたのに、王はまた、秦の力では攻め取ることのできないものをば、秦に贈ろうとしておられますが、それは秦の手助けをしてみずからを攻めることになります。来年、秦が再び王を攻めましたら、王には助かる手だてがおありになりません」。

王はまたも虞卿の言ったことを楼緩に告げた。楼緩「虞卿には、秦の力がどこまで及ぶか知悉《ちしつ》できているのでしょうか。ほんとうに秦の力の及ばない限界を知ってのことでしたら、この弾丸ほどの小さな土地さえ、与えることはありません。しかし、秦が来年また攻めて来ましたら、王には内地を割譲《かつじょう》して講和なさるようなことがなくて済《す》みましょうか」。王「あなたの意見を聞き入れて割譲するとして、あなたは、来年、秦がもう我が国を攻めないという保証がおできか」。楼緩は答えた、「それは臣などがお請《う》け合いできることではありません。昔、韓・魏・趙の三晋《さんしん》と秦との国交は、なかなか親密でした。いま、秦が韓・魏を捨て置いて、王ばかりを攻めますのは、王の秦への仕《つか》えかたが、韓・魏に及ばないからにちがいありません。いま、臣が足下《そっか》のために、親善に背《そむ》いたといって攻撃して来ることなどのないようにし、関所を開き幣物《へいもつ》を贈り、国交を韓・魏と同じになさいましても、来年になって王ばかりが秦に認められないとすれば、王の秦への仕えかたが、韓・魏以下であるからにちがいないのです。これは臣などがお請け合いできることではありません」。

王は楼緩の言ったことを虞卿に告げた。虞卿「楼緩の言い分は、『講和しなければ、来年、秦は再び攻めて来るでしょう。王にはさらに内地を割譲して講和なさるようなことがなくてすみましょうか』ということですが、いま、講和しても、楼緩は秦がもう攻めて来ないようにする保証はできないのです。土地を割譲してもなんの益《えき》がありましょう。来年再び攻めて来れば、秦の力では取れないものを割《さ》き与えて講和なさるでしょう。これは自滅の術です。講和なさらぬに越《こ》したことはありません。秦がたとえ攻撃が上手でも、六城を取ることはできないでしょう。趙がたとえ守りきれませんでも、六城を失うまでにはならないでしょう。秦が戦いに倦んで帰れば、兵は必ず疲れます。我が国は五城を手放して天下の諸侯を味方につけ、疲弊《ひへい》している秦を攻めるのです。つまり我が国は五城を天下の諸侯に対して失いますが、その補償を秦から取るわけです。我が国にはまだしも利益があります。居ながらにして土地を割譲し、みずからを弱くして秦を強くするのと、いずれが上策でしょうか。

またいま、楼緩は、『秦が韓・魏と親善して趙を攻撃して来るのは、王の秦にお仕えなさりかたが、韓・魏に及ばぬからにちがいありません』と申したとのことですが、それこそ王に、毎年、六城を差し出して秦に仕えさせようとするものです。たちまち、居ながらにして土地はなくなります。翌年、秦がまた土地の割譲を求めて来たとき、王はお与えになりますか。お与えにならなければ、それまでつぎ込んだものを捨てて秦の禍いを挑発することになります。お与えになろうにも、与える土地はなくなっているのです。ことわざに『強者は攻め上手で、弱者は守りきれぬ』と申します。いま、居ながらにして秦の言うとおりになれば、秦の兵は疲弊せずに、多くの土地を手に入れましょう。それは秦を強くして趙を弱めることです。いよいよ強くなる秦を富ませて、いよいよ弱くなる趙の地を割《さ》くのですから、秦の侵略のはかりごとはやむはずがありません。まして、秦は虎狼《ころう》の国です。礼義の心など持ち合わせません。秦の要求はやむことなく、王の土地には限りがあります。限りある土地で、やむことのない要求を満たしておれば、成り行きとして趙の滅亡は見えております。されればこそ『それは見せかけだけの説です』と申し上げたのです。王にはけっしてお与えになってはなりません」。王「承知した」。

楼緩はこのことを聞くと、参内《さんだい》して王にまみえた。王はまたもや虞卿の言ったことを楼緩に告げた。楼緩「そうではありません。虞卿は一つのことは分かっても、二つまでは分からないのです。そもそも秦と趙とが兵難を起こせば、天下の諸侯皆《み》なが喜ぶのは、どうしてでしょう。『わしは強いほうについて弱いほうにつけ込んでやろう』と申しています。いま、趙の軍は秦の軍に苦しめられています。天下の諸侯から戦勝祝賀の使者が、すっかり秦にそろっているにちがいないのです。ですから、速《すみ》やかに土地を割譲して講和をお求めになり、天下の諸侯を疑わせて、秦の歓心を買われるに越したことはないのです。そうでないと、天下の諸侯は、秦の怒りを頼みに、趙の疲弊に乗じて、趙を分割しにかかるでしょう。趙はいまにも滅びようとしているのです。秦に向かって対策を練《ね》るどころではありません。王には、この辺《あた》りで決断あそばして、はかりごとを巡《めぐ》らすのは、もうおやめください」。

虞卿はこのことを聞くと、また参内して王にまみえて言った。「詐《いつわ》りです。楼子《ろうし》は秦のために策動しているのです。いったい、趙の軍が秦の軍に苦しめられているうえに、また土地を割譲して講和しては、いよいよ天下の諸侯を疑わせます。それに、どうして秦の歓心を買うのです。それこそ天下に趙の弱いことを公示することではありませんか。それに、臣が『お与えになってはなりません』と申し上げますのは、ただ与えるなというだけではないのです。秦は六城を王に求めて来ていますが、王は五城を斉に賂《まいない》としてお贈りなさい。斉は秦にとって深い仇敵《きゅうてき》です。王の五城をもらえば、力を合わせて西のかた秦を討つでしょう。斉が王の仰せを聞き入れますのは、ことばの終わるのを待たぬほどでしょう。こうして王は、斉に対して失われても、代償を秦からお取りになり、一挙にして斉・魏・韓の三国との親交を結び、秦に優位にお立ちになりましょう」と。王は「なるほど」と言った。そこで、虞卿を使いに出して、東のかた斉王にまみえさせ、斉とともに秦への対策を図った。虞卿がまだもどらないうちに、秦からの和平の使者がもう趙に着いていた。楼緩はことの成り行き

を聞いて、趙を逃げ去った。（二四六　趙下　孝成王4）

秦《しん》趙《ちょう》を長平《ちょうへい》に攻め、大いに之《これ》を破り、兵を引いて帰る。因《よっ》て人をして六城《りくじょう》を趙に索《もと》めて講ぜ使《し》む。趙の計未《いま》だ定まらず。楼緩《ろうかん》新たに秦従《よ》り来《きた》る。趙王 楼緩と之を計りて曰《いわ》く、「秦に城を与《あた》うるは、与えざるに何如《いずれ》ぞや」と。楼緩辞譲《じじょう》して曰く、「此《こ》れ臣の能《よ》く知る所に非《あら》ざるなり」と。王曰く、「然《しか》りと雖《いえど》も試みに公の私を言え」と。楼緩曰く、「王も亦《ま》た夫《か》の公甫文伯《こうほぶんぱく》の母を聞きしか。公甫文伯魯《ろ》に官し、病《や》んで死す。婦人之《これ》が為に房中に自殺する者二八《にはち》あり。其《そ》の母之を聞いて肯《あえ》て哭《こく》せず。相室《しょうしつ》曰く、『焉《いずく》んぞ子《こ》死して哭《こく》せざる者有らんや』と。其の母曰く、『孔子《こうし》は賢人なり。魯より逐《お》わる。是《こ》の人随《したが》わず。今死して、婦人為《ため》に死する者十六人あり。是の若《ごと》きは、其《そ》れ長者に於《お》いて薄くして、婦人に於《お》いて厚きなり』と。故《ゆえ》に母 従《よ》り之を言えば、之《こ》れ賢母為《た》り。婦従《つまよ》り之を言わば、必ず妬婦《とふ》為《た》るを免《まぬか》れじ。故に其の言 一《いつ》なれども、言う者異《こと》なれば、則《すなわ》ち人心 変《へん》ず。今臣《しん》 新《あら》たに秦 従《よ》り来《きた》る。而《しこ》うして『与うる勿《なか》れ』と言わば、則ち計に非《あら》ざるなり。『之《これ》を与えよ』と言わば、則ち恐らくは王 臣が秦の為にすと以《おも》わん。故《ゆえ》に敢《あえ》て対《こた》えず。臣をして王の為に之を計るを得使《えし》めば、之を予《あた》うるに如《し》かず」と。王曰く、「諾《だく》」と。虞卿《ぐけい》 之を聞き、入《い》りて王に見《まみ》ゆ。王 楼緩《ろうかん》の言《げん》を以《もっ》て之に告ぐ。虞卿 曰く、「此《こ》れ飾説《しょくせつ》なり」と。王 曰く、「何の謂《いい》ぞや」と。虞卿 曰く、「秦《しん》の趙《ちょう》を攻むるや、倦《う》みて帰りしか。亡《むし》ろ其れ力尚《な》お能《よ》く進めども、王を愛して攻めざりしか」と。王曰く、「秦の我を攻むるや、余力を遺《のこ》さず。必ず倦めるを以て帰りしならん」と。虞卿曰く、「秦 其の力を以て其の取ること能《あた》わざる所を攻めて、倦みて帰り、王又《ま》た其の力の攻むること能わざる所を以て、以て之《こ》に資する。是《こ》れ秦を助けて自《みずか》ら攻むるなり。来年 秦復《ま》た王を攻めば、王以《もっ》て救う無からん」と。王 又《ま》た虞卿の言《げん》を以て楼緩に告ぐ。楼緩 曰く、「虞卿能《よ》く尽《ことごと》く秦の力の至る所を知れるか。誠《まこと》に秦の力の至らざるを知らば、此《こ》の弾丸の地すら、猶《な》お予《あた》えざるなり。秦をして来年復《ま》た攻め令《し》めば、王 其《そ》の内を割《さ》きて媾《こう》ずる無きを得《え》んや」と。王曰く、「誠に子《し》に聴《き》きて割かんも、子能《よ》く来年秦の復た我を攻めざるを必《ひっ》せんか」と。楼緩《ろうかん》 対《こた》えて曰く、「此《こ》れ臣の敢て任ずる所に非ざるなり。昔者《むかし》 三晋《さんしん》の秦に交《まじ》わるや、相善《あいよ》かりき。今 秦 韓・魏を釈《お》きて独《ひと》り王を攻むるは、王の秦に事《つか》うる所以《ゆえん》、必ず韓・魏に如《し》かざればなり。今 臣 足下《か》の為に負親《ふしん》の攻めを解《と》き、関を啓《ひら》き幣《へい》を通じ、交わりを韓・魏に斉《ひと》しくせんも、来年に至りて王独り秦に取られずんば、王の秦に事《つか》うる所以の者、必ず韓・魏の後に在《あ》ればなり。此《こ》れ臣の敢《あえ》て任ずる所に非ざるなり」と。王 楼緩の言《げん》を以《もっ》て虞卿《ぐけい》に告ぐ。虞卿 曰く、「楼緩 言う、『媾《こう》ぜずんば、来年秦《しん》 復《ま》た攻めん。王 更《さら》に其の内を割いて媾ずる無きを得んや』と。今媾ずとも、楼緩 又《ま》た秦の復た攻めざるを必すること能《あた》わざるなり。割くと雖《いえど》も何の益《えき》かあらん。来年復た攻めば、又《ま》た其の力の取る能わざる所を割きて媾ぜん。此れ自《みずか》ら尽《つ》くるの術なり。媾ずる無きに如《し》かず。秦 善く攻むと雖《いえど》も、六城《りくじょう》を取るこの戦勝を賀《が》する者は、則ち必ず尽《ことごと》く秦に在《あ》らん。故に亟《すみや》かに地を割《さ》きて和を求め、以て何ぞや。曰く、『我 将《まさ》に強きに因《よ》りて弱きに乗《じょう》ぜんとす』と。今 趙の兵 秦に困《くるし》む。天下其の一《いつ》を得て、未《いま》だ其の二を知らざるなり。夫《そ》れ秦・趙 難を構《かま》えて、天下皆《み》な説《よろこ》ぶは、聞き、入《い》りて王に見《まみ》ゆ。王 又《ま》た虞卿《ぐけい》の言《げん》を以《もっ》て之《これ》に告ぐ。楼緩 曰く、「然《しか》らず。虞卿は故に曰く、『此《こ》れ飾説《しょくせつ》なり』と。王 必ず与《あた》うる勿《なか》れ」と。王 曰く、「諾」と。楼緩《ろうかん》 之をる有り。尽くる有るの地を以て、已む無きの求めに給せば、其の勢い必ず趙 無からん。止まず。且《か》つ秦は虎狼《ころう》の国なり。礼義の心無し。其の求めは已《や》む無くして、王の地は尽《つ》くくして趙を弱むるなり。以て愈《いよいよ》〻強きの秦に益《ま》して、愈〻弱きの趙を割《さ》く、其の計固《もと》より能わず』と。今坐《い》ながらにして秦に聴《き》かば、秦兵 敝《つか》れずして多く地を得《え》ん。是れ秦を強則ち地の之を給する無けん。語に曰《いわ》く、『強者は善く攻め、而《しこ》うして弱者は自ら守ること予《あた》えんとするか。与《あた》えずんば、則ち是れ前資《ぜんし》を弃《す》てて秦の禍《わざわい》を挑《いど》むなり。之を与えば、使《し》むるなり。即《すなわ》ち坐《い》ながらにして地尽《つ》きん。来年秦復《ま》た地を割くを求めば、王 将《まさ》に之をに事《つか》うること、韓・魏に如かざればなり』と。是れ王をして歳《とし》ごとに六城を以て秦に事《つか》え強くするに孰与《いずれ》ぞや。今楼緩曰う、『秦の韓・魏に善くして趙を攻むる者は、必ず王の秦を秦より取るなり。吾が国 尚《な》お利あり。坐《い》ながらにして地を割《さ》き、自ら弱めて以て秦を罷《つか》れん。我 五城《ごじょう》を以て天下を収めて、以て罷秦《ひしん》を攻む、是れ我 之を天下に失《うしの》うて、償《つぐな》いと能わず。趙 守《まも》ること能わずと雖も、六城を失うに至らじ。秦 倦《う》みて帰らば、兵 必ず天下を疑わしめ、秦の心を慰《なぐさ》むるに若《し》かず。然《しか》らずんば、天下将《まさ》に秦の怒りに因《よ》り、趙の敝《へい》に乗じて之《これ》を瓜分《かぶん》せんとす。趙且《まさ》に亡びんとす。何ぞ秦を之《こ》れ図《はか》らん。王此《これ》を以て之《これ》を断ぜよ。復《ま》た計ること勿《なか》れ」と。虞卿之を聞き、又《ま》た入《い》りて王に見《まみ》えて曰く、「危《き》なり、楼子《ろうし》は之れ秦の為にするなり。夫《そ》れ趙の兵秦に困《くるし》み、又《ま》た地を割《さ》きて和を為《な》さば、是《こ》れ愈〻《いよいよ》天下を疑わしめん。而うして何ぞ秦の心を慰めんや。是れ亦《ま》た大いに天下に弱きを示さずや。且《か》つ臣が『予《あた》うる勿《なか》れ』と曰《い》う者は、固《かた》く予うる勿れとのみには非《あら》ざるなり。秦六城《りくじょう》を王に索《もと》む。王五城《ごじょう》を以《しこ》て斉に賂《まいな》え。斉は秦の深讐《しんしゅう》なり。王の五城を得ば、力を幷《あわ》せて西のかた秦を撃たん。斉の王に聴《き》かんこと、辞の畢《おわ》るを待たじ。是《こ》れ王斉に失《うしの》うて、償を秦に取り、一挙して三国の親を結びて、秦と道を易《か》うるなり」と。趙王曰く、「善し」と。因《よ》て虞卿を発し、東のかた斉王に見《まみ》えて、之《これ》と秦を謀《はか》らしむ。虞卿未《いま》だ反《かえ》らざるに、秦の使者已《すで》に趙に在《あ》り。楼緩《ろうかん》之を聞き、逃れ去る。

秦攻趙於長平、大破之、引兵而帰。因使人索六城於趙而講。趙計未定。楼緩新従秦来。趙王与楼緩計之曰、与秦城、何如不与何*如*。楼緩辞譲曰、此非*人臣之所能知也。王曰、雖然試言公之私。楼緩曰、王亦聞夫公甫文伯母乎。公甫文伯官於魯、病死。婦人為之自殺於房中者二八。其母聞之不肯哭也。相室曰、焉有子死而不哭者乎。其母曰、孔子賢人也。逐於魯。是人不随。今死、而婦人為死者十六人。若是者、其於長者薄、而於婦人厚。故従母言之、之為賢母也。従婦言之、必不免為妬婦也。故其言一也、言者異、則人心変矣。今臣新従秦来。而言勿与、則非計也。言与之、則恐王以臣之為秦也。故不敢対。使臣得為王計之、不如予之。王曰、諾。虞卿聞之、入見王。** 王以楼緩言告之。虞卿曰、此飾説也。王曰、何謂也。虞卿曰、秦之攻趙也、倦而帰乎。王以其力尚能進、愛王而不攻乎。王曰、秦之攻我也、不遺余力矣。必以倦而帰也。虞卿曰、秦以其力攻其所不能取、倦而帰、王又以其力之所不能攻、以資之、是助秦自攻也。来年秦復攻王、王無以救矣。王又以虞卿之言告楼緩。楼緩曰、虞卿能尽知秦力之所至乎。誠知秦力之不至、此弾丸之地、猶不予也。令秦来年復攻、王得無割其内而媾乎。王曰、誠聴子割矣、子能必来年秦之不復攻我乎。楼緩対曰、此非臣之所敢任也。昔者三晋之交於秦、相善也。今秦釈韓魏而独攻王、王之所以事秦、必不如韓魏也。今臣為足下解負親之攻、啓関通敝、斉交韓魏、至来年而王独不取於秦、王之所以事秦者、必在韓魏之後也。此非臣之所敢任也。王以楼緩之言告虞卿。* 曰、楼緩言、不媾、来年秦復攻。王得無更割其内而媾。今媾、楼緩又不能必秦之不復攻也。雖割何益。来年復攻、又割其力之所不能取而媾也。此自尽之術也。不如無媾。秦雖善攻、不能取六城。趙雖不能守、而不至失六城。秦倦而帰、兵必罷。我以五城収天下、以攻罷秦、是我失之於天下、而取償於秦也。吾国尚利。孰与坐而割地、自弱以強秦。今楼緩曰、秦善韓魏而攻趙者、必王之事秦、不如韓魏也。是使王歳以六城事秦也。即坐而地尽矣。来年秦復求割地、王将予之乎。不与、則是弃前貴* 而挑秦禍也。与之、則無地而給之。語曰、強者善攻、而弱者不能自守。今坐而聴秦、秦兵不敝而多得地。是強秦而弱趙也。以益愈強之秦、而割愈弱之趙、其計固不止矣。且秦虎狼之国也。無礼義之心。其求無已、而王之地有尽。以有尽之地、給無已之求、其勢必無趙矣。故曰、此飾説也。王必勿与。王曰、諾。楼緩聞之、入見於王。王又以虞卿言告之。楼緩曰、不然。虞卿得其一、未知其二也。夫秦趙構難、而天下皆説、何也。曰、我将因強而乗弱。今趙兵困於秦。天下之賀戦〔?〕*者、則必尽在於秦矣。故不若亟割地求和、以疑天下、慰秦心。不然、天下将因秦之怒、秦趙之敝而瓜分之。趙且亡。何秦之図。王以此断之。勿復計也。虞卿聞之、又入見王曰、危矣、楼子之為秦也。夫趙兵困於秦、又割地為和、是愈疑天下。而何慰秦心哉。是不亦大示天下弱乎。且臣曰勿予者、非固勿予而已也。秦索六城於王。王以五城賂斉。斉秦之深讐也。得王五城、并力而西撃秦也。斉之聴王、不待辞之畢也。是王失於斉、而取償於秦、一挙結三国之親、而与秦易道也。趙王曰、善。因発虞卿、東見斉王、与之謀秦。虞卿未反、秦之使者已在趙矣。楼緩聞之、逃去。

解　説

一　『戦国策』の定着と散集

前漢《ぜんかん》の末、ちょうどキリスト紀元元年に近い頃、劉向《りゅうきょう》（前七七—前六）、字《あざな》は子政《しせい》、という学者がいた。命《めい》を受けて天子の書庫、秘府《ひふ》に入り、書籍の整理・校定に当たった。書籍と言っても、それは竹簡《ちくかん》、竹ふだ、の束《たば》であった。竹簡に書いておけば刪《けず》って修正ができるかちで、白絹に浄書するのは校定してのちなのである。校定の作業は、一部の書物ごとに、その書物の目次を定め、その書の解題である「叙録《じょろく》」（書録ともいう）を草《そう》して巻首に冠し、天子に奏上する、という方法で進められた。二十年近くも続いた劉向の作業は、その子の歆《きん》に引き継がれて完成する。

劉歆は中国最初の図書分類目録『七略《しちりゃく》』を作り、父の「叙録」を集めた『別録《べつろく》』をも作った。ともに唐《とう》末五代、十世紀初めころ亡佚《ぼういつ》してしまったが、班固《はんこ》の『漢書《かんじょ》』「藝文志《げいもんし》」は『七略』をそのまま採録したものであり、「叙録」もこの『戦国策』のそれは完全な姿で現存している。

劉向の「戦国策書録」によると、秘府の書物としては「国策《こくさく》」「国事《こくじ》」「短長《たんちょう》」「事語《じご》」「長書《ちょうしょ》」「脩書《しゅうしょ》」など、いろいろの呼び名で記されているものが、みな戦国のときの遊説《ゆうぜい》の士が、用いてもらえた国の政事に参与して、その国のために立てた策謀であるし、記されている事柄は、孔子《こうし》の『春秋《しゅんじゅう》』にすぐ続く時期から、楚漢《そかん》の興起するまでの二百四十五年間のことであるので、それらをみな整理校定して『戦国策』と名づけたい、と言っている。そして『漢書』「藝文志」には「戦国策三十三篇記春秋後」と録されている。

つまり『戦国策』は、ほとんど「漢の劉向の撰《せん》」、少なくとも「輯《しゅう》」と言ってよい成り立ちである。一九七三、七四年、中国湖南《こなん》省長沙《ちょうさ》の馬王堆《まおうたい》三号墓から出土した帛書《はくしょ》のうちに、『戦国策』一万二千字あまり、二十八篇がある、うち十八篇は、今本《きんぽん》にない佚文《いつぶん》である」、と言われたが、墓主の葬は漢の文帝《ぶんてい》の十二年（前一六八）であったというから、これは『戦国策』ではなくて、それこそ劉向が〝定着《ていちゃく》〟（劉向が叙録で使っている言葉）する以前の「国策」か「国事」か「短長」かの姿が見られるようになったわけである。それにしても、かくて「戦国策」は実に劉向の定着以前に在《あ》って、それを墓中にまで携《たずさ》える、または携えさせる、愛読者を持っていたことが偲《しの》ばれる事件であった。

劉向の定着後二百年ほどして、後漢の建安《けんあん》年間（一九六―二二〇）、建安七子とよばれる詩人たちが活躍した頃、『戦国策』に注がつけられた。ほかにも『呂氏《りょし》春秋』『淮南子《えなんじ》』に注した高誘《こうゆう》の注である。そして六朝《りくちょう》、梁《りょう》の昭明太子蕭統《しょうめいたいししょうとう》（五〇一―五三一）が、かの華麗な詞《し》華《か》集『文選《もんぜん》』に収めた作品の作家たちも、なかなかにこの書の読者であったことは、唐の初め李善《りぜん》（？―六八九）がこの集に収める作品の理解に資《し》すべく、訓詁《くんこ》に故事に、情熱を傾けて加えた注に、『戦国策』もその高誘の注を併せて、しばしば典拠の引証として引かれているのによって、如実《にょじつ》に知ることができよう。

しかし北宋《ほくそう》の初めには、劉向原本も高誘注本も、ともにかなり散佚《さんいつ》していた。この欠逸を憂《うれ》えて熱心に復元を試みたのが、唐宋八大家《とうそうはちたいか》の一人として知られる曾鞏《そうきょう》（一〇一九―一〇八三）であった。そして「戦国策三十三篇復《ま》た完《まった》し」と自負するまでに復元成ったその書物に「戦国策目録序」と題する文を書いた。彼は、劉向が「戦国策書録」に、周《しゅう》の文明が衰微して詐謀《さぼう》が行われ、仁義の道が塞《ふさ》がれたことこそ、天下大いに乱れたゆえんである、とするのに賛意を表するとともに、劉向がこの書の意義を戦国策謀の士が時の君主それぞれの能力を量《はか》り見定めての、時宜《じぎ》にかなう知恵として評価する点を批判する。彼は言う、

戦国遊説《ゆうぜい》の士は、道徳への信念を失って、いたずらに弁舌《べんぜつ》の効能をもてあそぶものである。さればこそ相手のだましかたを論ずるときには失敗の可能性を隠し、戦争に訴えることの有利を説《と》くときにはその災害を隠《かく》して言わない。かくて蘇秦《そしん》・商鞅《しょうおう》・孫臏《そんぴん》・呉起《ごき》・李《り》斯《し》、みなその身を滅ぼし、彼らを用いた諸侯も秦も、その国を滅ぼしている。世にこれほどの災禍《さいか》をもたらす思想、その弁舌を盛ったこの書物などは、滅ぼすべき書物ではないの

か。

しかしここまで来て曾鞏の論は一転する。邪説を禁ずるには、その思想内容を天下に明らかにするがよい、と。当世の人々に、その思想が人間本来の幸福の追求には好ましいものではないということをよく知らせることが先である。「豈《あ》に必ずしも其《そ》の籍を滅《ほろ》ぼさん哉《や》」。復元に努め復元に成功した人の言説《げんせつ》であるだけに、一層の説得力があろう。文は夙《つと》に宋の呂祖謙《りよそけん》の『皇朝文鑑《こうちょうぶんかん》』『古文関鍵《こぶんかんけん》』、真徳秀《しんとくしゅう》の『続文章正宗復刻《ぞくぶんしょうせいそうふっこく》』に、そして明《みん》の唐順之《とうじゅんし》の『文編《ぶんぺん》』、茅坤《ぼうこん》の『唐宋八大家文鈔《しょう》』、清の沈徳潜《しんとくせん》の『唐宋八家文読本《とうそうはっかぶんとくほん》』に、古文の模範として収められている。

二　『戦国策』の刊刻

南宋《なんそう》に入って、今に伝わる二種の宋刊本が相継いでできた。まず紹興《しょうこう》十六年（一一四六）剡川《せんせん》の姚《よう》氏、名は宏《こう》、字《あざな》は令声《れいせい》、の刻本。この姚本は、曾鞏《そうきょう》の本をも一本として数種の本との校勘《こうかん》を記入し、残存するかぎりの高誘の注を、これももとより校定して、収める。

姚本が刻された翌年、紹興十七年に、鮑彪《ほうひゅう》の刻本、鮑本が出た。鮑彪は、高注は一切収めず、みずから注した。そして東西二周の順を入れ替え、たとえば西周は十八章、うち一章は安王《あんおう》の時、あとは赧王《たんおう》の時、東周二十七章はみな恵公《けいこう》の時のこと、とするなど、話の一々についてその時期を記す。

元の呉師道《ごしどう》（一二八三－一三四四）、字《あざな》は伝正《でんせい》、は鮑本をそのままに、鮑注を精《くわ》しく補正して『戦国策校注』十巻を出した。呉師道はこの本の序に「事《こと》は古《いにしえ》を存するより大《だい》なるは莫《な》く、学は疑わしきを闕《か》くより善《よ》きは莫《な》し」というほどの清朝《しんちょう》風の学者なのであるが、当時、漢の高誘《こうゆう》の注を存する姚本ははやくも稀《まれ》になり容易には見られなくなっていたのである。この呉師道のおかげで鮑本の信頼度が高まった。明《みん》一代は鮑本一色の感となり、わが邦江戸時代の通行本、および邦儒の著述、みな鮑本に基づく。いま「四部叢刊《しぶそうかん》」は元《げん》の至正《しせい》二十五年（一三六五）刊本の呉師道『校注』を景印《えいいん》する。

清朝になって、すでにほとんど姿を消したと思われていた姚本、しかも実にその宋刊本二種が現れた。明末清初、政界文壇の巨匠、銭謙益《せんけんえき》（一五八二－一六六四）、号は牧斎《ぼくさい》、の蔵書楼、絳雲楼《こううんろう》に潜《ひそ》んでいた。それが清朝中期、清朝きっての蔵書家黄丕烈《こうひれつ》、字は蕘圃《じょうほ》（一七六三－一八二五）の士礼居《しれいきょ》に入り、黄丕烈は校勘学者顧千里《こせんり》に嘱《しょく》してさらに景宋鈔本（写本）と校勘し「札記《さつき》」（校勘記）を附して、本文を宋版のとおりに模刻《もこく》した。士礼居景刊姚本がかくて世に贈られた。今日その景印本も少なくない。姚本の編制は次のとおりである。

巻一　東周《しゅう》（一－二二）　巻二　西周（二三－三九）　巻三至七　秦《しん》一至五（四〇－一〇三）　巻八至十三　斉《せい》一至六（一〇四－一六〇）　巻十四至十七　楚《そ》一至四（一六一－二一二）　巻十八至二十一　趙《ちょう》一至四（二一三－二七八）　巻二十二至二十五　魏《ぎ》一至四

十三（二七九－三五九）　巻二十六至二十八　韓《かん》一至三（三六〇－四二八）　巻二十九至三十　中《ちゆう》山《ざん》（四七七－四八六）　巻三十三

一　燕《えん》一至三（四二九－四六二）　巻三十二　宋《そう》・衛《えい》（四六三－四七六）　巻三十三　中《ちゆう》

三　本書の編制

私は集英社、「全釈漢文大系」23・24・25『戦国策』上・中・下を担当した折り（自昭和五十年至五十四年）、この士礼居景刊姚本《ようほん》『戦国策』の全容を紹介することに努めた。このたび金谷治《かなやおさむ》教授の推挙をうけて本書を担当するに際しても、姚本を底本《ていほん》としている。原文をも当用漢字の略体に改めながらも、「埊（地）」などの字が存《のこ》された（本書四六　一九五ページ）。それこそ姚本に見える則天《そくてん》文字なのである。乾嘉《けんか》の学とよばれて中国の古典研究がその最も高い水準に在《あ》ったさなかに刻された本である。またその訳読には高郵《こうゆう》の王氏の学、王《おう》念孫《ねんそん》・引之《いんし》父子が、この書物にも加えた研究成果のことごとくを採《と》り入れた。本文の読みにくい処《ところ》、古来誤読されている処など、みなおびただしい証拠をあげ、動かすべからざる帰結を得たうえで、文字を、あるいは文を、改めるのである。校定についての注記を行わない本書に於《おい》ては、ことわりなく原文と書き下し文とが一致しない処が多く現れた。その場合、原文の然《しか》るべき位置に＊印をつけることとした。たとえば本書九〇、楚に行った蘇《そ》秦《しん》は三月もたってやっと王に会えた（三一一ページ）。「三月」は原文「三日」*である。これは『文選《もんぜん》』李善《りぜん》注・『太平御覧《たいへいぎょらん》』・『藝文類聚《げいもんるいじゅう》』などにこの話を引いて「三月」としているし、本書三六、汗明《かんめい》が春申君《しゅんしんくん》に会うにも「三月而後得見《さんげつにしてのちまみゆるをえたり》」である（一四四ページ）。それにこちらでは「乃（やっと）」と言っているではないか。それだけの根拠をそろえて、王念孫が「日」を「月」に改めたのに従ったものなのである。

とは言え、本書は「古典と語る」との監修趣旨に添い、姚本の総章数四百八十六から一〇〇章を選び（ただし長篇一章の中を略して収めたものもある）、戦国に生きる人間像を躍動させるべく、姚本とても国別になっていることは鮑本《ほうほん》と同様であるにかかわらず、本書では「人物篇」「術策篇」「弁説篇」の三部を立て、「謀婦《ぼうふ》」より「争弁《そうべん》」に至る三十三項を設けて、それぞれにいくつかの話を配した。したがって各物語（訳文）の終わりに小さくその出処を、姚本・鮑本のおのおのについて示しておく。たとえば（二〇一　楚　懐王14）とは、姚本は二〇一、鮑本は楚の懐王の十四番めの章、ということである。

本書一〇〇章の選出、その編制、および章後の附記・附言は、ほとんど北大中国詩話会の旧友遠藤嘉浩《えんどうよしひろ》氏（私の『中国古典詩叢考』〈勁草書房〉に収める詩話四篇は氏の稿である）の手に成る。氏は宮崎市定《いちさだ》先生の著書論文を多く読んでいて、先生のお説を少なからず新たに紹介できた。『史記』をはじめ先秦《せんしん》古書を博引《はくいん》しての附言資料をいただいて、私はもっぱら典拠を確かめるに終始した感がある。

付録　『戦国策』成語集

成語集凡例

一　『戦国策』に見える故事名言を五十音順に集録する。

二　本書に採録した物語に見える場合は、本書の一連番号（一より一〇〇）をパーレン内に示した。

三　本書に見えないものは、たとえば（九五　秦下）のごとく本文における出典の標記に準じて示す（「解説」参照）。

四　本書に見えないものには簡単な解説を施したが、つとめて『戦国策』における意に即しての説明に止める。

五　その言葉がそのまま今日の『易《えき》』『詩経《しきょう》』等の句であるときは注記したが、注記は広く他書にまで及ぼさない。

六　成語に一連番号1より112を附し、同様の意の場合と対句のごとく見えるものを分出した場合とには↓印で互いに参照をしている。

1 一里の厚《こう》にして、千里の権を動かす者は、地の利なり。万人の衆にして、三軍を破る者は、不意なり。（六七）

2 鷸蚌《いつぼう》の争い（八五）↓23、73

3 古《いにしえ》の君子《くんし》は、交《まじわ》りを絶《た》つも悪声《あくせい》を出《いだ》さず、忠臣の去るや、其の名を潔《いさぎよ》くせず。（三九）

4 狗《いぬ》を禁じて己《おのれ》に吠《ほ》ゆる無から使《し》むること能《あた》わず（九七）

5 寝《い》ねて寐《い》ねず、食して飽《あ》かず。（九五　秦下）

　寝ても眠れず、食物ものどを通らない。

6 倚門《いもん》の望《ぼう》（五）↓101

7 兎《うさぎ》を見て犬を顧みるも、未《いま》だ晩《おそ》しと為《な》さず。（四四）↓88

8 怨《うらみ》を市《う》りて禍《わざわい》を買う。（三四）

9 遠交近攻（三二）

10 塩車《えんしゃ》の憾《うらみ》。（二一〇　楚）

　千里の馬も塩車を引かせれば山道にあえぐ。能力ある人も適所に使われねば才能が発揮できない。本書七一も同趣旨。

11 王者《おうしゃ》は度《ど》を得て、覇者は計《けい》を知る。（六二）

12 風《かぜ》蕭蕭《しょうしょう》として易水《えきすい》寒し。（四六一　燕下）

吹く風もものの寂しく、易水の流れは寒々としている。

13 **合従《がっしょう》（三四）**

14 **株を削り根を掘れ、禍《わざわい》と隣《となり》する無くば、禍乃《すなわ》ち存せず。**（四四　秦下）

禍の根源となるものを徹底的に除去せよという意。

15 **環寸の蹯《はん》を以《もっ》て、七尺《しちせき》の軀《み》を害せず。**（二五七　趙下）

周囲一寸ばかりの足の裏の肉を惜しんで、七尺の総身を損なうことをしない。

16 **韓盧《かんろ》を馳《は》せて蹇兎《けんと》を逐《お》う。（三二）**

17 **騏驥《きき》盛壮の時は、一日《いちじつ》に千里を馳《は》すれども、其の衰うるに至ってや、駑馬《どば》之《これ》に先《さき》だつ。**

（四六一　燕下）

千里の馬も、壮年期にこそ一日に千里を馳せるが、老衰しては駄馬が追い抜く。

↓**18、99**

18 **麒驥《きき》の衰うるや、駑馬《どば》之《これ》に先《さき》だつ。**（一五一　斉下）

一日に千里を行く名馬も、衰えれば駄馬が追い越す。↓**17、99**

19 **疑事《ぎじ》は功無く、疑行《ぎこう》は名無し。（九九）**

20 **狐《きつね》其の尾を濡《うるお》す。**（九四　秦下）

小狐がもう少しで水を渡り終えようというとき、尾を濡《ぬ》らして溺《おぼ》れてしまう。はじめは易しいが、終わりが難しいことをいう。（『易』）

21 木《き》の実 繁《しげ》る者は、其の枝必ず披《さ》け、枝の披《さ》くる者は、其の心《しん》を傷《やぶ》る。(六六)

22 牛を服とし驥《き》を驂《しん》とす。(三〇五　魏上)
　四頭立ての馬車で、牛を服(中二頭)とし、名馬を驂(そえ馬)とする。なかなか進まないことをいう。

23 漁父《ぎょほ》の利 (八五) →2、73

24 禽《きん》も困《くるし》めば車《くるま》を覆《くつがえ》す。(三七七　韓)
　獣も追い詰められると、猟師の車を覆す。

25 下《くだ》らざる者《もの》、唯《た》だ莒《きょ》と即墨《そくぼく》のみ。(七六)

26 脣《くちびる》掲《か》える者は其の歯寒し。(三八四　韓) →27

27 脣《くちびる》亡《ほろ》ぶれば則《すなわ》ち歯寒し。(二一四　趙上)
　唇がなくなると歯が寒い思いをする。二者相依り相助け合う間柄の一方が亡びると、他の一方も従って亡びる。(諸橋轍次『大漢和辞典』)

28 車《くるま》を借る者は之《これ》を馳《は》せ、衣《ころも》を借る者は之《これ》を被《き》る。(九三)

29 桂玉《けいぎょく》の艱《かん》(九〇)

30 挈瓶《けっぺい》の知も、守器《しゅき》を失わず。(二二三　趙下)
　瓶《へい》を提げて水をくむほどの小智が有れば、預かった器を失いはしない。

31 胡服騎射 (九九)

32 厚者は人を毀《そし》りて以《もっ》て自《みずか》ら益《ま》さず、仁者《じんしゃ》は人を危《あや》うくして以て名《な》を要《もと》めず。（四六〇　燕下）

情に厚い者は、人を毀《そし》って自分の利益を図ることをしない。仁者は人を危うくして名を立てようとはしない。

33 後世《こうせい》必ず酒《さけ》を以て其《そ》の国を亡《ほろぼ》す者有らん。（三二二　魏上）

後世、酒のためにその国を失う者が出よう。

34 狡兎三窟《こうとさんくつ》（二九）

35 毫毛《ごうもう》にして抜かずんば、将《まさ》に斧柯《ふか》を成さんとす。（二八七　魏上）

芽生えのうちに抜き取らないと、斧が必要なまでになる。

36 胡越同舟《こえつどうしゅう》（四五四　燕上）

「呉越同舟《ごえつどうしゅう》」と同じ。

胡《こ》人と越《えつ》人とでは、言葉も通ぜず、意志も疎通しないが、同じ舟に乗り合わせて波《は》濤《とう》を乗り越えるとなれば、まるで一体となって互いに助け合うようになる。

37 国士を以て臣を遇す。臣 故に国士もて之《これ》に報ゆ。（一一）

38 三人虎を成し、十夫《じっぷ》椎《つち》を揉《たわ》む、衆口《しゅうこう》 移す所、翼《つばさな》毋くして飛ぶ。（八四　秦下）

三人の者が市に虎が出たと言えば、人は信じる。十人掛かれば鉄椎《てっつい》も曲げられる。皆なが口うらを合わせれば、翼のないものも空を飛ぶ。（本書四一、九六参照）

↓62

39 四時《しいじ》の序、功を成す者は去る。（八五　秦下）

春夏秋冬の推移を見ると、功を成し遂げた者は去って行く。

40 室に怒る者は、市《いち》に色《いろ》す。（三九二　韓）

家の中で怒った者は、街に出ても怒りを顔に表している。

41 士は己《おのれ》を知る者の為《ため》に死し、女《じょ》は己を悦《よろこ》ぶ者の為《ため》に容《かたちづく》る。（一一）

42 死馬の首を買う。（七六）　「死馬の骨を買う」と同じ。

43 揣摩《しま》憶測《おくそく》（四八）

44 下《しも》比周《ひしゅう》すれば則《すなわ》ち上危《かみあや》うく、下《しも》分争《ぶんそう》すれば則ち上安《かみやす》し。（八九）

45 重宝《じゅうほう》を懐《いだ》く者は、以て夜行かず。大功《たいこう》に任ずる者は、以て敵《てき》を軽《かろ》んぜず。（二三一　秦下）

たいせつな宝物を懐に入れている者は、夜道を歩かない。大きな功業を担《にな》う者は敵を軽く見ない。

46 城下《じょうか》の事《こと》（七九）

47 小節《しょうせつ》を傚《いた》す者は、大威《たいい》を行うこと能《あた》わず。小恥を悪《にく》む者は、栄名《えいめい》を立つること能《あた》わず。（一五四　斉下）

ささやかな節義にとらわれる者は、大きな威力を発揮できず、ささやかな辱《はずかし》めを避けようとする者は、栄えある名声を樹立できない。

48 上帝《じょうてい》甚だ慆《うご》く、自《みずか》ら瘵《や》む無けん。
上帝ははなはだ気移りしたもうから、我と我が心に憂うことはやめておこう。（『詩経』）

49 書を以《もっ》て御《ぎょ》を為《な》す者は、馬の情《じょう》を尽《つ》くさず。古《いにしえ》を以て今を制する者は、事の変に達せず。（九九）

50 人主《じんしゅ》は愛する所を賞して悪《にく》む所を罰す。（七六　秦下）
凡庸な君主は愛する者に賞を与えて、憎む者を罰する。

51 仁《じん》は軽《かろがろ》〻しく絶《た》たず、智は軽《かろがろ》〻しく怨《うら》みず。（四六〇　燕下）
仁者は軽々しく人との交わりを絶たぬ。智者は軽々しく人を恨《うら》まぬ。

52 信は功を棄《す》てず、知は時を遺《わす》れず。（一三六　趙上）
信義を重んずる者は成果が上がるまであきらめぬ。知恵ある者は時宜《じぎ》を見ることを忘れぬ。

53 巣《す》を覆《くつがえ》し卵を毀《やぶ》れば、而《すなわ》ち鳳凰翔《ほうおうかけ》らず、胎《たい》を刳《さ》き夭《よう》を焚《や》けば、而《すなわ》ち騏驎《きりん》至らず。（五七）

54 聖人時《とき》を為《な》すこと能《あた》わず、時《とき》至れば失わず。（七〇　秦上）
聖人は時勢を作り出すことはできないが、時勢が到来すれば逃さない。

55 聖人は甚《はなは》だ故《ゆえ》無きの利を禍《わざわい》とす。（二二三　趙下）

聖人は故なくして受ける利をたいそう禍いとする。

56 井中《せいちゅう》に火を求む。（四〇九　韓）
愚《おろ》かで事理《じり》に明かでない喩《たとえ》（諸橋轍次『大漢和辞典』）。

57 積羽《せきう》舟《ふね》を沈《しず》め、群軽《ぐんけい》軸を折り、衆口《しゅうこう》金を鑠《と》かす。（二八八　魏上）
羽も積めば舟を沈め、軽い荷も多ければ車軸を折り、口をそろえてそしれば金属をも溶かす。（『淮南《えなん》子《じ》』）

58 跖《せき》の狗《いぬ》　堯《ぎょう》に吠《ほ》ゆ。（二七）

59 是《ぜ》を以て非と為《な》し、非を以て是《ぜ》と為す。（二三二　趙上）
蘇秦《そしん》は諸侯の目をくらまし、是を非とし非を是として、斉《せい》の国を転覆させようとした。

60 前魚《ぜんぎょ》（一五）

61 戦戦慄慄《せんせんりつりつ》として、日《ひ》一日《いちにち》より慎《つつし》む。（四四　秦下）
怯《お》じつ恐れつ、毎日を慎む。（『淮南子』）

62 曾参《そうしん》　人を殺せり。（四一）→38

63 息壌《そくじょう》　彼《かれ》に在《あ》り。（四一）

64 賊《ぞく》に兵を藉《か》し、盗《とう》に食《しょく》を齎《もたら》す。（三二）
「寇《あだ》に兵を藉し、盗に糧《かて》を齎す」と同じ。

65 其の君《きみ》　発《はつ》を好めば、其の臣　抉拾《けつしゅう》す。（一八〇　楚）

主君が弓術を好まれると、その臣は抉《ゆがけ》（弦《つる》を縦《はな》つもの）や拾《ゆごて》（弦《つる》を引くもの）をつける。

66 其《そ》の貴《たっと》き所以《ゆえん》を貴ぶ者は貴し。（三七七　韓）
人が貴ぶものを貴べば、貴ばれる。

67 鼠璞《そはく》（八六）

68 蛇足《だそく》（七七）

69 掌《たなごころ》を抵《おさ》えて談ず。（四一　秦上）
恭《うやうや》しい態度で語る。

70 長鋏《ちょうきょう》帰来《かえ》らんか。（二九）

71 長者《ちょうじゃ》の行いは、人をして之《これ》を疑わしめず。（四六二　燕下）
徳の高い人の行いは、人に疑念を抱かせない。

72 敵《てき》は易《あなど》る可《べ》からず、時は失う可《べ》からず。（九四　秦上）
敵は侮《あなど》ってはならず、時機は失ってはならない。

73 田夫《でんぷ》の功（一三九　斉上）
利口な兎《うさぎ》を足の速い犬が追いかけ、両者疲れきって死んだところへ、農夫が来合わせて二つの獲物を独り占めにした。何の骨折りもなしに、すばらしい物を手に入れることをいう。↓3、23

74 徳を樹《た》つるは滋《ま》すに如《し》くは莫《な》く、害を除くは尽《つ》くすに如《し》くは莫し。（七〇　秦上）
徳を立てるには繁《しげ》く施《ほどこ》すのが良く、害を除くには本《もと》を断ち切るのが良い。

75 土《ど》梗《こう》と木梗《ぼっこう》（九二）→（一三一　斉上）

76 虎の威《い》を借る狐（八七）

77 轅《ながえ》を北にして楚に之《ゆ》く。（八四の付記を参照）

78 似て非なる者（一六）

79 肉を委《い》して餓虎《がこ》の蹊《けい》に当《あ》つ。（四六二　燕下）
飢《う》えた虎の通り道に、肉を置き、みすみす虎の注意を自分に向けさせた。災難を自分から招くことをいう。

80 謀《はかりごと》泄るる者は、事功無《ことこうな》く、計《けい》決せざる者は、名成らず。（一二九　斉上）
計謀が漏れたときには、実効は得られない。計略が決行されないときには、名声はあがらない。

81 白虹《はっこう》日《ひ》を貫く。（一三）

82 白馬《はくば》は馬《うま》に非《あら》ず。（二三一　秦下）
白馬は馬ではない。もし白馬が実体としての馬ならば、白馬としての行為がなければならない。

83 伯楽一顧《はくらくいっこ》（二二）

84 初め有らざる靡《な》し、克《よ》く終り有る鮮《すくな》し。（九四　秦上、九六　秦上）
初めのないものはないが、終わりを全《まっと》うするものはまれである。（『詩経』）

85 日《ひ》中《ちゅう》すれば則《すなわ》ち移り、月満つれば則ち虧《か》く。（八五　秦下）
太陽は南中すると同時に傾きはじめる。月は満月になると同時に欠けはじめる。物は盛んになればやがて衰える。（『易』）

86 美女は舌を破る。（五〇　秦上）
美女は諫臣《かんしん》の舌を破る。美人を敵国の諫臣に贈り政治を混乱させることをいう。

87 尾《び》生《せい》の信（一七）
春秋時代、魯《ろ》の尾生は橋の下で、約束の時刻が過ぎ、川が増水して溺死するまで女を待った。約束を固く守ることをいう。

88 羊を亡《うしの》うて牢《ろう》を補うも、未《いま》だ遅しと為《な》さず。（四四）↓7

89 百里を行く者は、九十《きゅうじゅう》に半《なか》ばす。（九六　秦上）
百里の道を行く者は、九十里を半ばとする。旅の終わり近くの道程の艱難《かんなん》を言う。

90 普《ふ》天《てん》の下《もと》、王土に非《あら》ざるは莫《な》く、率《そっ》土《ど》の浜《ひん》、王臣に非ざるは莫し。（一〇　東周）
広大な天の下、皆な王の土地、大地の果ての水際まで、皆な王の民。（『詩経』）

91 弊《へい》躧《し》を釈《す》つるがごとし。（四四一　燕上）
破れた草履を捨てるようなものだ。

92 貿首《ぼうしゅ》の仇《あだ》（三〇二　魏下）
首を奪い合うほどの敵同士。

93 将《まさ》に之《これ》を敗《やぶ》らんと欲せば、必ず姑《しばら》く之《これ》を輔《たす》けよ。将に之を取らんと欲せば、必ず姑く之を与《あた》えよ。（五四）

94 先《ま》ず隗従《かいよ》り始めよ。（七六）

95 道遺《みちお》ちたるを拾わず。（四〇　秦上）
法による政治が徹底し、民衆が刑罰を恐れて道に落ちている物も拾わなくなる。

96 無形なる者は、形《かたち》の君《きみ》なり。無端なる者は、事《こと》の本《もと》なり。（一四四　斉上）
無形は形の根源である。無始は事の根本である。

97 寧《むし》ろ鶏尸《けいし》と為《な》るも、牛従《ぎゅうじゅう》と為《な》る無《な》かれ。（三四）

98 命《めい》の常《つね》に于《お》いてせざるを維《おも》え。（三二五　魏下）
「寧《むし》ろ鶏口《けいこう》と為《な》るも、牛後《ぎゅうご》と為る無かれ」として知られる。

99 孟賁《もうほん》の倦《つか》るるや、女子《じょし》之《これ》に勝つ。（一五一　斉下）
天命の定めなきことを考えよ。

100 門庭《もんてい》市《いち》の若《ごと》し。（四二）
孟賁ほどの力士も、疲れれば女子が力比べに勝つ。　↓17、18

101 門《もん》に倚《よ》って望む。（五）　↓6

102 安《やす》きに於《お》いて危《あや》うきを思い、危《あや》うくして則ち安《やす》きを慮《おもんぱか》る。（二一二　楚）

安泰《あんたい》なときに危急のときを考え、危急のときには安泰なときを思い測《はか》る。

103 善《よ》く作《おこ》す者は、必ずしも善《よ》く成《な》さず。始めを善くする者は、必ずしも終りを善くせず。（三九）

104 欲を同じゅうする者は相憎《あいにく》み、憂いを同じゅうする者は相親《あいした》しむ。（四七八　中山）

同じ欲望を抱く者は憎み合い、同じ心配を持つ者は親しみ合う。

105 乱《らん》を以て治を攻むる者は亡び、邪《じゃ》を以て正を攻むる者は亡び、逆《ぎゃく》を以て順を攻むる者は亡ぶ。（四四　秦下）

乱れていながら治まっている国を攻める者は滅び、よこしまでありながら正しい国を攻める者は滅び、理に逆らっていながら理に従う国を攻める者は滅ぶ。

106 竜陽（一五）

107 両虎《りょうこ》人を争《あらそ》う。（五四　秦上。本書八五の付記を参照）

108 累卵《るいらん》よりも危《あや》うし。（九二）

卵を重ねたように、非常に危険な状態を言う。

109 連横《れんこう》（三三）

110 禍《わざわい》を転じて功と為《な》す。（三五）→（二八）（四四一　燕上）

111 愚者は成事に闇《くら》く、智者は未萌《みぼう》に見る。（九九）

112 薪《たきぎ》を抱きて火を救う。（八三）

KODANSHA

本書は、一九八七年五月小社刊『中国の古典　戦国策』を底本としました。

近藤光男（こんどう　みつお）

1921年，京都市生まれ。東京帝国大学文学部支那哲学支那文学科卒業。専攻は中国文学。北海道大学助教授，教授を経て，お茶の水女子大学教授。現在，お茶の水女子大学名誉教授。主な著書に『漢詩大系17 蘇東坡』『漢詩大系22 清詩選』（以上，集英社），『唐詩集の研究』『清朝考証学の研究』（以上，研文出版），『国朝漢学師承記訳注』（明治書院）がある。2019年逝去。

講談社学術文庫

定価はカバーに表示してあります。

戦国策《せんごくさく》

近藤光男《こんどうみつお》

2005年５月10日　第１刷発行
2024年１月29日　第15刷発行

発行者　森田浩章
発行所　株式会社講談社
東京都文京区音羽 2-12-21 〒112-8001
電話　編集（03）5395-3512
販売（03）5395-5817
業務（03）5395-3615
装　幀　蟹江征治
印　刷　株式会社広済堂ネクスト
製　本　株式会社国宝社

ISBN4-06-159709-4

「講談社学術文庫」の刊行に当たって

これは、学術をポケットに入れることをモットーとして生まれた文庫である。学術は少年の心を養い、成年の心を満たす。その学術がポケットにはいる形で、万人のものになることは、生涯教育をうたう現代の理想である。

こうした考え方は、学術を巨大な城のように見る世間の常識に反するかもしれない。また、一部の人たちからは、学術の権威をおとすものと非難されるかもしれない。しかし、それはいずれも学術の新しい在り方を解しないものといわざるをえない。

学術は、まず魔術への挑戦から始まった。やがて、いわゆる常識をつぎつぎに改めていった。学術の権威は、幾百年、幾千年にわたる、苦しい戦いの成果である。こうしてきずきあげられた城が、一見して近づきがたいものにうつるのは、そのためである。しかし、学術の権威を、その形の上だけで判断してはならない。その生成のあとをかえりみれば、その根は常に人々の生活の中にあった。学術が大きな力たりうるのはそのためであって、生活をはなれた学術は、どこにもない。

開かれた社会といわれる現代にとって、これはまったく自明である。生活と学術との間に、もし距離があるとすれば、何をおいてもこれを埋めねばならない。もしこの距離が形の上の迷信からきているとすれば、その迷信をうち破らねばならぬ。

学術文庫は、内外の迷信を打破し、学術のために新しい天地をひらく意図をもって生まれた。文庫という小さい形と、学術という壮大な城とが、完全に両立するためには、なおいくらかの時を必要とするであろう。しかし、学術をポケットにした社会が、人間の生活にとってより豊かな社会であることは、たしかである。そうした社会の実現のために、文庫の世界に新しいジャンルを加えることができれば幸いである。

一九七六年六月　　　　野間省一